Weingärten in Sulztal, Südsteiermark

Rudolf Lantschbauer Willi Haider

steirischer wein – steirische küche

Mit Texten von Rudolf Lantschbauer, Manfred Niederl, Josef Ertl, Ludwig Szeberenyi und Gert Zechner

Texte Landschaftsfotos: Helmut Ploier

Rezepte von Willi Haider, Josef Zotter, Hannes Sattler, Werner Goach, Dietmar Kappel und Gabi Abel

Die Nährwerte der Rezepte wurden von DDA und EMB Bettina Kaufmann berechnet

Fotos von Rudolf Lantschbauer

Danksagung

Unser Dank gilt der Firma Klammerth, Graz, für das wunderschöne Geschirr und
Elisabeth Tappauf für die Blumengestecke.

Umschlaggestaltung: Ivan Gabrovec
Titelfotos: Rudolf Lantschbauer
Titelseite: Panoramabild von Spielfeld über die Rieden Hochgraßnitzberg, Obegg, Graßnitzberg, Zieregg bis Eckberg an der Weinstraße
Weinkeller von Walter Skoff in Eckberg, Gamlitz
Rückseite: Vinothekskeller des Olwitschhofs
Otto Riegelnegg, Steinbach, Gamlitz

Karte der Steiermark: Geografik, 8010 Graz, Brünner und Partner OEG, Peinlichgasse 12
Fotos: Haider: 2; Petr Blaha: 73, 82; Josef Ertl: 7, 8, 9 (2); Karl Breitenberger: 207 (2); Konstantinov: 2; alle anderen Fotos: Rudolf Lantschbauer.

A-8020 Graz, Kantgasse 15,
Tel/Fax: +43 (0)316-27 23 72
E-Mail: lantschbauer@utanet.at
www.ausverkauft.at

ISBN 3-900582-20-3

Rudolf Lantschbauer

Weinjournalist und Fotograf, lebt in Graz und bewirtschaftet in Rust am Neusiedlersee ein kleines Weingut.
Er hat zu den Themen Werbung, Wein und Küche zahlreiche Bücher verfasst und herausgegeben:

- Das Buch vom Steirischen Wein
- Weinland Österreich
- Die Weine Burgenlands
- Die Weine Kaliforniens
- Steiermark - Wein und Küche
- Österreich - Wein und Küche
- Weingut Feiler-Artinger
- Die Weinwelt der Barriques
- Das Schaufenster-Handbuch
- Ausverkauft. Vol1
  So steigert man Umsätze heute

Manfred Niederl

lebt in Graz. Seit 1976 Redakteur der „Steirerkrone". Im krassen Gegensatz zu seinem Ressort – aktuelles Geschehen – beschäftigt er sich schon seit vielen Jahren mit Weinkultur.

Gert Zechner

lebt in Graz und arbeitet als freier Werbeberater und Journalist für zahlreiche Magazine und Agenturen.

Willi Haider

lebt in Kalsdorf bei Graz.
Über viele Jahre Küchenchef renommierter Häuser und als erster Koch in der Steiermark mit zwei Hauben ausgezeichnet.
Seit 1990 führt Willi Haider in Kalsdorf bei Graz die „Erste Steirische Kochschule", die größte private Kochschule ihrer Art in Österreich.
www. kochschule.at
E-Mail: haider@kochschule.at

Josef Zotter Schokoladen-Manufaktur

Handgeschöpft und in kleinen Serien gefertigt sind die köstlichen Schokoladen von Sepp Zotter, Österreichs renommiertestem Chocolatier. Das ganze Spektrum betörender Schokoladenaromen wird in der Manufaktur fachgerecht in Form gegossen, von schmelzend-süß bis kraftvoll-bitter. Von einer unüberschaubaren Vielfalt ist die Kollektion kreativer Schokoladen und vielfach mit dem Bezug zum Steirischen ausgestattet.
A-8333 Riegersburg, Bergl 56
Tel: +43 (0)3152-55 54, Fax: -4
www.zotter.at
E-Mail: schokolade@zotter.at

Verzeichnis der Rezepte

Der Aufstieg des steirischen Weines in den letzten 20 Jahren

Josef Ertl

Untrennbar ist die Entwicklung des Weinbaus und der Aufstieg des steirischen Weines mit den Namen Fritz König, Franz Zach, Max Gschiel, Leo Hitti (Kellermeister Gräflich Stürgkh'sches Weingut), Karl Grasmuck (Gamlitz), Franz Regele, Josef Puschnig (Gamlitz), Valentin Mahorko, Franz Kortschak, Peter Dreisiebner, Hans Harkamp, Dr. Helmut Heidinger (steirischer Landesrat für Fremdenverkehr), Kolleritsch, Engelbert Elsnegg, Josef Kaiser, Burkhardt Winkler-Hermaden und Ing. Viktor Vogt (steirischer Weinbaudirektor) verbunden.
Viel wurde in der zweiten Hälfte des vergangenen Jahrhunderts über die Bedeutung dieser Weinbaupioniere gesprochen und geschrieben. Ihnen ist zu danken, dass sie das Fundament für eine stetige Aufwärtsentwicklung gelegt haben. Mit ihrem Können, Wissen und vor allem mit ihrem Einsatz waren sie richtungweisend für die nachkommende Weinbauerngeneration. Ohne diese Gruppe wäre es sicher nicht zu dem gewaltigen Aufstieg des steirischen Weines gekommen, der in den letzten zwei Jahrzehnten zu verzeichnen war. Aber neben diesen Weinbauern (nicht Winzern!) waren dann weitere Personen für den steirischen Wein tätig, die durch ihre Vorbildwirkung in Richtung höchster Qualität den Weg für viele Weinbauern im steirischen Weinland vorbereitet haben.
Hier sind zu nennen (alphabetisch):
Albert Cramer,
Robert Eder, Direktor der Fachschule für Weinbau und Kellerwirtschaft Silberberg bei Leibnitz,
Fritz König,
Karl Repolusk,
Werner Surma, Lehrer an der Weinbauschule Silberberg und Wilhelm Sattler.
Es scheint mir aber in diesem Zusammenhang notwendig, darauf zu verweisen, dass es neben den genannten Persönlichkeiten eine große Anzahl von Weinbauern im steirischen Weinland gibt, die ebenso einen großen Anteil an diesem Aufschwung – an diesem steirischen Weinwunder – haben.
Es würde den Rahmen dieser kurzen Einführung sprengen, sie alle auch nur namentlich zu nennen. So sei es dann, dass die sogenannten Weinbaupioniere stellvertretend für alle stehen, die in den letzten Jahrzehnten Großes geleistet haben.

Wilhelm Sattler und Fritz König bei der Eröffnung der steirischen Landesausstellung „Weinkultur" 1990 in Schloss Gamlitz

Fritz König

Der Name Fritz König ist untrennbar mit dem Aufstieg des steirischen Weines in der zweiten Hälfte des letzten Jahrhunderts verbunden. Schon 1952 wurde unter seiner Leitung in Leutschach die „Obstbauliche Arbeitsgemeinschaft" gegründet. Wesentliche Ziele dieser Gemeinschaft waren die Vereinfachung der Arbeitsbedingungen und die Entwicklung der Mechanisierung. Zahlreiche weitere Neuerungen gehen auf König zurück, vor allem die Sylvoz-Erziehung und die Einführung des Mulchens. Dadurch entfiel das sich ständig wiederholende notwendige Hauen und Unkrautjäten in den Weingärten. Außerdem wurden durch das Mulchen dem wertvolle Stoffe zurückgegeben, die früher

Sie ebneten der Hochkultur den Weg in die Steiermark: Fritz und Magdalena König und Eduard Tscheppe, 1952

Verschiedene Erziehungsformen im Kittenberger Weingut. Gut sichtbar ist die neue Drahtrahmenkultur

durch Düngergaben eingebracht werden mussten. Wer nur ein wenig mit der Entwicklung des steirischen Weinbaus vertraut ist weiß, dass in Zusammenarbeit von König mit Lenz Moser die von diesem propagierte Hochkultur im steirischen Weinbau eingeführt wurde. Ebenfalls auf König geht in Zusammenarbeit mit dem Weinbaudirektor Ing. Viktor Vogt die Einführung der trockenen und alkoholärmeren Weine zurück. Damit waren wesentliche Grundlagen für eine Aufwärtsentwicklung des steirischen Weines gegeben. Die Vorbildwirkung von Fritz König wirkte sich nachhaltig auf alle Bereiche der Weinproduktion aus, so dass er mit Recht als einer der namhaftesten Fundamentalisten des steirischen Weinaufstiegs bezeichnet werden kann.

Wilhelm Sattler

Durch seine berufliche Tätigkeit als Önologe war Sattler schon sehr früh europaweit in allen Weinbau treibenden Staaten unterwegs, um bei der Er- und Einrichtung neuer Keller mitzuarbeiten. Dadurch hatte er seinerseits Zugang zu den besten Weinbauregionen und -betrieben. Sein Bestreben war es, seinem Wein eine besondere Note zu geben. Sie bestand in der totalen Abkehr vom damals üblichen Aufzuckern aller Weine. Damit war der Weg geebnet für den Beginn des „trockenen Zeitalters". Als erster steirischer Weinbauer verwendete er statt des steirischen Namens Muskatsylvaner die weltweit gebräuchliche Bezeichnung Sauvignon blanc. In Zusammenarbeit mit dem Tiroler Weingroßhändler Gottardi war es ihm möglich, seine Weine auf den europäischen Markt zu bringen. Als nächster Wein folgte der Muskateller, der in seiner neuen Ausbauweise bald höchste Anerkennung fand. Diese ersten Versuche brachten extrem leichte Weine mit weniger als 10vol% Alkohol; daneben brachte Sattler auch wieder die Säure ins Spiel und erreichte dadurch eine völlig neue Note.

Sattlers Weine haben wesentlich dazu beigetragen, dass man in Europa erstmals erfuhr, dass es in der Steiermark Weinbau gab. Allerdings wäre es heute nicht mehr möglich, die damals entwickelte Ausbaunote zu verwenden. Die Weine sind inzwischen wieder - der internationalen Norm entsprechend - im Alkohol etwas höher geworden und ergeben zusammen mit hervorragend abgestimmter Säure Weine, die höchste internationale Anerkennung finden. Sattler versuchte immer die regionale Natürlichkeit der Trauben zu erhalten und sie durch kluge Kellertechnik in die Flasche zu bringen.

Die Familie Sattler ist heute mehr denn je davon überzeugt, dass der von Wilhelm Sattler vorgegebene Weg der richtige war, denn nur wer bereit ist, vollkommen neue Wege zu gehen, kann auf Dauer Erfolg haben.

Der erste Weinbaumeister Österreichs – Karl Repolusk

„In der Landes-Obst- und Weinbauschule Silberberg bei Leibnitz

bestand in dieser Woche der 24-jährige Landwirt und Weinbauer Karl Repolusk aus Glanz an der Weinstraße als erster Österreicher die Meisterprüfung im Winzerberuf. Das ist nicht nur ein Prestigeerfolg, sondern wird sich gewiss sehr bald auch finanziell auswirken, denn Karl Repolusk muss seine Produkte nicht mehr als ‚Produzentenweine' billigst verkaufen, sondern kann sie als ‚Meisterweine' etikettieren." So hieß es in der Kleinen Zeitung von Samstag, dem 9. Juni 1962. Damit war der Grundstein für eine Entwicklung zum Qualitätsweinbau in der Steiermark gelegt.

Damals hatte der Betrieb 3,5 ha Weinbaufläche, heute sind es 10 ha geworden.

Schon 1945 wurde mit der ersten Abfüllung in 7/10-Liter- Flaschen begonnen. Bald wurde Repolusk „Weinkönig von Glanz" genannt. Folgende Sorten wurden schon damals angebaut: Welschriesling, Morillon, Sauvignon blanc, Muskateller, Grünsylvaner, Traminer.

Durch seine Tätigkeit als Landeskammerrat, als Bürgermeister und als Obmannstellvertreter des Landesweinbauverbandes und als Obmann des Weinbauverbandes Leutschach hatte Repolusk großen positiven Einfluss auf die Entwicklung der Gemeinde und des Weinbaus. Seine Tätigkeit, sein Wollen und Können haben wesentlich zur Hebung der Qualität im steirischen Weinbau beigetragen.

Robert Eder

Fachschule für Weinbau und Kellerwirtschaft Silberberg

Nach dem Abschluss des Studiums an der Hochschule für Bodenkultur in Wien kam der gebürtige Hollabrunner als Leiter an die Fachschule für Weinbau und Kellerwirtschaft Silberberg. Die Vorgabe für die Leitung der Weinbauschule war die Produktion von Qualitätswein, und zwar musste zuerst gute Literware erzeugt werden, die aus einem Fass in Zweiliter-, Einliter- und in 0,7-Liter- Flaschen abgefüllt wurde. Zuerst konnten alle möglichen Flaschenarten verwendet werden! Ein erster Schritt in eine gemeinsame Zukunft war die Einführung einer einheitlichen Normal-Bouteille.

Als typischer Wein des Jahrganges 1965 galt ein Ruländer mit einem Restzucker von25 g/ℓ !

1966 war das Jahr für einen Start zum neuen Wein. In erster Linie mussten die Weine leichter werden. Die Paradesorte der Weinbauschule war der Rheinriesling mit 11,5% Alkohol 6,5 g/ℓ Säure und 6–7 g/ℓ Restsüße. In der Zeit der Hochkonjunktur bewegte sich der Trend zum besseren und leichteren Wein.

Im theoretischen und praktischen Unterricht wurde besonderer Wert auf Qualitätsorientierung gelegt, die schon bei der Lese beginnen musste. Richtungweisend waren dabei Klosterneuburg und Ing. Willi Sattler. Schon bald hatte sich die Steiermark durch die Arbeit der Schule einen Vertrauensvorschuss beim Publikum erarbeitet. Mitte der 80er-Jahre wurden erst 2% aller Weine Österreichs in 0,7-Liter-Flaschen abgefüllt! Auch in dieser Hinsicht war Silberberg ein Vorbild.

Wesentlich für den Aufstieg des steirischen Weines war auch die Anpassung des Unterrichts. Die Einjahresform wurde in den 60er-Jahren in einen dreisemestrigen Typ umgewandelt.

Die vierjährige Fachschule setzt sich heute aus einer allgemein landwirtschaftlichen Ausbildung und einer schwerpunktmäßigen Schulung in Weinbau und Kellerwirtschaft zusammen.

Grundprinzip der Ausbildung ist nicht nur Wissen, sondern auch Können.

Eine Folge des intensiveren Schulsystems ist das Streben nach immer höherer Ausbildung. Auslandsaufenthalte wurden durch die vielseitigen internationalen Kontakte von Dir. Eder ermöglicht. Sie stellen mit eine Grundlage für die ständige Aufwärtsentwicklung des steirischen Weines dar.

Durch die Zusammenarbeit mit der HAK Leibnitz wurde ein Kolleg - die Vino-HAK - geschaffen, das Maturanten die Möglichkeit bietet, sich im Intensivstudium die notwendigen weinbau- und kellertechnischen Kenntnisse anzueignen.

Wesentlich zum Aufstieg des steirischen Weines beigetragen hat sicher auch die Einführung der Steiermarkflasche.

Dir. Eder sieht einen Vorteil des steirischen Weines auch in der Sortenvielfalt, sie müsste auf jeden Fall beibehalten werden.

Werner Surma

Von 1969 bis 2000 war Werner Surma als Lehrer an der Fachschule für Wein- und Kellerwirtschaft in Silberberg tätig. Als Kind einer Winzerfamilie war er von Grund auf mit allen Arbeiten im Weingarten und im Keller vertraut.

Selbst war er einst an der Weinbauschule Schüler von Ing. David Schantl und praktizierte als Lehrling im Weinbaubetrieb Peter Dreisiebner – heute Lackner-Tinnacher in Gamlitz-Steinbach. So brachte er sehr viel eigene Erfahrung für seine berufliche Tätigkeit mit. Durch seine Lehrbereiche Weinbau und Kellerwirtschaft hatte Surma eine wesentliche Position an der Schule.

Es war die Zeit einer allgemeinen positiven Aufwärtsentwicklung, so auch im Weinbau. Außerdem begann in dieser Zeit in den meisten Weinbaubetrieben der Generationswechsel.

Surma bestätigt, dass am Beginn seiner beruflichen Tätigkeit aus einem Fass der Doppler, die Einliterflasche und die 0,7-Liter-Flasche gefüllt wurden, und zwar nur unter den Bezeichnungen „Weißer Hofrat" für den Weißwein und „Kreidfeuer" für den Rotwein.

Wesentliche Erkenntnis war für den Lehrer Surma: „Nur wer Qualität erzeugt, hat Zukunft".

Es herrschte allgemeine Unkenntnis darüber, welche Kriterien ein guter Wein erfüllen muss. Hier musste zuerst ein Qualitätsbewusstsein geschaffen werden.

Der Übergang zur Verwendung der 0,7-Liter-Flasche begann.1971 wurden erstmals 2.000 Flaschen Welschriesling trocken ausgebaut. Sie waren unverkäuflich! Die Schule war jedoch nicht der „Erfinder" dieser trockenen Linie, sondern der schon erwähnte Willi Sattler aus Gamlitz. Weitere fortschrittliche Weinbauern waren Franz Hirschmugl im Sausaler Weinbaugebiet und Manfred Tement in Berghausen, Zieregg.

Außerdem gewann die Verbindung von Wein und Küche immer größere Bedeutung. Doch wirklich lernen kann nur, wer sich ins Ausland begibt und dort die großen Weingüter besucht. So vertrat auch Werner Surma immer die Meinung, dass die Schüler frühzeitig Auslandserfahrungen sammeln müssen. Die Kitzecker Terrassenversuchsanlagen waren ebenfalls auf Anregung von Ing. Surma angelegt worden.

Er betont, dass zur Erreichung seines Zieles Durchsetzungsvermögen, Ausdauer und Hartnäckigkeit notwendig waren. Diese Eigenschaften trugen ihm den Namen „Vater des steirischen Weinwunders" ein.

Albert Cramer

Albert „Friedl" Cramer war zusammen mit Johann Schwarz, dem Verwalter des steirischen Landesweingutes in Kitzeck, der Initiator der „Vereinigung der fortschrittlichen Weinbauern" (1965–1975). Diese Gemeinschaft legte den Grundstein für den ersten Weinbauplan der Steiermark. Damit wurde die Basis für eine Weinbaurenaissance in der Steiermark geschaffen. Der Bereich der Pflanzenschutzkartelle wurde „aufgeweicht" und so hatten die Bauern Zugang zu preisgünstigeren Pflanzenschutzmitteln.

Eine weitere wesentliche Tat von Friedl Cramer war die Schaffung des 1. Steirischen Weinbaumuseums, wodurch wertvolles altes Kulturgut erhalten werden konnte. Außerdem war Cramer Obmann des Fremdenverkehrsvereines Kitzeck. In Zusammenarbeit mit dem steirischen Weinbaudirektor Viktor Vogt wurde der Kitzecker Werbesatz eingeführt: „Steirischer Wein, der Sonne am nächsten!" Bei dieser intensiven Beschäftigung mit allen Fragen der Weinwerbung ist es eigentlich selbstverständlich, dass Cramers Tochter die erste steirische Weinkönigin war. Zu Recht verdient er den Titel des „Hochkulturpioniers des Sausals".

Der steirische Weinbau

Genau 3.287 Weinbauern bewirtschaften 4.115 Hektar Weinbauflächen, damit hat die Steiermark einen Anteil von fünf Prozent an der gesamtösterreichischen Anbaufläche und ist mit der Ernte 2002 mit 179.316 hl am Volumen der österreichischen Weinproduktion beteiligt. Die Durchschnittsgröße eines steirischen Weinbaubetriebes ist auf 1,25 ha angewachsen. Die Strukturen des steirischen Weinbaues werden zum großen Teil von Klein- und Mittelbetrieben beherrscht.

Meist steinige und steile Hänge werden für den Weinbau genützt, die Rebflächen stehen fast ausschließlich auf sonnigen Berglagen. Drei Viertel der Anbauflächen weisen eine Hangneigung von mehr als 26 Prozent auf. Extremlagen sind auch heute noch nur händisch zu bearbeiten und verlangen den höchsten Arbeitseinsatz des Winzers. Diesem Umstand wird die Bezeichnung „steirischer Bergwein" voll gerecht, die im steirischen Weinbaukataster geregelt wird.

Der steirische Weinbau ist ein bedeutender Faktor im Fremdenverkehr. Die unzähligen Weinbauern einen wichtigen Beitrag zur Landschaftspflege.
Der Eigenbedarf der Steirer an Wein kann von den heimischen Winzern nur zu einem Drittel gedeckt werden. Angestrebt werden durchwegs Weine im Qualitätsbereich. Gekeltert werden auch Raritäten bis zum Prädikatswein. Die Vermarktung der Weine erfolgt zu 70 Prozent direkt ab Hof. Als marktwirtschaftliches Instrument spielen dabei die vielen Buschenschenken eine tragende Rolle. Die steirischen Winzer nehmen dabei eine Sonderstellung ein, die durch die Zirkularverordnung von Kaiser Josef II. vom 17. August 1784 ihre rechtliche Basis erlangte. Darin wurde den Bauern das Recht zugesprochen, ihre Produkte selbst zu vermarkten. In den Reigen der anzubietenden und heute per Landesgesetz geregelten Waren fallen neben dem Wein noch Fruchtsäfte, Most, Mineralwasser sowie kalte Speisen als Jausen wie die Brettljause, das belegte Brot, Sulzen mit Essig und Kernöl, Bohnen, Rettich, Käse, Eier und verschiedene Garnierungen.

Die steirischen Weinbaugebiete

In drei Weinbaugebiete ist die Steiermark unterteilt, die je nach Struktur, Bodenverhältnissen und Klimazonen regionaltypische Rebsorten kultivieren. Viele von ihnen stehen in allen Regionen gleichermaßen im Ertrag. Durch die unterschiedlichen Bodenstrukturen und die Lage der Rieden haben all diese Weine eine eigene Identität und verleihen so der Sortenvielfalt noch mehr Bandbreite. Auf über 80% der Weinbauflächen sind weiße Rebsorten ausgepflanzt: Welschriesling (20%), Weißburgunder (12%), Müller Thurgau (9%), Sauvignon blanc (7,5%), Morillon (6%), Sämling (4%), Muskateller 3%) und Rheinriesling (3%).
Die restlichen Weinbauflächen sind den Rotweinrebsorten vorbehalten, der Blaue Wildbacher (13%) ist dabei die Hauptrebsorte, wobei der größte Teil der Trauben für die Schilcherproduktion verwendet wird.
Der Blaue Zweigelt ist mit 10% verbreitet, St. Laurent, Cabernet Sauvignon und Blauer Burgunder wurden in kleinen Mengen ausgepflanzt.

Die Südsteiermark

Das größte zusammenhängende Weinbaugebiet ist mit mehr als 2.000 Hektar Rebfläche die Südsteiermark, in der die Weinanbaugebiete vom westlichen Teil des Bezirkes Leibnitz bis zur Mur eingebunden sind. Das südsteirische Weinland reicht von Spielfeld entlang der österreichisch-slowenischen Grenze bis nach Schloßberg bei Leutschach. In diesem Landstrich werden die qualitativ besten Weißweine des Landes gekeltert. Zwei Rebsorten dominieren den Weinbau in der Südsteiermark. Zum einen ist es der Brotwein der Steirer, der Welschriesling, zum anderen die Paradesorte Sauvignon blanc, früher weit verbreitet unter dem Namen „Muskatsylvaner". Weiters folgen der Morillon oder Chardonnay und der Riesling x Sylvaner (Müller-Thurgau/Rivaner). Verstärkt wird wieder der gelbe Muskateller angebaut, eine weitere „alteingesessene" Rebsorte. Die Burgundersorten wie Weißer und Grauer Burgunder zeigen im höheren Reifebereich eine breite Aromapalette.
Das zur Südsteiermark zählende Weinbaugebiet Sausal ist für seine steilen Weinberge bekannt. Zentrum dieses Weinbaugebietes ist Kitzeck, eine der höchstgelegenen Weinbaugemeinden von Mitteleuropa. Bis zu einer Seehöhe von mehr als 500 Metern stehen die Weingärten im Ertrag. Auf steilen Opakböden findet dort vor allem der Rheinriesling beste Wachstumsbedingungen vor. Welschriesling und Weißburgunder sind weitere Aushängeschilder dieses Weinbaugebietes.
Interessantes gibt es in der Weinbaufachschule Silberberg in der Gemeinde Kaindorf an der Sulm. Dort wurde ein Weinlehrpfad eingerichtet, an dem sämtliche in der Steiermark kultivierten Rebsorten ausgepflanzt sind.

Die Südoststeiermark

Hier feiert der Traminer eine neue Blüte. Gerade die vulkanischen Böden dieser Region sind für eine unvergleichliche Aromatik verantwortlich. Das Weinbaugebiet reicht östlich der Mur bis zum Wechsel und schließt die politischen Bezirke Feldbach, Fürstenfeld, Hartberg, Radkersburg, Weiz sowie links der Mur die Bezirke Graz-Umgebung und Leibnitz ein. Das Gebiet umfasst rund 1.400 Hektar Rebflächen. Die Weinbaubetriebe sind dort sehr klein

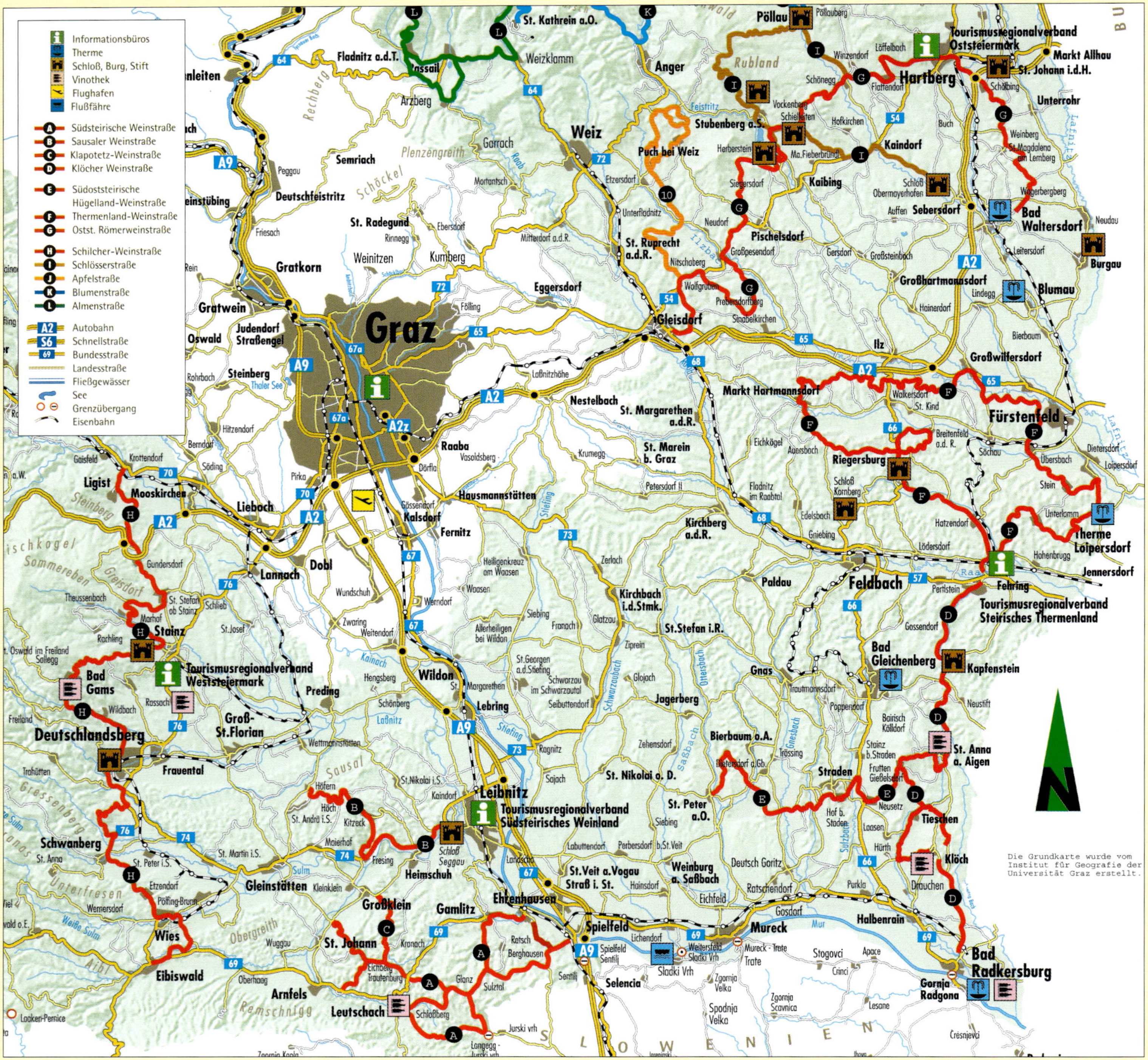

Informationsbüros
Therme
Schloß, Burg, Stift
Vinothek
Flughafen
Flußfähre
A Südsteirische Weinstraße
B Sausaler Weinstraße
C Klapotetz-Weinstraße
D Klöcher Weinstraße
E Südoststeirische Hügelland-Weinstraße
F Thermenland-Weinstraße
G Oststt. Römerweinstraße
H Schilcher-Weinstraße
I Schlösserstraße
J Apfelstraße
K Blumenstraße
L Almenstraße
A2 Autobahn
S6 Schnellstraße
69 Bundesstraße
Landesstraße
Fließgewässer
See
Grenzübergang
Eisenbahn
Graz
Pöllau
Tourismusregionalverband Oststeiermark
Hartberg
Markt Allhau
St. Johann i.d.H.
Unterrohr
Anger
Weiz
Stubenberg a.S.
Puch bei Weiz
Kaindorf
Kaibing
Sebersdorf
Bad Waltersdorf
Burgau
Pischelsdorf
St. Ruprecht a.d.R.
Gleisdorf
Großhartmannsdorf
Blumau
Ilz
Großwilfersdorf
Fürstenfeld
Markt Hartmannsdorf
Riegersburg
Therme Loipersdorf
Jennersdorf
Fehring
Tourismusregionalverband Steirisches Thermenland
Feldbach
Paldau
Bad Gleichenberg
Kapfenstein
Gnas
St. Anna a. Aigen
Straden
Tieschen
Klöch
Bad Radkersburg
Gornja Radgona
Halbenrain
Mureck
Fladnitz a.d.T.
St. Kathrein a.O.
Weizklamm
Semriach
Deutschfeistritz
St. Radegund
Gratkorn
Gratwein
Kumberg
Eggersdorf
Judendorf Straßengel
Steinberg
Nestelbach
St. Margarethen a.d.R.
St. Marein b. Graz
Raaba
Hausmannstätten
Kalsdorf
Fernitz
Lieboch
Ligist
Mooskirchen
Lannach
Dobl
Kirchberg a.d.R.
Kirchbach i.d.Stmk.
St.Stefan i.R.
Jagerberg
Stainz
Tourismusregionalverband Weststeiermark
Bad Gams
Deutschlandsberg
Frauental
Groß-St.Florian
Preding
Wildon
Lebring
Bierbaum a.A.
St. Nikolai o. D.
St. Peter a.O.
Leibnitz
Tourismusregionalverband Südsteirisches Weinland
Heimschuh
Schwanberg
Gleinstätten
Wies
Eibiswald
Großklein
Gamlitz
Ehrenhausen
St.Veit a.Vogau
Straß i. St.
Weinburg a. Saßbach
Spielfeld
St. Johann
Arnfels
Leutschach
Selencia
S L O W E N I E N
Die Grundkarte wurde vom Institut für Geographie der Universität Graz erstellt.

gehalten und mit zirka 1.500 Betrieben hat die Südoststeiermark mit Abstand den höchsten Anteil von Winzern in der Steiermark. Zum südoststeirischen Weinland gehört auch das Klöcher Weinbaugebiet, das „Steirische Vulkanland", mit Weinbauflächen in den Bezirken Radkersburg und Feldbach. Als regionaltypische Spezialitäten finden auf den Basaltverwitterungsböden rund um Klöch besonders der Traminer und Gewürztraminer gute Wachstumsbedingungen vor. Hauptsorten sind weiters Welschriesling, Weißburgunder, Ruländer und Müller-Thurgau. Die Rotweinsorten haben sich in dieser Weinbauregion gut entwickelt.

Integriert in das südoststeirische Weinbaugebiet ist das „oststeirische Hügelland". Eingebunden sind in diese Region die Rebflächen der Bezirke Fürstenfeld, Hartberg und Weiz. Die höchstgelegenen Weingärten Österreichs stehen am Ringkogel bei Hartberg in einer Seehöhe von nahezu 600 Metern im Vollertrag. Im oststeirischen Hügelland ist der Ruländer stark vertreten. Kultiviert werden weiters Sorten wie der Rheinriesling, der Welschriesling oder der Müller-Thurgau. Mit diesem Klima und den Bodenverhältnissen finden sich auch die Rotweine gut zurecht, die Hauptsorte unter ihnen ist der Blaue Zweigelt.
Von Bad Radkersburg, Klöch und St. Anna am Aigen über Straden nach Bad Gleichenberg bis hin nach Fürstenfeld, Hartberg und St. Johann bei Herberstein führt die Südoststeirische Weinstraße, auch als Klöcher Weinstraße bekannt, durch das sanfte Hügelland dieses östlichen Weinbaugebietes der Steiermark.

Die Weststeiermark

In die Bezirken Graz-Umgebung westlich der Mur, Voitsberg und Deutschlandsberg ist die Weinbauregion Weststeiermark unterteilt. Es ist dies die kleinste Weinbauregion der Steiermark. Die Weingartenfläche umfasst rund 500 Hektar und ist vorwiegend mit der Blauen Wildbacherrebe ausgepflanzt. Diesem Gebiet kommt mit dem Schilcher eine besondere Bedeutung zu. Anderen Rebsorten wie Weißburgunder, Welschriesling oder Müller-Thurgau sind nur kleine Anbauflächen vorbehalten.
Das Schilcherland wird durch die Schilcherweinstraße, ausgehend von Ligist, erschlossen. Zielpunkt dieser idyllischen Straße ist die Grenzlandgemeinde Eibiswald.

Zu den Betriebsbeschreibungen

Die Weinbaubetriebe der einzelnen Weinbauregionen wurden in der Reihenfolge ihres Betriebsorts gereiht. Im Informationskasten am Ende der Weingutsbeschreibung findet man eine Informationsleiste mit verschiedenen Symbolen. Diese sollen in Kurzform und auf einen Blick über Betriebsgröße, Lagen und Rebsorten, Öffnungszeiten der Buschenschank und des Ab-Hof-Verkaufs, über die Weinpreise und verschiedene landwirtschaftliche Produkte und Leistungen Auskunft geben.
Folgende Symbole finden sich bei den beschriebenen Betrieben:

Weingartenfläche	Nächtigungsmöglichkeit
Rebsorten	Schnapsproduzent
Buschenschank	Sektproduzent
Ab-Hof-Verkauf - Flaschenweinverkauf	Gasthof/Restaurant
Kellerführung	Kinderspielplatz
Weinkostmöglichkeit	Junkerproduzent

10 ha - Welschriesling, Morillon,
Weißburgunder, Muskateller,
Blauer Zweigelt, Blauer Wildbacher
Buschenschank und Ab-Hof-Verkauf:
Ostern-Allerheiligen 9-21 Uhr,
So, Mo Ruhetag
€ 5,-/13,-
Sekt, Destillate
Traubensaft, Fruchtsäfte
5 Zimmer, 10 Betten

Steirische Weine – eine vinologische Vielfalt in Duft und Geschmack

Die Entwicklungsstadien der Rebe vom Austrieb bis zur physiologisch reifen Traube

Müller-Thurgau / Rivaner

Die Trauben der früh reifenden Müller-Thurgau-Rebe, auch Rivaner genannt, werden in der Steiermark hauptsächlich für die Jungweinproduktion, den „Junker", verwendet.
Im Geschmacksbild eines jungen, frischen Rivaners können Pfirsich, Birne, Blütenhonig und Zitrustöne vorherrschend sein.
Trinktemperatur: 9°-11°C
Trinkreife/Lagerung: sehr jung zu trinken, bis 3 Jahre

Welschriesling

Der Welschriesling ist in der Steiermark eine der Hauptsorten. Die Trauben reifen sehr spät, erreichen aber jedes Jahr die Vollreife. Diese Rebsorte bringt in allen Qualitätsstufen sehr eigenständige, hochwertige Weine hervor. Als Qualitätswein begeistert er durch den Duft nach frischen Äpfeln und die schöne Säurestruktur. Am beliebtesten ist der Welschriesling, wenn die Trauben mit 15° bis 16° KMW geerntet werden. Eine frische, elegante Säure, eingebettet in kräftige Fruchtaromen, zeichnet diese Weine aus.
In manchen Jahren ist sogar das Ernten einer Welschriesling-Trockenbeerenauslese möglich, wie es im Jahre 2000 Roland Tauss gelang.
Trinktemperatur: 9°-11°C
Trinkreife/Lagerung: jung zu trinken, bis 3 Jahre

Rheinriesling

Der Rheinriesling wird in der Steiermark kurz „Riesling" genannt. Die Bandbreite der Geschmacksnoten reicht vom weißen Pfirsich, Marille, Steinobst bis zur Würze eines ganzen Gewürzstraußes; Mit zunehmender Flaschenreife ist eine Veränderung zu einem leichten Petrolton möglich.
Trinktemperatur: 9°-11°C
Trinkreife/Lagerung: jung zu trinken, bis 5 Jahre

Ausgezeichnete steirische Rivaner/ Müller-Thurgau-Produzenten:
Maitz Wolfgang, Ratsch a. d. Weinstraße
Lazarus Josef, St. Stefan/Stainz
Erzherzog-Johann-Weine, Ehrenhausen

Ausgezeichnete steirische Welschriesling-Produzenten:
Ulrich Rupert, St. Anna am Aigen
Platzer Manfred, Tieschen
Frühwirt Friedrich, Klöch
Wonisch Josef, Klöch
Pock, Straden
Rauch Günther, St. Peter a. Ottersbach
Rossmann, St. Peter a. Ottersbach
Scheucher, Labuttendorf
Schauer, Kitzeck
Gross Alois, Ratsch a. d. Weinstraße
Adam Othmar, Gamlitz
Elsnegg Engelbert, Gamlitz-Eckberg
Riegelnegg Karl, Gamlitz-Sernau
Rebenhof Aubell, Ratsch
Strauß Karl, Gamlitz
Sabathihof Dillinger, Glanz, Pössnitz
Skringer Josef, St. Johann i. S.
Fuchs, Glanz-Leutschach
Schwarzl Reinhold, Leutschach
Germuth Herbert, Leutschach

Ausgezeichnete steirische Rheinriesling-Produzenten:
Platzer Manfred, Tieschen
Gießauf-Nell, Klöch
Neumeister, Straden
Dietrich Franz, Gamlitz
Dreisiebner Stammhaus, Ehrenhausen
Kratzer Herbert, Heimschuh
Kieslinger, Leibnitz
Lambauer Georg, Kitzeck
Pichler-Schober, St. Nikolai im Sausal

Müller-Thurgau

Welschriesling

Rheinriesling

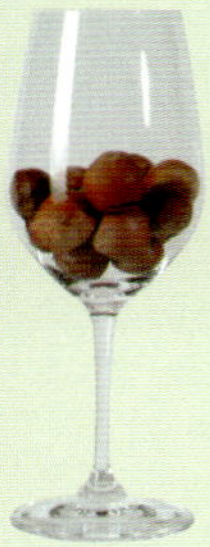

Weißburgunder – Pinot blanc

Chardonnay – Morillon

Ruländer – Pinot gris – Grauburgunder

Ausgezeichnete steirische Ruländer/ Grauburgunder-Produzenten:
Neumeister, Straden
Potzinger Stefan, Gabersdorf-Ratsch
Pilch Anton, Ehrenhausen
Bullmann, Ratsch a.d. Weinstraße
Prünte Klaus, Spielfeld
Elsnegg Engelbert, Gamlitz-Eckberg
Lackner-Tinnacher, Gamlitz
Riegelnegg Karl, Gamlitz-Sernau
Schilhan Wilfried, Gamlitz-Kranach

Ausgezeichnete steirische Weißburgunder-Produzenten:
Ploder-Rosenberg, St. Peter a. O.
Rauch Günther, St. Peter am Ottersbach
Scheucher, St. Veit am Vogau
Pichler-Schober, St. Nikolai im Sausal
Harkamp Hannes, St. Nikolai im Sausal
WBS Silberberg, Leibnitz
Schneeberger Johann, Heimschuh
Weinhof Kappel, Kitzeck
Felberjörgl, St. Andrä im Sausal
Gross Alois, Ratsch a. d. Weinstraße
Jöbstl Johann, St. Georgen/Stfg.
Potzinger Stefan, Gabersdorf-Ratsch
Maitz Wolfgang, Ratsch a. d. Weinstraße
Elsnegg Engelbert, Gamlitz-Eckberg
Riegelnegg Karl, Gamlitz
Strauß Karl, Gamlitz
Lackner-Tinnacher, Gamlitz
Adam Rupert, Gamlitz-Kranach
Hernach Herbert, Leutschach
Germuth Herbert, Leutschach
Jaunegg Daniel, Eichberg-Leutschach

Ausgezeichnete steirische Chardonnay/Morillon-Produzenten:
Platzer Manfred, Tieschen
Tscheppe Andreas, Riegersburg
Neumeister, Straden
Krispel, Straden
Rossmann, Bierbaum
Jöbstl Johann, St. Georgen/Stfg.
WBS Silberberg, Leibnitz
Pichler-Schober, St. Nikolai im Sausal
Neubauer Walter, Spielfeld
Kugel Christian, Spielfeld
Polz Erich+Walter, Spielfeld
Regele Georg, Berghausen
Tement Manfred, Berghausen
Bullmann, Ratsch a. d. Weinstraße
Sattlerhof, Gamlitz-Sernau
Lackner-Tinnacher, Gamlitz
Dietrich Franz, Gamlitz
Dreisiebner Stammhaus, Gamlitz
Sabathi Erwin, Leutschach
Germuth Herbert, Leutschach
Adam-Lieleg, Leutschach
Skringer Josef, Eichberg-Leutschach
Jaunegg Daniel, Eichberg-Leutschach

Weißburgunder – Pinot blanc

Der Weißburgunder (Pinot blanc) wird in der Steiermark auch Klevner genannt. Die typischen Burgunderaromen sind nussig (nach Walnuss, Haselnuss oder auch ein Mandelton), etwas Birne und Biskuit, manchmal auch nach exotischen Früchten, aber immer kompakt und dicht. Je nach der Bodenstruktur des Weingartens können auch mineralische Akzente (Gross-Kittenberg) vorherrschen.
Trinktemperatur: 12°-13°C, etwas kühler einschenken
Trinkreife/Lagerung: jung zu trinken, bis 20 Jahre

Chardonnay – Morillon

Der Chardonnay wird in der Steiermark Morillon genannt. Als die Reblaus-Katastrophe zum Ende des 19. Jahrhunderts auch die Steiermark erreichte, und fast alle Weingärten davon befallen wurden, haben sich steirische Winzer in Frankreich Reblaus-resistente Rebstöcke besorgt und in ihren Weingärten ausgepflanzt. Vom Ortsnamen Morillon abgeleitet, wo die Reben besorgt wurden, wurde aus den ursprünglichen Chardonnay-Reben dann der steirische „Morillon".
Die Trauben reifen sehr spät, erreichen aber jedes Jahr die Vollreife. Ein Glas Morillon kann wie ein ganzer Obstkorb duften, besonders nach Honigmelonen, aber auch nach Bananen, Birnen, getrockneten Früchten und etwas Zimt.
Trinktemperatur: 12°-13°C, etwas kühler einschenken
Trinkreife/Lagerung: jung zu trinken, bis 20 Jahre

Grauburgunder – Pinot gris

Der Grauburgunder wird in der Steiermark auch als Ruländer bezeichnet. Die Rebe stammt von der großen Burgunderfamilie ab und kam mit den Zisterziensern im 12. Jahrhundert aus dem Burgund nach Stift Heiligenkreuz in Österreich. Die Mönche, die alljährlich zur Generalversammlung ins Mutterkloster nach Citeaux reisten, dürften auch die ersten Rebstöcke des Pinot gris mitgebracht haben. Der Ruländer wurde auch „Grauer Mönch" genannt, wahrscheinlich nach dem Ordenskleid der Zisterzienser, das im Mittelalter grau war. Das an Marzipan und Nüsse erinnernde Geschmacksbild des Weines wird meist von einer rassigen Säure unterstützt und getragen.
Trinktemperatur: 12°-13°C, etwas kühler einschenken
Trinkreife/Lagerung: jung zu trinken, bis 15 Jahre

Sauvignon blanc

Der Sauvignon blanc hat sich in den letzten Jahren zur begehrtesten Rebsorte aller Steirerweine entwickelt. Bis vor einigen Jahren wurde diese Rebsorte in der Steiermark noch als Muskat-Sylvaner bezeichnet. Flaschen aus den 80er-Jahren tragen noch dieses Namen auf dem Etikett.

Beim Sauvignon blanc sind die Aromen sehr stark von der physiologischen Reife der Trauben bei der Lese abhängig. Die erste Reifestufe sind die als „Steirische Klassik" bekannten Weine. Sie verfügen über würzige, grüne und frische Aromen nach Paprikaschoten, Stachelbeeren und auch Anklänge von Johannisbeeren. Gerade bei kühleren Jahrgängen (weniger Reife) sind die grünen Früchte im Geschmacksbild dominanter, die Weine wirken frischer, die Primäraromen nach grünem Paprika und grasige Aromen, Fenchel, Ribisel und schwarze Johannisbeeren sind vorherrschend. Der typische Sauvignonduft nach Holunderblüten ist vorhanden.

Trinktemperatur für frische und leichte Sauvignon blanc:
10°-11°C

Trinkreife/Lagerung: jung zu trinken, ab dem 1. Jahr nach der Ernte

Steirische Lagenweine

Trinktemperatur für kräftige Weine aus den kühleren Lagen, wie Graßnitzberg, Sulz, Witscheiner Herrenberg, Kaiseregg:
12°-13°C, etwas kühler einschenken

Trinkreife/Lagerung: jung zu trinken, ab dem 1. Jahr nach der Ernte

Erreichen die Trauben in warmen Lagen eine hohe Ausreifung, so entwickelt sich das Geschmacksbild des Weines von den grünen zu den gelben Fruchtaromen weiter, hin zu einem gelben Paprikaton und Stachelbeertönen.

Sauvignon blanc aus den besten steirischen Lagen, wie der Ried Zieregg, mit einer sehr hohen physiologischen Traubenreife und einem längeren Fassausbau, verfügen über die gesamte Bandbreite der bekannten Sauvignonaromen: ein reifes und intensives Bukett nach gelben und roten Paprikaschoten, das auch reife, gemüsige Noten und etwas Stachelbeere zeigt. Diese Weine verfügen auch über einen extrem langen Abgang.

Trinktemperatur für Lagenweine aus den wärmeren Lagen Zieregg, Hochgraßnitzberg und Obegg:
13°-15°C, etwas kühler einschenken

Trinkreife/Lagerung: ab dem 3. Jahr nach der Ernte, bis 20 Jahre

Ausgezeichnete steirische Sauvignon-blanc-Produzenten:
Scheucher, Labuttendorf, St. Veit a. V.
Neumeister, Straden
Harkamp, St. Nikolai im Sausal
Tement Manfred, Berghausen
Polz Erich+Walter, Spielfeld
Gross Alois, Ratsch a.d. Weinstraße
Potzinger, Ratsch a. d. Weinstraße
Zweytick Ewald, Ratsch
Melcher, Schloss Gamlitz
Sattlerhof, Gamlitz-Sernau
Skoff Walter, Gamlitz-Eckberg
Skoff Peter, Gamlitz-Kranach
Riegelnegg Otto, Gamlitz-Sernau
Lackner-Tinnacher, Gamlitz
Schilhan Wilfried, Gamlitz-Kranach
Tschermonegg Erwin, Leutschach
Puschnigg Josef, Glanz/Weinstraße
Wechtitsch, Großklein
Strablegg-Leitner, Eichberg-Trautenburg
Jaunegg, Eichberg-Trautenburg
Skringer Johann, St. Johann/Eichberg
Adam-Lieleg, Leutschach
Tscheppe Eduard und Stefan, Leutschach
Sabathi Erwin, Leutschach
Jöbstl Johannes, Wernersdorf

Ausgezeichnete steirische Sauvignon-blanc-Lagenweine:
Neumeister: Moarfeitl
Tement: Zieregg, Graßnitzberg
Polz: Hochgraßnitzberg, Obegg
Gross Alois: Nussberg
Melcher Arnold: Sonneck
Sattlerhof: Kranachberg
Skoff Walter: Obegg, Hochsulz
Riegelnegg Otto: Sernauberg
Tschermonegg: Oberglanzberg

Sauvignon blanc

Gelber Muskateller

Ausgezeichnete steirische Muskateller-Produzenten:
List Anton, Siebing
Ploder-Rosenberg, St. Peter a. O.
Kratzer Herbert, Heimschuh
Pilch Anton, Ehrenhausen
Gross Alois , Ratsch a. d. Weinstraße
Tement Manfred, Berghausen
Melcher, Schloss Gamlitz
Adam Rupert, Gamlitz
Skoff Walter, Gamlitz-Eckberg
Riegelnegg Otto, Gamlitz
Söll Johannes, Gamlitz-Steinbach
Tschermonegg Erwin, Leutschach
Jaunegg Daniel, Eichberg-Leutschach
Strablegg-Leitner, Eichberg-Trautenburg
Repolusk Roland, Leutschach-Glanz
Adam-Lieleg, Leutschach
Sabathi Erwin, Leutschach

Traminer

Ausgezeichnete steirische Traminer-Produzenten:
Domittner Günther, Klöch
Wonisch Josef, Klöch
Müller Walter, Klöch
Gießauf-Nell, Klöch
Stürgkh'sches Weingut, Klöch
Klimbacher, Klöch
Lamprecht Fritz, Halbenrain
Neumeister, Straden
Winkler-Hermaden, Kapfenstein
Koleric, St. Veit a. Vogau
Regele Georg, Berghausen
Maitz Wolfgang, Ratsch a. d. Weinstraße
Dreisiebner Adolf, Sulztal
Dreisiebner Stammhaus, Gamlitz-Sulztal
Tschermonegg Erwin, Leutschach
Repolusk Roland, Leutschach

Scheurebe-Sämling

Ausgezeichnete steirische Scheurebe/Sämling-Produzenten:
Scharl Josef, St. Anna am Aigen
Schober Mathilde, St. Anna am Aigen
Reichmann Eduard, St. Peter a. O.
Frauwallner Alois, St. Peter a. O.
Stocker Harald, Unterlamm
Krispel, Straden
Scheucher, Labuttendorf, St. Veit a. V.
Maitz Wolfgang, Ratsch a. d. Weinstraße
Uhl Franz, Ratsch a. d. Weinstraße
Dietrich Franz, Gamlitz
Tschermonegg Erwin, Leutschach
Adam-Lieleg, Leutschach

Ausgezeichnete steirische Gewürztraminer-Produzenten:
Frühwirth Friedrich, Klöch
Schuster Rudolf, Klöch
Gießauf-Nell, Klöch
Palz Gasthof-Weingut, Klöch
Wonisch Josef, Klöch
Gross Alois , Ratsch a. d. Weinstraße
Erzherzog-Johann-Weine, Ehrenhausen
Skoff Peter, Gamlitz-Kranachberg

Gelber Muskateller

Diese Rebe stellt hohe Ansprüche an ihren Standort. Die Trauben reifen sehr spät und bringen in allen Qualitätsstufen sehr eigenständige Weine hervor. Als trockener, grünlich-gelber Qualitätswein begeistert er durch die kräftigen Muskat-Fruchtaromen und die frische, elegante Säurestruktur. Das für den steirischen Muskateller typische Muskat-Bukett erreicht man, wenn die Traubenreife bei der Ernte zwischen 15° und 16° KMW liegt. Die Sortentypizität bleibt bis in hohe Prädikatsstufen erhalten. Typische traubige Nase mit Aromen von Zitronenmelisse, rosenduftig mit Zitrusfrische, manchmal sind im Bukett auch Ananasaromen vorherrschend.
Trinktemperatur: 9°-11°C
Trinkreife/Lagerung: jung zu trinken, bis 10 Jahre

Traminer - Gewürztraminer

Die Südoststeiermark ist zur Heimat des Traminers geworden. Der Traminer und Gewürztraminer bringen in allen Qualitätsstufen sehr eigenständige, hochwertige Weine hervor. Als trockener Qualitätswein begeistert er durch eine besonders aromatische, intensive Note nach Rosenblättern mit leichten Honigaromen. Die Bandbreite des Traminers reicht von einem trockenen Wein über edelsüß bis hin zum Eiswein (Gross, Ratsch, 2001) und zur Trockenbeerenauslese.
Wildrose, Rosenblätter und Muskatnuss, Birnen und gelbe Südfrüchte sind die vorherrschenden Fruchtaromen, bei längerer Lagerung entwickelt das Bukett des Traminers eine Karamellnote.
Trinktemperatur: 9°-11°C
Trinkreife/Lagerung: jung zu trinken, bis 30 Jahre

Scheurebe - Sämling

Die Scheurebe, auch Sämling genannt, ist eine Kreuzung von Dr. Scheu aus den Rebsorten Sylvaner und Riesling. Die Trauben reifen sehr spät, erreichen aber jedes Jahr die Vollreife. Diese Rebsorte bringt ihre beste Weinqualität als edelsüßer Wein von der Spätlese aufwärts.
Der „Sämling" kann über ein hochfeines, verstärktes Riesling-Bukett verfügen, das aber nicht muskatellerartig wirkt. Durch die feine, rieslingartige Säure wirkt der Wein duftig, strahlig und körperreich – „Sämlington". Pfirsich, tropische Früchte wie Mango, Kiwi, pfeffrig, aber auch rote und schwarze Ribisel, Anis. Schmunzelnd wird der Sämling oft als der Sauvignon blanc der Armen bezeichnet.
Trinktemperatur: 9°-11°C
Trinkreife/Lagerung: jung zu trinken, bis 5 Jahre

Schilcher – Blauer Wildbacher

Die Blaue-Wildbacher-Traube ist die Hauptrebsorte der Weststeiermark. Diese Trauben werden in unterschiedlichen Reifestadien für viele Produkte verwendet. Hauptsächlich als Roséwein, als Schilcher. Je nach dem Reifeverlauf eines Jahres kann es auch eine Schilcher-Spätlese, Schilcher-Auslese, Schilcher-Beerenauslese, manchmal sogar eine Trockenbeerenauslese und auch einen Schilcher-Eiswein geben. Dazu wird der Blaue Wildbacher auch als Rotwein ausgebaut. In den letzten Jahren kamen noch der Schilcher-Frizzante und der Sekt hinzu.

Die Trauben reifen sehr spät, typisch für den Schilcher ist die frische, rassige Säure, die in ein grasig-beeriges Fruchtbukett eingebettet ist. „Zwiebelfärbig, Ribiselfrucht, feine Würze, die Säure kombiniert mit einer leichten Restsüße, so schmeckt ein harmonischer und vollmundiger Schilcher", charakterisiert Karin Ulz ihren Schilcher.

Trinktemperatur Schilcher: 9°-11°C
Trinkreife/Lagerung Schilcher: jung–2 Jahre
Trinktemperatur Blauer Wildbacher: 14°–16°C
Trinkreife/Lagerung Blauer Wildbacher: 2–7 Jahre

Blauer Zweigelt

Der Blaue Zweigelt ist wohl die bedeutendste österreichische Kreuzung und wurde vom Steirer Prof. Fritz Zweigelt aus den Rebsorten Blaufränkisch und St. Laurent gezüchtet.

Ein Zweigelt kann über eine kräftige, rubin- bis granatrote Farbe verfügen mit einem Duft nach Wildkirschen, saftigen Weichseln oder Zwetschken. Im Bukett finden sich Fruchtnoten nach dunklen Beeren, reifen Kirschen, Brombeeren, manchmal auch Marzipan und Schoko-Anklänge. Bei längerer Flaschenreifung verändert sich das Fruchtbukett hin zu einem Rumtopfgeschmack.

Trinktemperatur: 14°-16°C
Trinkreife/Lagerung: 2–10 Jahre

St. Laurent

Die Südoststeiermark profitiert von den Ausläufern des milden pannonischen Klimas. Hier wird von einigen Weinbaubetrieben die St. Laurenttraube kultiviert und als fruchtiger, mittelschwerer Rotwein ausgebaut.

Trinktemperatur: 14°-16°C
Trinkreife/Lagerung: 2–10 Jahre

Ausgezeichnete steirische Schilcher-Produzenten:
Friedrich, St. Stefan/Stainz
Weber Eduard, Lestein, St. Stefan/Stainz
Lazarus Josef, Langegg, St. Stefan/Stainz
Langmann-Lex, Langegg, St. Stefan/Stainz
Oswald-Trapl, St. Stefan/Stainz
Klug Markus, Hochgrail, St. Stefan/Stainz
Ulz Karin, Stainz
Koller, Wildbach, Bad Gams
Bachfischer Ewald, Deutschlandsberg
Resch Johannes, Deutschlandsberg
Kuntner, St. Ulrich im Greith
Jöbstl Johann, Wernersdorf
Jöbstl Martin, Eibiswald

Schilcher-Frizzante:
Reiterer, Wies

Schilcher-Sekt:
Langmann-Lex, Langegg, St. Stefan/Stainz
Erzherzog-Johann-Weine, Ehrenhausen
Strohmeier, St. Stefan/Stainz

Ausgezeichnete steirische Blauer-Wildbacher-Rotwein-Produzenten:
Kuntner, St. Ulrich im Greith
Schlossweingut Melcher, Gamlitz
Skoff Peter, Gamlitz-Kranachberg
Strablegg-Leitner, Eichberg-Trautenburg

Ausgezeichnete steirische Blauer-Zweigelt-Produzenten:
Platzer Manfred, Tieschen
Scheucher, Labuttendorf
Gröbacher, St. Veit am Vogau
Hutter Franz, Feldbach
Winkler-Hermaden, Kapfenstein
Neubauer, St. Anna am Aigen
Triebl, St. Anna am Aigen
Pfeifer Alois, St. Anna am Aigen
Rossmann, St. Peter am Ottersbach
Rauch Günther, St. Peter a. O.
Schlögl Rudolf, St. Nikolai o. Dr.
Lambauer Georg, Kitzeck
Wagner-Georgischlössl, Ehrenhausen
Maitz Wolfgang, Ratsch a. d. Weinst.
Skoff Walter, Gamlitz-Eckberg
Bauer Karl, Gamlitz
Renner Karl, Leutschach

Ausgezeichnete steirische St. Laurent-Produzenten:
Platzer Manfred, Tieschen
Lackner-Tinnacher, Gamlitz

Schilcher

Blauer Wildbacher

Blauer Zweigelt

St. Laurent

Das Schilcherland von St. Bartholomä bis Eibiswald

Die Hauptrebsorte dieser Region ist die Blaue-Wildbacher-Traube. Der gleich gepresste Wein aus dieser urtümlich steirischen Rebsorte heißt im Hochdeutschen „Schilcher" oder in der Sprache der Einheimischen „Schücha". Jahrhundertelang wird dieser Wein schon so gekeltert. Oft als „Sauerampfer" verschmäht, hat er heute wegen seines unverwechselbaren feinsäuerlich-grasigen Geschmackes Einzug in die besten Häuser gehalten. Heute werden aus der Blauen-Wildbacher-Traube, je nach Reifestadium, unterschiedliche Produkte erzeugt. Hauptsächlich wird der berühmte Roséwein gekeltert, der Schilcher.

Je nach dem Wetter eines Jahres kann es bei einem langen, schönen Herbst auch Schilcher-Spätlesen, Schilcher-Auslesen, Schilcher-Beerenauslesen, manchmal sogar in ganz kleinen Mengen auch Trockenbeerenauslesen geben. Einige Winzer haben sogar schon einen Schilcher-Eiswein geerntet. Dazu kommt noch, dass die Blaue-Wildbacher-Traube als Rotwein ausgebaut wird. In den letzten Jahren kamen noch „trendige" Weine wie der Schilcher-Frizzante und der Schilcher-Sekt hinzu. Aus den Pressrückständen (Beerenhäuten) werden noch Schilcher-Grappa oder Tresterbrand und auch ein Schilcher-Gelägerbrand gewonnen.

Die weststeirische Weinbauregion

beginnt nicht, wie viele glauben, an den Grenzen des Bezirks Voitsberg, zu diesem Weinbaugebiet zählen auch die Stadt Graz und jene Gemeinden des politischen Bezirkes Graz-Umgebung, die rechts der Mur liegen. Wie jede andere Region hat auch das Schilcherland seine Weinstraße, deren nördlicher Ausgangspunkt die Gemeinde Ligist ist. Altes bäuerliches Kulturgut kann man im Ligister Heimatmuseum besichtigen. Von Ligist geht es über den Steinberg nach Gundersdorf in Richtung St. Stefan ob Stainz. Über all die Jahrzehnte hat sich dieser Landstrich seine Ursprünglichkeit bewahrt. Die Senken und Höhen des weststeirischen Hügellandes werden mit großem Aufwand von den Bauern gepflegt, die damit auch ihrem Auftrag als Landschaftsgärtner mehr als gerecht werden. Die Grundflächen sind vielfach genützt, und so gibt es neben dem alles beherrschenden Weinbau Kürbisse ebenso wie viele verschiedene Obstsorten: Kirschen und Weichseln, Birnen, Äpfel, Zwetschken und Kriecherln, auch Seltenes wie Quitten. Über St. Stefan kommt man nach Hochgrail, für viele das Herzstück dieser Region. Zu jedem Weingarten gehört sein „Kellerstöckl". Einst als Presshaus für die Weinbauern gedacht, wurden viele in den vergangenen Jahren zu Ferien- und Wochenenddomizilen ausgebaut. Reizvolle Beispiele dieser ursteirischen Behausungs- und Arbeitsstätte gibt es noch in der Gegend von Hochgrail zu entdecken. Mehr als siebzig Weingärten verlaufen entlang der Hügelkette. Aufgefädelt wie auf einer Perlenkette, steht ein Kellerstöckl nach dem anderen in Reih und Glied.

Am Fuße des Reinischkogels entspringt der Stainzbach, mit dem man entlang der Schilcherstraße bei Marhof erstmals in Kontakt kommt. Von Marhof geht es rasch nach Stainz, das vom gleichnamigen Schloss dominiert wird. Das einstige Augustiner-Chorherrenstift, im Jahre 1229 gegründet, besitzt nicht nur eine der schönsten Barockkirchen der Steiermark, sondern beherbergt auch ein Bauernmuseum mit wechselnden Sonderausstellungen.

Das Schilcherland im Winter, Blick von Lestein nach Neuberg

Sommer - alles blüht und wächst

Herbst - farbenprächtig ist die Erntezeit

Winterruhe in den Weingärten von Hochgrail bei St. Stefan ob Stainz
Hochzeit in Weiß – Vermählung des Landes mit dem Himmel, der einen sanften Brautschleier schickt, einen, der nicht verhüllt, sondern den Blick auf die Strukturen freigibt, das Gewachsene, die Spuren, welche die Menschen im sanften Land

hinterlassen haben; Wechselspiel von Konturen der Bäume, der Rebstöcke, der Häuser, eine Grafik, meisterhafter, harmonischer und vollendeter, als ein einzelner Künstler sie schaffen könnte.

Weinbau und Hausbrennerei Dorner

A-8151 St. Bartholomä, Reiteregg 44
Telefon: 03123/2288, Fax:-22

Beim Dorner in Reiteregg – nur eine knappe Autostunde von Graz entfernt- haben Weinbau und Gastfreundschaft seit vielen Generationen Tradition. Vom 1654 erstmals urkundlich erwähnten Anwesen aus lässt sich bei schönem Wetter die gesamte Weststeiermark überblicken.
St. Bartholomä ist die westlichste Region der Weststeiermark, in der Weinbau betrieben wird. Die Familie Hergan kultiviert hier auf über 4 Hektar Weingärten ihre Trauben. Das Klima ist schon etwas kühler, gewissenhaft muss die Menge am Stock reduziert werden, um eine Ausreifung der Trauben zu erreichen. Alois Hergan hat in den letzten Jahren immer das ideale Verhältnis von Ertragsmenge und Ausreifung für seine Trauben gefunden. Die Weine, Schilcher, Welschriesling, Weißburgunder, Morillon und Grünsylvaner, stehen ihren südsteirischen Brüdern und Schwestern in Bezug auf die Qualität um nichts nach. Sogar mit den schwieriger zu kelternden Rotweinen zeigt Alois Hergan sein fundiertes Handwerk: Die 2000er St. Laurent

und Zweigelt sind dunkelrote, mittelkräftige und fruchtbetonte Rote, die zu trinken Spaß macht.
Im hundertjährigen Gewölbe der Schnapsbrennerei werden ausgesuchte Früchte, vom Schilchertrester bis zum Weinbergpfirsich, „vergeistigt" und anschließend noch in Eichen-, Akazien-, Kirschholzfässern oder in Glasplutzern gelagert, bevor sie in Flaschen gefüllt werden.
Wer einen Blick in den Weingarten wirft, sieht auf den Wiesen neben den Rebzeilen zahlreiche „glücklich dreinschauende" Schweine herumrennen – die „Dorner Wiesensau". Der Name „Wiesensau" ist nicht nur ein Begriff – die Schweine vom Dorner leben wirklich in Wald und Wiese, und das schmeckt man.
Alle Dorner-Weinetiketten wurden von Herms Fritz gestaltet.

4,4 ha - Rieden Kreuzeck, Marienhain: Weißburgunder, Morillon, Grünsylvaner, Welschriesling, Rosen-Muskateller, Schilcher, Blauer Wildbacher, St. Laurent, Blauer Zweigelt
Buschenschank und Ab-Hof-Verkauf: März-November, Mi-So ab 12 Uhr
€ 5,–/10,–
Traubensaft, Fruchtsäfte, Obstbrände

Weinhof Florian

A-8143 Dobl, Unterbergen 54
Telefon: 03136-52 6 26, Fax: 53 4 64
e-mail: weinhof@florianwein
www.florianwein.at

Bereits um 1140 wurde im Stadtgebiet von Graz dort, wo es heute Wetzelsdorf und Webling heißt, Weinbau betrieben. Dem Buch „Grätz" von Gustav Schreiner aus dem Jahr 1843 ist zu entnehmen, dass die Weingärten im Grazer Stadtgebiet „in den Händen wohlhabender Leute des Mittelstandes sind, die schon seit vielen Jahren einen bedeutenden Fleiß und viel Kosten auf ihre Pflege verwenden". Die Hauptsorten, die damals angebaut wurden, waren: Clevner, Traminer, Ruländer, Krachgutedel, Ortlieber und Wälschriesling. Im Jahre 1950 war noch eine Rebfläche von knapp 32 Hektar registriert, heute sind es nicht einmal mehr drei.
Dass die Tradition des Grazer Stadtweins weiterlebt, ist ein Verdienst der in Dobl ansässigen Familie Florian. Am Kehlberg wachsen die Trauben für den Welschriesling, Pinot blanc, Pinot gris und Sämling. Die Weingärten sind im Besitz der Familien Meltschok und Udo Querch. Gepflegt und gelesen werden die Weingärten von Joachim und Friedrich Florian. Die Weingärten liegen sehr verstreut, sodass die Bearbeitung einen nicht unerheblichen Zeitaufwand erfordert, sowohl für die händischen als auch die maschinellen Arbeiten. Die für die Bearbeitung der Weingärten notwendigen Maschinen wie Traktor, Mulcher oder die Spritze für den Pflanzenschutz werden mit einem Anhänger von Weingarten zu Weingarten geführt, die notwendigen Arbeiten durchgeführt und weiter gehts zur nächste Rebfläche.
Insgesamt bearbeitet die Familie Florian

14 ha - Grazer Ried Kehlberg: Pinot blanc, Pinot gris und Welschriesling, Schilcher, Sauvignon blanc, Morillon, Muskateller, Sämling, Blauer Zweigelt
Buschenschank und Ab-Hof-Verkauf: täglich von 9-23 Uhr, € 4,60/8,–
Sektproduktion
Traubensaft, Fruchtsäfte
Obstbrände, Weinbrände, Destillate
5 Gästezimmer, 10 Betten

14 Hektar Rebflächen; es werden acht Weingärten in sechs verschiedenen Gemeinden und drei Bezirken betreut. Das Ergebnis lässt sich schmecken: Der Schilcher, die Hauptsorte des Betriebes, präsentiert sich mit einem würzigen Aroma und einer gut eingebundenen Säure. Pinot blanc, Muskateller und auch der Sämling verfügen über Dichte, Harmonie und einen schönen Abgang.
„Durch intensive Laubarbeit konnte der schwierige August überstanden werden, dann gab es bis zur Lesezeit im Oktober sehr viel Sonnenschein und wir konnten vollkommen gesundes Traubenmaterial mit hohen Reifegraden ernten.", meint Joachim Florian, „der Pinot blanc – der Grazer Stadtwein – erreichte bei der Ernte über 18° KMW." Um die Fruchtigkeit und Frische zu erhalten, werden alle Weine temperaturgesteuert in Edelstahltanks vergoren. Je nach Rebsorte und gewünschtem Weinstil werden für die weitere Reifung sowohl Stahltanks als auch klassische Holzfässer eingesetzt. Ein Rotwein der besonderen Art wird ebenfalls gekeltert, die „Rotwild"-Cuvèe, wobei der Blaue Zweigelt den Hauptanteil stellt.
Wer den einen oder anderen Wein verkosten will, dem steht die Buschenschenke in Dobl zur Verfügung. Dort gibt es auch eine zünftige Jause vom Buffet: Aufstriche, Braten, Schweinsbrüstl, gebratene Stelzen, Ripperln oder andere Spezialitäten, wie Kübelfleisch oder Lendbratl, stehen zur Auswahl. Aus der Florian-Brennerei gibt es Schilcher-, Trester-, Gelägerbrand und Edelbrände aus Zwetschken und Isabellatrauben vom Feinsten.

Weinbau Oswald vlg. Trapl

A-8511 St. Stefan ob Stainz, Lestein 40
Telefon und Fax: 03463/81 0 82
www.trapl-schilcher.at

Schon seit dem 14. Jahrhundert – das ist urkundlich verbrieft - wird in der Umgebung von St. Stefan ob Stainz Weinbau betrieben. Bereits seit 1572 gibt es den Namen „Trapl" – er bezeichnete damals ein Anwesen, das das Geschlecht der Plankenwarther der Familie zur Bearbeitung übergeben hatte. Heute ist „Trapl" der Vulgo-Name eines Weingutes, in dem der Besitzer Eduard Oswald eine jahrhundertealte Familientradition fortsetzt. „Ich mache nur, was mir die Natur vorgibt", lautet die Philosophie des engagierten Winzers. Der Schilcher, von dem es sechs verschiedene Arten gibt, wird in Stahltanks ausgebaut und danach in jahrzehntealten Kastanien- und Eichenfässern gereift. Die Flaschenfüllung – auch das ist Tradition – führt Eduard Oswald nur bei einer ganz bestimmten Mondphase durch, um so eine besonders lange anhaltende Frucht und Frische zu erzielen. Dabei stützt er sich auf uralte Familienaufzeichnungen, die natürlich streng geheim sind. Gepresst wird noch mit einer Baumpresse, die aus dem Jahr 1867 stammt. Und der Brotbackofen wurde 1883 gebaut.
Zum letzten Weinjahrgang sagt Eduard Oswald: „Wir haben sehr fruchtige Schilcher erhalten – etwas leichter im Alkohol, generell ein bisschen schlanker. Auch sind sie etwas weicher ausgefallen und somit ideal für jene, die bisher diesen Wein nicht so gerne getrunken haben."
„Wein ist nicht gleich Wein, Schilcher ist nicht gleich Schilcher!" Jedes Jahr werden daher sechs verschiedene Arten des Schilchers getrennt ausgebaut, je nach Lage, Süd-, Ost- oder Südosthang, und nach der

Erziehungsart, Eindraht- und Hochkultur nach Lenz Moser, werden im Bukett spezifische, unverkennbare Qualitäten erzeugt, davon auch eine eigene „Exklusiv"-, eine „Rustical"- und eine „Classic"-Linie.
Für Eduard Oswald hat sich sein Engagement ausgezahlt. Sein Weingut wurde zu einem der besten Schilcherproduzenten des Landes gekürt.
Der Blaue Wildbacher ist die Hauptsorte des Betriebes, daneben wird aber auch ein interessanter Klevner angeboten. Der „Trapl-Schilcher" soll jung getrunken werden, bei einer Trinktemperatur von 10°–12°C entwickelt er sein gehaltvolles Aroma am besten.
Dazu findet der Gourmet in der Buschenschenke ein umfangreiches Angebot an steirischen Spezialitäten. Ob es nun das selbst gebackene Brot ist oder das Geselchte – alle Produkte sind unverfälscht und daher von bester Qualität.

3 ha - Schilcher, Klevner

Buschenschank geöffnet von Anfang April bis Mitte Juni nur Sa, So und feiertags

Ab-Hof-Verkauf: täglich
€ 5,65/12,–

Schilcher-Sekt

Weingut Kleindienst-Kainz

A-8511 St. Stefan/Stainz, Gundersdorf 9
Telefon und Fax: 03463/81291
E-Mail: klassik2001@gmx.at

Vom Artikel her betrachtet ist der Schilcher „männlich", doch das bedeutet noch lange nicht, dass ihn nur Männer keltern können. Gabi Kleindienst, die seit 1992 in Gundersdorf zweieinhalb Hektar Anbaufläche bearbeitet, liefert den eindrucksvollen Beweis, was Frauenpower bedeutet. Durch gewissenhafte Arbeit im Weingarten und damit ein gesundes, reifes Traubenmaterial schafft sie die Grundlage für ausgezeichnete Weine. Gekeltert werden ein feingrasiger, vollfruchtiger Schilcher (in den Variationen Klassik und Selektion) sowie ein Wildbacher-Rotwein. Letzterer wird in Barriques ausgebaut und hält sich intensiv am Gaumen. Ein leichter, frischer Rivaner ergänzt die Weinpalette. Mit, wie sie sagt, „Freude, Neugier und Fingerspitzengefühl" beschäftigt sich Gabi Kleindienst auch mit dem Destillieren, wobei es ihr besonders wichtig ist, ein ausgewogenes Verhältnis zwischen Frucht und Alkohol zu erzeugen. Das beweisen unter anderem die Williams-Birne, der Weichselbrand sowie eine wunderbare Obst-Cuvèe.

2,5 ha - Schilcher, Rivaner
Blauer Wildbacher und eine
Cuvèe Katharina aus
Blauem Wildbacher und Zweigelt
Ab-Hof-Verkauf: täglich
€ 5,–/7,–
Schilcher-Trauben-Gelee
Obstbrände, Destillate, Tresterbrand
Schilcher-, Himbeer-, Quittenlikör
Schilcher-Weinessig, Gewürzessig

Weingut Eduard und Renate Weber

A-8511 St. Stefan/Stainz, Lestein 73
Telefon und Fax: 03463 /81954
E-Mail: edi.weber.weinbau@nusurf.at
www.weingutweber.at

Ursprünglich hat Eduard Weber aus Lestein (Gemeinde St. Stefan ob Stainz) den Beruf eines Schlossers gelernt. Danach war er Fahrlehrer beim Bundesheer, doch auch dieser Job konnte ihn nicht restlos glücklich machen. 1978, nach seinem 27. Geburtstag, verwirklichte der Weststeirer seinen Lebenstraum. Als quasi Spätberufener absolvierte er die Weinbauschule in Silberberg und begann daheim auf dem elterlichen Anwesen Rebstöcke anzupflanzen. „Seitdem", so seine Ehefrau Renate schmunzelnd, „hat er natürlich viel, viel mehr Arbeit als früher, aber der Weinbau ist nun einmal seine Berufung."
Die Hauptsorte des zwei Hektar Anbaufläche umfassenden Betriebes ist der Blaue Wildbacher. Aus ihm wird der klassische Schilcher gekeltert, den Renate Weber vor allem in der Kabinett-Ausbaustufe so liebt: „Er duftet herrlich nach Johannisbeeren." Den Schilcher gibt es auch unter der Bezeichnung „Weißherbst" und als Sekt. Zudem bringt der Blaue Wildbacher auch einen hervorragenden Rotwein, der in Barriques ausgebaut wird und so den entsprechenden Schliff bekommt. Den letzten Jahrgang beschreiben die Webers so: „Sehr schöne Beerentöne, sehr fruchtige und füllige Weine, schöner Trinkfluss. Der Rote ist ausgewogen und sehr extraktreich."

Ein trockener Zweigelt ergänzt das Programm. Eduard Weber: „Meine Aufgabe ist es, die Qualität auf einem Niveau zu halten, wie wir es bereits seit Jahren erreichen." Seine bei Verkostungen mehrfach ausgezeichneten Schilcher – steirischer Sortensieger der Jahre 1999, 2000 und auch 2003 bei der Steirischen Landesweinkost Sieger und damit auch im Weinsalon vertreten – sind nicht nur in österreichischen Fachgeschäften erhältlich. Sie erfreuen sich auch bei den Kunden von Weinhändlern in Regensburg (Deutschland) und in Thalwill (Schweiz) großer Beliebtheit. Auf dem in 560 Metern Seehöhe gelegenen Anwesen in Lestein wird aber auch weiterhin der Obstbau gepflegt – die dominante Frucht ist die Birne. Außerdem betätigt sich das Ehepaar Weber als Imker. Den Honig sollte man unbedingt einmal probieren.

2 ha - Ried Lestein: Schilcher,
Blauer Wildbacher, Blauer Zweigelt
Ab-Hof-Verkauf: täglich 9–21 Uhr
€ 4,50/10,–
Schilchersekt, Traubensaft, Fruchtsäfte, Birnen, Honig
Obstbrände, Destillate, Weinbrände

Weinbau und Sektmanufaktur Strohmeier

A-8511 St. Stefan ob Stainz, Lestein 148
Telefon: 03463/80235, Fax: 81810
E-Mail: wein-sekt@strohmeier.at
www.strohmeier.at

Die Zeiten, in denen es regelrecht verpönt war, den „aggressiven" Schilcher zu trinken, sind zum Glück schon lange, lange vorbei. Der typisch weststeirische Wein hat mittlerweile den Kampf um sein Image bestanden, ist - im wahrsten Sinn des Wortes, was die Sammlung der besten Tropfen Österreichs betrifft - „salonfähig" - geworden. Das Weingut Strohmeier in St. Stefan ob Stainz zählt zweifellos zu den Pionieren. Mit viel Fingerspitzengefühl wurde hier dem Schilcher jener Ausdruck verliehen, der seine Eigenständigkeit unterstreicht. Mehr noch: Franz Strohmeier war einer der Ersten, die sich intensiv mit dem Schilchersekt beschäftigten - und einer der Ersten, die bewiesen, wie gut ein aus der Blauen-Wildbacher-Rebe gekelterter Rotwein munden kann.

So ist es bis heute geblieben - bei allen Köstlichkeiten, die in die Flasche gebracht werden, steht der Blaue Wildbacher im Mittelpunkt. „Lestoa" heißt die Riede, die einen eleganten Wein hervorbringt - und auch die Trauben für den Grundwein des Sekts, der sich elegant-feinherb und tieffruchtig präsentiert, sprich: der auf dem Gaumen zergeht. Nach einem Besuch in der Champagne überlegte Franz Strohmeier, ob es nicht möglich wäre, mit einem Grundwein aus der Blauen-Wildbacher-Traube einen feinen, edlen Schaumwein zu erzeugen. Es waren einige Versuche notwendig, bis er die Kunst der klassischen Flaschengärung beherrschte. Heute gelingt ihm diese Wandlung vom rustikalem Schilcher zum feinen Schilchersekt vorzüglich.

Franz Strohmeier war mit dem letzten Jahrgang zufrieden: „Ein tolles Jahr, nur war die Erntezeit etwas verregnet." Seine Weine baut er auf verschiedene Weise aus, den Schilcher und die Weißweine zwischen zwei und sechs Monate im Stahltank, und den Blauen Wildbacher bis zu 15 Monaten in Holzfässern. Den Schilcher gibt es als „Klassik" - naturbelassen, rassig und säurebetont ausgebaut. Der „Lestoa" wiederum ist kräftig, besticht durch eine vielschichtige Aromatik und feine Himbeernoten. In diesem Jahr gelang als besondere Rarität erstmals eine Schilcher-Trockenbeerenauslese.

Der „Blaue Wildbacher" wiederum steht für einen klassischen, dunkel ausgebauten Rotwein, der pfeffrig und mit feinen Brombeernoten ausgestattet ist.

Wenn man Franz Strohmeier fragt, wohin er seine Produkte liefert, vergeht viel Zeit, bis er alle seine Abnehmer aufgelistet hat. Kurz gesagt, stehen seine Weine nicht nur im „Salon Österreichischer Wein", sie sind nicht nur überall in Österreich, sondern auch in Deutschland fixer Bestandteil in der Gastronomie und vielen Vinotheken.

7 ha - Ried Lestein: Schilcher, Blauer Wildbacher, Morillon
Ab-Hof-Verkauf: ganzjährig nach telefonischer Voranmeldung

€ 5,50/20,–

Schilchersekt
Destillate, Weinbrand, Tresterbrände
Kernöl, Knabberkerne

Blick aus dem Keller von Franz Strohmeier

Farbenprächtiges Bauernhaus in Lestein

Weingärten in Langegg

Schilcherweinbau Friedrich

A-8511 St. Stefan/Stainz, Langegg 18
Telefon/Fax: 03463/81 2 52
E-Mail: friedrich@friedrich-schilcher.at
www.friedrich-schilcher.at

Schilcher-Landessieger, Einzug in den Salon österreichischer Weine, vierfacher Vinaria-Gewinner, dreimal Prämierung zum „Stainzer Literaturschilcher" – die Liste der Preise, mit denen das Weingut Friedrich in Langegg ausgezeichnet wurde, ist lang. Dahinter verbergen sich unermüdliche Arbeit und der Sensor für den (drei Hektar Anbaufläche umfassenden) Weinbau, denn nur so lassen sich ausgezeichnete Qualitäten erzeugen. Christian Friedrich wurde 1970 geboren, hat die Weinbauschule Silberberg absolviert und ist danach 1994 in den elterlichen Betrieb eingestiegen: „Seit diesem Zeitpunkt wird wieder Wein, ausschließlich Schilcher produziert. Im Jahre 1996 wurde ich mit unserem pikanten Schilcher erstmals steirischer Landessieger, in den darauf folgenden Jahren 1997 und 1998 konnte ich diesen Erfolg wiederholen. 1997, 1998 und 1999 war ich auch im Österreichischen Weinsalon vertreten. Ich bin mit der Entwicklung unseres Betriebes sehr zufrieden. Der Erfolg gibt uns jedenfalls Recht!"
Er ist auch einer, der ständig dazulernen will: „Ich versuche das Beste aus einem Jahrgang zu machen. Wichtig für mich ist es auch, mit meinen Kollegen zu diskutieren und stets bereit für etwas Neues zu sein." Mit dem letzten Jahrgang, den er penibel auflistet, ist der Winzer hochzufrieden. Er ist bukettintensiver als der 2001er, verfügt – als Folge starker Temperaturschwankungen – über ein gut ausgeprägtes Bukett und – im Vergleich zum Jahrgang 2001 – etwas weniger Säure.
Aushängeschild des Betriebes ist der

„Schilcher Edition": Sattes Erdbeerrot, in der Nase Erdbeer- und Waldaromen, gut eingebundene Säure, fruchtig. Der „Schilcher Klassik" ist trocken ausgebaut und zeigt grasige Noten. Der „Schilcher Standard" wiederum präsentiert sich in einem zarten Himbeerrosa, besticht durch Extrakt und ist in seiner Säure alles andere als aufdringlich. Der Blaue Wildbacher wird auch weiß gekeltert und unter der Bezeichnung „gleich gepresst" verkauft. Christian Friedrich: „Er ist zart goldgelb in der Farbe, fruchtig und voll am Gaumen und duftet nach Paprika." Gekeltert wird auch ein Rotwein, der in (gebrauchten) Barrique-Fässern seinen Schliff bekommt.
Das Weingut Friedrich – es ist in zahlreichen Vinotheken in Österreich vertreten – bietet auch andere Produkte an. So erfreuen sich der naturtrübe Apfelsaft, der Most und ein nussiges – übrigens mehrfach prämiertes – Kernöl großer Beliebtheit. Besonders zu empfehlen ist auch das Schilcherweingelee, eine Spezialität des Hauses. Zudem sollten Sie einmal die herrlichen Marmeladen ausprobieren!

3 ha - Ried Lestein:
Blauer Wildbacher – Schilcher

Ab-Hof-Verkauf: 8–19 Uhr
€ 4,80/6,50

Schilchersekt, Fruchtsäfte
Schilchergelee, Marmeladen

Weinbau – Buschenschank Familie Lazarus

A-8511 St. Stefan/Stainz, Langegg 20
Tel.: 03463/62 00, Fax: -4
E-Mail: weingut-lazarus@aon.at
www.weingut-lazarus.at

Wer das in Langegg in 570 Metern Seehöhe gelegene Weingut Lazarus besucht, könnte vielleicht Vorurteile haben. Vor dem großen Anwesen stehen oft zahlreiche Busse, und da möchte man meinen, drinnen im Haus gäbe es angesichts des Gästestromes keine Gemütlichkeit mehr. Aber genau das Gegenteil ist der Fall. Auf die Besucher warten nicht nur kulinarische Spezialitäten vom Feinsten, sondern auch eine Vielfalt von Weinen, die sich schmecken lässt. Josef Lazarus, der Inhaber, der seinen Produkten die ihm typische Handschrift verleiht, ist schon immer ein Verfechter kompromissloser Qualität gewesen. Dass sein Schilcher als quasi Stammgast den Österreichischen Weinsalon bereichert, hat mit Zufall nichts zu tun. Insgesamt zehnmal war er bisher dabei vertreten. In den Jahren 1995, 2000 und 2002 war er mit seinem Schilcher auch Sieger bei der steirischen Landesweinkost. Josef Lazarus: „Zum einen bin ich bestrebt, frische, fruchtige, spritzige und sortenbetonte Weine mit einem schönen Säurespiel zu produzieren. Zum anderen mache ich elegante, reife, leicht gerbstoffbetonte Rotweine, die in Barriquefässern zu ihrer Reife geführt werden."
Das Ehepaar Josef und Magdalena Lazarus ist der lebende Beweis dafür, dass Qualität kein Zufall ist. Nur durch intensive Arbeit und das entsprechende Know-how ist der traditionelle Betrieb zu dem geworden, was heute alle Wein-

gourmets zu höchstem Lob anregt. Das gilt nicht nur für die sechs verschiedenen klassisch-steirisch, als Roséwein ausgebauten Schilcher, sondern auch für die anderen Weißweine wie Welschriesling, Chardonnay und Rivaner. Vom Schilcher gibt es auch einen hervorragenden Sekt. Der als Rotwein sowohl im großen Holzfass, als auch in Barriques ausgebaute Blaue Wildbacher besticht durch ein intensives Aroma mit einem leichten Anflug von Vanille. Den Weinjahrgang 2003 beurteilt Josef Lazarus so: „Es gab ein reifes, gesundes Traubenmaterial, mit den Zuckergraden und der Säure war ich sehr zufrieden."

Lazarus-Weine werden nicht nur in der Steiermark verkauft, sie sind auch in Wien und Kärnten sowie gleich dreimal in Deutschland, davon gleich in zwei Münchener Geschäften, erhältlich. Helene, eine der Töchter des Hauses, war übrigens von 1992 bis 1994 die steirische Weinkönigin.

9 ha - Ried Lestein: Blauer Wildbacher (Schilcher), Rivaner, Zweigelt
Buschenschank von Mitte Februar bis Weihnachten geöffnet
Montag Ruhetag
Ab-Hof-Verkauf: 8–22 Uhr
€ 4,30/8,70
Schilchersekt, Frizzante, Traubensaft
Obstbrände, Weinbrände
5 Gästezimmer 10 Betten

Weinbau Markus Klug vlg. Pletteri

A-8511 St. Stefan/Stainz, Hochgrail 100
Telefon und Fax: 03463/81 7 19
E-Mail: markus.klug@utanet.at
web.utanet.at/markus.klug

Eine Urkunde aus dem Jahr 1792 bestätigt erstmals, dass in Hochgrail eine Familie Klug, vulgo Grailpletteri, einen Weingarten besaß. Auch heute noch befindet sich das (mittlerweile vier Hektar Anbaufläche umfassende) Weingut in Familienbesitz. Markus Klug, der sich der Tradition verpflichtet fühlt („Den Schilcher muss man möglichst ursprünglich belassen"), erzählt gerne über die Geschichte seiner Familie und dabei ganz besonders über einen Ahnen, der Matthias Klug hieß und im 19. Jahrhundert als Zahnarzt tätig war: „Dabei wurde er so reich, dass er sich den gesamten Gerichtsbezirk Stainz hätte kaufen können. Gegen Ende seines Lebens hat er dann aber große Probleme bekommen und ist schließlich als armer Mann gestorben." Soweit die Geschichte.

Was heute zählt, ist das Bewusstsein, einen guten Wein zu keltern. Zum aktuellen Jahrgang sagt Schilcher-Spezialist Markus Klug: „Jedes Glas Schilcher, das man heuer nicht trinkt, bedeutet das Versäumen eines besonderen Genusses. Denn dieses Weinjahr wird wohl nicht so schnell vergessen werden. Mein Schilcher verfügt über eine reintönige Primärfrucht voller Rasse und Dichte und ist mit einem feinen Säurepotenzial ausgestattet."

Erwähnenswert ist auch, was sich hinter einem Schilcher verbirgt, den Markus Klug aus dem Spätblauen Wildbacher gewonnen

hat. Die Reben, die sich mittlerweile bestens an das weststeirische Klima angepasst haben, wurden 1992 aus Italien geholt. Dort, in Pieve di Soligo, 30 Autominuten nördlich von Jesolo, gibt es den Wildbacher bereits seit dem Beginn des 20. Jahrhunderts, seit ein aus dieser Gegend stammender Gelehrter, der in Graz unterrichtete, Rebstöcke in seine Heimat brachte und dort anpflanzte. In Pieve wird auch heute noch ein Rotwein gekeltert, der sich „Wildbacher" nennt. Markus Klug wiederum hat den „italienischen Wildbacher" zurück in seine ursprüngliche Heimat gebracht. Den „Italiener", aus ihm wird klassischer Schilcher gekeltert, beurteilt Markus Klug so: „Die Reben sind kleinbeerig und dickschalig. Aus den fast schon ausgestorbenen Spätblauen Wildbachertrauben entsteht ein Wein mit viel Rasse, Extrakt und Frucht." So wie alle anderen Schilchervariationen ist er ein Hochgenuss. Am besten, Sie probieren ihn einmal. Als eingefleischter GAK-Fan führt Markus Klug einen eigenen „Roten", den GAK-Schilcher, in seinem Sortiment.

4 ha - Ried Hochgrail:
Blauer Wildbacher / Schilcher
Ab-Hof-Verkauf:
Mo-Sa geöffnet von 8-18 Uhr
€ 5,–/12,–
Schilcher-Frizzante
Traubensaft, Kernöl,
Schilcher-Sturm, Edelkastanien
Obstbrände, Weinbrände

Weinbau Franz Hiden

8511 St. Stefan/Stainz, Hochgrail 66
Tel.: 03463/81 8 17, Fax: 82 447
E-Mail: hoellerhansl@direkt.at
www.weingut-hiden.at

Höllerhansl" – benannt nach einem gewissen Johann Höller, der in einem Dokument aus dem Jahr 1820 als Besitzer des Anwesens geführt wird – ist der Vulgoname des Weingutes Hiden in Hochgrail 66, Gemeinde St. Stefan ob Stainz. Geführt wird es vom Ehepaar Franz und Maria Hiden, das es sich zur Lebensaufgabe gemacht hat, den Gästen nicht nur sortentypische Weine, sondern auch – von März bis November – steirische Köstlichkeiten anzubieten. So sind die Hidens etwa für ihre Selchfleischspezialitäten bereits seit langem ein Begriff; eine Auszeichnung durch die gestrengen Experten der Landwirtschaftskammer unterstreicht die einzigartige Qualität. Sie verwöhnen den Gaumen ebenso wie die zünftige steirische Jause und die hausgemachten Mehlspeisen. Die Augen wiederum delektieren sich beim Verweilen in der Buschenschenke an einem unvergesslichen Rundblick von Hochgrail über die Weststeiermark.

Bei den Weinen, entfallen 75 Prozent der Produktion auf den gebietstypischen Schilcher. Kellermeister Franz Hiden legt besonderen Wert auf gesundes und sauberes Traubenmaterial. Mit dem Jahrgang 2002 ist er sehr zufrieden. Sortenbukett, Duft und Abgang stimmen bei allen Weinen. Beim Schilcher ist die Säure ist sehr angenehm eingebunden, der Duft des Weines erinnert an Gras und reife Ribisel - ein außergewöhnliches Tröpferl. Das ist umso bewundernswerter, wenn man weiß, dass die Trauben auf Hängen gelesen werden, die eine Steigung von bis zu 70% aufweisen. In diesem Gebiet herrscht der für den Schilcher so günstige Schieferboden vor, „Opak" sagen die Weinbauern dazu. Das ist genau der Boden, der dem Wein, zusammen mit dem speziellen Kleinklima, das typische Bukett verleiht. Kein Wunder, dass gerade von dieser Gegend die Schilcher stammen, die bei den Weinprämierungen am besten abschneiden.

Beim Blauen Wildbacher unterscheidet man drei Spielarten. Die frühreifen, mittelreifen und spätreifen Trauben, wobei die spätreifen den höchsten Säurewert mitbringen. Ein Mischung der Reben aus diesen Reifetypen im Weingarten bringt wiederum eine besondere Harmonie und Bandbreite an Aromen in den Wein.

Neben dem Schilcher werden auch Weißburgunder, Morillon, Muskat-Sylvaner und Blauer Zweigelt kultiviert. Gelungen ist auch der besonders würzige Schilchersekt, der als Aperitif geradezu ideal mundet.

4 ha - Schilcher, Weißburgunder, Morillon, Muskat-Sylvaner, Blauer Zweigelt
Buschenschank von März-November, Donnerstag bis Sonntag geöffnet
Ab-Hof-Verkauf täglich
€ 3,50/5,-
Traubensaft, Fruchtsäfte
Schilchersekt
Obstbrände, Weinbrand

Weingut Ulz

A-8510 Stainz, Hauptplatz 2
Telefon und Fax: 03463/22 16
E-Mail: Ulz.Tracht-Wein@aon.at

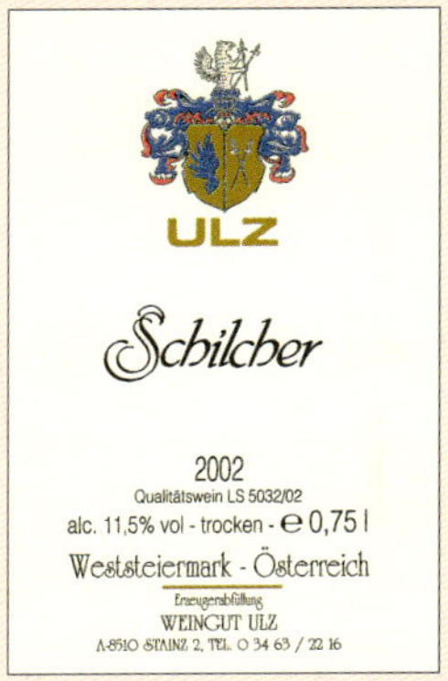

Frauen haben Power – das triff zu 100 Prozent auf Karin Ulz zu, die sich im elterlichen Betrieb in Stainz intensiv mit Weinbau beschäftigt. Seit dem jahre 1932 ist das Anwesen in Familienbesitz, und seit damals wird auch Weinbau betrieben. In den 70er-Jahren wurde der Weingarten auf die Blaue-Wildbacher-Reben umgestellt. Die Rebstöcke gedeihen heute auf den Rieden Eichegg (in der Nähe des Engelweingartens bei Stainz) und Scheibermichl (in Gundersdorf). Beide Rieden werden gesondert gekeltert, um so zwei verschiedene Schilchertypen anbieten zu können.

Karin Ulz war von 1982 bis 1984 steirische Weinkönigin. Dass sie zum Weinbau fand, ist das Ergebnis eines Reifungsprozesses: „Ich bin langsam mit der Materie vertraut geworden und mitgewachsen. Seit 1993 weiß ich, wie es ist, den Jahreslauf zu verfolgen, mit dem Wetter zu zittern, zu hoffen und letztlich durch die Kellerarbeit Qualität in die Flasche zu bringen."

Die letzte Ernte bezeichnet Karin Ulz als typischen Schilcherjahrgang: „Die Blüte war optimal, der Sommer heiß. Im September gab es leider Regen, im Oktober – zur Erntezeit – dann trockenes Wetter." Gekeltert wurde ein fruchtiger, frischer Schilcher, der auch „gleich gepresst" (und damit einem Weißwein fast ähnlich) sowie als prickelnd-anregender Frizzante angeboten wird.

Dass der Blaue Wildbacher auch einen hervorragenden Rotwein ergibt, ist mittlerweile hinlänglich bekannt. Das weiß Karin Ulz auch, doch hat sie sich mit dem „Roten" noch nicht beschäftigt. Das wiederum bedeutet aber keineswegs, dass es den Schilcher niemals rot ausgebaut geben wird: „Ich brauche für alles Zeit. Wenn ich das Gefühl habe, etwas durchzuziehen, dann mache ich es auch." Mit den Ulz-Weinen ist also auch in Zukunft zu rechnen, die „Herren der Schöpfung" erwartet auch künftig eine starke weibliche Konkurrenz!

4 ha - Schilcher
Verkauf täglich in der Vinothek „Steirischer Weinladen" am Hauptplatz 2 in Stainz

€ 5,-/ 6,-
Schilcher Frizzante
Kernöl, Schilcher-Essig
5 Gästezimmer, 10 Betten

Weingut-Buschenschank Erich Jud

A-8510 Stainz, Schilchergasse 8
Telefon und Fax: 03463/2344

Unter Erzherzog Johann hat es den Stainzer-Schlossweinbau gegeben, jetzt wurde diese Anbaufläche wieder aktiviert. Um sie kümmert sich Erich Jud, der insgesamt acht Hektar bewirtschaft. Den Betrieb gibt es seit 1906. Wie seine Vorfahren ist Erich Jud um die Produktion hochwertiger Weine bemüht. Traditionell ist natürlich der Schilcher, bei dem jede Riede, Kothvogel, Engelweingarten und das eingangs erwähnte Schloss Stainz, dem Wein einen ganz speziellen Ausdruck verleiht. „Flaggschiff" des Betriebes ist der Schilcher-Tröpfler von der Riede Kothvogel. Den Schilcher gibt es auch als prickelnden Sekt.

Weißburgunder und Morillon ergänzen das Programm. Den Jahrgang 2002 beurteilt Erich Jud so: „Der Schilcher zeigt sich sehr fruchtig und etwas höher im Alkohol. Weißburgunder und Morillon bestechen ebenfalls durch viel Frucht und ein gutes Säurespiel."

Das wissen alle Kunden zu schätzen, die ab Hof kaufen. Aber die Jud-Weine haben sich mittlerweile auch in diversen Restaurants in Salzburg und Tirol einen guten Namen gemacht.

Ehrlich gesagt - was wäre der Wein (ganz speziell der appetitanregende Schilcher) ohne eine entsprechende Jause? Auch in diesem Punkt hat die Familie Jud vorgesorgt. In ihrer Buschenschenke, die von Jänner bis Dezember geöffnet hat, haben 100 Personen bequem Platz, dazu kommen in der warmen Jahreszeit 50 Plätze im Freien. Die Gäste werden mit hausgemachten Spezialitäten verwöhnt – mit einer köstlichen Brettljause etwa, bei der Aufstriche und ein guter Schafskäse natürlich nicht fehlen dürfen. Kernöl, Fruchtsäfte (natürlich auch Traubensaft), feine Destillate, Likör sowie ein Weinbrand ergänzen das umfangreiche Angebot.

Schilcherweingarten beim Schloss Stainz

8 ha - Ried Kothvogel: Blauer Wildbacher (Schilcher), Ried Schloss Stainz: Schilcher, Ried Engelweingarten: Weißburgunder, Morillon
Buschenschank ganzjährig
ab 13 Uhr geöffnet
Ab-Hof-Verkauf: täglich
€ 4,-/6,-
Schilcher-Sekt, Traubensaft
FruchtsäfteDestillate, Weinbrände
Liköre

Buschenschank und Teichwirtschaft Toni Peter

A-8524 Bad Gams, Gersdorf 21
Telefon und Fax: 03463/3354
E-Mail: admin@weinbautonipeter.at
www.weinbautonipeter.at

Bevor Toni Peter im Jahr 1986 in Bad Gams den elterlichen Betrieb übernahm, betrieb er intensive Ahnenforschung. Im Landesarchiv wurde er fündig, dass sich das Grundstück bereits seit 1750 in Familienbesitz befindet. 1989 pflanzte der engagierte Weinbau- und Kellermeister seine ersten eigenen Rebstöcke aus, heute umfasst die Anbaufläche 2,2 Hektar. Toni Peter ist überzeugt, dass die Qualität im Weingarten wächst, dementsprechend intensiv wird gearbeitet, bevor sich im Weinglas ein funkelnder duftiger „Tropfen" widerspiegelt. Die Hauptsorte ist der Schilcher, „schließlich", so der Winzer, „mag ich selbst säurebetonte Weine am liebsten." Den Schilcher gibt es auch gleich gepresst, also weiß und ohne Maischestandzeit: „Da hab' ich mich am Champagner orientiert. Da wird ja auch aus roten Trauben ein weißer Sekt gemacht. Also hab' ich das Gleiche mit den Blauen-Wildbachertrauben probiert. Die Nachfrage ist von Jahr zu Jahr gestiegen, und somit gehört der ‚gleich Gepresste' fix zu unserem Programm."
Angeboten werden auch ein klassisch ausgebauter Weißburgunder, der in der Ernte 2003 („ein fruchtiger, duftiger, fröhlicher Jahrgang") besonders sortentypisch ausgefallen ist, sowie ein Muskateller, der durch seinen unverwechselbaren Duft die Gaumennerven anregt. Die Jahresproduktion des Bad Gamser Winzers ist inzwischen auf 15.000 Flaschen angestiegen. Die Weine erfreuen sich nicht nur in der Steiermark großer Beliebheit, sie

finden auch in Wien in der Verkaufsstelle in der Hietzinger Hauptstraße 153 ihren Absatz.
Zum Wein gehört bekanntlich eine gute Jause – und die gibt es in der Buschenschenke. Hausgemachte Spezialitäten, wie Räucherfische und Fischschmankerln, bäuerliche, liebevoll zubereitete steirische Brettljausen, hausgemachte Pasteten und Mehlspeisen und auch die Käsespezialitäten locken die Gäste zum „vulgo Gregerbauer". „Bei uns ist alles Tradition", unterstreicht Toni Peter stolz die Familienphilosophie. In den gemütlichen Räumlichkeiten des Buschenschanks finden auch regelmäßig Volksmusikveranstaltungen und das „Singen im Buschenschank" statt.
Es kommt wohl nicht von ungefähr, dass ein Zitat des Komponisten Gustav Mahler den Prospekt veredelt: „Tradition ist die Weitergabe des Feuers und nicht die Anbetung der Asche."

2,2 ha - Ried Gersdorf: Schilcher, Weißburgunder, Muskateller
Buschenschank von Anfang Mai-Ende Oktober täglich geöffnet
Ab-Hof-Verkauf: täglich 8-18 Uhr
€ 4,80/ 10,50
Schilchersekt,
Traubensaft, Fruchtsäfte
Obstbrände, Destillate, Liköre
Karpfen

Weinbau Klug

A-8524 Bad Gams, Feldbaum 61
Telefon: 03462/543, Fax: 03461/292
E-Mail: wein.forst.direkt.at

„Fortschritt, Modernes, Tradition und Ursprung verbinden" – so beschreibt Christine Klug-Krainer aus Bad Gams ihre Arbeit als Kellermeisterin. Die Anbaufläche von knapp vier Hektar ist ausschließlich dem Blauen Wildbacher gewidmet und damit der weststeirischen Spezialität, dem Schilcher. Mit dem Jahrgang 2002 ist Christine Klug-Krainer mehr als zufrieden: „Der Schilcher duftet nach Rosenblättern, er besitzt eine stabile Säure als Rückgrat. Der Wildbacher-Rotwein wiederum riecht nach Wald- und Johannisbeeren, er ist kompakt und bleibt am Gaumen." Angeboten wird auch ein trocken ausgebauter, leichter und frischer Schilcher Frizzante. Mit diesen Produkten ist die Kellermeisterin übrigens auch in München vertreten.
Ein Besuch in dem Familienbetrieb lohnt sich, nicht nur wegen des Weins. „Hochgeistiges", wie etwa ein Schilcher-Weinbrand, ergänzt das Angebot. Dazu gibt es auch bestes steirisches Kernöl zu kaufen sowie tolle Kreationen aus der hauseigenen Töpferei und Weberei.

3,8 ha - Ried Feldbaum:
Schilcher, Blauer Wildbacher
Ab-Hof-Verkauf täglich
€ 4,-/8,-
Schilcher-Frizzante,
Traubensaft, Fruchtsäfte
Obstbrände, Destillate, Weinbrände,
Liköre

Weinbau Koller

A-8524 Bad Gams, Feldbaum 35
Telefon: 03462/2923, Fax: 30461
E-Mail: schilchergut@koller-wein.at
www.koller-wein.at

Es ist noch nicht allzu lange her, da war der Schilcher nicht mehr als ein typischer Wein zu einer deftigen Jause. Doch in den vergangenen Jahren ist sehr viel passiert, dank engagierter Winzer haben die Produkte aus dem Blauen Wildbacher einen ganz anderen Stellenwert erhalten – nämlich jenen, den sie auch durchaus verdienen. So muss es für jeden Weingourmet wohl ein besonderes Vergnügen sein, in Bad Gams Kontakt mit dem Weingut Koller aufzunehmen. Fast 95 Prozent der Ernte entfallen auf den Blauen Wildbacher, der als Schilcher ausgebaut wird. Doch Schilcher ist nicht gleich Schilcher, sondern im konkreten Fall eine liebevoll gepflegte Philosophie. Johann Koller bietet seine Produkte aus der Blauen Wildbachertraube als „Brillant" (gleich gepresst) an, ebenso als „Frizzante", als „Collage", „Insieme" (Sekt) oder als „Granat", wobei mit Letzterem ein kräftiger und intensiver, lange am Gaumen bleibender Qualitäts-Rotwein gemeint ist.
Probiert man die einzelnen Wildbacher-Variationen, wird einem die Vielfalt dieser Rebsorte erst richtig bewusst. Der (fast) weiße Schilcher etwa erinnert im Duft an einen frischen Sauvignon blanc, der ins leicht Rötliche gehende Schilcher wiederum duftet nach Walderdbeeren und Johannisbeeren. In diese Kerben schlägt auch der Jahrgang 2003, den Johann Koller als „besonders fruchtbetont und kräftig" charakterisiert. Wenn es der Jahrgang erlaubt, gibt es den Schilcher auch in den Qualitätsstufen Spätlese, Auslese und in manchen Jahren sogar als einzigartige

Rarität, als Eiswein! Neben dem Schilcher werden vom Betrieb auch kleinere Mengen an Weißburgunder und Zweigelt angeboten. Die Schilcher werden temperaturgeregelt in Edelstahltanks vergoren und lagern noch bis zu 6 Monate darin, bevor sie in Flaschen gefüllt werden.
Das seit dem 19. Jahrhundert in Familienbesitz befindliche Weingut Koller – die heutigen Besitzer Johann und Christine Koller bewirtschaften in 400 bis 550 Metern Seehöhe insgesamt vier Rieden mit fast sechs Hektar Rebfläche auf reinen Südhängen mit Steillagen von bis zu 60% Steigung – sind nicht nur daheim in „ihrem" Bezirk Deutschlandsberg bekannt. So werden Koller-Weine auch durch die Weinkellerei P. Meraner in Innsbruck vertrieben – sie erfreuen Kunden in Salzburg und Oberösterreich und sind auch Fixbestandteil im Verkaufsprogramm der Münchner Firma „World of Wine".

5,8 ha - Blauer Wildbacher, Schilcher und Rotwein, Weißburgunder, Blauer Zweigelt

Ab-Hof-Verkauf täglich 8–18 Uhr
€ 5,50/12,–
Sekt „Insieme"
Traubensaft, Fruchtsäfte
Obstbrände, Weinbrände

Buschenschank Johann Leitinger

A-8530 Deutschlandsberg
Oberer Steinwandweg 8
Telefon und Fax: 03462/4600
E-Mail: buschenschank.leitinger@aon.at
http://members.aon.at/buschenschank-leitinger

Qualität zählt, nicht die Menge." Das ist die Philosophie von Johann Leitinger, der am nördlichen Stadtrand von Deutschlandsberg auf der so genannten Steinwandhöhe (mit herrlichem Ausblick auf die Stadt) ein Weingut samt Buschenschenke betreibt. Die Anbaufläche ist nicht gerade groß, dafür garantieren die Weine – auch, was den Jahrgang 2002 betrifft – typisch steirische Merkmale: Sie sind fruchtig und frisch. Die wichtigste Rebsorte ist der Blaue Wildbacher, dazu kommen Weißburgunder, Welschriesling, Blaufränkisch und – erstmals seit dem Jahrgang 2002 – der Grünsylvaner. Den Schilcher gibt es nicht nur als Wein, sondern auch als duftig-spritzigen Sekt. Der macht natürlich Appetit auf Spezialitäten, die es in der Buschenschenke auch gibt. Ob Brot, Geselchtes oder Mehlspeisen – alles ist natürlich hausgemacht. Die Verdauung regen dann die Obstbrände an, die Johann Leitinger mit viel Liebe destilliert. Wer alles ausprobieren möchte, muss nach Deutschlandsberg fahren. Denn das gesamte Angebot gibt es nur ab Hof.

2 ha - Schilcher, Weißburgunder, Welschriesling, Blaufränkisch
Buschenschank: Februar-Dezember geöffnet, Mi und Do Ruhetag
Ab-Hof-Verkauf: ab 15 Uhr
€ 4,–/6,–
Sekt
Traubensaft, Fruchtsäfte
Obstbrände, Weinbrände, Liköre

Weingut Johannes Resch, vlg. Longus

A-8530 Deutschlandsberg-Wildbach
Geipersdorfweg 18,
Telefon und Fax: 03462/3316
E-Mail: admin@weingut-resch.at
www.weingut-resch.at

In Wildbach, jener Katastralgemeinde, die der Schilcher-Rebe den Namen gegeben hat, befindet sich das Weingut Resch vulgo Longus. Dieser Vulgoname sollte immer genannt werden, „denn nur so", meint Ulli Resch, „kann es nie zu einer Verwechslung kommen. Denn in unserem Gebiet gibt es auch einen Weinbauern Longus vulgo Resch!" Der Name Longus – das wissen Historiker übrigens erst seit einigen Jahren – hat seinen Ursprung im 15. Jahrhundert. In einer Urkunde aus dem Jahr 1423 steht geschrieben, dass zu Wildbach der kleine Ort Geipersdorf gehörte, der aus zehn Huben bestehe. Eine davon gehörte einem gewissen Markus Landkusch – aus diesem Familiennamen hat sich im Lauf der Jahrhunderte das Wort „Longus" entwickelt.

Das Gut befindet sich nun bereits seit dem Jahr 1760 in Familienbesitz. Dominant ist natürlich der Schilcher, der – je nach Riede – in verschiedenen Facetten die Gaumennerven anregt. Den aktuellen Jahrgang beschreibt Johannes Resch überaus positiv: „Ausgeglichen, kräftig, mit schöner Frucht und großer Dichte am Gaumen." Ziel des Winzers ist es, „den Schilcher in allen seinen Facetten bestmöglich auszubauen."

90% der Weingärten sind mit der Rebsorte Blauer Wildbacher bepflanzt. Nicht nur die Weingourmets – die auch in Deutschland mit Resch-Schilcher versorgt werden – haben ihre Lieblingsrieden. Auch für Ulli Resch gibt es in ihrem Weingut Favoriten. Konkret sind es zwei – der Schilcher von der Lage Kögerlberg und der „J.E.M.". Hinter dieser Abkürzung stehen die Namen der Kinder, Johannes, Elisabeth, Maximillian. „J.E.M." ist ein als Rotwein ausgebauter Blauer Wildbacher, intensiv im Geschmack, mit feinen Röstaromen. Johannes Resch baut seinen Wein in großen Holzfässern und in Barriques aus, bei der Wahl des Holzes ist er flexibel: „Ich versuche da verschiedene Arten, das Ergebnis stimmt jedenfalls immer!" Zwölf bis 18 Monate reifen seine Rotweine in den verschiedenen Holzgebinden.

Klevner und Morillon ergänzen das Angebot an Weißweinen. Zudem wird auch Sauvignon blanc angepflanzt; 1999 wurde davon die erste Ernte eingefahren. Dieser Wein ist allerdings immer nur für kurze Zeit zu haben. Johannes Resch begründet, warum: „Das ist die Rebsorte, aus der wir unseren fruchtigen steirischen Junker keltern."

11 ha - Blauer Wildbacher, Schilcher, Klevner, Morillon, Sauvignon blanc

Ab-Hof-Verkauf: Mo–Sa, 10–18 Uhr.
€ 5,–/13,–

Sektproduktion
Traubensaft
Destillate, Weinbrände, Liköre

Buschenschank Lamperti

A-8530 Deutschlandsberg, Teichweg 42
Telefon/Fax: 03462/22 10
E-Mail: buschenschank@lamperti.at
www.lamperti.at

Im Hauptberuf ist Karl Oswald-Lamperti Werkmeister in einem Autohaus, privat gehört seine Liebe dem Wein. Ehefrau Irene ist in Deutschlandsberg in jenem Weingut aufgewachsen, in dem ihr Gatte seit 1985 mit viel „G'spür" für Qualität hauptsächlich Schilcher und Weißburgunder keltert. Golfer, die sich gerne in der Buschenschenke Lamperti stärken, haben den Chef des Hauses einmal gefragt, wann er denn mit dem Golfen beginne. „Was für euch das Golfen ist", hat Karl Oswald-Lamperti aus teifster Überzeugung geantwortet, „das ist und bleibt für mich der Weinbau. Ein wunderschönes Hobby ."

Der Weststeirer setzt auf Tradition – und die ist im Geburtsnamen seiner Frau mehr als präsent. Den Namen „Lamperti" gibt es in Oberitalien bereits seit dem Jahr 682, als Ahnvater des Geschlechtes gilt der Ritter Rudolph von Lamperti, der im 13. Jahrhundert gelebt hat. Irenes Vater Hans Lamperti wiederum ist einer der Pioniere des steirischen Schilchers. Daran knüpft sein Schwiegersohn nun erfolgreich an. Wenn die Kellerarbeit beginnt, ist er in seinem Element. Zum Jahrgang 2002 sagt er: „Der Schilcher verfügt über einen frisch-fruchtigen Erdbeerton." Aber auch die anderen Sorten sind – wie immer – hervorragend gelungen: Ein frischer Müller-Thurgau, ein nussiger Weißburgunder, ein voller Morillon. Und nicht zu vergessen der Muskateller, Irene Oswald-Lampertis Lieblingswein: „Die Riede, auf der die Trauben wachsen, ist sehr steil, die Ernte dementsprechend schwierig. Aber ganz ehrlich – ich freue mich jedesmal

gerade auf diesen Wein, denn er ist genau mein Geschmack."

Ihre Buschenschenke ist den Lampertis ein besonderes Anliegen. Die Gäste sollen sich wohlfühlen, drinnen um den alten Kachelofen, draußen im Schatten des alten, knorrigen Nussbaums. „Durchatmen und genießen", empfiehlt Karl Oswald-Lamperti seinen Besuchern – Sulzerl, Brettljause, Schafskäse, verschiedene Salate, der Jahreszeit entsprechend, eine Nussrolle oder Buchteln sind nur einige der Köstlichkeiten, die auf den Besucher warten – ein Nachmittag ist vielleicht zu kurz, aber mit der Zeit lernt man ihn kennen – den weststeirischen „way of life".

1,5 ha - Schilcher, Weißburgunder, Morillon, Muskateller
Buschenschank: Do–So ab 15 Uhr geöffnet
November, März und Juli geschlossen
Ab-Hof-Verkauf: ab 15 Uhr
€ 4,20/5,20

Weingut Familie Jauk

A-8544 Pölfing-Brunn, Brunn 11
Telefon: 03465/24 43, Fax: -4
E-Mail: christian.jauk@a1.at
www. jauk-wein.at

„Ein schöner Jahrgang, reif im Bukett." So beschreibt Christian Jauk aus Pölfing-Brunn seine aktuelle Produktion, der allen Sorten – dem (dominanten) Schilcher, dem Weißburgunder, Welschriesling, Morillon, Sauvignon blanc und Zweigelt – typisch steirische Merkmale verlieh: Reintönigkeit und Frucht.

Christian Jauk bearbeitet sechs Hektar Anbaufläche, zwei Drittel davon gehören dem Blauen Wildbacher. Schonungsvolles Pressen, moderne Kellereitechnik und das Know-how des Kellermeisters bestimmen die Qualität, an der sich nicht nur Kunden in der Steiermark, sondern auch in Nieder- und Oberösterreich erfreuen. Ein prickelnder, erfrischender Schilchersekt – ein idealer Aperitif – ergänzt das Angebot. Zudem werden Edelbrände angeboten, die wiederum der Bestandteil eines Spezialitätenkorbs mit bäuerlichen Qualitätsprodukten sind. Besonders stolz ist die Familie auch auf ihr edles, typisch steirisches Kürbiskernöl, das – nussig im Geschmack – die Gaumennerven stimuliert. „Auch das", so Christian Jauk, „ist bei uns ein ganz besonderes Erlebnis."

6 ha - Blauer Wildbacher - Schilcher, Weißburgunder, Welschriesling, Morillon, Sauvignon blanc, Zweigelt
Ab-Hof-Verkauf: Mo–Sa, 8-19 Uhr, So telefonische Anmeldung
€ 4,50/7,–
Kellerführung und Weinkost bei telefonischer Voranmeldung
Sektproduktion
Destillate, Weinbrände, Liköre

Weinbau Schmidt

A-8544 St. Ulrich im Greith 48
Tel/Fax: 03465/24 66
E-Mail: schmidt.weinbau@utanet.at
www.schmidt.wein.at.tf

Der Name „Schmidt" ist mit der Gemeinde St. Ulrich im Greith untrennbar verbunden. Er bezeichnet das Dorfgasthaus, das auf einem Hügel neben der weithin sichtbaren Barockkirche steht. Zum Gasthaus gehört auch ein Weingut. Fritz und Ulrike Schmidt bewirtschaften eineinhalb Hektar, auf denen vier Rebarten angepflanzt sind: Blauer Wildbacher, Weißburgunder, Müller-Thurgau und Blauer Zweigelt. Fritz Schmidt ist der Kellermeister, seine Philosophie ganz einfach: „Qualität vor Quantität – und Qualität hat einen Namen – Schmidt". Zum Weinjahr 2002 vermerkt er kurz und bündig: „Typisch steirisch!" Mehr braucht Fritz Schmidt – der Weststeirer ist Weinbaumeister und zudem Inhaber des Sommelier-Diploms – auch nicht zu sagen; seine Weine sprechen für sich. Sie sind duftig, frisch und bestechen durch intensive Frucht. Am schönsten ist es, sie in dem im 19. Jahrhundert gebauten Keller zu verkosten. Das ist (natürlich im Beisein des Winzers) auch möglich, allerdings nur auf Anfrage.

1,5 ha - Blauer Wildbacher, Schilcher, Weißburgunder, Müller-Thurgau, Zweigelt
Ab-Hof-Verkauf: täglich
Kellerführung und Weinkost bei telefonischer Voranmeldung
€ 5,–
Traubensaft, Fruchtsäfte
Obstbrände, Destillate
Kernöl

Weingut Kuntner

A-8544 St. Ulrich im Greith
Obergreith 48
Telefon: 03465/3383, Fax: 20285
E-Mail: office@trinkgenuss.at
www.trinkgenuss.at

Erich und Brigitte Kuntner aus St. Ulrich im Greith kultivieren derzeit 4 Hektar Rebflächen. Voll in den Familienbetrieb integriert ist auch ihr Sohn Thomas, ein Silberberg-Absolvent, der seine Fachkenntnis und seinen Arbeitseinsatz sowohl in den Weingärten als auch im Keller einbringt. Der Blaue Wildbacher hat einen Anteil von mehr als 50%. Als Lagenweine werden die Schilcher aus dem Koglgarten und der Weinleiten, beides sehr steile Rieden mit wasserspeicherndem Lehmuntergrund, getrennt ausgebaut und gefüllt. An Weißweinrebsorten sind Weißburgunder, Morillon, Sauvignon blanc und Riesling ausgepflanzt. Mit viel Gefühl werden die einzelnen Rebsorten vinifiziert, um ihre Sortencharakteristik zu erhalten. Eines haben alle Kuntner-Weine gemeinsam: viele feine Fruchtnuancen und eine harmonisch eingebundene Säure.

Aus der Blauen-Wildbacher-Traube werden je nach den Reifestadien verschiedene Produkte gekeltert. Der erste Wein, der gekeltert wird, ist der urtümliche Roséwein der Steirer – der Schilcher. Je länger die Trauben am Stock reifen, desto mehr Reife sie dadurch erreichen, kann es auch eine Schilcher-Spätlese oder Schilcher-Auslese werden. Gesunde Trauben, die eine Reife von mindestens 18° KMW erreicht haben, werden auch als Basis für den Blauen-Wildbacher-Rotwein verwendet.

Erich Kuntner war einer der Ersten, die aus der Blauen-Wildbacher-Traube nicht nur den klassischen Schilcher produziert haben, sondern auch einen Rotwein vinifizierten. „Der Blaue Wildbacher ist

grundsätzlich eine Rotweinrebe, daher ist es nur recht, ihn auch als Rotwein auszubauen." Mit der Ernte 1990 begann Erich Kuntner erstmals einen Rotwein zu keltern. Aus einer Feuersbrunner Winzerfamilie stammend, hatte er schon einige Erfahrungen mit der Rotweinvinifizierung. Jetzt gibt es schon einige Jahrgänge seines ausgewogenen Blauen Wildbachers, die im Geschmack mit den ausgereiften Beerentönen an leichte Cabernet Sauvignons erinnern.

Die Trauben für den zukünftigen Rotwein werden bei der Lese schon im Weingarten streng selektioniert. Nur vollkommen gesunde und solche, die einen Reifegrad von über 18° KMW haben, werden dafür verwendet. Vergoren wird klassisch in offenen Bottichen, ein Teil des Jungweines wird in Barriques ausgebaut, ein Teil kommt zur Reifung in große Holzfässer. Nach 9 Monaten Fassreife wird in Flaschen gefüllt. Der Blaue Wildbacher 2000 verfügt über eine tiefrote Farbe und ein intensives Fruchtbukett, welches an Johannisbeeren erinnert.

Der „Claresco", der Weißgepresste, ist ein jugendlicher Sommerwein, der ebenfalls aus Blauen-Wildbacher-Trauben gekeltert wird. Dabei wird jede Maischestandzeit vermieden, damit keine Farbe aus den Beerenhäuten ausgelaugt wird.

In den letzten Jahren kamen noch weitere Varianten dazu: der Schilcher Frizzante und der Schilcher-Sekt. Gemeinsam mit

vier anderen Weinbauern erzeugt Erich Kuntner einen Sekt aus klassischem Schilcher, der unter dem Namen „Insieme" vermarktet wird. Ein prickelndes Erlebnis mit einer rassigen Säurestruktur und mit den typischen Aromen der Wildbachertraube.

Im Hause Kuntner runden auch verschiedene Brände die Angebotspalette ab. Vom Schilcher werden ein Trester- und ein Gelägerbrand hergestellt. Bei der Fachmesse „Destillata", dem nationalen Kräftemessen der besten Brenner Österreichs, wurden der Tresterbrand vom Burgunder und der Schilchergelägerbrand mit der Goldmedaille ausgezeichnet. Durch die feine Fruchtbetonung zeichnen sich auch die Obstbrände aus. Ilzer Rosenapfel, Himbeere, Pfirsich und Holunder werden durch das Brennhandwerk von Erich Kuntner zur Vollendung geführt.

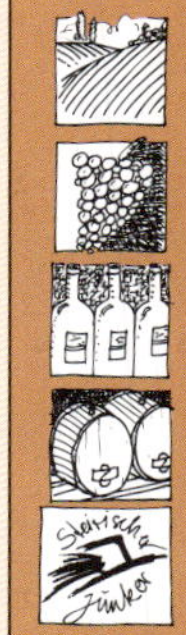

4 ha - Blauer Wildbacher - Schilcher, Weißburgunder, Morillon, Sauvignon blanc, Zweigelt
Ab-Hof-Verkauf: täglich 8–18 Uhr
€ 5,–/9,–
Kellerführungen und Weinkost nach Voranmeldung
Sekt „Insieme", „Mistella"
Traubenbrand, Tresterbrand, Gelägerbrand, Obstbrände

Obst- und Weinhof Kiegerl

A-8551 Wies, Unterfresen 17
Tel/Fax: 03468/410

Das Anwesen, auf dem heute die Adresse Unterfresen 17 steht, hat mit dem Vulgonamen schon immer „Kiegerl" geheißen. 1962, als Josef Knappitsch die Wirtschaft übernahm, konzentrierte man sich nur auf Obstbau. Im Lauf der Jahre wurden aber immer mehr Reben gesetzt. Heute ist der Wein die Nummer eins; gekeltert wird er von Josef Knappitschs Schwiegersohn, dem 1961 geborenen Erich Wabnegg. Der wiederum kam über Umwege zum Weinbau. Gelernt hat er Landmaschinenmechaniker und auf diesem Gebiet auch die Meisterprüfung gemacht. Zuletzt arbeitete er in der Gemeinde, bis er 1999 einsah, dass die eineinhalb Hektar große Anbaufläche seine ganze Kraft erforderte. Mit viel Einfühlungsvermögen widmet sich Erich Wabnegg nun dem Blauen Wildbacher, den es weiß gepresst, als Schilcher und als Rotwein gibt. Um die Zukunft braucht sich niemand Sorgen zu machen - Sohn Thomas, 1986 geboren, lässt sich in der Weinbauschule Silberberg ausbilden.

1,5 ha - Schilcher

Ab-Hof-Verkauf: Mo-So, 8-18 Uhr
Kellerführung und Weinkost nach telefonischer Voranmeldung
€ 4,70/5,50
Traubensaft, Fruchtsäfte
Obstbrände, Destillate
Kernöl, Geselchtes, Geschenkskörbe

Schilcher - Edelbrände - Natursäfte

Jöbstl

A-8551 Wernersdorf, Am Schilcherberg 1
Telefon: 03466/423792, Fax: 4237953
E-Mail: info@joebstl.st
www. joebstl.st

Die Anschrift von Hannes Jöbstl verrät sein Steckenpferd – Am Schilcherberg, Gemeinde Wernersdorf. Diese kleine Ortschaft befindet sich, gleich neben Wies, am unteren Ende der Schilcher-Weinstraße. Das Klima hier ist etwas milder, aber gerade richtig für eine optimale Ausreifung der Blauen-Wildbachertrauben. Diese zwiebelfarbene Spezialität, deren feinsäuerlich-frischer Geschmack von Trauben stammt, die auf Gneis- und Schieferböden gedeihen, ist nicht die einzige Spezialität des Hauses Jöbstl. Mittlerweile punktet der Betrieb auch mit den Sorten Sauvignon blanc, Muskateller und Welschriesling.
Mit seinen Weinen hat Hannes Jöbstl in den letzten Jahren viele Erfolge verzeichnen können. Mit dem Sauvignon blanc wurde er steirischer Landessieger und war auch mit seinen Weinen schon mehrmals im Österreichischen Weinsalon vertreten. Mit seinen Schilchern ist er jedes Jahr unter den Top-3 der steirischen Landesweinkost. Die Liste der Erfolge wird immer länger, und schon heute ist die Familie Jöbstl in der Steiermark der am meisten ausgezeichnete Weinbaubetrieb.
Hannes Jöbstl ist auf dem Weg nach oben, dabei hat er im eigenen Betrieb mit einer fast übermächtigen Konkurrenz zu kämpfen, nicht so sehr in punkto Weinbau, vor allem aber, was das Schnapsbrennen betrifft. Denn bisher war – als Schnapsbrennerin internationalen Formats - ausschließlich Mutter Waltraud das „Flaggschiff". Die Seniorchefin Waltraud Jöbstl beweist, dass Obst- und Weinbau

keine Männerdomänen sind. Sie begann, ihre Obstdestillate in Holzfässern aus Eiche, Akazie und Maulbeerbaum reifen zu lassen. „Für mich ist das Schöne beim Schnapsbrennen, ein Produkt von Beginn an, von der Pflege der Obstkulturen bis zur Auswahl der reifen Früchte über den gesamten Gär- und Brennvorgang bis zum Verkauf, in der Hand zu haben", sagt Waltraud Jöbstl.
Über 130 Brenner aus Österreich, Deutschland, der Schweiz und Italien bewerben sich alljährlich mit ihren Produkten um den Titel „Schnapsbrenner des Jahres", den Waltraud Jöbstl als erste Frau schon dreimal gewann.
Als bevorzugte Destillate gelten diverse reinsortig eingemaischte Äpfel – Jonagold, Holzapfel, McIntosh, Golden Delicious, um nur einige Beispiele zu nennen. Auch vom Schilcher wird die ganze Bandbreite der Möglichkeiten in feine Destillate umgesetzt: Trester-, Geläger-, Trauben- und Weinbrände werden angeboten.
Beim Wein strebt Hannes Jöbstl dieselbe kompromisslose Qualität an, frei nach dem Motto: „Um wirklich gut zu sein, muss man besser sein."

8 ha - Schilcher, Blauer Wildbacher, Welschriesling, Muskateller, Sauvignon blanc, Morillon, Blauer Zweigelt
Ab-Hof-Verkauf: Mo-Sa, 10-12 Uhr, 14-18 Uhr, So und Fei nach Anmeldung
€ 5,-/11,-
Holunderblüten Frizzante,
Trester-, Trauben-, Apfel-, Williamsbirnen-, Quitten-, Himbeer-, Pfirsich-, Vogelbeer-, Kirschenbrand

Martin und Linde Jöbstl
A-8552 Eibiswald, Aibl 8
Tel/Fax: 03466/43 9 66

Bei der Vorstellung des Weingutes Jöbstl in Wernersdorf berichten wir über das Engagement von Johann Jöbstl, feinfruchtige, duftige Weine zu keltern. Doch das ist nur ein Teil seiner umfangreichen Arbeit, denn der Winzer ist zudem Kellermeister im Anwesen seines jüngeren Bruders Martin, der mit seiner Ehefrau Linde ein Gut in Aibl bei Eibiswald, in Richtung Soboth gelegen, besitzt. Martin selbst ist Fachmann für Obstbau, und deshalb überlässt er seinem Bruder gerne die Arbeit im Weingarten. Die Anbaufläche – 0,67 Hektar – ist nicht gerade groß, doch die Lagen (Südhänge, Schiefer und Urgestein, sandiger Boden) sind für die beiden Sorten – Schilcher (den es auch als Frizzante gibt) und Welschriesling – geradezu ideal. So brachte das Weinjahr 2002 einen Schilcher, der lebendig und animierend am Gaumen ist. Der hellgrüne „Welsch" wiederum duftet nach grünen Äpfeln und verfügt über eine am Gaumen lang anhaltende Würze.

Linde Jöbstl, die Hausherrin, bevorzugt herbe, säurebetonte Weine: „Deshalb schätze ich besonders unseren Schilcher. So gut süße Weine auch sein mögen, sie sind leider nicht mein Geschmack."

Mit dem Schilcher war das Weingut schon im Österreichischen Weinsalon vertreten, in den Jahren 2001 und 2002 war es bei dieser Rebsorte unter den Landesfinalisten, und der Welschriesling wird immer wieder als einer der Besten der südlichen Weststeiermark bewertet.

Neben den Weinen bietet das Gut eine umfangreiche Palette an Spezialitäten an, unter anderem einen Schilcheressig,

naturtrübe Apfelsäfte, einen Pfirsichnektar sowie einen Holunder- und einen Birnensekt.
Ein Teil des Frischobstes wird nach der Ernte in der bekannten Qualität der Jöbstl-Brennerei zu edlen „hochgeistigen" Bränden wie einem Schilchertresterbrand, einem Schilcherweinbrand und einem Schilcherhefebrand sowie einem Pfirsichfruchtbrand und einem Apfelfruchtbrand namens „Arlet" veredelt. Aber auch Williams-, Zwetschken- sowie (in der Steiermark eher selten) ein Johannisbeerfruchtbrand ergänzen das Angebot, außerdem kann man Honig und Kernöl käuflich erwerben. Kleine Gruppen haben – allerdings nur nach Voranmeldung – auch die Möglichkeit, bei einer gemütlichen Verkostung im liebevoll restaurierten Keller des Hofes eine köstliche Jause einzunehmen. Alles ist hausgemacht, unverfälscht, frisch.

0,67 ha - Blauer Wildbacher - Schilcher, Welschriesling
Ab-Hof-Verkauf: Mo-Sa, 8-18 Uhr
€ 4,70/5,-
Schilcher Frizzante
Fruchtsäfte, Kernöl, Obstbrände, Weinbrände, Destillate,
Traubensaft, Fruchtsäfte
Schilcheressig, Apfelessig, Honig

Weingut Christian Reiterer

A-8551 Wies, Lamberg 11
Tel.: 03465/39 50, Fax:-6
E-Mail: info@weingut-reiterer.com
www.weingut-reiterer.com

Ein Reiterer kommt aus der Weststeiermark, der andere aus Südtirol, aber beide sind mit der Weinherstellung beschäftigt. Christian Reiterer aus Wies keltert den steirischen Urwein, den Schilcher, Josef Reiterer aus Mölten in Südtirol führt die höchstgelegene Sektkellerei Europas. Nach einigen Jahren der Vorarbeit wurde nun der gemeinsam produzierte Sekt vorgestellt: „Reiterer und Reiterer Brut Rosé". Der Grundwein des flaschenvergorenen Sekts besteht aus einer Cuvée von Schilcher aus der Steiermark und Blauburgunder und Weißburgunder aus Südtirol. Eine überaus gut gelungene Zusammenarbeit, die sich aus einer Idee bei einem Glas Wein auf einer Messe entwickelt hat.
Christian Reiterer kultiviert selbst über 40 Hektar Weingärten, produziert an die 300.000 Liter Wein pro Jahr und zählt damit zu den größten Weinbaubetrieben der Steiermark. Die wichtigste Rebsorte ist nach wie vor der Blaue Wildbacher, der von den Lagen Lamberg, Engelweingarten (Stainz) und Hochbuchegg stammt. Weitere 12 ha Weingärten stehen in der Riede Kranachberg bei Gamlitz; dort gedeihen Sauvignon blanc, Morillon und Welschriesling. Christian Reiterer legt Wert auf sauberste Arbeit im Weingarten und erst recht im Keller. Sein Ziel ist es, jugendliche und fruchtbetonte Weine herzustellen, die einfach unbeschwert genossen werden

sollen. Christian Reiterers Philosophie ist aufgegangen: „Weinbau als Tradition und Zukunft, Qualität als Ergebnis von Wissen und Mut, Geduld und Hingabe - das ist es wohl ..."
Als Selfmademan hat es Christian Reiterer mittlerweile auch zum Marketingexperten gebracht. Vor allem sein Schilcher (daneben stellt er auch Schilchersekt, Schilchergrappa, Schilcherfrizzante und Schilcheressig her) verkauft sich nicht nur in der heimischen Gastronomie, sondern wird sogar bis nach Japan exportiert, wo er als „geografische Rarität" gehandelt wird. Wer Christian Reiterers Weingut besucht, wird von der modernen Kellereitechnologie fasziniert sein. Aber auch von seiner Vinothek und dem Verkostungsraum. Seine Weine verkaufen sich nicht nur in Österreich bestens; man bekommt sie auch in München, Köln, Augsburg, Berlin und auch in den Niederlanden.

40 ha - Schilcher, Sauvignon blanc, Welschriesling, Morillon
Ab-Hof-Verkauf: Mo-Sa, 9-12 Uhr, 14-18 Uhr, So gegen Voranmeldung
Kellerführung und Weinkost bei telefonischer Voranmeldung
€ 4,90/14,-
Steirercuvée aus Sauvignon blanc und Welschriesling
Schilchersekt, Schilcher Frizzante

Weinbau Gabriele Kaiser-Kröll

Schilcher aus Aug
A-8551 Wies, Aug 80
Telefon: 03465/20203
E-Mail: gabriele.kaiser-kroell@gmx.at

Unsere Schilchertrauben wachsen in der Riede Aug in bester Südost-Lage und finden dort ideale Wachstumsbedingungen vor", erzählt Gabriele Kaiser- Kröll. Die Rebfläche ist nicht besonders groß, gerade 0,75 ha werden bearbeitet, der produzierte Schilcher zeigt jedoch, dass die Größe eines Betriebes nicht für die Qualität der Produkte ausschlaggebend ist. Die Familie Kröll hat sich seit Ende der 80er-Jahre ganz auf die Schilcherproduktion spezialisiert. „Wir legen auf genaue Laubarbeit großen Wert.", erzählt die Weinbäuerin. Ein kurzer Rebschnitt und das Ausdünnen von Trauben ist selbstverständlich. Im Weingarten und im Keller wird sehr naturnah gearbeitet. Gabriele Kaiser-Kröll vergärt ihre Weine in Stahltanks, worin sie nach der Gärung noch bis zu 6 Monate reifen. Der 2003er „Schilcher aus Aug" besticht durch seine funkelnden Rosétöne und mit einem rassigen Duftspiel, das sich harmonisch mit den feinen Säurestrukturen zu einem frischen typischen Vertreter dieser Sorte entwickelt.

0,75 ha - Ried Aug:
Schilcher
Ab-Hof-Verkauf: täglich
€ 5,–
Kellerführung und Weinkost nach telefonischer Voranmeldung
Fruchtsäfte, Apfelmost
Weinbrände, Liköre
Damwild, Rotwild

Weinbau Krottmayer Glirschhof

A-8552 Eibiswald, Kornriegl 4
Telefon: 03466/43756, Fax:-4
E-Mail: buschenschank@glirsch.at
www.glirsch.at

Im Jahre 1991 hatte Siegfried Krottmayer aus Eibiswald die Weinbauschule Silberberg abgeschlossen. Danach fällten er und seine Ehefrau Claudia, die damals noch als Handarbeitslehrerin arbeitete, eine Entscheidung, die ihr Leben prägen sollte. Sie gab ihren Beruf auf. Beide beschlossen, das seit 1903 in Familienbesitz befindliche Anwesen seiner Eltern zu erweitern. Die Anbaufläche, auf der der Blaue Wildbacher gedeiht, betrug ursprünglich nur 6500 Quadratmeter, heute stehen 3,7 Hektar für den Weinbau zur Verfügung. Claudia Krottmayer: „Die gemeinsame Entscheidung, dass wir uns mit voller Kraft dem Weinbau und dem Buschenschankbetrieb widmen, hat sich wirklich gelohnt!"
Rund um den Glirschhof, so der Vulgoname, entstehen am südlichsten Teil der weststeirischen Schilcherstraße wunderbare, typisch steirische Weine. Die Hauptsorte ist der Blaue Wildbacher, der auch als Rotwein ausgebaut wird. Gerade diesen Rotwein hat Claudia Krottmayer am liebsten: „Er schmeckt sehr würzig und bleibt lange am Gaumen." Der Schilcher, das Weinjahr 2003 war aus der Sicht des Kellermeisters „ein sehr schöner Jahrgang", präsentiert sich rubinrot, fruchtigtrocken und hat einen wuchtigen Charakter. Der entsprechende Sekt wiederum ist spritzig, fruchtig und fein moussierend. Im Glirschhof werden aber auch ein Weißburgunder (mit kräftigem Bukett und Geschmack), ein Sauvignon blanc, der mit seinem sehr weichen und aromatischen Paprikaton einer der Besten des Jahrganges 2002 in der Steiermark ist, sowie ein fruchtiger, dunkelroter, samtig-weicher Blauer Zweigelt angeboten.

In heißen, trockenen Jahren, wie es die letzten Jahre waren, ist das von den umliegenden Wäldern geprägte Klima der Lagen Aiblkogl und Glirsch ideal für eine langsame und harmonische Ausreifung der Trauben.
Siegfried Krottmayer fühlt sich der steirischen Linie verpflichtet, seine Philosophie lautet: „Durch Sorgfalt, Arbeit und Wissen ein Höchstmaß an Qualität erzeugen." Das gilt auch für die Edelfeinbrände, die am Gaumen zergehen. Vom Schilcher gibt's einen Trester-, einen Geläger- sowie auch einen Weinbrand. Destilliert werden Birnen, Maschansker-Äpfel und Kräuter. In der Buschenschenke sorgen unzählige steirische Schmankerln – natürlich alles selbstgemacht – wie das Selchfleisch, Kübelfleisch und Würste oder ein saures Rindfleisch mit Zwiebel, das mit Schilcherweinessig und Kernöl angerichtet und mit selbst gebackenem Brot serviert wird, für das leibliche Wohl der Gäste.

3,7 ha - Schilcher, Weißburgunder, Sauvignon blanc, Zweigelt, Blauer Wildbacher
Buschenschank geöffnet von 1. März–31. Dezember,
Ab-Hof-Verkauf täglich
€ 4,–/10,90
Sekt mit Flaschengärung
Traubensaft, Apfel- und Hollersaft, Obstbrände, Destillate, Liköre

Wirtshäuser, Restaurants und Sehenswürdigkeiten

St.-Barbara-Kirche von Hundertwasser *Der Moses-Brunnen von Ernst Fuchs in Bärnbach* *Weingärten Lestein*

8572 Bärnbach

St.-Barbara-Kirche

Gestaltet von Friedensreich Hundertwasser. Führungen gegen Voranmeldung. Tel: +43 (0)31 42-62581

Der Mosesbrunnen

im Bärnbacher Stadtpark, gestaltet von Prof. Ernst Fuchs

Stölzle Glas-Center

Beobachten Sie die Glasbläser bei ihrer faszinierenden Arbeit. Jährliche Sonderausstellungen von April bis Dezember.
Mo–Fr: 9–17 Uhr, Sa: 9–13 Uhr.
Mai bis Oktober auch an Sonn- und Feiertagen von 9–13 Uhr. Führungen Mundblashütte: Mo–Do: 9, 10, 11, 12 Uhr und Fr: 9, 10, 11 Uhr. Gruppen gegen Voranmeldung! Tel:+43(0)3144-706-800 oder 03142-62950.
www.stoelzle.com

8580 Köflach

Museum der Stadt Köflach im Kloepferhaus

Führung nach Voranmeldung, Bernhard Stangl. Geöffnet: Mo 8–12 Uhr und 15–19 Uhr, Di und Do: 8–12 Uhr, Fr: 8–12 und 15–19 Uhr. Tel: +43 (0)3144-2461 oder 031 44-25 19-710

Lipizzanergestüt Piber – „Heimat der weißen Pferde"

Besichtigung von April bis Oktober. Führungen: täglich zwischen 9 und 10.15 Uhr bzw. 13.30 und 15.30 Uhr.
Tel: +43 (0)3144-3323. Landesausstellung 2003: „Mythos Pferd" Bundesgestüt Piber.

Waagen- und Gewichtemuseum

Privates Museum von Siegfried Plos. Von Apotheker-, Brief-, Baby- und diversen Dezimalwaagen bis zu einer Waage aus Tibet. Tel: +43 (0)31 44-28 04

8591 Maria Lankowitz

Wallfahrtskirche

Zweitgrößter Wallfahrtsort der Steiermark. Die Kirche mit barockem Hochaltar, Gnadenbild, Schatzkammer und Antoniuskapelle ist das „Juwel" der Gemeinde.

Lipizzaner-Sommerweide

Von Anfang Juni bis Mitte September können auf der Stubalpe (Altes Almhaus) die Lipizzaner besucht werden.
Tel: +43 (0)3147-243,
e-mail: lipp@gaberl.com

Restaurant Esse

In Maria Lankowitz hat Hildegard Pock eine aufgelassene Schmiede zu einem kleinen Restaurant-Juwel umgebaut. Das Lokal ist heimelig-klein, der Speiseraum ist von der Esse der ehemaligen Schmiede stimmungsvoll dominiert. Die Speisekarte wird auf tagesfrische, saisonale Grundprodukte ausgerichtet. Jedes der Gerichte ist mit sehr viel Liebe zum Detail gekocht und auch so auf den Tellern angerichtet.
Spezialitäten: Blunzenparfait auf Erdäpfel-Vogerl-Salat, Schweinsmedaillons mit Thymiansafterl und Erdäpfeln.
A-8591 Maria Lankowitz, Radlstrasse 60,
Tel/Fax: +43 (0)31 44-67 22
Geöffnet: Di–Sa, 11.30–13.15, 18–21 Uhr, (an Feiertagen geschlossen)

8592 Salla

Waldglasmuseum

Die Entstehung von „Waldglas" in den Waldglashütten von Salla sowie Ausgrabungen und Fundgegenstände aus dem 17. und 18. Jhdt. Öffnungszeit nach telefonischer Vereinbarung im Gemeindeamt, Tel: +43 (0)31 47-206

Skulpturenberg Salla

Am Berg hinter der Schule wurden von 6 internationalen Künstlern aus verschiedenen Materialien Skulpturen gefertigt. Die Skulpturen sind über einen schön angelegten Bergweg jederzeit zu besichtigen.

8570 Voitsberg

Weingasthof Gußmack

Der Wirt Josef Gußmack kocht, seine Gattin Krimhilde kümmert sich um die Gäste. Gekocht werden regional-steirische Gerichte nach alten Hausrezepten, die, auf kreative Weise verfeinert, leicht und bekömmlich sind. Alle verwendeten Produkte stammen aus bodenständiger Produktion.
Geöffnet: Di–Sa, 7–15 Uhr und ab 17 Uhr, So 7–15 Uhr
Spezialitäten: Steirische Küche, Weinkulinarien, Spargel und Wein, Martinigansln
A-8570 Voitsberg, C.-v.-Hötzendorf-Straße 17
Tel: +43 (0)31 42-22 4 58, Fax: -218
e-mail: gussmack@aon.at

8152 Stallhofen

Ambrosimuseum

Der bedeutende österreichische Bildhauer Gustinus Ambrosi (1893-1975) hatte sich den Ort Stallhofen als Alterssitz gewählt, zahlreiche seiner Werke sind zu besichtigen. Führung nach Voranmeldung im Gemeindeamt. Tel: +43 (0)31 42-22 0 38 oder +43 (0)676-433 28 55

Krampushöhle und Krampusmuseum, Antiquitätenmuseum

Der Stallhofner Bartl, so erzählt es die Überlieferung, haust angekettet in einer Höhle nahe dem Nikolokreuz bzw. der Pfarrkirche Stallhofen. Das Altwarenmuseum erweckt mit seinen Schaustücken Erinnerungen an die „gute" alte Zeit aus den Jahren 1950 -1960.
Auskunft und Anmeldung: Kirchenwirt Familie Rößl, Tel: +43 (0)31 42-22 9 45

8563 Ligist

Vogelstimmenweg

auf der Burgruine Ligist. Lernen Sie die Stimmen unserer gefiederten Freunde kennen. Auskunft: Gemeindeamt Ligist
Tel: +43 (0)31 43-22 29

Keltenhaus

Rekonstruktion, gezeigt werden die Lebens- und Wohnbedingungen der Kelten um ca. 100 v. Chr. Führung: Mai bis Oktober nach Voranmeldung bei Herrn Kürzl, Tel: +43 (0)31 43-21 55 oder im Gemeindeamt, Tel: +43 (0)31 43-22 29

8511 St. Stefan ob Stainz

Gasthof Florlwirt

Josef und Sabine Fuchs-Meierhofer
Spezialitäten: steirische Küche, Wildwochen. Geöffnet: Mi–So, 11–24 Uhr (Dezember bis März geschlossen).
A-8511 St. Stefan, Gundersdorf 7
Tel: +43 (0)34 63-81 4 80, Fax: 82 2 40

Wirtshäuser, Restaurants und Sehenswürdigkeiten

Steirische Kraft

Jagawirt-Waldschweine

Stainzer Flascherlzug

Schilcherstöckl Rassach

Wirtshaus Jagawirt

Werner Goach pflegt die Tradition eines ländlichen Gasthauses, das allerdings viel mehr als ein einfaches Wirtshaus ist. Ländliche Romantik ist hier mit feiner Kochkunst verbunden, die Grundprodukte dafür werden selbst gezüchtet. Waldschweine und Schafe weiden auf der 4 Hektar großen Landwirtschaft.
Werner Goach (Küche) und Maria Goach (Sommelière). **„Steirischer Ölspurwirt" mit vielen Kürbisspezialitäten.**
Spezialitäten: Kürbiscarpaccio mit Schwammerltaschen und Ziegenkäse, Waldschweinbraten, gebackenes Waldschweinschnitzel im Kürbiskernmantel, Lammgerichte, Schilcherweintorte, Kürbiskerngugelhupferl.
Geöffnet: Do–Di, 11.30–21.30 Uhr
Mi Ruhetag. Betriebsferien: Jänner bis März
A-8511 St. Stefan/Stainz, Sommereben 2
Tel: +43 (0)3143-81 05, Fax: 81 74
e-mail: Goach@Jagawirt.at
www.jagawirt.at

Landgasthof Gerngroß

Am Rand von St. Stefan ob Stainz verwöhnt Küchenchef Josef Gerngroß in seinem Haus mit viel kulinarischem Feingefühl seine Gäste. Die klassisch-steirischen Gerichte werden von ihm kreativ auf zeitgemäße Art zubereitet. Die Grundprodukte seiner Speisen stammen aus der näheren Umgebung, wobei die Frische der Zutaten eine besondere Rolle spielt.
Sommelière: Ellen Gerngroß.
Spezialitäten: Pfandl-Schweinsfischerl, mit Käse überbacken, Spagatkrapfen mit Heidelbeeren.
Geöffnet: Di–Sa, 11–14, 17.30–21.30 Uhr, So, 11- 14.30 Uhr.
A-8511 St. Stefan ob Stainz 9
Tel: +43 (0)34 63-81188, Fax: -15

8510 Stainz

Museum im Schloss Stainz (Landesmuseum Joanneum)

Schloss Stainz wurde als Augustiner-Chorherrenstift 1229 gegründet, die gesamte Anlage erfuhr im 17. Jh. umfangreiche bauliche Veränderungen. Im Jahre 1840 kaufte Erzherzog Johann die Herrschaft Stainz.
Die landwirtschaftliche Sammlung verfügt über Geräte und Fotodokumentationen in den Bereichen Ackerbau und Viehzucht. Unterschiedliche Feuerstätten mit den entsprechenden Kochtechniken und dem dazugehörenden Küchengerät belegen die Entwicklung der Speisenzubereitung im Laufe der Jahrhunderte. In den Stuben des 17. und 18. Jhdts. kann man die Atmosphäre des bäuerlichen Wohnens nachspüren.
Geöffnet von April bis November, Mo–So: 9–17 Uhr. Ausstellungen: volkskundliche Sammlungen, diverse Sonderausstellungen.
Schlossplatz, Tel: +43 (0)34 63-27 72
www.museum-joanneum.at

Stainzer Flascherlzug

Erst seit 1971 pustet der Flascherlzug wieder durchs Stainztal, der farbenprächtigste Dampfzug Österreichs. Es sind viele Flaschen Schilcher, die mit diesem Zug befördert werden. Mit dabei sind auch eine steirische „Ziachorgel" und einige deftige „Verhackertbrote" zur Stärkung der Reisenden. Der „Flascherlzug" fährt planmäßig von Ende April bis Anfang November an Samstagen, Sonntagen und Feiertagen um 15 Uhr ab, bei Bedarf auch um 10 Uhr. Anfragen im Gemeindeamt, Abfahrt Bahnhof Stainz.
Tel: +43 (0)34 63-22 03 22 oder 55 00
Eigene Ölspur-Flascherlzugfahrten im September und Oktober.

Automobilmuseum Stainz

Derzeit über 200 Oldtimer und Klassiker wie Cadillac, Porsche, Bugatti und Rolls Royce am Lager, von Bj. 1886 bis 1977. Ganzjährig geöffnet, Fr: 13–19 Uhr und Sa, So: 10–19 Uhr oder gegen Voranmeldung.
Tel: +43 (0)34 63-26 21 oder 41 46

Stainzer Warte

Das 26 m hohe Bauwerk ist über die Wanderwege erreichbar und bietet eine wunderschöne Aussicht auf die Süd-, Ost- und Weststeiermark sowie auf das obersteirische Bergland. Geöffnet von Ostern bis Allerheiligen, von 7–19 Uhr

Traktormuseum der Oldtimerfreunde Stainz

Rund 70 ins Alter gekommene Traktoren von Baujahr 1918 bis 1966 wurden mit viel Liebe von den Mitgliedern der „Stainzer Oldtimerfreunde" restauriert und sind zu besichtigen.
A-8510 Stainz, Brombeerweg 4, Museumsbesuche nach Vereinbarung, Paul Wiener,
Tel: +43 (0)699-191 336 58
www.traktormuseum.at
e-mail: traktormuseum@gmx.at

„Ren(n)t a Traktor"

30 dieser liebevoll restaurierten Traktoren tuckern durch die Weststeiermark, denn man kann sie zwischen April und Oktober für Halbtages- und Ganztagesausflüge mieten. Sie fahren damit durch das Schilcherland, zu einer alten Kernölmühle, schnaufen einen Weinberg hinauf und besuchen Buschenschenken mit hausgemachten Spezialitäten. Traktormiete Anton Nettwall, Tel: +43 (0)664-58 54 124

Restaurant Engelweingarten

Das Restaurant liegt inmitten des auf 580 Meter gelegenen Engelweingartens, dem es auch seinen Namen verdankt. Die Terrasse bietet einen herrlichen Ausblick über die hauptsächlich mit Blauem Wildbacher bepflanzten Stainzer Weinhügel.
Spezialitäten: Zwischenrippenstück vom Rind, mit Schwammerlbutter auf Blattspinat; überbackenes Ochsenfleisch.
„Steirischer Ölspurwirt" mit vielen Kürbisspezialitäten.
Geöffnet: Mi–Sa, 11.30–21.30 Uhr;
So, 11.30–24 Uhr.
Monika und Wolfgang Hösl
A-8510 Stainz, Max-Gschiel-Gasse 21
Tel/Fax: +43 (0)34 63-23 81.

Gasthof Rauchhof

Der Rauchhof von Karin und Willi Rauch liegt etwa zwei Kilometer von Stainz entfernt, beim Kaufhaus Hubmann in Richtung Marhof abbiegen. Auf der Speisekarte finden sich regionale Fisch- und Fleisch-Köstlichkeiten (Styria-Beef, Milchkalb, Kaninchen, Wildschweinfrischlinge) und viele heimische Salate und Kürbisgerichte.
„Steirischer Ölspurwirt" mit vielen Kürbisspezialitäten.
Spezialitäten: Forelle in der Kürbiskernkruste, Rosmarinkaninchen mit Polenta, Kürbiskern-Krokant-Parfait.
Geöffnet: Mi–So, 11–15 Uhr,18–22 Uhr.
A-8510 Stainz, Wald 21
Tel: +43 (0)34 63-28 82, Fax: 21 27
www.rauch-hof.at
e-mail: rauch-hof@netway.at

Bad Sauerbrunn

Schon den Römern war Bad Sauerbrunn bekannt. Das Naturkohlensäure-Schwefelbad wirkt heilend bei Rheuma-

chilcherweinkost

Traktormuseum Stainz

„Ren(n)t a Traktor"

Schloss Wildbach

und Kreislauferkrankungen. Trink- und Badewasser (1:1 verdünnen) fließt derzeit zur freien Entnahme! Erholsame Parkanlage.

8510 Stainz – Rassach

Vinothek im „Schilcherstöckl" und Rassacher Kernölstöckl

Verkostung und Verkauf von ca. 70 verschiedenen Schilchern und 30 prämierten Kernölen.
Die einzigartige Kombination von Schilcher und Kernöl ist ein kulinarisches Erlebnis für Feinschmecker und Liebhaber der Weststeiermark.
Geöffnet von Ende März bis Dezember. Di–Fr: 14–18 Uhr, Sa-So-Feiertag: 10–12 und 14–18 Uhr
Tel/Fax: +43 (0)3463-4333

Alte Ölmühle Herbersdorf

Besuch nach Voranmeldung, um die Herstellung des grünen Goldes zu erleben. Für Gruppen gibt es die Möglichkeit einer Kernöl- und Knabberkernverkostung mit anschließender Bewirtung im 600 Jahre alten Schlosskeller (Kernöleierspeise, Qualitätsschilcher). Von Mai bis November, auch samstags.
Tel: +43 (0)3464-41 08 097
e-mail: oelmuehleherbersdorf@aon.at

8524 Bad Gams

Vinothek Schilcherkeller und Kernölpresse, bäuerliches Kunsthandwerk

Erfahren Sie mehr über die vielseitige Verwendung von Kürbis und die Herstellung von Kernöl. Besichtigung der Ölpressanlage täglich von 8-18 Uhr. Verkostung von Kernöl, Kürbisknabberkernen, Kürbiskernlikör, Schaupressen Mai bis Oktober jeden Fr von 8-12 Uhr. Tel/Fax: +43 (0)34 63-31 07 oder +43 (0)676-412 46 98

Weberei Strunz

Bei einem Besuch in der Weberei können Sie beim Weben von Schafwollteppichen und Fleckerlteppichen zusehen.
Tel: +43 (0)34 63-33 67

Bad Gamser Keramik

Betriebsbesichtigung - Verkaufsausstellung, Kunstkeramik Löcker. Geöffnet: Mo–Sa, 8–18 Uhr. Tel: +43 (0)3463-2494

Mühlen-Museum

Liebevoll restaurierte Exponate wie Stein- und Walzenmühlen geben einen kleinen Einblick in frühere Produktionsabläufe.
Geöffnet: Fr, Sa, 9–17 Uhr und nach Voranmeldung. Tel: +43 (0)3463-2813

Schloss Wildbach

1277 bis 1300 von Albrecht Wildbach erbaut. Die heutige Gestalt des Schlosses ist Ergebnis eines Umbaus im späten 18. Jh. Im Oktober 1827 war der Komponist Franz Schubert zu Gast.

Weststeirischer Hof

„Steirischer Ölspurwirt" mit vielen Kürbisspezialitäten
Spezialitäten: Kürbisgerichte, Weinverkostungen, Weinstammtische
A-8524 Bad Gams, Müllegg 40
Tel: +43 (0)3463-21 34, Fax: 21 34–7
www.weststeirischerhof.at
e-mail: klaus.kalthuber@weststeirischerhof.at

8501 Lannach

Anglerparadies Prinzental Bio-Landwirtschaft

In herrlich gelegenen Teichen kann man täglich von 7–19 Uhr nach Karpfen, Wels, Schleie, Zander und Hecht angeln. Für Gruppen ab 10 Personen gibt es Führungen durch die vielseitige Bio-Landwirtschaft mit Schafen, Ziegen und Wollschweinen sowie Kostproben.
Anmeldung: Tel/Fax: +43 (0)3462-5474

Restaurant Kohnhauser

In Lieboch gleich neben dem Kreisverkehr gelegen, ist der Spitzwirt eine kulinarische Oase mit südländischem Flair. Fischgerichte, Risotti und die Dessertvariationen sind die kulinarischen Highlights von Küchenchef Ernst Kohnhauser.
Spezialitäten: Fisch und Meeresfrüchte, Zanderfilet mit Kräuterkruste, Risotto mit Blattspinat, Erdbeeren mit Limettencreme.
Geöffnet: Mo–Fr, 12–14, 18–21.30 Uhr, (an Feiertagen geschlossen).
A-8501 Lieboch, Radlstraße 60.
Tel: +43 (0)31 36-62 4 96, Fax: 623 07-35
www.kohnhauser.at

8530 Deutschlandsberg

Burg Deutschlandsberg

Museum für Vor- und Frühgeschichte.
Geöffnet: März bis 15. November, täglich von 9.30–17 Uhr, Gruppen gegen Voranmeldung.
Als besondere Attraktion gilt der Fußweg durch die Klause hinauf zur Burg.
Tel: +43 (0)3462-5602 oder
+43 (0)676-4600058

Restaurant Kaminstubn

Etwas außerhalb von Deutschlandsberg, auf halbem Weg nach Hollenegg, steht das Ensemble von fünf weststeirischen Bauernhäusern, in denen sich auch das Restaurant „Kaminstubn" befindet. Christine Kiegerl verwöhnt ihre Gäste mit regionalen Schmankerln, die Grundprodukte dafür werden am familieneigenen Biobauernhof produziert. Auf der Weinkarte finden sich bei den Weißweinen hauptsächlich steirische Produkte.
Spezialitäten: Lammkoteletts in Kräuterkruste mit Steinpilztascherln, gebratener Tafelspitz vom Styria-Beef; Schilcherrahmsuppe mit Weißbrotwürfeln; Hühnerfilet in Kürbiskernbröseln gebacken, Schwarzbeerstrudel.
Geöffnet: Mo, Di, Fr und Sa, 11.30–22 Uhr; So, Feiertag 11.30–21 Uhr
A-8530 Deutschlandsberg, Kresbach 100
Tel: +43 (0)34 62-47 37, Fax: 37 01-12

Hofkäserei Deutschmann

Für Liebhaber von edlen Kuhmilch-Käsen. Von biologisch wirtschaftenden Bauern aus der Umgebung wird die frische Kuhmilch angeliefert und in der Hofkäserei von Franz Deutschmann zu Rohmilch, Camembert, Weichkäse mit Weißschimmel, Weißkäse mit Schimmel und Fasslkäs' mit Rotweingeläger, „Steirischem Kürbiskernkäse" und „Steirerschimmel" verarbeitet. Die Käse reifen im alten Ziegelgewölbe.
Hofkäserei Deutschmann
A-8523 Frauenthal, Oberberglastrasse 10
Tel: +43 (0)34 62-40 57, Fax: 41 57
e-mail: hofkaeserei.deutschmann@aon.at

Wirtshäuser, Restaurants und Sehenswürdigkeiten

Schilcherweingärten

Türkenturban-Kürbis

Literaturschilcher

Klapotetz

8522 Groß St. Florian

Steirisches Feuerwehrmuseum

8 Schauräume präsentieren die technische und soziale Entwicklung der steirischen Feuerwehren vom 19. Jh. bis in die Gegenwart. Faszination, Dokumentation, Perspektiven, laufend Sonderausstellungen. Saison: 1.3.–31.10. Geöffnet: Mi–Sa, 9–12 Uhr und 13–17 Uhr, So-Feiertag, 11–17 Uhr. Tel: +43 (0)3464-8820
www.feuerwehrmuseum.at

8504 Preding

Predinger Kürbismühlenmuseum

Ninaus-Mühle, Gollob-Mühle, Steifer-Mühle. Im Predinger Kürbismühlenmuseum sind drei verschiedene Kürbismühlen aufgestellt, die jeweils nach ihrem letzten Besitzer benannt wurden.
Geöffnet: Mo–Fr, 9–12 Uhr. Nachmittag sowie Sa, So und feiertags nach Vereinbarung, Tel: +43 (0)3185-2222-0

Glashütten

Koralpen- und Heimatmuseum

Im Anbau des Alpengasthauses Glashütten befindet sich das Koralpenmuseum. Neben alten Bauern- und Handwerksgeräten sind dort auch Glasstücke aus der Glasmacherzeit und Kirchenutensilien zu sehen (Schlüssel im Gasthaus). Tel: +43 (0)3461-230

Glashütten

Im Ortskern befinden sich ein Gesteinspark der typischen Koralmformationen mit einer Sammlung von Bauern- und Handwerksgeräten und ein Holzkohlemeiler. Tel/Fax: +43 (0)3461-230,

Trahütten

Am Fuße der Koralpe in 730–1300 m Seehöhe gelegen. Herrliches Wandergebiet.

1000-jährige Linde

Der älteste Baum der Region, die 1000-jährige Linde beim Kogler in Kruckenberg, steht an einem der schönsten Plätze in Trahütten.

8543 St. Martin im Sulmtal

Karpfenwirt

„Steirischer Ölspurwirt" mit vielen Kürbisspezialitäten

Anni Krenn lockt mit ihrem berühmten Kürbisstrudel, den sie als Beilage zum gebratenen Karpfen empfiehlt.
Spezialitäten: Karpfengerichte
Geöffnet: Do–Di, 11–24 Uhr.
A-8543 St. Martin im Sulmtal, Dörfla 25
Tel: +43 (0)3467- 23 07, Fax: 35 36

8543 St. Peter im Sulmtal

Restaurant Berghof

Grete Krenn verwöhnt ihre Gäste mit Kürbiscremesuppe, Wurzelfleischsulzerl mit Kürbisapfelkren, Schafkäse im Speckmantel gebraten, Forelle mit Kürbiskernbutter überbacken und Erdäpfel-Bohnen-Gröstl, Rindsfilet mit Kürbisragout und Sterzschnitten und Kürbiskrokantmousse mit Nougatsauce.
Geöffnet: Mi–Mo, 11–21.30 Uhr. Di Ruhetag, Juli und August kein Ruhetag.
A-8543 St. Peter im Sulmtal, Aigneregg 22
Tel: +43 (0)3467-8469, Fax: -9
e-mail: berghof-vital@aon.at
www.discover.com/berghof-st.peter

Hollenegg

Schloss Hollenegg

Wunderschönes Renaissanceschloss mit Arkadengängen, einzigartigen Parkanlagen und exotischen Bäumen. Der Pferdestall wurde zu einem Kultursaal umgebaut.

1. Steirischer Ameisenlehrpfad

Lernen Sie das Leben der „Hügel bauenden Wald- und Wiesenameisen" kennen. Lehrpfad auf 1500 m², Waldlehrpfad, Schlossparkanlage und Bauerngarten. Führung nur nach Anmeldung. Ameisenlehrpfad: Hr. Kolleritsch, Tel: +43 (0)34 67 75 27 Waldlehrpfad: Hr. Eimer 62 31 61

„Hollenegger Schlossgeister"

Bauernladen, geöffnet von Mai bis Oktober: Sa, So, 13–17 Uhr. Frau Maritschnigg, Tel: +43 (0)34 67-71 31

8541 Limberg

Bergbau-Schaustollen

Jederzeit geöffnet: Voranmeldung
Tel: +43 (0)3465-7033-0

8541 Schwanberg

Greißlermuseum Schwanberg

Ein „Kaufhaus der besonderen Art". Im „Rikerhof", einem offenen Vierkanthof aus dem Jahre 1851, werden Erinnerungen an die eigene Jugend wach. Daneben betreibt Herr Brunner auf einer Ausstellungsfläche von 800 m² auch einen Antiquitätenhandel. Geöffnet: Mo–Fr, 15–18 Uhr, Sa 9–12 Uhr. Tel: +43 (0)3467-7018

Lebensschmiede – Kunstgalerie

Heimische Künstler stellen ihre Arbeiten aus (Keramik, Malerei, Glas, Fotografie, Holz, Esoterik). Die Räumlichkeiten befinden sich in einem 200 Jahre alten, originalgetreu restaurierten Anwesen. Ganzjährig geöffnet. Sonderausstellungen. Ein kleiner Teil der Galerie ist dem Bereich Esoterik gewidmet.
Geöffnet: Di–Fr, 15–18 Uhr, Sa 9–12 Uhr
Tel: +43 (0)3467-7696
e-mail: lebensschmiede@gmx.at

Bauernmuseum „Brendlhof"

Bauernmuseum und Fotoausstellung im Gebetsraum. Mo, Di geschlossen.
Mi–So ab 10 Uhr. Tel: +43 (0)3467-8669
e-mail: infobrendlhof@brendlhof.at

Pitschgau

Bauernmuseum Lateinberg

Schausammlung zur Dokumentation der bäuerlichen Arbeitswelt im Grenzland. Die Sammlung im Jahrhunderte alten Anwesen vermittelt einen Einblick in die bäuerliche Lebens- und Arbeitsweise vergangener Jahrzehnte.
Geöffnet: 1. April bis 30. Oktober nach Vereinbarung beim Gemeindeamt:
Tel: +43 (0)3466-42272

8544 Pölfing-Brunn

Bergbauschaustollen Pölfing-Brunn

Der Bergbaustollen im Keller der Volksschule vermittelt dem Besucher die harte Welt der Kumpel in den Pölfing-Brunner Kohlerevieren. Von ehemaligen Bergleuten gebaut, zeigt das Museum die verschiedenen Abbau- und Fördermethoden, die unterschiedlichsten Arbeitsgeräte und die Beengtheit des Untertageabbaues.

Guten Appetit!

Kellerstöckl

Weingärten im Herbst

Führungen gegen Voranmeldung, Marktgemeindeamt, Tel: +43 (0)3465-3000
www.poelfing-brunn.at
e-mail: gde@poelfing-brunn.steiermark.at
Als Führer im Schaustollen stehen erfahrene Bergleute zur Verfügung.

Johannas Puppenhaus

„Die kleine Puppenwelt von gestern und heute", Porzellanpuppen-Repros von bekannten Künstlern und aus der alten Zeit. Über 100 handgemachte Porzellanpuppen. Tel: +43 (0)3465-3128 oder +43 (0)3465-2526 (Besichtigung nach telefonischer Vereinbarung, max. sechs Personen).

Arche Bauernhof der längst vergessenen Haustiere

50 verschiedene Haustierrassen, Hofführungen, Streichelzoo und Lamatrekking auf die Koralm zum Speikkogel. Voranmeldung erbeten, Familie Ossenagg, Tel/Fax: +43 (0)3465-3073

8554 Soboth

Wassererlebnis Stausee Soboth

Bergsee, 80 ha Wasserfläche, Seeweg; Wassersport: Baden, Tauchen, Segeln, Surfen. Füllstation für Tauchgeräte, Bootsverleih, Liegewiesen, Nichtschwimmerbereich. Event: Kristalltauchen, See-Fest-Spiele jährlich am dritten Sonntag im August.
Tel: +43 (0)3460-511. www.soboth.at

Erlebnisweg „Weg der Wandlungen"

Ein bestehender Rundweg um den Ort wurde mit Erlebnisstationen zur Sensibilisierung der Sinne ausgestattet. Dieser Weg bietet dem Besucher eine emotionale Reise durch seine eigene Gefühlswelt. Ausgangspunkt: Soboth-Ort. Hol dir deinen Rucksack! Alpengasthof Messner.
Tel: +43 (0)3460-209
www.soboth.at
e-mail: gde@soboth.steiermark.at

8544 Sulmeck-Greith

Laubdorf mit Kulturhaus St. Ulrich i. Greith

Laufende Ausstellungen, Lesungen, Konzerte. Tel: +43 (0)3465-20200
www.laubdorf.at
e-mail: kulturhaus@laubdorf.at

St. Pongratzen

Naturerlebnis St. Pongratzen

Baumgalerie mit Erlebnisstationen: Kräutergarten, Hexenhaus, Sitzarena; Bienenschauhütte (Wuttihof), frei zugänglich von Mai bis Oktober. Führungen auf Wunsch.
Gemeindeamt, Tel: +43 (0)3466-42374 oder Hr. Oswald Walser,
Tel: +43 (0)676-866 45
e-mail: gde@grossradl.steiermark.at

8551 Wies – Wernersdorf

Museum „Zum alten Brennkessel"

Jöbstls Brenngerätesammlung, geöffnet von Februar bis Dezember. Wochentags von 14–18 Uhr. Tel: +43 (0)3466-42379
www.joebstl.st, e-mail: info@joebstl.st

8551 Wies

Pühringer Hammerschmiede

Auskunft Marktgemeindeamt Wies,
Tel: +43 (0)3465-2201. Schmiedeführungen ab 10 Personen. Geöffnet: Mai bis Oktober nach Voranmeldung.
Sa, 14–15 Uhr und nach Voranmeldung.
Zufahrt: An der B 76 (Radlpassbundesstraße) zwischen Wies und Eibiswald - Abzweigung nach Wernersdorf (L 652) - nach dem Ortsteil Vordersdorf auf der rechten Seite, direkt an der Weißen Sulm.

Versuchsstation für Sozialkulturen

Kürbisschaufelder von Juni bis Oktober. Hokkaido, Huckelberry, Kiwano oder Pak Choi heißen die fremdartigen Gemüse, die in Wies gezüchtet werden. Den Besucher erwartet eine Vielfalt an Gemüsen, Kürbissen, Blumen und Kräutern. Ansprechperson: Helmut Pelzmann,
geöffnet Mo, Di, Do, Fr: 7.15–12 Uhr und 13–17 Uhr. Mi 7.15–12 Uhr
Anmeldung: Tel: +43 (0)34 65-24 23.
e-mail: post@lvzwie.stmk.gv.at
Eintritt/Führung: gratis, aber unbedingt Voranmeldung. Zufahrt: Wies-Ort, Richtung Schloss Burgstall.

8552 Eibiswald

Kloepfer- und Heimatmuseum

Geburtshaus des steirischen Mundartdichters und Arztes Dr. Hans Kloepfer (1867–1944). Heimatkundliche und kulturgeschichtliche Sammlungen, Kloepferzimmer.
Telefon und Info: +43 (0)3466-43256 oder +43 (0)3466-422 1822

Schilcherkeller im Lerchhaus Eibiswald

Altes Eibiswalder Bürgerhaus (1612) mit bemerkenswerter Renaissance-Diele. Darin befinden sich das Informationsbüro, Ausstellungsräume, ein Saal für kulturelle Veranstaltungen sowie der „Schilcherkeller". Information Eibiswald,
Tel: +43 (0)3466-43256 oder 42218

ÖAV-Weitwandermuseum

Die Ausstellung umfasst drei Schwerpunkte:
1. Das Weitwandern
2. Carl Hermann, der Bildhauer und Begründer des Weitwanderns
3. Video-Film-Vorführung: „Carl-Hermann-Portrait"
Kontakt: Tel: +43 (0)3466-43256 oder
Hr. Brauchart, Tel: +43 (0)3466-42416
Geöffnet: Ostern bis Allerheiligen nach telefonischer Voranmeldung

Kirchenwirt Hasewend

Ein kleiner Auszug aus dem Jahresprogramm des Kirchenwirtes Hasewend in Eibiswald: Frühlingserwachen mit Verkostung der neuen Weine, am Palmsonntag werden die Palmbuschen bei der Mariensäule geweiht, zu Fronleichnam schmücken Blumenteppiche den ganzen Ort. Im August gibt's die „Kürbinarischen Wochen auf der Ölspur", am 16. August findet die kulturelle Trilogie „Kino-Kürbis-Kultur" statt, im Herbst ist Kastanien- und Sturmzeit und Anfang November die Junkerpräsentation.
„Steirischer Ölspurwirt" mit vielen Kürbisspezialitäten
Gasthof, Kino und Fleischerei Hasewend
A-8552 Eibiswald 39
Tel: +43 (0)3466-42216, Fax: -4
e-mail: gasthof@hasewend.at
www.hasewend.at

Der Jagawirt und die Waldschweine

Waldschweinbraten mit Erdäpferln

Fährt man von Stainz nach St. Stefan, so kommt man über Greisdorf zum Reinischkogel, dort über die Schilcherweingärten zum von Wald umgebenen Wirtshaus „Jagawirt". Die Wirtsleute Werner und Maria Goach gehen schon lange ihren eigenen Weg. Die Grundprodukte für ihre regional betonte und überaus feine Bauernküche züchten sie in der eigenen Landwirtschaft, sie haben Schafe, und über 100 Waldschweine laufen frei im Wald neben dem weststeirischen Häuserensemble herum. Gekocht wird eine Fülle der besten steirischen Gerichte wie ein Schweinsbraten im Rohr oder schmackhafte Lammgerichte. Einige seiner beliebtesten Rezepte hat Werner Goach hier zusammengestellt.

Werner Goach, der „Jagawirt"

Waldschweinsulzerl

Waldschweinbraten
im eigenen Saft mit mitgebratenen Erdäpfeln

Zubereitung: Den Waldschweinschopf rundherum in heißem Fett anbraten. Danach mit den zerstoßenen Gewürzen Salz, Pfeffer, Kümmel, Knoblauch, Senf fest einreiben.
In die Bratpfanne geben mit 1 EL Schmalz und bei niederer Temperatur (max. 130°C) unter öfterem Wenden langsam braten.
Nach ca. $1\frac{1}{2}$ Stunden in dicke Scheiben geschnittene Erdäpfel dazugeben und mit etwas Suppe aufgießen. Mit hoher Hitze weiterbraten, bis die Erdäpfel fertig sind und der Braten eine schöne Farbe hat.
Man kann auch in Scheiben geschnittenes Wurzelgemüse zu den Erdäpfeln geben.

Zutaten für 6–8 Portionen
1 Schopf vom Waldschwein (ca. 1,5 kg), Salz, Pfeffer, Kümmel, Knoblauch, Senf, 1 EL Schmalz.

Nährwert pro Portion:
260 kcal; 10,1 g Fett; 12,4 g KH; 41,8 g EW; 142 mg Chol; 1 BE.

Waldschweinsulzerl

Zutaten für 10–12 Portionen **1 Kastenform mit ca. 1,2 ℓ Inhalt**
Etwa $\frac{3}{4}$ kg Waldschweinbratenfleisch, $\frac{1}{2}$ kg Wurzelgemüse (Karotten, Sellerie, Porree, Zwiebel), Essiggurkerln, 2 Lorbeerblätter, Salz, Pfeffer, einige Wacholderbeeren, $\frac{1}{2}$ ℓ Suppe, 10-12 Blatt Gelatine

Zubereitung: Fein würfelig geschnittenes Waldschweinbratenfleisch mit gekochtem Wurzelgemüse (geschnitten), Essiggurkerln, Zwiebeln, in $\frac{1}{2}$ ℓ Suppe aufkochen, mit Gelatine vermengen, mit Salz, Pfeffer, Essig, und einigen gehackten Wacholderbeeren gut abschmecken.
In eine geölte und mit Klarsichtfolie ausgelegte Kastenform füllen und im Kühlschrank auskühlen lassen, bis die Sulz schnittfest ist.
Scheiben schneiden, auf grünen Salat und Paradeis (je nach Wunsch) legen und mit einer Marinade von Schilcheressig und Kernöl, fein geschnittenen Zwiebeln und Paprika anrichten.

Waldschweine im Freigehege beim Jagawirt am Reinischkogel

Waldschweinschnitzel gefüllt

Waldschweinschnitzel gefüllt

Zutaten für 4 Portionen
4 Waldschweinschnitzel á 150 g
Zum Panieren Mehl, ein geschlagenes Ei und ein Gemisch aus Brot- und Semmelbröseln und fein gehackten Kürbiskernen

Zutaten Fülle
2 EL feingeschnittener Waldschweinschinken,
1 EL würfelig geschnittener Schafskäse oder nach Wunsch
1 EL Pilze der Saison, 1 EL Topfen, verschiedene Kräuter nach Geschmack gut durchmischen

Zubereitung: 4 Waldschweinschnitzel klopfen, salzen, pfeffern mit der angegebenen Fülle füllen, wie oben erwähnt panieren, und in heißem Fett herausbacken.
Mit mitgebratenen Erdäpfeln oder Kräutererdäpfeln anrichten. Dazu passen eingelegte Vogelbeeren oder Preiselbeeren.

Nährwert pro Portion:
303 kcal; 12,4 g Fett; 8,4 g KH; 39,3 g EW; 172 mg Chol; 0,75 BE.

Erdäpfelgulasch mit Waldschweinwürstel

Zutaten für 6 Portionen
2 Zwiebeln (feingehackt), 50 g Speck, Paradeismark,
1 EL edelsüßer Paprika, Essigwasser,
½ ℓ Suppe oder Wasser, 1 kg Erdäpfel, mehlig, roh, geschält, Salz, Pfeffer, frischer Thymian, 1 TL Senf, ½ grüner und ½ roter Paprika (feingehackt), 12 Stück Waldschweinwürstel (oder 3–4 Debreziner), Essiggurkerln, eventuell 1 KL Sauerrahm und Mehl.

Zubereitung: Den würfelig geschnittenen Speck mit 2 feingeschnittenen Zwiebeln anrösten, vom Feuer nehmen, 1 EL edelsüßen Paprika dazugeben, mit Essigwasser ablöschen, die grob geschnittenen Erdäpfel dazugeben, etwas Wasser und Suppe dazugeben, mit Salz, Pfeffer, frischem Thymian, 1 TL Senf würzen, nach Geschmack feingehackten grünen und roten Paprika untermengen, köcheln lassen, bis die Erdäpfel weich sind. Zum Schluss geschnittene Waldschweinwürstel und in Scheiben geschnittene Essiggurken dazugeben. In einem tiefen Teller anrichten und eventuell 1 KL Sauerrahm, dazu ein Stück Bauernbrot reichen.

Nährwert pro Portion:
342 kcal; 19,7 g Fett; 24 g KH; 16,6 g EW; 45,7 mg Chol; 2 BE.

Erdäpfelgulasch

Weintipp

Werner Goach empfiehlt: „Ein feinfruchtiger und gehaltvoller Weißwein wird zu den Waldschweingerichten die richtige Ergänzung sein, wobei ein Schilcher aus der Region die perfekte Harmonie bringt, die man sich erwartet."

Waldschweinkotelett
auf Gemüselinsen und Bärlauchknöderl

Zutaten für 4 Portionen

4 kleine Jungwaldschweinkoteletts mit Knochen, Mehl, Salz, Pfeffer, Thymian, Olivenöl zum Braten, Rindsuppe zum Ablöschen

Gemüselinsen

Eine Tasse eingeweichte Linsen mit gleicher Menge fein würfelig geschnittenen Wurzelgemüses mit gleicher Menge Rindsuppe langsam dünsten. Zum Schluss mit Schlagobers und feingehackter Gundelrebe und Liebstöckl abschmecken.

Bärlauchknödel

3 Semmeln in einer Tasse mit heißer Milch einweichen, in Butter angeschwitzten Zwiebel, ein Ei, einen Bund fein gehackten Bärlauch dazu geben, mit Salz, Pfeffer, Muskatnuss würzen. Rasten lassen und mit nassen Händen kleine Knöderln formen und in kochendem Salzwasser 15 Minuten ziehen lassen.

Zubereitung: Die 4 kleinen Jungwaldschweinkoteletts mit Knochen beidseitig mit Salz, Pfeffer, Thymian würzen, in Mehl wenden und in Olivenöl langsam goldbraun braten, mit Rindsuppe ablöschen, vom Herd nehmen und zugedeckt ziehen lassen.

Auf Linsengemüse mit den Knödeln anrichten.

Nährwert pro Portion:
491 kcal; 17,3 g Fett; 44,1 g KH; 39 g EW; 153 mg Chol; 3,7 BE.

Waldschweinkotelett auf Gemüselinsen und Bärlauchknöderl

Gemüse-Naturreis mit Waldschweinwürstel

Zutaten für 4 Portionen

Zubereitung: 1 große Tasse gewaschenen Naturreis mit 3 Tassen Wasser ohne Salz langsam am Herd dünsten. Nach halber Kochzeit, 1 Tasse feingeschnittenes Gemüse (Sellerie, Karotten, Lauch) dazugeben, salzen und langsam fertig dünsten. Zum Schluss 6 Stück geschnittene Waldschweinwürstel (oder 2–3 Debreziner) untermischen, eventuell $1/16$ ℓ Obers dazugießen und zugedeckt durchziehen lassen.
Zum Anrichten kann man noch gebratene Waldschweinwürstel darauf legen.

Nährwert pro Portion:
156 kcal; 9,1 g Fett; 13 g KH; 5,8 g EW; 17,6 mg Chol; 1 BE.

Gemüse-Naturreis mit Waldschweinwürstel

Lammkotelett auf Bärlauchnudeln

Gebackene Schilchernockerln

Lammkotelett auf Bärlauchnudeln

Zutaten für 4 Portionen
8 Lammkoteletts mit Knochen, Salz, Pfeffer, Thymian, Kräuter.
Vorbereitung Kürbiskernpanier: Das Ei aufschlagen, 1 EL gehackte Kürbiskerne dazugeben,1 KL geriebenen Asmonte (steirischer Parmesan), etwas Salz und Kräuter, mit der Gabel kurz durchschlagen
Zubereitung Lammkotelett: 2 Lammkoteletts mit Knochen (die Knochen etwas länger lassen und vom Fett befreien) mit Salz, Pfeffer, Thymian würzen.
In Mehl wenden und im Ei-Kürbiskerngemisch unterziehen. Sofort in die Pfanne mit 1 cm heißem Fett legen und beidseitig goldgelb herausbacken.

Bärlauchnudeln

Ein Bund Bärlauch fein hacken in Öl oder Butter erwärmen, Nudeln dazugeben, leicht salzen und durchschwenken.
Die Nudeln mit der Gabel kurz drehen und auf die Platte legen, Kotelett darauf geben, mit gehackten Paradeisern und Kräutern anrichten.

Nudelteig

aus 300 g Mehl, 3 Eiern, 1 EL Öl einen glatten Teig herstellen, kurz rasten lassen und daraus Nudeln machen.
Nährwert pro Portion:
867 kcal; 30 g Fett; 57,9 g KH; 90,2 g EW; 445 mg Chol; 4,8 BE.

Gebackene Schilchernockerln

Zutaten für 4 Portionen
60 g Zuckerzwieback in 0,2 ℓ Schilcher einweichen,
Butter zum Ausstreichen, 20 g gehobelte Mandeln
4 Eiklar mit 50 g Zucker und MS Vanillezucker zu Schnee schlagen
3 Dotter, 20 g Mehl,
Zitronenschale gerieben und einige fein gehackte Minzeblätter rasch unter den Schnee ziehen (Masse sollte so locker wie für Salzburger Nockerl sein),
20 g gehackte Kürbiskerne und Mandelblättchen zum Bestreuen
Zubereitung: Die ausgebutterte und mit Mandeln ausgestreute flache Auflaufform mit der Hälfte des eingeweichten Zwiebackes auslegen, die Schneemasse locker in die Form geben und die restlichen Zwiebackscheiben schuppenartig in die Masse eindrücken. Mit Mandeln und Kürbiskernen überstreuen und bei 200°C etwa 10-12 Minuten backen.
Nach dem Backen mit Staubzucker bestreuen und sofort servieren.

Kürbiskerngugelhupferl

Zutaten für 4 Portionen
150 g Zucker, 50 g Honig, 130 g Butter,
130 g Topfen, 50 g geriebene Nüsse,
80 g Kürbiskerne fein gehackt,
5 Eier, 40 g Brösel
Zitronenschale und Saft von 1 Zitrone,
½ KL Vanillezucker, ½ KL Backpulver, Staubzucker

Zubereitung: Aus Zucker, Honig, Vanillezucker, Backpulver, Butter den Dottern und dem Saft der Zitrone bereitet man einen Abtrieb und gibt zum Schluss den passierten Topfen dazu. Unter die sehr flaumige Masse hebt man den Eischnee, Brösel, die Nüsse, die Kürbiskerne und die geriebene Zitronenschale. Die Masse füllt man in ausgefettete und mit fein geriebenen Kürbiskernen bestreute Gugelhupfförmchen. Bei 170°C etwa 35–40 Minuten backen lassen.
Nach dem Backen aus den Formen stürzen und mit Staubzucker bestreuen.

Nährwert pro Portion:
800 kcal; 52,2 g Fett; 60,7 g KH; 22,5 g EW; 0,38 mg Chol; 5 BE.

Kürbiskerngugelhupferl

Erdbeerterrine

Zutaten für 10 Portionen
200 g Topfen, ⅛ ℓ Joghurt, ⅛ ℓ Sauerrahm, 75 g Crème Fraîche, ¼ ℓ geschlagenes Obers, 5 Blatt Gelatine
2 EL Honig, Saft einer ½ Orange, Saft einer ½ Zitrone, 1 KL Vanillezucker, 1 Schuss Rum, 30 Biskotten, 200 g Erdbeeren
Zubereitung: Die Gelatine in kaltem Wasser einweichen, Topfen, Joghurt, Sauerrahm, Crème Fraîche, Honig, Vanillezucker, Zitronensaft, Orangensaft und Rum in einer großen Schüssel verrühren. Die eingeweichte Gelatine erwärmen und in die Masse einrühren, das Schlagobers unterheben.
Die Form mit einer Trennfolie auskleiden, etwas Masse auf den Boden geben und die Biskoten und die Erdbeeren gemischt einlegen. Mit einer weiteren Lage der Topfenmasse auffüllen. Die restlichen Biskotten und die Erdbeeren einlegen und die Form auffüllen. Über Nacht kaltstellen.

Erdbeerpürree

Die Erdbeeren mit Zitronensaft, Zucker und 1 EL Rum pürieren, kleingeschnittene Erdbeerstücke beimengen.

Monika Winklers köstliche Erdbeerterrine

Wirtshaus Jagawirt

Werner und Maria Goach
A-8511 St. Stefan o. Stainz,
Sommereben 2
Tel: +43 (0)31 43-81 05,
Fax: -81 74
Geöffnet: Do-Di 11.30–21.30
Mi Ruhetag
Betriebsferien: Jänner bis März

E-Mail: Goach@Jagawirt.at
www.jagawirt.at

Das Sausal von Leibnitz über Kitzeck nach Gleinstätten

Die steirischen Weinregionen sind geografisch streng geordnet. Zum Sausaler Weingebiet gehören die Weinbaugemeinden von Kitzeck, St. Andrä-Höch, St. Nikolai, Gleinstätten, Leibnitz, Tillmitsch, der Norden des Gebietes Wildon sowie die Weinbauflächen der Gemeinde Heimschuh links der Sulm. Quer durch diese Weinbauregion führt die Sausaler Weinstraße.

Ausgangspunkt ist die Wein- und Bezirksstadt Leibnitz, sie ist jährlicher Treffpunkt sowohl von Weinexperten als auch von Weinliebhabern. Denn über das Jahr gestreut findet eine Reihe von Veranstaltungen statt, die den Wein zum Thema haben. Die bekannteste unter ihnen ist wohl die traditionelle Weinwoche im August.

Von Leibnitz führt die Sausaler Weinstraße nach Seggauberg. Das Schloss Seggau ist die Sommerresidenz der steirischen Bischöfe, besitzt eine der schönsten Römersteinsammlungen der Steiermark und wird als Kultur- und Bildungshaus geführt. Das Schloss kam im Jahre 860 in den Besitz des Erzbistums Salzburg. Hinter den dicken Mauern dieses Festungsbaues verbirgt sich einer der ältesten und größten Weinkeller des Landes. Und im Glockenturm des Schlosses hängt die schwerste Glocke der Steiermark, die „Seggauer Liesl". Zeugen einer alten Kulturepoche sind weiters die Wallfahrtskirche und das Tempelmuseum Frauenberg.
Am Fuße des Seggauberges, an den Ufern der Sulmseen, liegt die Weinbaufachschule Silberberg. Von Silberberg geht es das Sulmtal entlang nach Heimschuh. Sehenswert ist dort die 1170 erstmals urkundlich erwähnte, dem heiligen Sigismund geweihte Pfarrkirche. Denn sowohl romanische als auch gotische Elemente sind sichtbar in diese Barockkirche eingebunden.
Von Heimschuh über Fresing kommt man nach Kitzeck. Ein atemberaubender Blick über das Sulmtal und die angrenzenden Hügel bietet sich, wenn man die Römerstraße von Heimschuh über Einöd nach Kitzeck wählt. Dieser schmale, aber gut ausgebaute Weg gilt als eine der ältesten Verbindungen vom Sulmtal ins hochgelegene Kitzeck.

Naturpark „Südsteirisches Weinland"

Im Jahre 2002 wurde der Naturpark „Südsteirisches Weinland" eröffnet. Er umfasst 27 Gemeinden auf 395 Quadratkilometern mit 40.000 Bewohnern. Hans Schrattner, Geschäftsführer des Naturparks definiert die Pläne und Ziele dieses Projektes: „Der Naturpark Südsteirisches Weinland soll in Zukunft eine aktive und innovative Region sein, in der jeder mitarbeitet, aber auch mitprofitiert. Jeder heißt: Auch der kleine Landwirt soll Nutznießer dieser Gemeinsamkeit sein, indem er Produkte liefert, die der Gastwirt oder Buschenschank-Betreiber dann an den Gast weitergibt."

Die Weinbaugemeinde Kitzeck

In 564 Metern Seehöhe gelegen, zählt der Ort mit seiner 1.000-jährigen Weinbaugeschichte zu den höchstgelegenen weinbautreibenden Gemeinden Mitteleuropas und wird als solcher auch als Werbeträger genützt.
In den Jahren 1640 bis 1644 wurde an jener Stelle, an der heute die Pfarrkirche steht, eine Kapelle errichtet. Zur Pfarre erhoben wurde Kitzeck im Jahre 1789. Ein Blitzschlag vernichtete 1833 die Pfarrkirche, sie wurde aber gleich wieder aufgebaut. Sie ist das über viele Kilometer sichtbare Wahrzeichen von Kitzeck und seinen Weinbergen.

Blick vom Demmerkogel, Hochbrudersegg, nach Kitzeck

Christian Nehoutni, steirischer Fassbodenschnitzer

Kitzeckpanorama: die Riegersburg, die Gleichenberger Kogel, Wildon: alles ist im Blick von oben erfasst , weites, weites Land, auf das wir immer von oben schauen: die Menschen, Orte und Gehöfte verbindende Straße ist der höchste Punkt, den Hügelkamm entlang führend und in Besitz nehmend. Sie lässt den Blick frei und weit schweifen über die südliche Steiermark.

Weingärten in Brudersegg, Demmerkogel

Hör hin! Der Rhythmus des Klapotetz ist der Rhythmus der Landschaft. Er klopft den Takt zu alten Traditionen, die uns von unseren Wurzeln erzählen, vom Nicht-Austauschbaren. Der Vogel mag vielleicht vom regelmäßigen Schlag des Holzes vertrieben werden, doch du, Wanderer oder Gast, komm! Hör hin! Der Rhythmus des Klapotetz ist der Rhythmus der Landschaft.

Weingut Bockmoar
Familie Jöbstl-Arbeiter

A-8410 Wildon, Bockberg 1
Telefon: 03182/2534, Fax:-4
E-Mail: weingut@bockmoar.at
www.bockmoar.at

Blauburgunder, Welschriesling, Morillon und Sauvignon blanc sind für Familie Jöbstl-Arbeiter nicht nur ein Teil ihres angebotenen Weinsortiments, sondern auch die Bezeichnung ihrer geschmackvoll eingerichteten Ferienzimmer und der Ferienwohnung am Bockberg bei Wildon. Die Weingärten von 4,5 Hektar schließen direkt an das Hofareal an und umrahmen mit ihrer Ruhe das Weingut mit seinem Buschenschank. Unmittelbar neben den Weinstöcken werden im Freien die köstlichen Eigenprodukte serviert. Bis in die Keltenzeit lässt sich der Weinbau an den Hängen des Bockberges zurückverfolgen. Daneben bewirtschaften Theresia, Barbara und Alois Jöbstl-Arbeiter ca. 4 ha bester Rebflächen in Sulztal an der Weinstraße in unmittelbarer Nähe der slowenischen Grenze. Hier wurzeln die für die südsteirischen Weinberge typischen Reben wie Sauvignon blanc, Sämling und Blauer Zweigelt in sehr guter Lage.

Der Kellermeister und seine Tochter vinifizieren beste Qualität aus dem hochwertigen Traubenmaterial, das sie durch sorgfältige Gartenarbeit und schonende Verarbeitung erhalten. Feine, elegante und fruchtbetonte Weiße und kräftige, charakteristische Rote sind das sehr zufriedenstellende Ergebnis.

Schnapsbrennen ist auch ein wichtiger Produktionszweig am Weingut. In der Brennerei werden aus sorgfältig ausgewählten Rohstoffen milde, hocharomatische und zarte Destillate gewonnen. 30 verschiedene Obstsorten werden durch schonendes Destillieren und ständige Kontrolle zu hochqualitativen Edelbränden verarbeitet. Das Sortiment reicht von Apfel, Zwetschke über Williamsbirne, Quitte bis Honigbirne und Schlehdorn, wobei auf Liköre

aus Weichseln, Holunder, Schilcher, Kräutern und Waldmeister nicht vergessen werden darf. Barbara Jöbstl-Arbeiter hat sich mit neun weiteren jungen Winzerinnen aus 6 Weingütern zusammengeschlossen. Unter der Bezeichnung „FemiVin" zeigen die Weinbäuerinnen neben ihren Leistungen im Weinbau ihr soziales Engagement. Jedes der 7 Weingüter stellt jährlich 500 Flaschen einer Sorte zur Verfügung. Aus dem Verkauf kommt ein Euro pro Flasche, das sind 3.500 Euro aus jedem Jahrgang, einem sozialen Zweck zugute. Ein großzügiges Bockmoar-Wellnessangebot, verschiedene Salate nach Saison und die hausgemachten Fruchtsäfte sorgen für das leibliche und seelische Wohl der Gäste. Als besonderes Service für Gesundheitsbewusste gibt es ein eigenes Gastzimmer für Nichtraucher. Der kleine Spielplatz mit der Schaukel wird von den Kindern fleißig frequentiert.

8 ha - Welschriesling, Weißburgunder, Morillon, Sämling, Sauvignon blanc, Traminer, Zweigelt, Blauburgunder
Buschenschank: täglich 13-22 Uhr, Di Ruhetag
€ 4,40/6,-
Sekt
Traubensaft, Fruchtsäfte
Obstbrände, Destillate, Weinbrände
5 Gästezimmer, 10 Betten

Weinbauschule Silberberg

Steiermärkisches Landesweingut
A-8430 Leibnitz, Kogelberg 16
Telefon: 03452-82 3 39, Fax: -17
e-mail: lfssilberberg@stmk.gv.at
www.silberberg.at

Silberberg, dieser Name steht gleichzeitig für zwei Institutionen, einerseits für die Weinbauschule und andererseits für das Steiermärkische Landesweingut. „Für vieles, was sich in der Steiermark beim Weinbau entwickelt hat, tragen wir die Mitverantwortung", beschreibt Direktor Anton Gumpl in einem Satz die Bedeutung der Weinbauschule Silberberg in der Vergangenheit und auch für die Zukunft.

Es sind die internationalen Kontakte der Weinbauschule, die es dem Winzernachwuchs ermöglichen, bei Schüleraustauschprogrammen mitzuwirken und auch über das Netzwerk europäischer Weinbauschulen zu interessanten Praxisplätzen für die Jungwinzer zu kommen.

Silberberg verdankt seinen guten Ruf nicht nur der Schule, sondern auch dem angeschlossenen Landesweingut. Mit dem Neubau des Weinkellers im Jahre 1985 legte man die damals eigenständigen Landesweingüter Kitzeck, Schlossberg und Remschnigg mit Silberberg zusammen. Das so entstandene Landesgut hat ein Ausmaß von ca. 620 ha, davon sind 27 ha Rebflächen, von denen 9 ha in Form der neuen Kleinterrassen bewirtschaftet werden.

Diese Umstellung von den extremsten Steillagen auf die besser bewirtschaft-

Das Silberberger Team: Direktor Anton Gumpl, Kellermeister des Landesweinguts Josef Kratzer und Önologe Reinhold Holler

baren Weingarten-Terrassen wurde in den späten 90er-Jahren von Werner Surma begonnen. Nach einigen Ernten kann man schon vom Erfolg dieser Entwicklung sprechen. Die Trauben erreichen eine zwischen 2° und 4° KMW höhere Reife als in Weingärten in vergleichbarer Lage. Es ist eine höhere Pflanzdichte der Rebstöcke möglich (bei den bisherigen Steilanlagen durchschnittlich 3.000 Stöcke/ha, bei Terrassen bis zu 5.000 Stöcke), weniger Trauben auf einem Stock bedeutet mehr Laub zur Zuckerbildung der wenigen Trauben = höhere Reife = die Weine werden kräftiger.
Das anfängliche Wachstumsproblem der jungen Reben wegen der Trockenheit wurde durch eine Tröpfchenbewässerung gelöst. Zur Zeit wird auch eine Bewässerungsstudie durchgeführt, um den optimalen Einsatz der Tröpfchenbewässerung zu erforschen. Schwerpunkte dabei sind die Wurzelbildung der jungen Stöcke, die Auswirkung des Wassers auf die Aromaentwicklung der Trauben und die Nahrungsaufnahme der Reben über den Boden.

Eine der Entwicklungen von Silberberg: der Grasschneider für den speziellen Einsatz auf den Kleinterrassen

Bei den Weinen finden sich 3 Ausbaulinien: die klassisch steirische Ausbauform, leichte, fruchtige und frische Weine mit feiner Eleganz, die unter der Bezeichnung „Schlossberg" zu finden sind. Die Lagenweine unter der Bezeichnung „Annaberg" sind kräftige und vollmundige Weine aus hochreifen Trauben, wie der Weißburgunder. Die B.O.S. („Best of Silberberg")-Weine sind immer Selektionen, die in Barriques oder in großen Eichenfässern mindestens 12 Monate ausgebaut werden. Ein Biowein ist die Zweigelt-Wildbacher-Cuvée, die Trauben stammen aus einem 1,5 ha großen Bio-Weingarten.

27 ha - Welschriesling, Morillon, Weißburgunder, Sauvignon blanc, Riesling, Muskateller, Traminer, Zweigelt, Zweigelt/Wildbacher
Ab-Hof-Verkauf: Mo–Fr, 7–12 Uhr, 13–17 Uhr
Apr–Juni, Sep–Okt auch Sa, 9–15 Uhr
€ 5,–/13,–
Obstbrände, Destillate, Weinbrände

Die Silberberger Weinbergterrassen

Die Weinbauschule Silberberg

Blick nach Frauenberg

Weingut Kieslinger

A-8430 Leibnitz, Kogelberg 36
Tel: 03452-82780, Fax:-20
E-Mail: weingut@kieslinger.org
www.kieslinger.org

Seit 1933 ist der Kogelberg bei Leibnitz untrennbar mit dem Namen „Kieslinger" verbunden. Heute gehört zum Weingut eine Anbaufläche von knapp 9,6 Hektar, als Kellermeister fungiert seit 1996 der 1972 geborene Ing. Peter Kieslinger. Ein Jahr lang hat er die Weinbauschule Silberberg besucht, danach fünf Jahre in Klosterneuburg sein Wissen erweitert. Sein Ziel ist es, hervorragende Weine zu produzieren, auch wenn das nicht immer gerade leicht ist: „Im letzten Jahr gab es durch ergiebige Niederschläge eine schwierige Lese. Wer aber so wie wir mehrmals durchgelesen hat, konnte in der zweiten Oktoberhälfte hochreifes und makelloses Traubengut einbringen. Das ergab etwa bei den Weißen duftige, feinfruchtige Weine mit Säurestruktur. Die Roten – Zweigelt und Cabernet Sauvignon – lassen einiges an Potenzial erwarten."
Erika Kieslinger kann mit Recht stolz auf ihre Kinder sein, immerhin wird der Betrieb mit „Familienpower" geführt. Mittlerweile unterstützt auch Sohn Stefan, 1980 geboren, den Betrieb. Nach der Matura hat er die Tourismusschule in Bad Gleichenberg besucht, danach in Italien seine Sprachkenntnisse vertieft: „Das war notwendig, weil aus diesem Land viele Gäste unsere Buschenschenke besuchen."

Tochter Christine ist mit einem Weinbauern verheiratet, ein weiterer Sohn geht allerdings etwas andere Wege, er ist bei der Autobahngendarmerie in Hartberg beschäftigt. Hauptsorten sind der Gelbe Muskateller, der Rheinriesling (aus dem auch ein hervorragender, prickelnder, erfrischender Sekt gemacht wird), Weißburgunder, Welschriesling und Sauvignon blanc. Ein Teil der Rotweine wird in Barriques ausgebaut. Die Frage, ob sie denn einen Lieblingswein hätte, kann Erika Kieslinger so nicht beantworten: „Bei mir hängt das vom Tag, von der Stunde und vor allem vom Wetter ab. An heißen Tagen etwa bevorzuge ich einen Muskateller oder Welschriesling, wenn's draußen kalt und drinnen gemütlich ist, einen Cabernet Sauvignon."

9,58 ha - Rheinriesling, Muskateller, Weißburgunder, Sauvignon blanc, Blauer Zweigelt, Cabernet Sauvignon
Buschenschank: 1.03.-30.12., täglich ab 14 Uhr geöffnet, Sa, So, ab 12 Uhr
Ab-Hof-Verkauf: täglich ab 9 Uhr
€ 4,70/17,30
Sekt, Traubensaft, Fruchtsäfte
Destillate

Weingut Strauß Herbert

A-8505 St. Nikolai im Sausal
Tel/Fax: 03456-3485

Im Jahre 1990 hatte Herbert Strauß aus Petzles (Gemeinde St. Nikolai im Sausal) die Prüfungen zum Weinbau- und Kellermeister erfolgreich abgeschlossen, dann stand er vor der Entscheidung seines Lebens: „ Weinbau war für uns vorher eher ein Hobby. Für mich gab es zwei Möglichkeiten - entweder aufhören oder einen Vollerwerbsbetrieb gründen." Herbert Strauß und seine Ehefrau Sabine wählten den zweiten, schwierigen Weg. Heute ist ihr Konzept aufgegangen. Auf einer Fläche von knapp sieben Hektar gedeihen Rebsorten, die - auch im schwierigen letzte Ernte - ausgezeichnete, typisch steirische Weine hervorbringen.
Die Lieblingssorte des Winzerehepaares ist der Weißburgunder, daneben werden Welschriesling, Chardonnay, Muskateller, Grauburgunder, Sauvignon blanc , Sämling und Schilcher angeboten. Bei den Roten dominieren der Blaue Zweigelt und der Blauburger, die in Barriques ihre Vollendung finden. Der Verkauf findet in der Buschenschenke statt, in der zahlreiche hausgemachte Gaumenfreuden auf die Gäste warten.

6,7 ha - Welschriesling, Sämling, Weißburgunder, Chardonnay, Muskateller, Sauvignon blanc, Grauburgunder, Blauer Zweigelt, Blauburger, Schilcher
Buschenschank und Ab-Hof-Verkauf: ganzjährig
€ 4,–/6,–
Sekt, Traubensaft
Obstbrände, Weinbrände

Bischöfliches Weingut Schloss Seggau

8430 Leibnitz, Seggauberg 1
Tel: 03452/82435, Fax: -7777
E-Mail: weinkeller@seggau.com
www.seggau.com

Wie eine kleine „Stadt auf dem Berge" liegt das Schloss als einer der prächtigsten Wehrbauten der Südsteiermark über Leibnitz. Viele Jahrhunderte war Schloss Seggau im Besitz der Erzbischöfe von Salzburg. Erst 1595 ging es zusammen mit den Ländereien durch Schenkung in den Besitz des Bistums Graz-Seckau über, von dem sich auch der heutige Name „Seggau" ableitet. Kunstgeschichtlich erwähnenswert sind die ehemals fürstbischöflichen barocken Repräsentationszimmer, die „Seggauer Liesl" (eine Glocke mit fünf Tonnen Gewicht und zwei Metern Durchmesser) und die Schlosskapelle. Den Beweis, dass Weinbau in dieser Region eine lange Tradition hat, findet man ebenfalls hier auf dem Schloss. In der beeindruckenden „Römersteinmauer" liefert einer der eingelassenen Steine den Hinweis für Weinbau zur Zeit dieser antiken Hochkultur: er zeigt einen römischen Weinbauern mit seinem Winzermesser bei der Arbeit. Die Römer waren die ersten, die erkannten, dass sich die sanften Hügel der heutigen Südsteiermark mit ihrem milden Klima für diese Kulturpflanze besonders eignen. Letztendlich fungierte das Schloss als Sommerresidenz der Seckauer Bischöfe. Heute beherbergt es ein modernes Schulungs- und Kongresszentrum.
Das zum Schloss gehörende bischöfliche Weingut besitzt den an Raummaßen größten Weinkeller der Steiermark und wurde bereits 1680 bis 1683 erbaut. Die Bestände an Vinothekweinen reichen noch heute bis zu den Jahrgängen der 30er-Jahre zurück. Dietmar Silly wurde Mitte der 90er-Jahre als Kellermeister engagiert, unter seiner Führung gab es für die Kellerwirtschaft einen technologischen Innovationsschub, und der gesamte Weinkeller wurde mit modernen Edelstahltanks bestückt. Daneben beherbergt der Keller elegante Präsentations- und Verkostungsräume.
Das Weingut verfügt auf 23 ha über bestens gelegene Weinberge in den Rieden Kittenberg, Kogelberg, Grottenhofen und Kitzeck. Die Toplage Hochkittenberg wurde 1999 neu angelegt, davon 3 ha als Terrassenanlage.
Die Ernteerträge aus den Weingärten hält Dietmar Silly dabei bewusst klein, nach der Devise „Klasse statt Masse" bietet er, der jahrhundertealten Weinbautradition verpflichtet, gleichbleibend hohe Qualität. Er hat vor allem die Vertreter der „Steirischen Klassik" wie Welschriesling, Morillon und Sauvignon blanc zu Aushängeschildern des Weingutes gemacht. Das Schlossweingut erreicht mit dieser Weinbauphilosophie seit Jahren regelmäßig Erfolge bei nationalen und internationalen Weinbewerben. Zahlreiche Nominierungen in den „Salon Österreichischer Wein" bestätigen die Qualität.

Der prachtvolle Weinkeller von Schloss Seggau

Dietmar Silly und Dagmar Maier

23 ha - Welschriesling, Muskateller, Weißburgunder, Sauvignon blanc, Morillon, Ruländer, Traminer, Rheinriesling, Zweigelt
Ab-Keller-Verkauf: Mai-Okt, Mo-Fr: 9-12, 13-18 Uhr, Sa: 10-17 Uhr
Nov-Apr, Mo-Fr: 9-12, 13-17 Uhr
€ 5,-/12,-
Obstbrände, Destillate, Weinbrände
90 Gästezimmer, 220 Betten

Weinbau Pichler Schober

A-8505 St. Nikolai im Sausal, Mitteregg 26
Tel: 03456-8471-0, Fax:-4
E-Mail: weingut@pichler-schober.at
www.pichler-schober.at

Schon vor mehr als 3.000 Jahren haben in St. Nikolai im Sausal die Kelten Weinbau betrieben. Auf diesem historischen Boden steht das (in fünfter Generation als Familienbetrieb geführte) Weingut Pichler-Schober, das eine Anbaufläche von acht Hektar bearbeitet und daraus ein typisch steirisches Sortenspektrum gewinnt. Hubert Pichler, der Kellermeister, hat die Weinbauschule Silberberg absolviert und beschäftigt sich seit 1986 intensiv mit dem Weinbau. Gewisse Sorten – Morillon, Grauburgunder und Sauvignon blanc – werden in Barriques vollendet. Deshalb tragen sie die Zusatzbezeichnung „Medigon". Hubert Pichler: „Dieses Wort ergab sich nach langen Gesprächen mit dem Designer unseres Prospektes. ‚Medigon' kommt aus dem Griechischen und bedeutet übersetzt ‚mittleres Eck'. Diese Bezeichnung wiederum erinnert an eine unserer beiden Rieden, Mitteregg genannt." Mit den Weinen ist der Kellermeister mehr als zufrieden: „Sie sind besonders kräftig, voll am Gaumen, sortentypisch und verfügen über eine angenehme Säurestruktur ." Das bestätigt auch Ehefrau Sabine, für die es – aus dem eigenen Betrieb, versteht sich – gleich mehrere Favoriten gibt: „Ich mag unseren Muskateller ebenso wie den Grünsylvaner, den Klevner von der Ried Nebenegg und den Weißburgunder."

Das Angebot im Betrieb ist vielfältig. Da wäre einmal der frisch-würzige Welschriesling oder die Sausaler Cuvée, ein perfektes Zusammenspiel der Sorten Rivaner und Sauvignon blanc. Riesling, Rivaner und Sämling bestechen durch eine intensive Frucht, der Schilcher durch einen ausgeprägten Duft nach Erdbeeren. Den Blauen Wildbacher gibt es auch als Rotwein – kräftige, intensive Farbe, zarte Säure, würzig am Gaumen. Ein dicht strukturierter Blauer Zweigelt und ein Weißburgundersekt ergänzen das Angebot. Zudem werden gleich fünf Arten von Edelbränden destilliert – unter anderem vom Chardonnay, von Birnen und Äpfeln.
Hubert Pichler: „Am besten, man kommt zu uns in die Buschenschenke. Da kann jeder genießen – mit dem Gaumen und den Augen."

8 ha - Rivaner, Welschriesling, Klevner, Weißburgunder, Riesling, Sauvignon blanc, Morillon, Grauburgunder, Sämling, Muskateller, Schilcher, Zweigelt, Blauer Wildbacher
Buschenschank und Ab-Hof-Verkauf: Mai–Okt, Mi–So ab 14 Uhr, Nov–April, Fr, Sa, So ab 14 Uhr
€ 4,70/9,-
Sekt, Obstbrände, Tresterbrand

Weingut Harkamp

A-8505 St. Nikolai im Sausal, Flamberg 46
Tel: 03485-2280-0, Fax:-4
E-Mail: office@harkamp.at
www.harkamp.at

In einer exponierten Lage befindet sich in St. Nikolai im Sausal, im Ortsteil Flamberg, das Weingut Harkamp, das diesen Namen seit 1926 trägt. Nun ist der 1969 geborene Hannes Harkamp für den Wein zuständig. Seine Ehefrau Petra kümmert sich um den Verkauf, die EDV, die Korrespondenz – und die beiden Söhne, 1996 und 1997 geboren. Das Anwesen umfasst zehn Hektar Rebfläche, 20 Gästezimmer und einen Restaurantbetrieb, der von Ostern bis November geöffnet ist.
Hannes Harkamps Philosophie ist es, nur das beste Traubenmaterial zu ernten und dieses schonend zu verarbeiten. Prinzipiell unterscheidet er vier Kategorien: Der Junker, ein Vorbote des jeweiligen Weinjahres, soll sich frisch und fruchtig präsentieren. Unter der Bezeichnung „Junge Römer" (hat mit dem gleichnamigen Hit von Falco natürlich nichts zu tun) versteht er weiße und rote Weine, die - in netter Gesellschaft - einen unkomplizierten Genuss garantieren. Der Weiße ist eine Cuvée aus Sauvignon blanc und Riesling, der Rote ein Blauer Zweigelt. „Klassik" wiederum ist der Begriff für Weine, die sich durch eine frische Frucht und eine klare Sortenaromatik auszeichnen. Vinifiziert werden sie in Edelstahltanks wie auch in Holzfässern. Das Beste sind zweifelsohne die Lagenweine - von den Lagen Oberburgstall (vier Hektar) und Kogelberg (eineinhalb Hektar). Sie sind geprägt durch das Verhältnis zwischen Boden, Lage und Klima (Terroir genannt) und somit kräftige, finessenreiche Weine. Ausgebaut werden sie in kleinen Eichenfässern im Felsen-

keller am Fuße des Seggaubergs bei Leibnitz, der bis zu 14 Meter tief unter der Erde liegt.
Im vorderen Teil des Kellers befindet sich das Restaurant „Villa Hollerbrand", welches für Degustationen und als Lifestyle-Lokal genutzt wird. Heinz Harkamp sieht sich als Koch zwischen spanischen Tapas und steirischen Schmankerln angesiedelt, seine Gerichte sind „Chickenwings" genauso wie „Grammelknödel auf Vogerlsalat".
Hannes Harkamp, der Weinbauer, vinifiziert die Sorten Gelber Muskateller, Sauvignon blanc (von beiden Lagen Oberburgstall und Kogelberg), Weiß- und Grauburgunder sowie Morillon. Bei den Rotweinen dominiert neben dem Zweigelt auch der Blauburgunder; zudem wird eine interessante Cuvée, „Montastraea" genannt, offeriert. Der Begriff ist die lateinische Bezeichnung für Sternchenkorallen, die – 13 Millionen Jahre, nachdem sich das Meer zurückzog – im Kalkgestein der Lage Oberburgstall verewigt sind.

11 ha - Welschriesling, Morillon, Weißburgunder, Grauburgunder, Muskateller, Sauvignon blanc, Riesling, Blauburgunder, Zweigelt
Gasthof von Ostern bis Ende Oktober geöffnet
€ 5,70/21,10
Sekt, Traubensaft
Obstbrände, Destillate
Essig

Weinbau und Buschenschank Kratzer

A-8451 Heimschuh, Kittenberg 16
Tel: 03452/86 0 55, Fax: 82 9 05
E-Mail: buschenschank@kratzer.cc
www.buschenschank.kratzer.cc

Im Jahre 1987 war Herbert Kratzer aus Heimschuh-Kittenberg 24 Jahre alt. Er hatte die Weinbauschule Silberberg erfolgreich abgeschlossen und war damit bestens gerüstet, den elterlichen Weinbaubetrieb zu übernehmen. Unterstützt von seiner Ehefrau Petronella und den drei Kindern meistert er vier Hektar Anbaufläche in dem Bewusstsein, dass klarerweise ein sehr hoher Arbeitseinsatz erforderlich ist, damit im Weingarten die Qualität der Weine wächst. Wenn diese, so wie etwa bei der letzten Ernte, „sehr trocken und besonders fruchtbetont" sind, ist das kein Zufall. Apropos Weinjahr: Herbert Kratzer beschreibt es mit diesen Worten: „Nach einem sehr schönen Frühling mit sehr frühem Austrieb und trockenem Sommer setzte die Reife früh, aber unterschiedlich ein. Durch gezielte Auslese konnten wir ein reifes und gesundes Traubenmaterial ernten."
Herbert Kratzer führt die Vergärung ausschließlich in Stahltanks durch. „Unsere Linie bei den Weißweinen ist der klassische Ausbau, sehr trocken und besonders fruchtbetont, die ohne Holzeinsatz und Säureabbau vinifiziert werden." Wieder darf es keinen verwundern, dass etwa der Rheinriesling zweimal, 1992 und 1993, zum steirischen Landessieger gekürt wurde. Eine typische, steirische Fruchtnote zeigen auch Welschriesling, Weißburgunder, Chardonnay und Muskateller (alle von der Ried Kittenberg) sowie der Sauvignon blanc (Ried Innerberg). An Rotweinsorten werden der Blaue Zweigelt

und der Blaue Wildbacher angeboten. Herbert Kratzer: „Den hab' ich einmal bei einem Bekannten probiert, der Wein hat mir geschmeckt, also hab' ich beschlossen, selbst einen Blauen-Wildbacher-Rotwein zu keltern. Ausgebaut wird der Rotwein 12 Monate lang in Barriques, wobei ich mehrere unterschiedliche Holzarten ausprobiere."
Im Hause Kratzer runden verschiedene Obstbrände und auch Liköre die Angebotspalette ab.
Zum Weinbau gehört auch eine Buschenschenke, die Herbert Gratzers Eltern im Jahr 1958 eröffneten. An die 80 Personen haben in den beiden Gasträumen gemütlich Platz, um steirische Spezialitäten vom Feinsten zu probieren. Nicht umsonst heißt das Motto der Familie: „Probieren, genießen, träumen ..."
Für die kleinen Gäste steht auch ein eigener Spielplatz zur Verfügung.

4 ha - Ried Kittenberg: Welschriesling, Weißburgunder, Chardonnay, Muskateller, Riesling, Sauvignon blanc, Blauer Wildbacher
Buschenschank und Ab-Hof-Verkauf: Fr-Di, geöffnet von 14-23 Uhr
€ 4,50/6,-
Traubensaft, Fruchtsäfte
Obstbrände, Liköre

Weinbau Martin Koschak

A-8451 Heimschuh, Nestelberg 43
Tel: 03456/2401, Fax: 50020
E-Mail: koschak@aon.at
www.koschak.at

In Heimschuh-Nestelberg, inmitten des südsteirischen Weinlandes, befindet sich die „Keltentaverne". Vor allem die berühmten Sulmtaler Hühner, die von schon seit langer Zeit von der Familie Koschak gehegt und gepflegt werden, sind eine Besonderheit. Der gute Ruf dieser weit über die steirischen Landesgrenzen hinaus bekannten Hühnerrasse begründet sich in ihrem Geschmack, sodass sie schon in der Zeit der Monarchie mit den Poularden (Hennen) aus der „Bresse" in Frankreich und den Brüsseler Poularden verglichen wurden.

In der Küche der „Keltentaverne" verwöhnt Hermine Koschak ihre Gäste mit ursteirischen Gerichten wie Sulmtaler Backhendln, Grammelbohnen, Flecksuppe, Sterzwurst mit Schwammerlsauce, Karpfen, Lämmergerichten und Poganzen. Im Jahre 1992, nach dem Abschluss der Weinbauschule Silberberg, hat der heutige Besitzer Martin Koschak im Umfeld des Anwesens auf den Rieden Königsberg und Nestelberg Rebstöcke ausgepflanzt. Das Anbaugebiet umfasst mittlerweile etwa drei Hektar, die Gastronomie wird durch die hauseigenen, typisch steirischen Weine ergänzt. Die Hauptsorten sind der (nach frischen Äpfeln und Wiesenblumen duftende, würzige) Welschriesling, der (mineralische) Morillon, der (durch eine Pfirsichnote bestechende) Rheinriesling sowie Blauer Zweigelt und ein Blaufränkischer. Schon bald wird das breite Sortiment durch einen Sauvignon blanc und Weißburgunder ergänzt.

Besonders stolz ist Martin Koschak aber auf zwei Cuvées, die er – in Anlehnung an

die Geschichte des Gebietes – nach keltischen Göttern benannt hat. „Covio" ist eine Komposition aus Welschriesling, Rheinriesling und Morillon, „Taranis" eine gelungene Vermählung von Blauem Zweigelt und Blaufränkischem. Auf dem Etikett ist ein keltisches Kegelhalsgefäß zu sehen. Beide Weine verfügen übrigens über ein gutes Lagerpotenzial.

Zu den Weinen werden im Gasthof typische Sulmtaler Spezialitäten angeboten. Wer in der „Keltentaverne" übernachtet – die Preise sind „christlich" – den erwartet schon zum Frühstück viel Power: Selbst gebackenes Brot, Sterz mit saurer Milch oder eine deftige Kernöleierspeis'. Besonders stolz ist Martin Koschak aber auf eine Rohwurst, die der Vater – nach einem Rezept seines slowenischen Großvaters – herstellt. Ihre Bezeichnung „Zelodec" wurde als Patent geschützt. Martin Koschak: „Das Rezept verraten wir natürlich nicht. Nur soviel – diese haltbare Spezialität wird an die sechs Monate lang luftgetrocknet."

3 ha - Rieden Königsberg und Nestelberg: Welschriesling, Morillon, Rheinriesling, Weißburgunder, Blaufränkisch, Blauer Zweigelt.
Ab-Hof-Verkauf: täglich,
Mi, Do Ruhetage
€ 4,50/6,50
Traubensaft, Fruchtsäfte
9 Gästezimmer, 18 Betten

Weingut Johann Schneeberger

8451 Heimschuh, Pernitsch 19
Tel: 03452/83934, Fax: 86398
E-Mail: schneeberger.weine@aon.at
www.weingut-schneeberger.at

Jedes einzelne Familienmitglied muss auf einem der größten Weingüter der Steiermark kräftig anpacken. Den rasanten Aufstieg verdankt der seit 1870 im Familienbesitz stehende Betrieb Heidi und Johann Schneeberger, die heute in vierter Generation rund 30 ha Rebfläche bewirtschaften. Auch ihre Kinder Margret, Martina, Johann sowie Schwiegersohn Walter widmen ihre ganze Arbeitskraft dem Betrieb. Jeder von ihnen hat eine dem jeweiligen Einsatzgebiet entsprechende Ausbildung, denn vom Weingarten über den Weinkeller bis zur Vermarktung sind sie in die Betriebsführung eingebunden.

Von der Landeskammer Steiermark wurde dem Buschenschank Schneeberger das Gütesiegel „Ausgezeichneter Buschenschank" verliehen. Geschmackvoll gestaltete Gasträume, eine Aussichtsterrasse, eine Kinderecke und ein Kinderspielplatz warten auf große und kleine Gäste. Steirische Spezialitäten nach alten Hausrezepten und eine kreative Küche sorgen für das leibliche Wohl auch mit immer abwechselnden Saisongerichten.

Ein große Zahl unterschiedlicher Weine kommt von den Weingärten mit leichten Sand- und Urgesteinsböden, aber auch von den Terrassenanlagen. Konsequenter Rebschnitt, intensive Laubarbeit, schonende Behandlung des Traubengutes bei der Lese und nicht zuletzt modernste Kellertechnologie verbunden mit jahrzehntelanger Erfahrung und ständiger Weiterbildung garantieren höchste Qualität. Im Keller sind die Geheimnisse verborgen, welches Holz bei der Vinifizierung der Weine bevorzugt verwendet wird,

wie lange der Wein nach der Gärung noch in den Fässern bleibt, ob und wie lange dabei die Hefe aufgerührt wird, das dürfen nur Johann Schneeberger, Sohn Hans jun. und der Kellermeister Othmar Hergg wissen.

Das zweite Herzstück des Betriebes ist der Stahltankkeller. Kaum ein anderes Weingut der Steiermark produziert so viele und unterschiedliche Qualitätsweine, doch eines haben trotz der Vielfalt alle gemeinsam: Sie besitzen eine saubere, komplexe, fruchtbetonte Aromatik. Zahlreiche Goldmedaillen und der Europachampion mit dem Sauvignon blanc 2001 sind nur einige der gewonnenen Auszeichnungen.

Die letzte Ernte gestaltete sich recht schwierig, doch mit schonender Kellertechnik und viel Fingerspitzengefühl ist es gelungen, typisch steirische, frisch-fruchtige, elegante und finessenreiche Weine zu keltern. Mit Kompetenz und eisernem Willen konnte etwas weitergebracht werden.

30 ha - Welschriesling, Sauvignon blanc, Weißburgunder, Pinot blanc, Chardonnay, Muskateller, Riesling, Zweigelt, Blauer Wildbacher

Buschenschank: 1. April–30. Nov, täglich, Mitte Feb–30. März, nur Sa und So

Ab-Hof-Verkauf: Mo–Fr: 7–20 Uhr, Sa, So, Feiertag 10–19 Uhr

€ 3,30/7,30

Traubensaft, Fruchtsäfte, Destillate

Weingut Wohlmuth

A-8441 Kitzeck, Fresing 24
Tel: 03456-2303, Fax: 21 21
E-Mail: wein@wohlmuth.at
www.wohlmuth.at

In der siebenten Generation betreibt Gerhard Wohlmuth in Kitzeck-Fresing nun schon Weinbau. Im Jahr 2003 hatte die Familie einen besonderen Grund zu feiern, seit 200 Jahren bewirtschaftet sie ihre Landwirtschaft in diesem Teil der Steiermark. Gerhard Wohlmuth hat einen steilen Aufstieg hinter sich, zielstrebig hat er im letzten Jahrzehnt daran gearbeitet, sowohl das Weingut als auch die Qualität seiner Weine von Jahr zu Jahr zu verbessern. Waren es im Jahr 1987 nur 4,4 ha eigene Weingärten mit zusätzlichem Traubenzukauf, so sind es in der Zwischenzeit an die 200.000 Flaschen Wein, die jährlich produziert und verkauft werden.

Auf den Schieferböden der Kitzecker Weingärten - die Neigung der Hänge macht bis zu 27% aus - gedeihen 14 Rebsorten. Es gibt Weine in drei Ausbaustufen: Unter der Bezeichnung „Classic" werden Welschriesling, Schilcher sowie eine Cuvée, „Panther" genannt, angeboten. Alle Weine sind fruchtig und spritzig. Hinter dem Begriff „Summus" (der Beste) verbergen sich die Top-Qualitäten des Hauses, wie etwa der Pinot blanc, Riesling, Chardonnay, Pinot gris, Muskateller, Sémillon, Gewürztraminer sowie der Sauvignon blanc. Es gibt aber noch eine Steigerungsstufe - die „Elite"-Weine. Hier wurde aus dem Chardonnay und dem Sauvignon blanc einfach das Beste „herausgeholt". Wirklich erwähnenswert ist auch der „Summus"-Brut-Chardonnay-Sekt, der durch seine distinguierten Hefe-Aromen und die frische Chardonnayfrucht besticht.

Die ganze Familie Wohlmuth ist mit dem

Wein beschäftigt, die Eltern arbeiten noch in den Weingärten, Maria kümmert sich um die Kunden und das Büro, Gerhard sen. ist Kellermeister und fürs Marketing zuständig, Tochter Daniela ist im Labor, Gerhard jun. ist gemeinsam mit seinem Vater im Weinkeller und Verkauf beschäftigt, und Dieter, der Jüngste, ist der Allrounder im Betrieb.

Das jüngste Projekt ist der Erwerb eigener Weingärten in Neckenmarkt, die die Trauben für die neue Rotweinlinie des Hauses liefern. Die Trauben, Zweigelt, Cabernet Sauvignon und Blaufränkisch, werden in den Anlagen des Winzerkellers Neckenmarkt verarbeitet, der Jungwein kommt anschließend nach Fresing, wo die Weine im Barriquekeller weiter ausgebaut werden. Der erste Wein, der „Aristos" auf Zweigeltbasis, lässt schon einige seiner Qualitäten erkennen.

Spezielles Augenmerk legt Gerhard Wohlmuth auch auf seine Weinetiketten, welche für jeden Jahrgang von einem Künstler gestaltet werden. Diese Etiketten sind bereits begehrte Sammelobjekte.

35 ha - Welschriesling, Muskateller, Riesling, Sauvignon blanc, Pinot blanc, Chardonnay, Pinot gris, Traminer, Blauer Wildbacher, Zweigelt, Blaufränkisch, Cabernet Sauvignon, Blauburgunder

Verkauf täglich in der Vinothek

Sekt

Trester Muskateller, Tresterbrand

Gertrude, Patrick und Michael Pronegg

Herbstspaziergang in Kitzeck

Terrassenweingarten in Kitzeck

Weingut Lorenz – Familie Pronegg

A-8442 Kitzeck, Einoed 8
Tel: 03456/2311, Fax:-4
E-Mail: weingut.lorenz@aon.at
www.weingut.lorenz.at

Johann und Gertrude Pronegg, die in Kitzeck das Weingut Lorenz auf- und ausgebaut haben, können mit Recht stolz auf ihre Familie sein. Die Söhne Patrick (geboren 1978) und Michael (geboren 1981) haben sich bestens in den Betrieb eingearbeitet, der Ältere macht das Marketing, hilft aber auch dem Jüngeren bei der Kellerwirtschaft. „Schon beim ersten eigenverantwortlich vinifizierten Jahrgang haben unsere Jungen gezeigt, was sie können", meinen die stolzen Eltern. Fruchtbetont und mit einer prägnanten Sortencharakteristik präsentieren sich die einzelnen Weine.

Und da wären noch Patricks Freundin Heidemarie Sebernegg und Michaels Freundin Michaela Strohrigl zu erwähnen. Beide verkörpern die Frauenpower – gemeinsam mit acht weiteren Geschlechtsgenossinnen (alle aus Weinbaubetrieben) gründeten sie im April 2002 die „femi-Vin". Keine Sorge, mit Emanzipation hat das nichts zu tun. Jede der Frauen kürt jedes Jahr „ihre" Weinsorte, im Jahr 2003 war es im Lorenz-Gut der Weißburgunder, von dem dann ein Euro pro verkaufter Flasche für einen wohltätigen Zweck gesammelt wird. „Wir Frauen wollten eben in den Vordergrund treten", meint Michaela Strohrigl, „und ich glaube, das gelingt uns recht gut."

„Entdecke die Kunst des Genießens", lautet die Philosophie der Familie Pronegg, die eine Anbaufläche von 7,5 Hektar in der Ried Deutenbach in Kitzeck bewirtschaftet. Hier findet sich das ganze Spektrum an steirischen Rebsorten: Welschriesling, Riesling, Weißburgunder, Morillon, Sämling, Grauburgunder, Schilcher, Merlot, Sauvignon blanc, Zweigelt (als „Sausal Classic"), und Cabernet Sauvignon.

Bemerkenswert ist auch der 1. steirische Schau- und Patenschaftsweingarten. Auf einer neu angelegten Terrasse wachsen 120 Rebstöcke mit 60 verschiedenen nationalen und internationalen Weinsorten. Freunde eines guten Tropfens haben die Möglichkeit, für zehn Jahre die Patenschaft für einen Rebstock zu übernehmen. Dafür gibt es jedes Jahr eine Flasche von der sortenverschiedensten Cuvée der Welt!

Zum Gut gehören auch eine Buschenschenke sowie ein aus acht Zweibettzimmern bestehendes Gästehaus. „Wohnen, wo die Reben wachsen", heißt das Motto, mit dem Gäste verführt werden sollen, angenehme, erholsame und genussvolle Tage in Kitzeck, einem der höchstgelegenen Weinbauorte Europas, zu verbringen.

7,5 ha - Ried Deutenbach:
Welschriesling, Riesling, Ruländer, Grauburgunder, Chardonnay, Sämling, Cabernet Sauvignon, Merlot
Buschenschank: Feb-Dez geöffnet
Ab-Hof-Verkauf: täglich 10–18 Uhr
€ 5,–/18,–
Sekt, Traubensaft
Fruchtsäfte
Destillate, Weinbrände, Liköre
8 Gästezimmer, 15 Betten

Weingut Albert – Christian Cramer

A-8442 Kitzeck, Gauitsch 19
Tel: 03456/2239, Fax: 3456
E-Mail: weingutalbert@aon.at

Mit dem Kauf eines Weingutes in Kitzeck legte der Grazer Kaufmann Carl Alberth im Jahr 1848 den Grundstein für einen steirischen Qualitätsbetrieb, der – in Erinnerung an den Gründer – auch heute noch, wenngleich ohne das „h" am Schluss – Albert heißt. Geführt wird es von Christian Cramer. Er wiederum ist der direkte Nachfahre von Carl Alberths Neffen, dem der Onkel, der kinderlos gestorben war, den Besitz Ende des 19. Jahrhunderts vermacht hatte. Seit 1984 bemüht sich nun Christian Cramer darum, einen typisch steirischen Wein zu keltern. Leicht hat er es nicht gerade, denn die Anbaufläche – etwa acht Hektar – besteht zum Großteil aus Terrassenlagen, die eine Steigung von bis zu 80 Prozent aufweisen. Das hat wiederum den Vorteil einer hohen Temperaturdifferenz zwischen Tag und Nacht, was sich nachhaltig auf das Bukett der Trauben auswirkt.

Im Presshaus entstehen Weine, die einen frisch und fruchtig, andere wiederum wuchtig und voll. Was den letzten Jahrgang betrifft, der laut Christian Cramer „typisch steirisch, eher mild" ausfiel, werden als Hauptsorten der „Riesling Reserve" („Reserve" bezeichnet die Spitzenprodukte des jeweiligen Jahrgangs) sowie der „Blaue Wildbacher Prädikat" angeboten.

Neu im Sortiment ist die „Steirische Trilogie", eine Komposition aus Traminer, Muskateller und Sauvignon blanc. Der gesamte Sortenspiegel umfasst 13 Rebsorten, darunter einen frisch-fruchtigen Welschriesling, einen nussigen Weiß- und Grauburgunder, einen vollen Morillon sowie Blauburgunder und Zweigelt und – eine besondere Spezialität des Hauses – die Scheurebe. Letztere wird von Weinliebhabern oft als durchschnittlich und gewöhnlich abgetan, doch das trifft im konkreten Fall keineswegs zu. Gourmets tun gut daran, ihre Vorurteile abzubauen, wenn sie schmecken, welche Duftnuancen die Scheurebe bei entsprechend intensiver Kellerarbeit hervorbringen kann. Eine gemütliche Buschenschenke bietet die Möglichkeit, vor Ort zu verkosten. Ein Auto zu fahren braucht danach niemand, denn es gibt auch 4 Zimmer.

8 ha – Welschriesling, Riesling, Weißburgunder, Muskateller, Sauvignon blanc, Traminer, Scheurebe, Blauburgunder, Zweigelt, Schilcher
Buschenschank und Ab-Hof-Verkauf: Ostern-Dezember, 9-22 Uhr, Mi, Do Ruhetag
€ 5,–/11,–
Sekt, Traubensaft, Fruchtsäfte
Obstbrände, Destillate, Liköre

Weingut Aldrian vlg. Koller

A-8442 Kitzeck, Greith 11
Tel/Fax: 03456/3563
E-Mail: koller@weingut-koller.at
www.buschenschank.koller.at

Natürliche Weine mit hoher Qualität zu produzieren ist das Anliegen von Willibald Aldrian, der seit 1990 als Weinbaumeister sein Können unter Beweis stellt. Die Hauptsorten sind Welschriesling, Weißburgunder und Sauvignon blanc. Zudem gibt es auch einen Altsteirischen Mischsatz sowie einen Blauen Zweigelt und einen Blaufränkischen, wobei die Roten auch in Barriques ausgebaut werden. Und da wäre noch ein etwas ungewöhnlicher Schilcher. Ilse Aldrian: „Der hat etwas weniger Säure, deshalb haben wir ihn „Frauen-Schilcher" genannt. Er kommt bei unseren Gästen gut an – und nicht nur bei Frauen."

Mit dem Jahrgang ist Willibald Aldrian hoch zufrieden: „Es ist ein frischer und fruchtiger Steirerwein geworden." Verkosten kann man auch in der Buschenschenke, wo diverse steirische Schmankerln den Gaumen erfreuen.

4 ha – Welschriesling, Klevner, Weißburgunder, Morillon, Sämling, Traminer, Sauvignon blanc, Schilcher, Blaufränkisch, Zweigelt
Buschenschank ganzjährig geöffnet, Di Ruhetag
Ab-Hof-Verkauf täglich 9-22 Uhr
€ 3,60/5,50
Traubensaft, Fruchtsäfte
Obstbrände, Liköre

Weingut Warga-Hack

A-8442 Kitzeck, Gauitsch 20
Telefon: 03456/2282-0, Fax: -20
e-mail: warga-hack@warga-hack.at
www.warga-hack.at

Entgegen dem Anschein trinkt man hier langsamer als anderswo. Wenn man weiß, wie schwer die Arbeit an den steilen Hängen ist, weiß man den Wert des Weines anders einzuschätzen", bringt es der wortgewandte Kenner der Kitzecker Weine, Helmut Eisendle, auf den Punkt.
Die Lage der Weingärten, zusammen mit der ausgepflanzten Rebsorte, sind die Grundlage der Weinqualität. Mit der Kunst der Kellerwirtschaft schafft ein Winzer dann den Geschmack einer Region, die spezifischen Feinheiten einer Lage: einen unverwechselbaren Wein. Die Rieden Wilhelmshöhe, Kleingauitsch, Einöd-Römerstraße und Altenberg haben eines gemeinsam: Sie sind sehr steil. Die Bearbeitung dieser Weingärten ist während des ganzen Jahres sehr arbeitsintensiv, viel Handarbeit ist notwendig und jeder Maschineneinsatz ist wegen der Steillage gefährlich.
Rainer Hack hat diese schwierige und verantwortungsvolle Arbeit übernommen. Er ist mit dem Weinbau aufgewachsen, er hat von klein an seinen Eltern, Sissi und Willi Hack, bei der Arbeit in den Weingärten und im Keller geholfen, und er ist vom Bazillus „Faszination Wein" infiziert. Mit jedem Jahrgang, den er vinifiziert, wächst er, der Winzer selbst, reift wie sein Wein.
Beim Wein gibt es drei Ausbaulinien.

Von links: Rainer, Elisabeth, Peter, Sissi, Willi und Jasmin Hack

Zunächst die klassisch-steirische: leichte, fruchtige Weine mit feiner Eleganz, die unter der Bezeichnung „Klassik" zu finden sind. Welschriesling, Weißburgunder, Sauvignon blanc, Rheinriesling, Grauburgunder und Morillon sind kräftige, volle und ausgereifte „Lagenweine". Die Linie „Barrique und Prädikate" umfaßt einen Zweigelt, der in Barriques verfeinert wurde, und eine Sauvignon-blanc-Auslese.
Etwas Besonderes ist auch die Buschenschenke, ob nun im Sommer auf der Sonnenterrasse, im Spätherbst in den geschmackvoll eingerichteten Räumen bei einem knisternden Kaminfeuer mit einer Brettljause, Geselchtem, einem geräucherten Forellenfilet, mit „Naaser Schafskäse mit Kernölpesto", einer Rindfleischsulz, einem geräucherten Hirschschinken, einer Wollschweinsalami. Egal, welches Gericht man wählt, es schmeckt alles herrlich.

12 ha - Welschriesling, Rheinriesling, Morillon, Sauvignon blanc, Zweigelt
Buschenschank: Jän–Mär, Sa, So ab 14 Uhr, April–Nov, Mi–Sa, 14–23 Uhr, Nov–Dez: Fr–So, ab 14 Uhr
Ab-Hof-Verkauf: Mo–So, 8–12 Uhr, Mi–Sa, 14–20 Uhr
€ 4,50/11,–, Welsch-Frizzante
Obstbrände, Weinbrände, Liköre
9 Zimmer, 18 Betten

Weingut Lambauer

A-8442 Kitzeck, Greith 19
Telefon: 03456/2235, Fax: 27497
E-Mail: info@weingut-lambauer.at
www.weingut-lambauer.at

Der 28-jährige Bernhard Lambauer ist ein Paradebeispiel der jungen Generation steirischer Weinmacher. Er ist von klein auf mit dem Weinbau aufgewachsen, hat das Alphabet anhand der Namen von Weinetiketten großer internationaler Weine gelernt und die steile Entwicklung des steirischen Weines, auch im elterlichen Betrieb, hautnah miterlebt. Er ist einer, der daran interessiert ist, jetzt, wo er selbst für die Weine verantwortlich ist, zu den Besten der Region zu gehören. Die önologischen Voraussetzungen und den nötigen Ergeiz dazu hat er. Die letzten Weinjahrgänge des Weinguts Lambauer, die er eigenverantwortlich vinifiziert hat, sprechen für sich.
Die Weißweine vinifiziert der geprüfte Sommelier Bernhard Lambauer nach der klassisch-steirischen Linie in temperaturgeregelten Edelstahltanks, sehr trocken, mit viel Frucht und Rasse. Je nach Rebsorte und Qualitätsstufe werden sie in unterschiedlichen Gebinden weiter ausgebaut. Welschriesling, Sauvignon blanc, Muskateller und Rheinriesling verbleiben zur weiteren Reife in den Tanks, die bukettintensiveren Weißweine Morillon und Weißburgunder kommen für fünf bis 12 Monate in große Holzfässer.
Es werden grundsätzlich zwei Qualitätsstufen unterschieden: „Classic" und „Select". Welschriesling, Weißburgunder aber auch ein leichterer Sauvignon blanc werden als „Select" gefüllt. Die reifsten Trauben eines jeden Jahres werden händisch ausgelesen, für diese hauseigene Qualitätsstufe „selektiert" und im Keller

auch getrennt weiter verarbeitet. Der weitere Ausbau von Weißweinen in französischen Barriques bleibt nur den allerbesten Trauben, wie dem Morillon Select 2002, vorbehalten. Auf der Feinhefe in Barriques gelagert, besitzt dieser Wein eine ungewöhnlich elegante Struktur. Der Duft besticht mit seinen floralen und nussigen Aromen sowie schönen Anklängen von exotischen Früchten.

Mit seinen hochwertigen Rotweinen, speziell dem Blauen Zweigelt, hat Georg Lambauer schon vor einigen Jahren für viel Aufmerksamkeit gesorgt. Sie werden ebenfalls in den Qualitätsstufen „Classic" und „Select" vinifiziert. Der jugendliche und fruchtbetonte Zweigelt kommt nach der Gärung ins große Holzfass, der kräftige und gerbstoffreiche Zweigelt „Select" reift für mindestens 12 Monate in Barriques.

Alle Weine können im Buschenschank, der von Elisabeth Lambauer geführt wird, verkostet werden (dieser ist leider am Sonntag geschlossen).

10 ha - Welschriesling, Morillon, Weißburgunder, Muskateller, Blauer Zweigelt, Blauer Wildbacher
Buschenschank und Ab-Hof-Verkauf: Ostern-Allerheiligen 9-21 Uhr, So, Mo Ruhetag
€ 5,-/13,-
Sekt, Destillate
Traubensaft, Fruchtsäfte
5 Zimmer, 10 Betten

Genießerhof-Weingut Schauer

A-8442 Kitzeck, Greith 21
Tel: 03465/3521, Fax: -4
E-Mail: office@weingut-schauer.com
www.weingut-schauer.at

1640 wurde erstmals jener Hof in Kitzeck erwähnt, der seit dem Jahr 1757 untrennbar mit dem Namen Schauer verbunden ist. Heute führen Karl und Elisabeth Schauer einen „Genießerhof", zu dem sieben Hektar Rebfläche gehören. Wie in Kitzeck üblich, sind die Hänge steil (das Gefälle der Süd- bis Südwestlagen beträgt 35, stellenweise sogar 70 Prozent), und so gestaltet sich die Ernte sehr schwierig. Doch das, was danach in der Flasche reift, rechtfertigt den Aufwand, hinter dem Karl Schauers Lebensphilosophie steht: „Ich mache Qualitätsweine - und das zu 100 Prozent!" Nicht nur Stammkunden (in erster Linie wird ab Hof bzw. Buschenschenke verkauft) wissen die Weine des Betriebes zu schätzen – den frisch-fruchtigen Welschriesling, den nussigen Weißburgunder, den duftigen Riesling, den Morillon, den sortentypisch ausgebauten Sauvignon blanc, den Grauburgunder sowie den harmonischen Blauen Zweigelt. Letzterer widerlegt das Vorurteil, dass es in einem so hoch gelegenen Dorf wie Kitzeck keine kräftigen Rotweine geben könne. Ausgebaut werden die einzelnen Sorten in Stahltanks (zwei bis fünf Monate), aber auch – wenn sie hochreif sind – in

Barriquefässern (sechs bis acht Monate). Zum aktuellen Jahrgang äußert sich Karl Schauer nur mit vier Worten: „Ein schöner, klassischer Jahrgang."

Wer bloß für ein paar Stunden im Weingut verweilt, der ist – pardon – selber schuld. Denn gerade rund um Kitzeck zeigt sich dem Betrachter das steirische Weinland von seiner schönsten Seite – eine Postkarte könnte nicht idealer gestaltet sein. Ein Aufenthalt zahlt sich somit sicher aus, und das lässt sich bei der Familie Schauer auch organisieren. Sieben rustikal eingerichtete Zimmer stehen zur Verfügung, die Gäste werden – nicht nur zum Frühstück – mit hausgemachten Spezialitäten, wie selbst geräucherten Forellen, Carpaccio oder einer Hendlsulz verwöhnt.

7 ha - Welschriesling, Weißburgunder, Riesling, Morillon, Sauvignon blanc, Grauburgunder, Blauer Zweigelt
Buschenschank und Ab-Hof-Verkauf: März-Ende November, Di Ruhetag
€ 5,-/10,-
Sekt
Traubensaft
Obstbrände, Destillate, Weinbrände,
7 Gästezimmer, 14 Betten

Der Weinhof Kappel in Kitzeck

Drei Generationen der Familie Kappel

Schwimmen mit Weingartenblick

Weingut Kappel
A-8442 Kitzeck, Steinriegel 25
Tel: +43 (0)3456-2347 oder 2101,
Fax: 2347-30
E-Mail: office@weinhof-kappel.at
www.weinhof-kappel.co.at

Hoch oben in Kitzeck bietet der Weinhof Kappel seinen Gästen einen atemberaubenden Blick vom Rand des Swimmingpools, der Terrasse des Restaurants oder vom Balkon der „Naturzimmer" über die Weingärten bis nach Slowenien. Hier ist auch einer der besten Plätze für den „Genießer-Triathlon". Zuerst im Pool mit Blick über die Weingärten einige Runden schwimmen, dann zu Fuß zum Festessen mit Wein ins Restaurant und anschließend mit dem Lift ins Zimmer zum Ausruhen. Das ist Lebensstil!

Wer allerdings mehr Bewegung machen möchte, der findet genug Möglichkeiten, in der Natur seine Kalorien zu verbrauchen.

Alle diese Freuden sind für Genießer im Hotel, Wellnesszentrum, Restaurant und dem exzellenten Weingut der Familie Kappel zu finden.

„Erst durch den optimal harmonierenden Wein wird eine Speise zu einem kulinarischen Erlebnis." Auf den Punkt gebracht ist das die Lebensphilosophie von Dietmar Kappel, dem Küchenchef und Kellermeister des Weinhofs Kappel. Im höchsten Weinbauort Österreichs ist es körperliche Schwerstarbeit, Weinreben zu kultivieren. Die Hänge, auf denen die Reben ausgepflanzt wurden, weisen ein Gefälle von bis zu 78% auf. Dadurch ist der Einsatz eines Traktors nicht mehr möglich. Aber gerade auf diesen Lagen reifen besondere Früchte. Die steilsten Teile der Ried „Langriegel" wurden 1997 rekultiviert, Terrassen wurden angelegt, um eine Bearbeitung zu ermöglichen. Muskateller, Sauvignon blanc,

Riesling und Weißburgunder wurden ausgepflanzt. Über 4.500 Stöcke konnten auf den Terrassen auf einem Hektar Grundfläche gesetzt werden.

Die Weine des letzten Jahrganges sind sehr duftintensiv, fruchtig und delikat. Der Welschriesling erinnert im Duft an frische Äpfel und Heublumen, den Gelben Muskateller könnte man vom Bukett her als „intensiv duftenden Zitronenbaum" bezeichnen. Der Weißburgunder erinnert an frische Walnüsse und etwas Marzipan, der Riesling bringt einen saftigen Marillenton ins Glas. Der Sauvignon blanc birgt in seinem reifen, gelben Paprikaduft auch Anflüge von Cassis. Die Burgunder-Cuvée aus Morillon und Grauburgunder wurde in Barriques vergoren und ausgebaut, ist sehr gehaltvoll und mit der typischen weichen Frucht ausgestattet, die von feinen Eichennuancen begleitet wird.

Ein kleiner Teil der Rebflächen ist den Rotweinen vorbehalten. Blauer Zweigelt und Cabernet Sauvignon werden gekeltert, die sowohl in klassischen Holzfässern als auch in Barriques ausgebaut werden.

Dietmar Kappel hat sich nicht nur als Kellermeister, sondern ursprünglich als Haubenkoch einen Namen gemacht. Er versteht es, der typisch steirischen Küche den nötigen Feinschliff zu verleihen. Er verwendet nur Produkte aus der Region und er versteht es hervorragend, die ursprünglichen steirischen Spezialitäten in einer zeitgemäßen, verfeinerten Form auf den Teller zu zaubern. Ob Hendln, Sulzen, Soßen, hausgemachte Nudeln oder Teigtascherln – eines haben sie gemeinsam: Sie sind allesamt relativ leicht, das heißt kalorienarm. Eine Spezialität des Hauses ist das gefüllte Sulmtaler Hühner-

brüstl auf Rieslingsoße. Hier kommen Finesse und Rasse des Rieslings bei der Verarbeitung zur Soße voll zur Geltung und entfalten sich mit dem Hühnerbrüstl zur vollen Harmonie.
Der Wein verstärkt dabei die Kombination Hühnerfleisch mit Sauce und unterstreicht den Eigengeschmack des Gerichtes. Dietmar Kappel: „Meine Freizeit von der Küche verbringe ich mit Arbeiten im Weingarten oder im Keller." Im Weingarten holt sich der Koch viele Ideen für seine Menükreationen, kombiniert in Gedanken Gerichte und Wein, wie zum Beispiel Zander in Paprikasauce, dazu einen Sauvignon blanc mit den typischen Aromen von Paprikaschoten, der Muskateller passt hervorragend zum Hendelleberparfait im Kürbiskernhemd ...
Der Zubau zum bestehenden Hotel hat das Angebot des Hauses um ein Hallenbad mit Wellnessbereich erweitert. Ein Aromadampfbad, eine Farblichtsauna und ein Whirlpool sorgen für Entspannung. Und wiederum ist es der wunderbare Panoramablick, der dieses Bad so unverwechselbar macht. Im Whirlpool schwimmend schaut man ins steirische Weinland, und ein Wasserfall im Hintergrund sorgt für die Geräuschkulisse.
Ab Seite 75 finden Sie einige Rezepte aus Dietmar Kappels Genießer-Küche.

5,5 ha - Welschriesling, Morillon, Gelber Muskateller, Sauvignon blanc, Weißburgunder, Grauburgunder, Riesling, Zweigelt, Cabernet Sauvignon
Restaurant geöffnet: Fr–Di, 11.30–15 Uhr und 17.30–21 Uhr,
Ruhetage: Mi und Do
Betriebsferien: Mitte Jän–Mitte März
€ 4,90/14,–
Muskateller-Sekt, Destillate

Weinbau Schwarz

A-8442 Kitzeck, Greith 35
Tel: 03456/3064, Fax: 27452
E-Mail: weingut-schwarz@aon.at
www.schwarz-kitzeck.at

Die steilsten und zum Teil bereits aufgelassenen Weingärten auf den Urgesteinsböden in Kitzeck waren dem Sausaler Hans Schwarz ein besonderes Anliegen. Er hat sie erworben und in Terrassenanlagen nach einem Versuchsprojekt des Landesweingutes Silberberg rekultiviert. Dem Beispiel folgten einige weitere Winzer und damit gelang es, eine Fläche von rund 50 ha bester Weingärten zurückzugewinnen. Das gewohnte Landschaftsbild der Kitzecker Weinberge hat sich durch die Anlage der Terrassenweingärten stark verändert .
1986 gründete Hans Schwarz mit seiner Gattin Rosemarie das Weingut. Heute sind auch die drei Söhne Werner, Stefan und Johannes unverzichtbare Stützen des Betriebes.
„Nur hochwertiges, ausgereiftes Traubenmaterial mit optimalen Reifegraden für unser sortentypischen Weine." So beschreibt der Weinbauer und Kellermeister den Weinjahrgang. Die einzelnen Sorten sind wieder hervorragend gelungen - ob es der feinfruchtige Muskateller, der grasige Sauvignon blanc oder der fruchtig-duftig spritzige Welschriesling, der übrigens die Hauptsorte des Betriebes darstellt, ist. Ein nach Ribiseln duftender Schilcher zählt genauso zum Angebot wie eine kleine Menge handgerüttelter Burgundersekt, ein besonderes Schmankerl für jeden Liebhaber. Beim Ausbau seiner Weine setzt Hans Schwarz Stahltanks, aber auch Holzfässer ein, und vor allem die Sorte Grauburgunder wird in guten Jahrgängen in Barriques ausgebaut. In den Barriques reift

der Wein 10 Monate. Sohn Werner, der Verantwortliche für die Weingärten, hat durch solide und schonende Arbeit die besten Voraussetzungen für erfolgreiche Kellerarbeit geschaffen. Neben den in Richtung Südost- bis Südwest angelegten Weingärten spielen die klimatischen Bedingungen in einem der höchstgelegenen Weinbauorte Europas mit mediterranem und pannonischem Einfluss eine wesentliche Rolle.
Dass Familie Schwarz von ihrem Handwerk etwas versteht, zeigt ihre Mitgliedschaft bei der Qualitätsgemeinschaft „Steirische Hoheit". Das jeweils beste Fass eines Jahrganges wird unter dieser Bezeichnung als durchnummerierte Edition auf den Markt gebracht.
Im renovierten Winzerhaus laden fünf schöne Gästezimmer Erholungssuchende genauso wie Gäste, die Geselligkeit oder sportliche Betätigung suchen, zum Bleiben ein. Ein ausreichendes Freizeitangebot, das Ruhe, Erholung und Entspannung bietet, ist in der Umgebung vorhanden.

5 ha - Welschriesling, Weißburgunder, Chardonnay, Sauvignon blanc, Muskateller, Riesling, Grauburgunder
Ab-Hof-Verkauf täglich
Kellerführung und Weinkost nach telefonischer Voranmeldung
€ 4,80/11,50
Schilchersekt
5 Natur-Gästezimmer, 10 Betten

Weingut Felberjörgl

A-8442 Kitzeck-Demmerkogel, Höch 47
Tel/Fax: 03456/3189
E-Mail: info@felberjoergl.at
www.felberjoergl.at

Auch wenn's wie ein Märchen klingt - wie Hans-Peter Temmel aus Kitzeck-Höch zum Weinbau kam, ist eine kuriose Geschichte: „1988 war's, da bin ich mit meiner Oma in der Nähe von Leibnitz gewesen. Da hab' ich ein großes Gebäude gesehen und die Oma gefragt: ‚Was ist das?' ‚Das ist die Weinbauschule Silberberg', hat sie gesagt. Also bin ich in die Weinbauschule Silberberg gegangen."

Das auf dem Demmerkogel gelegene Anwesen der Temmels - es wird 1571 erstmals urkundlich erwähnt - war zuvor auf Viehwirtschaft spezialisiert gewesen. Nach dem Schulabschluss im Jahr 1992 stellte der 1974 geborene Sohn Schritt für Schritt auf Weinbau um: „Es war nicht leicht, aber letztlich hat es sich gelohnt - vor allem deshalb, weil meine Eltern stets an mich geglaubt und mich voll unterstützt haben." Heute umfasst der Betrieb 6,5 Hektar Anbaufläche; auf den Rieden „Kreuzegg" und „Höchleit'n" gedeihen Morillon, Grau- und Weißburgunder, Sauvignon blanc, Riesling, Welschriesling, Sämling, Müller-Thurgau und Blauer Zweigelt. Mit seinen Produkten - Hans-Peter Temmel gehört auch zu jener erlesenen Kitzecker Winzerriege, die die „Steirische Hoheit" produziert - hat er bereits sechsmal den Titel „Landessieger" gewonnen. Mit dem Sauvignon blanc 1999 wurde er im Jahr 2000 steirischer Landessieger, mit dem Morillon „Höchleitn" 2000 Sieger bei „Mundus Vini" und zusätzlich „Wein des Jahres". Der Morillon „Höchleitn 2001" errang im Folgejahr beim gleichen Weinwettbewerb die Silbermedaille. Bei der Wine Challenge in London gewannen

Sauvignon blanc, Weißburgunder-Sekt und der Rheinriesling- Eiswein je eine Bronzemedaille. Hans-Peter Temmels Geheimnis, das eigentlich keines ist: „Ich versuche, durch genaue Arbeit sortentypische, sehr konzentrierte und finessenreiche Weine zu keltern. Das zeigt sich vor allem beim aktuellen Jahrgang - der Morillon ist mineralisch, um nicht zu sagen exotisch. Der Sauvignon blanc besticht durch eine glockenklare Frucht. Zudem brachte das Jahr eine Auslese und Trockenbeerenauslese vom Morillon. Der Blaue Zweigelt allerdings ruht noch in den Barriques - den verkaufe ist erst ab dem Jahre 2004."

Ein Weinbauer wie Hans-Peter Temmel hat naturgemäß wenig Freizeit, denn es gibt immer etwas zu tun. Wenn er sich einmal, wenn auch nur für kurze Zeit, erholen kann, genießt er natürlich ein Glas Wein - vom eigenen Betrieb, versteht sich. Und welchen? „Mein Favorit ist und bleibt der Morillon von der Riede ‚Höchleit'n'."

6,5 ha - Weißburgunder, Morillon, Grauburgunder, Sauvignon blanc, Riesling, Welschriesling, Sämling, Zweigelt

Buschenschank und Ab-Hof-Verkauf: ganzjährig-ganztägig, Mi Ruhetag

€ 4,30/8,-

Sekt, Fruchtsäfte, Traubensaft

Obstbrände, Weinbrände, Destillate

Buschenschank Schneideranner
Weinbau Familie Kolb

A-8443 Gleinstätten, Sausal 27
Tel/Fax: 03457/2581
www.schneideranner.at

Der Urgroßvater, der als armer „Weinzerl" in Kitzeck beschäftigt gewesen war, hatte 1945 das (unter dem Vorbesitzer, einem Geschäftsmann, verwahrloste) Anwesen gekauft, der Großvater übernahm es 1959 im Alter von 40 Jahren und pflanzte Reben aus. Heute führen im Sausal Johann Kalb und seine Ehefrau die Buschenschenke „Schneideranner", zu der eine vier Hektar große Anbaufläche gehört. Johann Kalb hat sich dem Weinbau verschrieben. „Durch die Lage unserer Weingärten, in Richtung Südwesten zur Koralpe hin ausgerichtet, gewinnen wir Trauben für Weine mit einer besonders spritzigen und tollen Frucht", beschreibt er seine Produkte.

Ausgepflanzt wurden Welschriesling, Rheinriesling, Weißburgunder, Sauvignon blanc, Muskateller, Sämling, Schilcher, Zweigelt und - nicht zu vergessen - das Schlagerblut. Letzteres ist eine eigene Rebsorte, die in den 40er-Jahren von Professor Schlager, dem damaligen Direktor der Weinbauschule Silberberg, gezüchtet worden war. Mittlerweile ist dieser milde, dunkelrote, schwere Wein (den man zwei bis drei Jahre lagern kann) fast in Vergessenheit geraten. Johann Kalb: „Aber nicht bei uns! Er ist die Spezialität unseres Betriebes."

Zum letzten Jahrgang sagt er: „Durch den trockenen Sommer wurden besonders extraktreiche Weine produziert." Die Weißweine werden mit unterschiedlichen Gärverfahren gekeltert. Damit die frische Frucht erhalten bleibt, vergären die jugendlich-fruchtigen Weißen, wie Welschriesling, Rheinriesling, Muskateller

und Sauvignon blanc temperaturgeregelt in Edelstahltanks. Die intensiv-fruchtigen Burgundersorten kommen zur Reifung noch für einige Monate in große Eichenholzfässer. Die Rotweine sind dunkel und auf die Frucht konzentriert, die Gerbstoffe ausgeglichen und gut eingebunden. Alle Rotweine werden in der klassischen Form des Rotweinausbaus gekeltert: zuerst eine offene Maischegärung, dann zur weiteren Reifung in große Eichenholzfässer. Zum Weingut gehört auch eine urige Buschenschenke, die in der Stube 80 und im Freien 100 Gästen bequem Platz bietet. Alle Gaumenfreuden sind natürlich hausgemacht, die Fleischspezialitäten wie die frei zusammenstellbare Platte mit den sensationellen Hartwürsten, der Kürbiskernaufstrich, die Leberstreichwurst, alles schmeckt einfach herrlich. Wer besonderes Glück hat, kann eine weitere Spezialität des Hauses kosten – eine geräucherte Forelle aus eigener Zucht.

4 ha - Welschriesling, Rheinriesling, Weißburgunder, Morillon, Sauvignon blanc, Muskateller, Sämling, Schilcher, Zweigelt, Schlagerblut
Buschenschank und Ab-Hof-Verkauf: 6.01.– 23.12. ganztägig, Mo Ruhetag
€ 4,–/7,–
Traubensaft, Fruchtsäfte, Obstbrände Forellen, Kernöl, Honig
4 Zimmer, 8 Betten

Weingut Gerngross

A-8441 Demmerkogel, Hochbrudersegg 11
Telefon: 03456/29 22, Fax: 39 22
E-Mail: info@weingut-gerngross.at
www.weingut-gerngross.at

Reinhold Gerngross bewirtschaftet vier Hektar Weingärten am Demmerkogel. Sein liebster Weingarten ist die Ried „Brudersegg", in der sein Sauvignon blanc wächst. Ein großer Teil dieser Rebstöcke ist schon über 45 Jahre alt, sie tragen nicht mehr so viel wie junge Weinstöcke, aber dafür sind sie im Bukett viel konzentrierter. Gerade diese Rebsorte liegt dem jungen Winzer besonders. Jedes Jahr überrascht er mit einer weiteren Steigerung. Vom 02er Sauvignon blanc wurden Trauben im Spätlesebereich geerntet, die durch perfekte Vinifikation zu einem gehaltvollen, fruchtintensiven Wein gekeltert wurden. Eine besondere Liebe von Reinhold Gerngross sind auch die Burgundersorten Morillon, Weißburgunder und Klevner. Über den Klevner sagt der Winzer: „Viele der älteren Weinbauern sagen noch heute Klevner zum Morillon." Wenn die Trauben händisch geerntet werden, muss alles sehr schonend vor sich gehen. Bewusst verhindert er Maischestandzeiten und bringt den Seihmost zur Vergärung sofort in Edelstahltanks. „Das bringt mir feinere Fruchttöne, der Wein wird zarter und eleganter", ist der Winzer überzeugt. An Weißweinen gibt es noch einen hervorragenden „Altsteirischen Mischsatz"und den Welschriesling. Morillon, Grauer Burgunder und Chardonnay werden teilweise in französischen Barriques vergoren und reifen dann auf der Hefe noch einige Monate. Ein anderer Teil wird in Edelstahltanks ausgebaut. Die Weine vereinen die Vorteile der beiden Ausbaustilistiken, sie verfügen über eine markante Fruchtigkeit, sind aber auch weich und harmonisch am Gaumen.

Die Buschenschank ist ein wahres Schmuckstück. Geschmackvoll wurden traditionelle Elemente mit zeitgemäßer Architektur verbunden. Heimische Obstbaumhölzer wurden zu stilvollen Sitzgelegenheiten verarbeitet. Renate Gerngross verwöhnt ihre Gäste mit vielen feinen Gerichten wie gebratenen Ripperln, geräuchertem Hirschschinken, Gamswurst, Forellenfilets, saurem Rindfleisch und vielem mehr ...

4 ha - Welschriesling, Altsteirischer Mischsatz, Weißburgunder, Klevner, Sauvignon blanc, Grauer Burgunder, Morillon, Blauer Zweigelt
Buschenschank: Jänner–April, Sa, So April–Nov: täglich, 14-23 Uhr Mi, Do Ruhetag
€ 4,70/8,–
„Brudersecco"
Schilcher-Frizzante

Wirtshäuser, Restaurants und Sehenswürdigkeiten

Bauernmuseum

Tempelmuseum Frauenberg

Panoramablick zur Kitzecker Kirche

Weinbaumuseum Kitzec

8430 Neutillmitsch

Schmankerlstub'n Temmer

Die Wirtin Monika Temmer kocht, ihr Gatte Sepp kümmert sich um die Gäste. Gekocht werden regional-steirische und italienische Gerichte, die, auf kreative Weise verfeinert, leicht und bekömmlich sind.
Spezialitäten: Branzino in der Folie gebraten mit Erdäpfel-Spinat-Gröstl, Styria-Beef-Filet auf Rucola und Parmesan, gebratene Maishendlbrust gefüllt mit Schafkäse und hausgemachte Nudeln, Zweierlei von der Entenbrust mit Speckzwetschken, Schokotörtchen mit Eis und marinierten Weichseln.
A-8430 Neutillmitsch, Badstraße 2
Geöffnet: Di 18–21.30 Uhr, Mi–Sa, 11.30–14 Uhr, 18–21.30 Uhr, So 11.30–15 Uhr.
Tel/Fax: +43 (0)34 52-82 0 70

Landgasthaus Rupp

A-8430 Neutillmitsch, Grazerstraße 11
Geöffnet: Mo, Di, Fr, Sa von 9–24 Uhr,
So, feiertags 9–20 Uhr, Do ab 17 Uhr.
Tel/Fax: +43 (0) 34 52-82 3 87
www.leibnitz.or.at/rupp

8430 Leibnitz

Villa Hollerbrand

Küchenchef Heinz Harkamp möchte in seiner Villa Hollerbrand am Fuße des Seggaubergs „good food, good drinks and entertainment" bieten. Die Küche ist international mit steirischen Highlights.
A-8430 Leibnitz, Seggauberg 75
Geöffnet: Mo-Sa, 18 -25 Uhr
Tel: +43 (0) 3452/74 5 71

Winzerhaus Kogelberg

Der Bogen der Kochkunst von Küchenchef Peter Mosser spannt sich von traditionellen südsteirischen Gerichten bis zu einer kreativ-zeitgemäßen Küche.
Dazu gibt es zu jedem Gericht den passenden Wein aus steirischen Weinkellern.
Sommelier: Klaus Zechner
Spezialitäten: Gansleberterrine, Fasan mit Specklinsen, Steirischer Mostbraten mit Knödel und Preiselbeeren.
Geöffnet: Mi–So ab 12 Uhr, Küche: Mi–Sa, 12–21 Uhr, So, feiertags 12–18 Uhr.
A-8430 Kaindorf, Kogelberg 10–11
Tel: +43 (0)3452-834 51

Wagna bei Leibnitz

Flavia Solva – römische Ausgrabungen

Die Marktgemeinde Wagna ist durch die Funde der römischen Siedlung „Flavia Solva" bekannt. Die Römerstadt Flavia Solva war mehr als 400 Jahre lang Verwaltungszentrum des südlichen Noricums. Das Ruinenfeld umfasst etwa 2,8 Hektar Fläche und ist damit so groß wie die Altstadt von Graz. Freigelegt ist seit 1990 nur ein Areal von ca. 3.000 m², das über Stege begehbar ist. Kernstück der Ausgrabung ist eine Fußbodenheizung.
Von April bis Oktober 2004 wird die Landesausstellung „Römer in der Steiermark" mit Schwerpunkt in Wagna stattfinden. Ausgrabungen und Museum,
Geöffnet: April bis November
Info-Telefon: +43 (0)34 52-82 5 82-0.
www.museumsverband.at

Flussbad

Das letzte „echte" Flussbad in der Südsteiermark ist die „Steinerne Wehr" in Kaindorf bei Leibnitz.

Flusswandern mit Kanu

Am Sulmsee, Waldschacher See und am Wildoner Badesee kann man sich Boote ausleihen. Markus Grabler veranstaltet auf der Sulm, Laßnitz und der Kainach spektakuläre Kanufahrten.
Auskunft: 0664-44 21 213
Geführte Flusswanderungen in offenen Kanus auf der Mur, Sulm und Raab veranstaltet „moving water" (Markus Grabler und Hannes Maßwohl) in Leitring.
Informationen: 0664-28 10 955
e-mail: office@movingwater.at
www.movingwater.at

Weinlehrpfad Silberberg

Bei der Steirischen Fachschule für Weinbau und Kellerwirtschaft. Lehrpfad über Rebsorten, Arbeit und traditionelle Geräte im steirischen Weinbau.
Tel: +43 (0)34 52- 82 3 39

Aussichtswarte am Kreuzkogel

Ausblick in das Sulmtal, nach Slowenien, in Richtung Graz und in die Oststeiermark.

Bauernmuseum im Gut Grottenhof

Das Gut gehört zum Schloss Seggau und bietet im Bauernmuseum eine ständige Ausstellung mit Arbeitswerkzeugen landwirtschaftlicher Betriebe bis zum Ende des 19. Jahrhunderts.
Info Schloss Seggau +43 (0)34 52-82 4 35

Fischrestaurant Kern

Inhaber: Josef Kern
Spezialitäten: Fischsuppe, Zandergerichte
A-8430 Leibnitz/Kaindorf an der Sulm, Grottenhof
Geöffnet: Di–Sa, 11.30–14 Uhr, 17–21.30 Uhr, So, Mo geschlossen.

Restaurant Staribacher

Küchenchef Pfanner lädt zu kulinarischen Streifzügen ein, die von heimischen Gerichten bis zu köstlichen internationalen Speisen für besonders Verwöhnte reichen.
A-8430 Leibnitz/Kaindorf, Grottenhof 5
Tel: +43 (0)34 52-82 5 50, Fax: -9
www.staribacher.at
e-mail: hotel@staribacher.at

8430 Seggauberg

Schloss Seggau

Das Schloss Seggau besitzt eine der schönsten Römersteinsammlungen Österreichs und beherbergt auch den größten Weinkeller der Steiermark. Im seit 1831 bestehenden Lapidarium sind über 100 Steindenkmäler aus der Römerzeit sichtbar eingemauert.
www.museumsverband.at
e-mail: gutsverwalter@seggau.com

Tempelmuseum Frauenberg

Archäologisches Museum mit Funden aus der Steiermark. Der Frauenberg ist seit der Steinzeit besiedelt, es finden sich Spuren der ersten Besiedelung im 3. Jahrtausend vor Christus. Beim Hausbauen in den 60er-Jahren fand man die Trümmer eines Tempels, den sogenannten Tempel II, der dem Mars Latobius geweiht war. Im Museum ist auf 2 Etagen der größte Teil der Funde vom Frauenberg ausgestellt.
Geöffnet: 12. April bis 31. Oktober täglich von 10–16 Uhr.
Info-Tel: +43 (0)34 52-86 3 20
www.museumsverband.at
e-mail: tempelmuseum.frauenberg@aon.at

Terrassenweingarten in Kitzeck

Weinhof Kappel

Weltgrößter Klapotetz

Sturm und Kastanien

Hasenwirt

Gekocht werden steirische Gerichte nach Hausrezepten, die, auf kreative Weise verfeinert, leicht und bekömmlich sind. Alle verwendeten Produkten stammen aus Betrieben aus der Umgebung.
Inhaber: Familie Leo Kapper
A-8430 Seggauberg 27
Tel: +43 (0) 34 52-82 5 70, Fax: 74 570-33
Geöffnet: Mo–So, 11–24 Uhr,
Küche: 11–21.30 Uhr, Hotelbar 19–2 Uhr.
www.hasenwirt.at
e-mail: office@hasenwirt.at

8423 St. Veit/Vogau

Gasthaus zur Traube

Das seit 1882 bestehende Dorfgasthaus der Familie Thaller liegt nur wenige Schritte neben der einzigen Wallfahrtskirche der Welt, in der dem Besucher von einem Deckenfresko Karl Marx entgegenlacht.
Küchenchef Norbert Thaller ist zur Zeit wohl einer der aufstrebendsten Köche der Steiermark, einerseits kocht er klassisch-steirisch, anderseits verwöhnt er mit außergewöhnlichen Speisekombinationen: Steinbutt mit Gänseleber auf Erbsen-Salbei-Püree, Gewürzhirsch auf Mangold und Safran-Apfelmus und als süße Leckerei Hollerkoch mit Kokoseis.
Geöffnet: Do–Mo, 11.30–22 Uhr, Di und Mi Ruhetag
A-8423 St. Veit/Vogau 44
Tel/Fax: +43 (0)34 53-25 08

8442 Kitzeck

1. Steirisches Weinbaumuseum

In einem ehemaligen Winzerhaus aus dem 17. Jahrhundert wurde das 1. Steirische Weinbaumuseum eingerichtet. In sieben Räumen werden rund tausend Objekte aus der Weinkultur der Region präsentiert.
Geöffnet: 1. April bis 31. Oktober, Sa, So, Feiertag von 10–12 Uhr und 14–17 Uhr. Dienstag bis Freitag Führungen ab 10 Personen, bei Voranmeldung auch für weniger Personen möglich.
Information Tourismusbüro, Tel: +43 (0)34 56-35 00, Kustos Fritz Zink: 24 88.

Vinothek Kitzeck

Kommentierte Weinkost: Sa, So und Feiertag von 10–12 Uhr und 14–17 Uhr
Tel: +43 (0)34 56-22 43, 35 00

Kirchenwirt Heber

Traditionelle, steirisch-bodenständige Schmankerln finden sich genauso auf der Karte wie kreative saisonale Gerichte, die von Küchenchefin Gertrude Heber perfekt zubereitet werden.
Dazu gibt es zu jedem Gang den passenden Wein aus der hauseigenen Kelterung.
Sommelier: Alfred Heber
Spezialitäten: Zanderfilet mit Kräuterkruste auf Schilcherschaum, gebackenes, gefülltes Lammschnitzerl.
Geöffnet: Mi–So, 11.30–14.30, 17–21 Uhr
A-8442 Kitzeck, Steinriegel 52
Tel: +43 (0)34 56-22 25, Fax: 22 25-5

Weinhof Kappel

Der Weinhof Kappel hat sich weiterentwickelt, er ist zu einem Geheimtipp für Genießer geworden; ein Hotel mit „Mehr-Blick" mitten im Weinland, mit traumhaften Zimmern und traumhaftem Essen. Und zusätzlich einem Wellness-Paradies, bei dem man vom Swimming-Pool mit Wasserfall direkt in die Weingärten blickt. Ein weiteres Erlebnis ist die Küche von Dietmar Kappel: steirische Kürbisrahmsuppe mit Strudelteigkörbchen, Kürbisstreifen, Sulmtaler Hühnerleberparfait im Kürbiskernmantel mit Preiselbeeren, Salat vom frischen Spargel mit gebratener Wachtel, Filets von der Kroisgrabenforelle und Selleriescham, Sulmtaler Hühnerbrüstl auf Rieslingsauce mit Erdäpfelkrapferln, Kalbskarree mit Spitzmorcheln, Schweinsfilet im Gemüsemantel auf Schalottenjus.
Einige seiner Rezepte sind auch von Seite 75 an zu finden.
Sommelière: Helene Kappel
Geöffnet: Fr–Di, 11.30–15 Uhr und 17.30–21 Uhr, Ruhetage: Mi und Do
Betriebsferien: Mitte Jänner–Mitte März
A-8442 Kitzeck, Steinriegel 25
Tel: +43 (0)3456-2347 oder 2101,
Fax: 2347-30
e-mail: office@weinhof-kappel.at
www.weinhof-kappel.co.at

Restaurant Steirerland

Der Ausblick von der Terrasse des Restaurants Steirerland zählt zu den schönsten vom ganzen Demmerkogel. Für Ruth und Maria Stelzer ist es das oberste Anliegen, ihren Gästen das Leben während des Aufenthalts im Haus zu versüßen und sie kulinarisch so richtig zu verwöhnen. Aus besten regionalen Rohstoffen werden von Küchenchefin Ruth Stelzer mit viel Feingefühl einfallsreiche Gerichte gezaubert, die selbst gestrenge Gaumen entzücken können.
Sommelière: Maria Stelzer
Spezialitäten: Steirisches Misthäuferl, bestehend aus Hühnerfilet mit Sterz und Schwammerlsauce; Forelle im Erdäpfelmantel, Karpfen, Wildgerichte.
Geöffnet: Di–Sa, 11.30–23 Uhr, So, 11.30–17 Uhr, Küche bis 21 Uhr
A-8442 Kitzeck, Höch am Demmerkogel 10
Tel: +43 (0)3456-23 28, Fax: 23 28-28
e-mail: office@steirerland.co.at
www.steirerland.co.at

Weltgrößter Klapotetz

Hier am Demmerkogel steht der weltgrößte Klapotetz, das größte hölzerne Windrad zum Vertreiben der Vögel aus den umliegenden Weingärten.

8452 Großklein

Hallstattzeitliches Museum

Die kleine Ortschaft Großklein wurde vor allem wegen ihrer zahlreichen Funde von Gegenständen aus der Hallstattzeit (800 bis 400 v. Chr.) bekannt. Das Museum bietet einen Einblick in das Leben und die Bedeutung der hallstattlichen Siedlung auf dem Burgstallkogel und die Funde aus den eisenzeitlichen Fürstengräbern. Berühmtheit erlangten Funde wie die Totenmaske aus Bronze. Der „Urgeschichtliche Wanderweg" führt durch die Gräberfelder.
Öffnungszeiten: 12.4.–31.10. von 10–12 Uhr, 14–16 Uhr, Mo ganztägig geschlossen, Do nachmittags geschlossen.
Tel: +43 (0)664-2714414
e-mail: gde@grossklein.steiermark.at
www.museumsverband.at

Automobil und Traktor Museum

„Nostalgie auf Rädern"
Info-Tel: +43 (0)34 56-23 00,
Familie Riedl, Tel: +43 (0)34 56-72 3 00

Weinhof Kappel – ein Koch und der Wein

Salat vom frischen Spargel mit gebratener Wachtel

Weinhof Kappel, Kitzeck

In Kitzeck, Österreichs höchst gelegener Weinort, inmitten steil abfallender Weinhänge thront auf einem Bergrücken der Weinhof Kappel. Ein Hotel-Restaurant mit „Mehr-Blick" – wenn man aus den Fenstern des Restaurants blickt, sieht man soweit das Auge reicht nur Weinberge und Hügelketten. Der Reiz der Landschaft alleine ist schon betörend, aber viele kommen wegen Dietmar Kappels vortrefflicher Küche von weit her, um die Harmonie von Landschaft, Wein und Speisen zu genießen.
Edle Weine zu keltern war schon die Leidenschaft der Eltern, Günter und Therese Kappel, auch diese Kunst wird von Küchenchef Dietmar fortgeführt. Er ist als Koch und Kellermeister in einer Person immer in der Lage, die ideale Geschmackskombination von Speisen und dem passenden Wein zu finden.

Drei Generationen im Hause Kappel: Helene, Dietmar, Angelika, Dietmar junior, Therese und Günter Kappel

Steirische Kürbisrahmsuppe
mit Strudelteigkörbchen, Kürbisstreifen, Kürbiskernen und Erdäpfelchips

WEINHOF KAPPEL
Ihr Genießer- und Wellnesshotel im Steirischen Weinland

Zubereitung Kürbisrahmsuppe: Den Kürbis schälen und in grobe Würfel schneiden. In Olivenöl zuerst die gehackte Schalotte und dann den Kürbis anrösten und mit Gemüsefond ablöschen.
Den Kürbis mit den Gewürzen weichkochen, das Schlagobers und Créme fraîche zugeben - kurz weiterköcheln lassen und mit dem Stabmixer und etwas Kernöl pürieren.
Durch ein Sieb passieren und abschmecken.
Zubereitung Strudeltulpen: Für die Strudeltulpen aus Strudelblättern 15x15 cm Quadrate schneiden. Öl in einer etwa 15 cm hohen Pfanne erhitzen, ein Strudel-Quadrat vorsichtig hineinlegen und rasch mit einem geschälten Erdapfel, der auf einer Essgabel aufgestochen ist, in der Mitte ins heiße Öl tauchen. Nach kurzer Backzeit herausnehmen und vom Erdapfel lösen und auf ein Küchenpapier legen.
Die gehackte Schalotte anschwitzen, die Kürbisstreifen dazugeben, mit Salz und Kümmel würzen und weichdünsten.
Die Suppe anrichten, eine Strudeltulpe mit den Kürbisstreifen füllen und in die Suppe setzen. Mit gerösteten Kürbiskernen garnieren.
Nährwert pro Portion: 592 kcal; 45,5 g Fett; 30,5 g KH; 15,9 g EW; 102 mg Chol; 2,5 BE.

Zutaten für 4–5 Portionen
200 g Kürbis, 20 g Olivenöl,
3/4 ℓ Gemüsefond (Geflügelfond oder Rindssuppe),
6 cℓ Kürbiskernöl,
40 g Créme fraîche, Meersalz, Pfeffer, Muskat, Spritzer Weißweinessig,
1 Schalotte fein gehackt,
3/8 ℓ Schlagobers flüssig,
2 EL Kürbiskerne in Butter kurz geröstet.

Zutaten für die Garnitur
2 Strudelteigblätter, 100 g Kürbisfleisch in feine Streifen geschnitten, Öl zum Backen der Strudeltulpen, Salz, Kümmel, 1 gehackte Schalotte.

Kürbisrahmsuppe

Frischkäse-Bärlauch-Terrine

Zutaten für 4–5 Portionen
2 Stück Zucchini grün,
250 g Frischkäse natur,
50 g Crème fraîche,
80 g Mascarino,
100 g geschlagenes Obers,
5 Blatt Gelatine, Meersalz,
Pfeffer, 1 TL Zitronensaft,
70 g Bärlauch fein gehackt,
10 g Petersilie fein gehackt

Zutaten Salat:
50 g Vogerlsalat, Löwenzahn, Schafgarbe, Spitzwegerich, Gänseblümchen, kleine Brennesselblätter (kurz in heißes Wasser getaucht und im Eiswasser abgeschreckt)!
Salz, Traubenkernöl und Walnussöl, Weinessig und Balsamessig.

Nährwert pro Portion:
350 kcal; 31,2 g Fett; 4 g KH; 11,1 g EW; 98 mg Chol; 0,3 BE.

Frischkäse-Bärlauch-Terrine
mit Wiesenkräutern

1 kleine Terrinenform

Zubereitung Terrine: Die Terrinenform mit einer Klarsichtfolie auslegen.
Die Zucchini der Länge nach in dünne Streifen schneiden und die Terrinenform damit auslegen. Für die Bärlauchmasse den Frischkäse mit der Crème fraîche, dem Mascarino, dem Zitronensaft, dem gehackten Bärlauch und Petersil, Salz und Pfeffer gut verrühren, abschmecken und die in wenig heißem Obers aufgelöste und vorher eingeweichte Gelatine unterrühren. Zuletzt das geschlagene Obers unterheben.

Die Masse in die Terrinenform füllen und mit weiteren Zucchinistreifen abdecken. Zum Stocken in den Kühlschrank stellen.

Zubereitung Salat: Für den Salat die Wiesenkräuter und den Vogerlsalat waschen und trockenschleudern.
Mit Traubenkernöl, Walnussöl, Essig und Salz marinieren!
Die Terrine in 2 cm dicke Scheiben schneiden und mit dem Wiesenkräutersalat, und eventuel Kirschparadeiser anrichten.

Hühnerleberparfait im Kürbiskernmantel

Zutaten für 6–8 Portionen
250 g Hühnerleber,
250 g Butter flüssig,
1 Stück Apfel geschält und kurz blanchiert,
1 Stück Schalotte, Thymian, Rosmarin, Lorbeerblatt,
10 g Butter,
2 cl Portwein, 2 cl Sherry,
Meersalz und Pfeffer,
2 Eier, gehackte Kürbiskerne,
Preiselbeerkompott, Rotwein,
Orangenschale gerieben,
grüner Speck (zum Auslegen der Terrine)

Nährwert pro Portion:
379 kcal; 35,9 g Fett; 4,58 g KH; 10,1 g EW; 355 mg Chol; 0,4 BE.

Sulmtaler Hühnerleberparfait
im Kürbiskernmantel mit Preiselbeeren

Zubereitung: Die Hühnerleber mit der Butter, dem blanchierten Apfel, Portwein, Sherry cuttern, bzw. im Turmmixer pürieren.
Zuvor die Schalotte mit Thymian und Rosmarin und etwas Lorbeer in Öl andünsten.
Zur Leber geben und mit den Gewürzen und den Eiern weitercuttern bis eine schöne Bindung entsteht. Durch ein feines Sieb abseihen. Eine Terrinenform mit Speckscheiben auslegen und mit der Lebermasse befüllen. Verschließen und im Rohr im Wasserbad ca. 1 Stunde (bei 80°C Wassertemperatur) pochieren. Dann aus dem Rohr nehmen und über Nacht im Kühlschrank stocken lassen.
Rotwein mit geriebener Orangenschale stark einkochen. Mit den Preiselbeeren verrühren und eventuell mit Pfeffer würzen.
Aus dem Leberparfait Kugeln formen und in gehackten Kürbiskernen wälzen.
Mit marinierten Blattsalaten, Preiselbeeren und getoastetem Weißbrot (eventuell mit Butter) anrichten.

Sulmtaler Hendlbrust mit Schwarzwurzeln

Zubereitung: Die Schwarzwurzeln waschen, schälen und in 3 cm lange Stücke schneiden. In Salzwasser mit der Milch langsam bissfest kochen.
Die Hendlbrüstl mit Salz und Pfeffer aus der Mühle würzen und in einer Pfanne mit Olivenöl scharf anbraten. Die Knoblauchzehen und den Rosmarin dazugeben. Im Rohr bei ca. 85°C für etwa 30-40 Minuten ziehen lassen. Kurz vor dem Anrichten mit der Honigbutter (Butter mit dem Honig unter Rühren aufkochen) überglänzen und im Rohr bei 160°C kurz überkrusten.
Beim Anrichten mit dem reduzierten Kalbsjus leicht übergießen.

Den Geflügelfond mit dem flüssigen Schlagobers um ein Drittel einreduzieren. Mit Salz und Pfeffer würzen.
Die Schwarzwurzeln in die Rahmsauce geben und kurz vor dem Anrichten die kalte Butter einschwenken.

Zutaten für 4 Portionen
4 Stück Hendlbrüste,
Olivenöl zum Braten,
Meersalz, Pfeffer aus der Mühle, 2 Zweige Rosmarin,
4 Knoblauchzehen geschält,
1 TL Honig, 3 EL Butter,
4 EL reduzierter Kalbsjus.
6 Stangen Schwarzwurzeln,
Salz, ⅛ ℓ Milch,
1 EL kalte Butter,
⅜ ℓ Schlagobers flüssig,
⅛ ℓ Geflügelfond
Nährwert pro Portion:
660 kcal; 51,3 g Fett; 9,3 g KH; 41,6 g EW; 229 mg Chol; 0,75 BE.

Sulmtaler Hendlbrust mit Schwarzwurzeln

Salat vom frischen
Spargel mit gebratener Wachtel

Zubereitung Spargel: Die Spargelstangen schälen und die holzigen Enden abschneiden. In reichlich Salzwasser mit einer Prise Zucker und Butter bißfest kochen.
In Eiswasser kurz abschrecken und abtropfen lassen.

Zutaten Vinaigrette: Olivenöl, Weinessig und Sherryessig, Salz, Pfeffer aus der Mühle, Muskat, etwas Dijon Senf, Schalotten und etwas Geflügelfond

Für die Vinaigrette die Schalotten fein hacken, kurz blanchieren und abschrecken. Die Schalotten in einem hohen Gefäß mit dem Stabmixer pürieren. Den heißen Geflügelfond, das Olivenöl, Essig und die Gewürze dazugeben und solange mit dem Stabmixer mixen, bis eine cremige Sauce entsteht.
Garnitursalate (Vogerlsalat, Löwenzahn, Radicchio, Frisée und Eichblatt), Weinessig und Traubenkernöl.

Zubereitung Wachtel: Von den ganzen Wachteln die Brust und die Keulen ablösen, würzen und in Olivenöl kurz braten.
Die Spargelstangen halbieren, mit der Vinaigrette marinieren und zusammen mit den Garnitursalaten schön anrichten. Die gebratenen Wachtelstücke daraufsetzen und mit dem Kalbsjus nappieren.
Nährwert pro Portion:
195 kcal; 13,1 g Fett; 4,11 g KH; 15 g EW; 31,1 mg Chol; 0,4 BE.

Zutaten für 4 Portionen
8 Stangen weißer Spargel,
8 Stangen grüner Spargel,
1 EL Butter, Salz, Zucker
2 Stück frische Wachteln,
Olivenöl zum Braten,
Salz und Pfeffer, 5 EL Kalbsjus

Salat vom frischen Spargel mit gebratener Wachtel

Semmelknödelblätter mit Kalbsbries

Zutaten für 4 Portionen
400 g frisches, geputztes und gewässertes Kalbsbries,
Salz, Pfefferkörner, Lorbeerblatt, Thymian, 1/16 ℓ Weißwein,
glattes Mehl zum Mehlieren.

200 g frische, geputzte Eierschwammerln (es können auch Steinpilze, Austernpilze oder Champignons verwendet werden),
2 kleine Schalotten,
1 kleine Knoblauchzehe,
30 g Petersilie,
10 g Basilikum - alles fein gehackt,
1/8 ℓ Rindsuppe, 1/4 ℓ flüssiges Obers, Meersalz, Pfeffer aus der Mühle, Olivenöl zum Kochen.
3 Stück fertige Semmelknödel oder 1 Stück Serviettenknödel,
2 EL Butter

Nährwert pro Portion:
517 kcal; 32,2 g Fett; 26,9 g KH; 27,5 g EW; 396 mg Chol; 2,24 BE.

Knusprige Semmelknödelblätter mit
Kalbsbries und Eierschwammerln

Zubereitung Kalbsbries: Das Kalbsbries in kaltem Wasser mit den Gewürzen und dem Wein zustellen und ca. 15 Minuten köcheln lassen. Vom Herd nehmen und zugedeckt erkalten lassen.
Das Kalbsbries in Scheiben schneiden, in Mehl wenden und in Butter auf beiden Seiten kurz anbraten.

Zubereitung Schwammerlsauce: Die Eierschwammerln putzen und in Eiswasser kurz waschen, danach sofort gut abtropfen lassen und in Scheiben schneiden. Die gehackten Schalotten mit dem Knoblauch in Olivenöl anschwitzen und die Eierschwammerln dazugeben. Petersilie und Basilikum zufügen und solange kochen, bis die entstandene Flüssigkeit verdunstet ist. Mit Rindsuppe und Obers aufgießen und einkochen lassen.
Die Sauce würzen und warmstellen.

Von den Semmel- oder Serviettenknödeln dünne Knödelblätter schneiden und in Butter knusprig braten. Mit den Kalbsbriesscheiben abwechselnd zu einem Türmchen aufbauen und auf einem tiefen Teller anrichten.
Mit der heißen Eierschwammerlsauce umgießen, mit Rosmarin oder Thymian garnieren und servieren.

Kalbskarree mit Spitzmorcheln und Spargelspitzen

Kalbskarree mit Spitzmorcheln
und Spargelspitzen und hausgemachten Nudeln

Zutaten für 4 Portionen
ca. 800 g Kalbskarree zugeputzt (mit Rippenknochen), Olivenöl zum Braten, Meersalz, Pfeffer aus der Mühle,
80 g Spitzmorcheln frisch oder 40 g getrocknet,
1 Schalottenzwiebel fein gehackt, Olivenöl, 1/16 ℓ Weißwein,
1 TL Paprika Edelsüß, gehackte Petersilie, 1/4 ℓ Schlagobers flüssig,
8 Stangen weißer Spargel bißfest gekocht, Salz, 1 EL Butter,
Zubereitung: Das Kalbskarree in Stücke mit je 200 g schneiden.
Mit Salz und Pfeffer würzen und in Olivenöl langsam rosa braten.
Für die Spitzmorchelsauce, die Spitzmorcheln der Länge nach halbieren und in kaltem Wasser mehrmals kurz einweichen.
Feingehackte Schalottenzwiebel in Olivenöl anschwitzen, die vorsichtig ausgedrückten Spitzmorcheln dazugeben und kurz durchrösten. Den Paprika dazugeben und mit dem Weißwein ablöschen. Petersilie und Gewürze beigeben und einkochen lassen.
Schlagobers zugeben und kurz köcheln lassen.
Die gekochten Spargelstangen in ca. 4 cm Stücke schneiden und zur Sauce geben. Bis zum Anrichten warm stellen.

Zutaten Nudelteig

500 g Mehl griffig, 3 ganze Eier, 5 Eidotter, 1 EL Salz, 2 EL Olivenöl, 4 EL Wasser.
Für die Nudeln das Mehl mit den Zutaten vermengen und gut durchkneten. Zugedeckt ca. 1 Stunde rasten lassen. Mit einer Nudelmaschine dünn austreiben und in 2 cm breite und 15 cm lange Streifen schneiden. Die Nudeln am Besten einige Stunden auf einem bemehlten Tuch antrocknen lassen. Dann in reichlich Salzwasser bissfest kochen.

Die Sauce auf den Teller geben und darauf das in Kotelettes geschnittene Kalbskarrée anrichten. Die Nudeln, die vorher mit Butter und Bröseln verrührt wurden, zum Kalbskarrée geben.

Schweinsfilet im Gemüsemantel
auf Schalottenjus

Zutaten für 4 Portionen

640 g Schweinsfilet - sauber zugeputzt, 1 Schweinsnetz, Meersalz, Pfeffer aus der Mühle, 1 roter Paprika, 1 kleine Melanzane, 1 mittlere Zucchini, frischer Rosmarin und Thymian, 1 kleine Knoblauchzehe - fein gehackt, Olivenöl.

Zubereitung Gemüsemantel: Für den Gemüsemantel den Paprika und die Zucchini in kleine Würfel von ungefähr 5 mm Durchmesser schneiden. Vom Melanzane die schwarze Schale ca. 5 mm dick abschneiden und die geschälte Melanzane würfeln.
Den gehackten Knoblauch zusammen mit den Gemüsewürfeln in Olivenöl kurz durchrösten und mit Salz, Pfeffer gehacktem Rosmarin und Thymian würzen. Gut auskühlen lassen.

Zubereitung Schweinsfilet: Das Schweinsfilet in 4 gleichmäßige Stücke teilen, salzen und pfeffern und in Olivenöl kurz anbraten und gut wenden, damit die Poren gut geschlossen sind.
Auf ein Küchenkrepp zum Abtropfen legen. Schweinsnetz (gut ausgewässert und ausgedrückt) ausbreiten.
Die Gemüsewürferln aufstreichen und das Schweinsfilet daraufsetzen. Danach einrollen und mit dem Schweinsnetz 2 mal umhüllen. Im Rohr bei etwa 185°C etwa 12-15 Minuten braten. Vor dem Anrichten in der Mitte durchschneiden.

Die Schweinsfilets mit den Schalotten und dem Schalottenjus anrichten.

Nährwert pro Portion:
417 kcal; 14,3 g Fett; 16 g KH; 38,1 EW;121 mg Chol; 1,3 BE.

Schweinsfilet im Gemüsemantel auf Schalottenjus

Zutaten Schalottenjus

8 kleine Schalotten geschält, 1 TL Honig, 1 EL Zucker, 3/8 ℓ Rotwein, 1 EL Butter, 1/16 ℓ Portwein, 2 EL Balsamicoessig, 1/8 ℓ Kalbsjus, etwas Thymian

Zubereitung Schalottenjus:
Für die Sauce die Schalotten in Butter gut anschwitzen. Den Zucker und den Honig zugeben und leicht karamellisieren lassen. Mit Rotwein ablöschen. Den Portwein, den Balsamicoessig und Thymian zugeben und auf ein Drittel der Flüssigkeit einkochen lassen.
Den Kalbsjus dazugeben und nochmals kurz einkochen lassen.

Weintipp

Sommelière Helene Kappel: Ein trockener Sauvignon blanc, wie der von der Ried Langriegel wird zum Schweinsfilet im Gemüsemantel mit dem Paprikagemüse eine ideale Ergänzung sein.
Zum Kalbsbries, das auch mit einer hellen Sauce kombiniert wird, harmoniert ein Riesling oder Weißburgunder Klassik wegen des nussigen Aromas sehr gut.

Klare Gemüseconsommè mit geräuchertem Forellenfilet

Klare Gemüseconsommé
mit geräuchertem Forellenfilet

Zutaten für 4–5 Portionen
4 Schalotten gewürfelt,
1 Karotte gewürfelt,
5 Champignons gewürfelt,
5 Wiesenchampignon oder Austernpilze in grobe Scheiben geschnitten, ½ Stange Lauch,
100 g Sellerieknolle geschält,
2 Paradeis gewürfelt,
1 Knoblauchzehe geschält,
2 EL Butter, ⅛ ℓ Noilly Prat (weißer Vermouth),
⅜ ℓ Weißwein (Riesling oder Weißburgunder),
2½ ℓ Geflügelfond, 2 Eiweiß,
1 TL weiße Pfefferkörner,
10 Petersilstengel,
1 Lorbeerblatt,
1 Zweig Thymian,
2 Zweige Dill, Meersalz,
2 Stück Räucherforellenfilet

Zubereitung: Für die Suppe die Schalotten und das gesamte Gemüse kurz anschwitzen und mit Noilly Prat (weißer Vermouth) und dem Geflügelfond ablöschen!
Die Gewürze und das leicht angeschlagene Eiweiß hinzufügen und gut durchrühren.
Achtung: Während des Kochvorgangs das Eiweiß immer wieder mit einem geraden Kochlöffel vom Kochtopfboden lösen.
Die Suppe langsam aufkochen lassen und ca. 3½ Stunden ziehen lassen. Danach vorsichtig abseihen und nochmals abschmecken.
Die Forellenfilets in kleine Würfel schneiden und mit der Suppe anrichten. Weiters sollten verschiedene in kleine Würfel geschnittene und weich gekochte Gemüse als zusätzliche Suppeneinlage verwendet werden.

Zanderfilets mit Sesamkruste auf Paprikasauce

Zanderfilet mit Sesamkruste
auf Paprikasauce

Zutaten für 4 Portionen
640 g frisches Zanderfilet - sauber geputzt, Meersalz, Pfeffer aus der Mühle, ½ Zitrone, Olivenöl zum Braten, 50 g Sesam, 3/8 l Fischfond oder Geflügelfond oder Gemüsebrühe, ¼ ℓ flüssiges Obers, 1 TL Paprika edelsüß, $^1/_{16}$ ℓ trockener Weißwein, Meersalz, Pfeffer aus der Mühle, etwas geriebene Muskatnuss, 150 g frische Paprikaschoten in Würfel oder Streifen geschnitten

Zubereitung Paprikasauce: Für die Sauce den Fischfond auf die Hälfte einkochen. Das Obers dazugeben und nochmals kurz köcheln lassen. Die geschnittenen Paprikaschoten in Olivenöl kurz anschwitzen und mit Salz und Pfeffer würzen. Den Pulverpaprika dazugeben, kurz durchschwenken und mit dem Weißwein ablöschen.
Nun die Paprikaschoten in die Sauce geben und diese nochmals mit den Gewürzen abschmecken.
Zubereitung Zanderfilet: Die Zanderfilets nach Möglichkeit in 4 gleichmäßige Stücke teilen, mit Salz, Pfeffer und Zitronensaft würzen, mit der Hautseite in Sesam tauchen und in heißem Olivenöl zügig auf beiden Seiten braten.
Die heiße Sauce auf die Teller verteilen und die Zanderfilets daraufsetzen.
Eventuell mit gekochten Erdäpfeln, Naturreis oder Butternudeln servieren.

Mousse von frischen Kirschen
im Schokoblatt mit marinierten Orangenspalten

Zutaten für 4-6 Portionen

Zubereitung der Garnitur: Die zwei Orangen am besten am Vortag in hauchdünne Scheiben schneiden und auf ein Backblech mit Staubzucker bestreutes Backpapier auflegen. Die Oberseite nun auch mit Staubzucker kräftig bestreuen. Im Backrohr ca. 4 Stunden bei 75°C trocknen - die Orangenscheiben nach ungefähr zwei Stunden 1 mal wenden!

Zutaten für das Kirschen-Mousse

400 g Kirschen (entsteint), ⅛ ℓ Portwein, ⅛ ℓ Rotwein, ⅛ ℓ Läuterzucker (Wasser und Zucker im Verhältnis 2:1 aufgekocht), 1 EL Stärkemehl, 100 g Topfen, 30 g Crème fraîche, 5 Blatt Gelatine, 1/16 ℓ Obers flüssig, ¼ ℓ Obers halbsteif geschlagen, Vanillezucker, 2 cl Kirschbrand

Zubereitung Mousse: Den Rotwein mit Portwein und Läuterzucker um ca. ein Drittel der Flüssigkeit einkochen und mit dem Stärkemehl binden.

Nun die entsteinten Kirschen zugeben und noch etwa 15 Minuten leicht köcheln lassen.

Vom Herd nehmen und mit dem Stabmixer fein pürieren.

Den Topfen mit der Crème fraîche glattrühren und in das Kirschpürre einrühren.

Die Blattgelatine in heißem, flüssigem Obers auflösen und unter die Kirschmasse heben. Zuletzt das halbsteif geschlagene Obers unterheben und mit Vanillezucker und Kirschbrand abschmecken.

Zutaten marinierte Orangenspalten

3 Orangen, ⅛ ℓ frischer Orangenjuice, ⅛ ℓ Läuterzucker, 10 g Stärkemehl, 2 cl Grand Marnier, die geriebene Schale von einer Orange

Zubereitung marinierte Orangenspalten: Für die Orangenspalten, die Orangen mit einem dünnen scharfen Messer von der Schale befreien und dann die Filets herausschneiden.

Den Orangenjuice und Läuterzucker mit der abgeriebenen Schale einer Orange bis auf die Hälfte der Flüssigkeit einkochen. Mit dem Stärkemehl leicht binden und mit dem Grand Marnier parfümieren. Die Orangenfilets einlegen und noch einmal kurz aufkochen. Vom Herd nehmen und zugedeckt auskühlen lassen.

Zutaten Schokoblätter

2 Blatt Overheadfolie, Backtrennpapier, 250 g braune Kuvertüre (Zartbitter), 2 Orangen zur Garnitur.

Kirschen-Mousse im Schokoblatt mit marinierten Orangenspalten

Zubereitung Schokoblätter: Die Kuvertüre für die Schokoblätter im Wasserbad weich werden lassen. Die Overheadfolie und das Backtrennpapier übereinander legen und der Länge nach in 5 cm breite Streifen schneiden und flach, mit der Backtrennfläche nach oben, auf ein Blech legen. Mit der Kuvertüre zu 2 Dritteln bestreichen und leicht anziehen lassen. Die Folien aufstellen und zu einem Rohr zusammenkleben. Im Kühlschrank fest werden lassen. Danach die Folie und das Papier vorsichtig abnehmen und die Schokobecher mit dem Kirschenmus füllen.

Mit den Orangenspalten und der getrockneten Orangenscheibe anrichten.

Dessertvariationen von Kastanien:
Knödel, Mousse auf Hollersauce, Eis und Soufflé mit Feige

Dessertvariation von Kastanien: Knödel, Kastanienmousse auf Hollerbeeren, Kastanienparfait und Kastanienauflauf (Soufflé) mit Feige

Kastanienknödel

Zutaten für 6–8 Portionen
200 g Kastanienpürrée, 200 g rohe, geschälte Erdäpfeln, 80 g griffiges Mehl, 20 g Grieß, 20 g weiche Butter, 1 Eigelb, 5 g Salz.

Zubereitung: Erdäpfeln vierteln und in Salzwasser weich kochen. Wasser abgießen und die Kartoffeln auf einem Backblech im warmen Backrohr noch einige Zeit ausdünsten lassen. Überkühlen lassen und passieren. Nach einigen Stunden mit den übrigen Die Zutaten (außer dem Kastanienpürrée) zu einem Teig mischen. Einen Probeknödel kochen. Zu weichen Teig mit etwas Mehl oder Grieß festigen.
Knödel formen und mit dem Daumen eine Vertiefung machen und mit Kugeln, die aus dem Kastanienpürrée geformt wurden füllen und wieder verschließen.
In leicht gesalzenem Wasser ca. 15-20 Minuten kochen.
Vor dem Anrichten in Bröselbutter mit Hagelzucker wälzen und eventuell von Vanillesauce servieren.

Nährwert pro Portion:
151 kcal; 4,11 g Fett; 24,9 g KH; 3,23 g EW; 46,4 mg Chol; 2 BE.

Kastanienmousse auf Hollerbeerensauce

Zutaten für 6–8 Portionen
210 g Kastanienpürrée (Maronipürrée), 2 Blatt Gelatine, 2 cl Kirschwasser, 1/16 l flüssiges Obers, 20 g Staubzucker (oder mehr - je nach Geschmack), 3/8 l geschlagenes Obers.
120 g Hollerbeeren, 80 g Heidelbeeren, 1 EL Honig, 1 EL Zucker, 1/8 l Rotwein, 2 cl Hollerbrand, 1 Zimtstange

Zubereitung: Das Kastanienpürrée mit etwas flüssiger Obers, dem Staubzucker und Kirschwasser glatt rühren.
Das vorher in kaltem Wasser eingeweichte Gelatine in etwas aufgekochtem Obers auflösen und ins Kastanienpürrée einrühren. Das geschlagene Obers vorsichtig unterheben und zum Stocken in eine Schüssel geben!
Für die Hollersauce, die Hollerbeeren und Heidelbeeren mit den übrigen Zutaten aufkochen und durch ein Sieb drücken. Die Sauce nochmals aufkochen und eventuell mit etwas Stärkemehl binden.

Weinhof Kappel

Geöffnet: Fr–Di, 11.30–15 Uhr, und 17.30–21 Uhr,
Ruhetage: Mi und Do
Betriebsferien:
Mitte Jänner–Mitte März

A-8442 Kitzeck, Steinriegel 25
Tel: +43 (0)3456-2347
oder 2101, Fax: 2347-30.

e-mail:
office@weinhof-kappel.at
www.weinhof-kappel.co.at

Etwas kalte Hollerbeerensauce auf den Teller geben. Ein Nockerl mit einem Löffel - der in heißes Wasser getaucht wurde - aus der Kastanienmoussemasse ausstechen und in die Sauce setzen.

Nährwert pro Portion:
285 kcal; 19,5 g Fett; 21,6 g KH; 3,36 g EW; 56,3 mg Chol; 1,8 BE.

Kastanienauflauf (Soufflé)

Zutaten für 6–8 Portionen

2 Eier, 2 Eigelb, 60 g Zucker, 150 g Butter, 20 g geraspelte Kochschokolade, 150 g Kastanienpürrée, 40 g Mehl, Butter zum Pinseln, Mehl zum Bestäuben.

Zubereitung: Für den Auflauf 8 Auflaufförmchen ausbuttern und mit Mehl ausstreuen. Ein Backblech mit heißem Wasser 3 cm hoch füllen.

Die Eier und das Eigelb mit dem Zucker fest aufschlagen. Das Kastanienpürrée und die geraspelte Schokolade einrühren. Die Butter im Wasserbad schmelzen und das gesiebte Mehl unterrühren und unter die Eiermasse heben.

Die Förmchen mit der Masse ¾ hoch füllen und auf das Backblech setzen.

Im Backrohr bei ca. 195°C etwa 10-12 Minuten backen. Herausnehmen und auf den Teller stürzen

Nährwert pro Portion:
310 kcal; 22,7 g Fett; 22,1 g KH; 4,78 g EW; 198 mg Chol; 1,8 BE.

Kastanienparfait (Eis)

Zutaten für 6–8 Portionen

100 g Eigelb, 40 g Kristallzucker, 10 g Vanillezucker, 10 g Rum, 1 Prise Salz, 180 g Kastanienpürrée, 100 g Eiweiß, 50 g Kristallzucker, 300 g geschlagenes Obers.

Zubereitung: Eigelb, Kristallzucker, Vanillezucker, Rum, Salz über Dampf aufschlagen. Kalt rühren und mit dem Kastanienpürrée glatt rühren.

Eiweiß mit Kristallzucker zu Schnee schlagen. Beide Massen vorsichtig verrühren. Das geschlagene Obers unterheben. In Formen füllen und im Tiefkühlschrank frieren lassen.

Eventuell mit etwas Rumobers anrichten.

(Vanillecréme mit ein paar Tropfen Rum verrühren, geschlagenes Obers unterheben).

Nährwert pro Portion:
288 kcal; 18 g Fett; 25,3 g KH; 5,62 g EW; 219 mg Chol; 2,1 BE.

Der Süden – die südsteirische Weinstraße von Spielfeld über Gamlitz nach Leutschach

Einen wesentlichen Anteil am steilen Aufstieg des steirischen Weinbaus der vergangenen Jahre hat das Weinbaugebiet Südsteiermark. Das gemeinsame Merkmal der einzelnen Gemeinden ist unübersehbar: die über sanfte oder auch steile Hügel verstreuten Weinberge. Von Spielfeld über die Ostflanke des Graßnitzberges, die österreichisch-slowenische Grenze über Gamlitz entlang bis hin nach Leutschach und Eichberg-Trautenburg reicht dieses Gebiet, das durch die Südsteirische und

die daran anschließende Rebenland-Weinstraße verbunden wird. Der Grundgedanke für den Bau der Südsteirischen Weinstraße, der die Basis einer erfolgreichen Entwicklung dieses Landstriches war, liegt viele Jahrzehnte zurück. Die Straße wurde auf Initiative des damaligen Landeshauptmanns der Steiermark, Josef Krainer sen., gebaut und im Oktober 1955 feierlich eröffnet. Als wichtige Verbindungslinie zwischen den einzelnen Gemeinden sowie als verkehrsmäßige Besserstellung für die Weinbauern zur Erreichung ihrer Weingärten gedacht, wurde sie innerhalb kurzer Zeit ein beliebtes Ausflugsziel nicht nur von Weinliebhabern. Nach und nach richteten die Weinbauern Buschenschenken ein, die Nachfrage nach südsteirischem Wein stieg, und bei den Produzenten entwickelte sich ein Qualitätsbewusstsein, das wiederum den Konsumenten zugute kam.

Der steirische Schriftsteller Reinhard P. Gruber schrieb einst über diese Weinstraße: „Außerdem bietet das Befahren der Verkehrsstrecke ein angenehmes nostalgisches Gefühl – die Dimension der Straßenbreite entspricht den Anfängen der Motorisierung, wie wir sie aus historischen Wochenschaufilmen noch kennen." Viel hat sich an diesem Gefühl nicht verändert, obwohl die Straße heute bestens ausgebaut und meist gut zu befahren ist. Außerdem hat dieser kleine straßenbauliche Eingriff in die Natur der Seele dieses Landstriches nicht geschadet. Hügel an Hügel, Weingarten an Weingarten reihen sich hier zu einer zusammenhängenden Weinbaufläche, die mit ihrem landschaftlichen Reiz ihresgleichen sucht. Der Herbst mit seinem bunt schillernden Kleid ist die beliebteste Zeit für erholungs- und abwechslungsdurstige Besucher. Kastanien werden gebraten, und dazu wird Sturm, der noch nicht gänzlich vergorene junge Wein, getrunken.

Die Südsteirische Weinstraße hat gleich zwei Ausgangspunkte. Einerseits ist dies Ehrenhausen, andererseits die Grenzgemeinde Spielfeld, der östlichste Punkt, von dem aus man die Weinstraße erreichen kann. Die Marktgemeinde ist der bedeutendste steirische Grenzübergang nach Slowenien und ein wichtiger Bahnknotenpunkt.

Ehrenhausen wurde ursprünglich als Burguntersiedlung unterhalb des Schlosses Ehrenhausen gegründet. Das Schloss, ein dreigeschossiger Vierflügelbau, entstand Mitte des 16. Jahrhunderts unter Einbeziehung des mächtigen, aus dem 12. Jahrhundert stammenden Bergfrieds. Etwas unterhalb des Schlosses steht das Mausoleum Ruperts von Eggenberg mit Innenstuckarbeiten nach Plänen von J. B. Fischer von Erlach. In Ehrenhausen finden alljährlich an den letzten Wochenenden im September sowie Anfang Oktober Weinlesefeste statt.

Die Ried Hochgraßnitzberg in Spielfeld

Die Ried Obegg in Spielfeld

Die Ried Zieregg in Berghausen

Weingärten der Ried Obegg, Spielfeld

Aus blauer Ferne führt mehrspurig die Autobahn her, doch kleinere, engere Straßen führen kurvig, das Tempo verlangsamend und damit den Blick ins Detail der Landschaft ermöglichend, herauf auf den Berg. Die letzten Meter dann, zu Fuß zurückgelegt, lassen den Duft der Landschaft in die Nase steigen, machen das Summen der Bienen hörbar, zu schmecken ist die Würze des Weines auf der Zunge.

Die Ried Zieregg, Berghausen

Weingärten am Hochgraßnitzberg, Spielfeld

„Grenze Spielfeld" – Grenze? Wo sichtbar? Wo spürbar? Relativität der Bezeichnungen. Slowenien rechts oder im Süden, die Steiermark links oder im Norden? Dreh dich einfach um und alles ist anders. Dreh dich um, mach die Augen zu und lass den köstlichen Wein über die Zunge rollen, und alle Grenzen verschwinden..

Weingärten am Graßnitzberg, Berghausen

Weingut Johann Jöbstl

A-8413 St. Georgen/Stiefing, Badendorf 9
Telefon: 03183/8409, Fax: 29 9 69
E-Mail: keller@joebstl-weingut.at
www.joebstl-weingut.at

Das Wohnhaus der Familie Jöbstl ist in Badendorf, die Trauben wachsen in den Weingärten in Sernau, einige Kilometer außerhalb von Gamlitz. Schon seit dem Jahre 1954 bewirtschaftet die Familie die Weingärten in bester südsteirischer Lage.
Johann Jöbstl kultiviert dort in erster Linie weiße Rebsorten wie Welschriesling, Weißburgunder, Riesling, Morillon, Sauvignon blanc, Muskateller, Grauburgunder und zusätzlich einen Blauen Zweigelt. Der Boden der Ried Sernau besteht hauptsächlich aus sandigem Lehm, der auf Kalkstein liegt. Auf diesem Untergrund erreichen die Trauben hohe Extraktwerte, sind vollmundig im Geschmack und verfügen über eine frische Säure. Dadurch sind sie harmonisch, aber auch erfrischend und fruchtig zugleich.
Im Winzerhaus in Sernau steht auch die alte, hölzerne Baumpresse aus dem Jahre 1849, damit wurde noch bis vor einigen Jahren ein Teil der Trauben gepresst. Heute wird sie nur noch für besondere Anlässe verwendet.
Es ist aber schon ein besonderes Erlebnis, einmal beim Pressen mit der hölzernen Baumpresse dabeizusein: das Befüllen des Korbes mit den Trauben, das Aufschichten der Holzriegel, das Knarren des Holzes, wenn der mächtige Baumstamm heruntergelassen wird. Und dann, wenn der Druck stark genug ist, das Plätschern, wenn der Most zu rinnen beginnt, und das Kosten des Saftes, ganz frisch und natürlich – so wie er aus dem großen Presskorb rinnt.
Johann Jöbstl verwendet heute für die

Produktion seiner fruchtbetonten Weine alle zeitgemäßen Kellereigeräte, den schonend arbeitenden Rebler zum Entrappen der Trauben, pneumatische Pressen und für die Vergärung seiner Moste temperaturgeregelte Stahltanks und auch kleine und große Eichenholzfässer, die je nach dem gewünschten Weinstil eingesetzt werden.
Er kombiniert auch die beiden Gärtechnologien – Holzfass und Stahltank – und erreicht damit unter anderem die besondere Vollmundigkeit und intensive Fruchtausprägung seiner Weine. Der Grauburgunder wird auch im Barrique vergoren und reift bis vierzehn Monate in edlem Eichenholz. In den Edelstahltanks werden die Weine des Weingutes für vier bis sechs Monate belassen, in den großen, traditionellen Eichenholzfässern sechs Monate, bevor sie in Flaschen gefüllt werden.
Der kräftige, gerbstoffreiche Blaue Zweigelt kommt zum Ausbau für 10 Monate in die kleinen Holzfässer.

8,5 ha - Ried Sernau: Morillon, Welschriesling, Weißburgunder, Sauvignon blanc, Muskateller, Riesling, Grauburgunder, Zweigelt
Ab-Hof-Verkauf in Badendorf: täglich nach Voranmeldung
Kellerführung und kommentierte Weinkost nach Voranmeldung
€ 5,10/9,45
Destillate, Kernöl

Weingut Potzinger

Winzerhaus Ratsch, 8461 Ehrenhausen
A-8424 Gabersdorf 12
Tel/Fax: 03452/82277
e-mail: potzinger@potzinger.at
www.potzinger.at

Die Weinstöcke der Familie Potzinger wurzeln auf rund 10 ha Rebfläche in den besten Lagen der Südsteiermark. Herausragend sind dabei die Rieden Kittenberg, Sulz und Kapun. Der Betrieb selbst befindet sich in Gabersdorf bei Leibnitz. Mit klaren Prioritäten setzt die Familie ihre Weinphilosophie um. Das Ehepaar Maria und Ing. Herbert Potzinger formuliert: „Erstens die konsequente, schonende Bearbeitung der Weingärten, zweitens eine innovative Kellertechnik und drittens ein schlagkräftiges Marketing." Die beiden sorgen sich um die Weingärten, die Bewirtschaftung des Winzerhauses in Ratsch und das Marketing. Sohn Stefan, seit 1997 im Familienbetrieb, trägt die Verantwortung für den Keller und die Vinifikation. Er hat nach erfolgreichem Abschluss der Weinbaufachschulen Silberberg und Klosterneuburg praktische Erfahrung bei Erich und Walter Polz sowie auf einem Weingut in Südtirol gesammelt. „Wir stellen Weine auf höchstem nationalen und internationalen Niveau her, halten Betriebsgröße und Flaschenzahl gut überschaubar und gehen daher vollkommen qualitätsorientiert vor.", strebt er akribisch nach Perfektion im Weinkeller. Seine Weine zeichnen sich durch besondere Lagerfähigkeit und eine

feine Sortencharakteristik aus. Das Sortiment der Potzinger-Weine umfasst die Linien Klassik, Lagenweine und Rotweine. In Jahren mit besonderer Reife und optimalen Voraussetzungen werden auch Süßweine hergestellt. Derzeit erhältlich ist ein Roter Traminer vom Zoppelberg, Jahrgang 2000, vergoren und gereift in neuen französischen Barriques.
Das Winzerhaus aus dem 16. Jahrhundert, das bis vor 40 Jahren noch als Press- und Kellergebäude Verwendung fand, wurde unter Aufsicht des Denkmalschutzamtes in den letzten Jahren renoviert und bietet den Gästen jetzt einen Kostraum, schöne Terrassen und drei großzügige Gästezimmer mit herrlichem Blick ins Weinland. Zusätzlich ist es möglich, alle Weine des Gutes auch hier einzukaufen.
Jahr für Jahr werden am Weingut hochprämierte Weine erzeugt. Mit der Auszeichnung zum Landessieger bei der Landesweinbewertung 2003 wurde die Arbeit von Stefan Potzinger neuerlich bestätigt. Mit dem Morillon 2002 gewann er in der Burgundergruppe. Wobei der Kellermeister überzeugt ist, dass der Wein in den nächsten Monaten noch kräftig zulegen und sich durch perfekte Lagerfähigkeit auszeichnen wird. „Ein Morillon mit der feinen Frucht der Südsteiermark, nach Südfrüchten, cremig-feinhefig am Gaumen, herrlich strukturiert und lang."

10 ha - Lagen Kapun, Kittenberg, Sulz und Zoppelberg: Welschriesling, Weißburgunder, Grauburgunder, Scheurebe, Morillon, Sauvignon blanc, Roter Traminer, Zweigelt
Ab-Hof-Verkauf: in Gabersdorf und im Winzerhaus in Ratsch
€ 4,80/18,-
3 Gästezimmer im Winzerhaus Ratsch

Weinbau Gröbacher

A-8423 St. Veit am Vogau,
Telefon: 03472/8370
e-mail: gröbacherwein@direkt.at

Vor etwa 20 Jahren begannen die Eltern bzw. Schwiegereltern von Brigitte und Robert Gröbacher einen gemischten landwirtschaftlichen Betrieb aufzubauen. Das Weingut in Perbersdorf besitzt 3 ha Weingärten in einer der besten Lagen der Steiermark, der südsteirischen Ried Obegg. Der idyllische Kogel unmittelbar an der österreichisch-slowenischen Grenze mit seiner leicht erwärmbaren, wasserdurchlässigen Bodenstruktur schafft gute Bedingungen für eine hochwertige Traubenreife.
1999 übernahmen Brigitte und Robert Gröbacher die volle Verantwortung für den Familienbetrieb und begannen den Weinbau zu forcieren. Der ehrgeizige Kellermeister schaffte es innerhalb kürzester Zeit bei der steirischen Landesweinbewertung mit seinen Rotweinen unter die Besten vorzustoßen. Der Zweigelt und die Cuvée „Roter Obegg" haben dem Winzer viel Anerkennung eingebracht. Die Vermarktung der Gröbacher-Weine läuft derzeit ausschließlich über den Ab-Hof-Verkauf in St. Veit am Vogau.

3 ha - Welschriesling, Rivaner, Weißburgunder, Scheurebe, Morillon, Sauvignon blanc, Zweigelt
Ab-Hof-Verkauf: 9-20 Uhr
€ 3,60/5,80
Traubensaft, Obstsäfte
Obstbrände, Destillate, Liköre
Kürbiskernöl

Weingut Perner

A-8461 Ehrenhausen, Retznei 38
Tel/Fax: 03453/2549
e-mail: weingut-perner@t-online.at

„Die Liebe zum Beruf und die Hingabe und volle Identifikation mit der Arbeit sind Garant für beste Qualität", ist Anton Perner überzeugt. Er führt gemeinsam mit seiner Mutter und seiner Gattin das Weingut. Sie bearbeiten ihre Weingärten auf den Lagen Eckberg, sandig-lehmiger Boden mit Hangneigungen von 70%, und Retznei, sandig und kalkreich, sowie St. Peter, sandiges Schieferurgestein, beide ca. 25%. Die relativ weit auseinanderliegenden Rieden und die unterschiedliche Bodenbeschaffenheit unterstützen den Weinausbau für die Genießer unterschiedlichster Geschmacksrichtungen. Besonders hebt Anton Perner den Muskateller hervor, dessen überzeugende Fruchtigkeit durch sandigen Lehm mit hohem Kalkgehalt geprägt wird. Mit diesem Wein, seinem Steckenpferd, möchte er aber immer noch besser werden. Rund 400 hl der gängigen südsteirischen Weine werden im Weinkeller des Gutes pro Jahr vergoren und ausgebaut.

8 ha – Lagen Eckberg und Retznei: Welschriesling, Muskateller, Weißburgunder, Morillon, Sauvignon blanc, Sämling, Zweigelt
Ab-Hof-Verkauf: täglich ab 14 Uhr nach telefonischer Anmeldung
€ 4,50/8,75
Traubensaft
Destillate
Brot, Fleisch, Wurstwaren, Eier

Weinbau Koleric

A-8423 St. Veit am Vogau, Wagendorf 110
Telefon: 03153/2578, Fax: 20179
E-Mail: office@koleric.at
www.koleric.at

Die zwei Silberbergabsolventen Alexander und Andreas Koleric (Jahrgang 1980 und 1984) gehören schon zur nächsten Generation von „Durchstartern" unter den steirischen Winzern. In der Stilistik der Weinerzeugung verfolgen die Brüder zwei Richtungen: den klassischen Stil, der Weine mit viel Frucht hervorbringt, und den internationalen Stil mit gehaltvollen Weinen, die sich sanft an den Gaumen schmiegen. Die Trauben für diese Spitzengewächse gedeihen auf einer Weinbaufläche von 13 ha mit den Lagen Eckberg, Sulz, Glanz und Hochgraßnitzberg, wobei letzterer das qualitative Herzstück der Weingärten bildet. Garanten für die hohe Qualität der Endprodukte sind neben sorgfältiger Weingartenarbeit, Kellerhygiene und modernster Technik natürlich das Bestreben und der Wille etwas Besonderes zu schaffen, worin Alexander Kolerics Intention erkennbar wird. Für ihn zeigt der letzte Jahrgang herrliche Fruchtaromen und viel Leichtigkeit bei der „Klassik", die Lagenweine überzeugen mit Extraktintensität und hoher Reife.

13 ha - Rieden Hochgraßnitzberg, Eckberg, Sulz und Glanz:
Weißburgunder, Morillon, Sauvignon blanc, Zweigelt
Buschenschank: Do-So, 15-23 Uhr, Mo, Mi Ruhetag
€ 5,-/10,10
Traubensaft, Fruchtsäfte
Liköre

Weinbau Grabin

A-8423 St. Veit am Vogau, Labuttendorf 26
Telefon: 03184/2324, Fax: 30827
E-Mail: weingut@grabin.at
www.grabin.at

Die dritte und vierte Generation bewirtschaften den gemischten Betrieb in Labuttendorf, dessen 7 ha Weingärten am Stermitzberg bei Ratsch liegen. Wie ein Zahnrad ins andere greift, arbeiten alle Familienmitglieder auf dem Weingut zusammen, mit Annemarie und Gottfried Grabin sen. an der Spitze. Ihre drei Söhne sind ihnen heute eine große Stütze. Gottfried jun., ausgebildeter Weinbau- und Kellermeister, konnte schon als Jungwinzer mit Welschriesling und Weißburgunder große Erfolge nach Hause bringen. Der zweitgeborene Josef trägt als Absolvent der HBLA Raumberg für die Landwirtschaft die Verantwortung und liefert Fleisch- und andere Produkte für den Buschenschank, wo Mutter Annemarie ihr Reich hat. Der Jüngste, Christian, hilft bereits kräftig mit und besitzt die gleiche Begeisterung für die Arbeit am Hof.

7 ha - Ried Stermitzberg: Morillon, Welschriesling, Weißburgunder, Sauvignon blanc, Muskateller, Sämling, Zweigelt
Buschenschank: Di-So, 14-22 Uhr
Ab-Hof-Verkauf: Mo-So, 8-22 Uhr
€ 4,-/8,-
Sekt
Obstbrände, Destillate, Liköre
Kernöl, Honig, Fleischprodukte

Weinbau Gründl

A-8423 St. Veit am Vogau, Labuttendorf 27
Tel/Fax: 03184/2318
E-Mail: stefan.gruendl@web.de

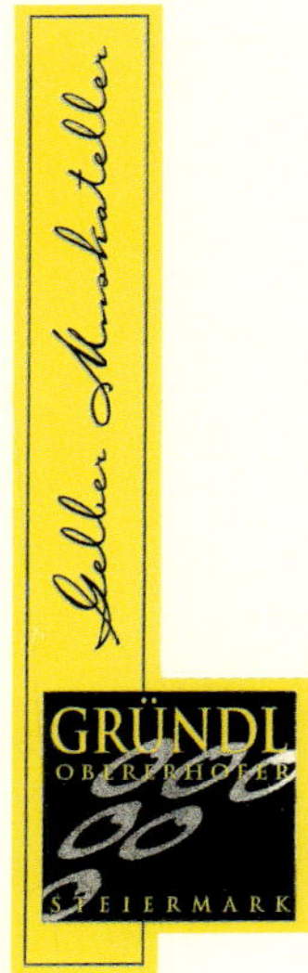

Schon seit mehreren Generationen besteht der Weinbaubetrieb, den Christine und Josef Gründl heute führen. Während der Weinhof mit angeschlossenem Buschenschank in Labuttendorf liegt, erstrecken sich die Weingärten über die Hügel an der südsteirischen Weinstraße in Ratsch, was aufgrund der Entfernung eine Besonderheit darstellt. Die vorzüglichen Rieden Stermetzberg und Schusterberg mit Rebflächen von 5 ha und ihrem lehmigen, leicht sandigen Boden breiten sich über die Südhänge der Weinberge aus. Die Hangneigungen um 40% fangen die Sonnenstrahlen optimal für eine hochwertige Reife der Trauben ein. Konsequente Arbeit im Weingarten, sorgfältige Laubarbeit und schonende Lese sind für Josef Gründl genauso wie saubere Kellerarbeit unabdingbare Faktoren für eine Qualitätsweinproduktion. Er ist einer jener Winzer, die es verstehen, das vorhandene Potential auszureizen. Der Weinhof Gründl ist zum Synonym für steirische Qualitätsweißweine geworden. Die breite Sortenpalette hervorragender Weine lässt den Buschenschank der Familie zum Treffpunkt für viele Weinliebhaber werden. Dass Kellertechnik basierend auf letzten Erkenntnissen angewendet wird, steht für Josef Gründl außer Frage. Natürlichkeit als alleiniges Ziel vor Augen, werden die Weine ausgebaut. Die Wetterkapriolen gerade zur Erntezeit machten den letzten Jahrgang problematisch, trotzdem konnte ein fa-

cettenreicher, aussagekräftiger Wein mit viel Potenzial gekeltert werden. Der Ausbau der Proponenten der Steirischen Klassik erfolgt weiterhin in Edelstahltanks, während Weine, die internationale Stilistik erreichen sollen, in Stahltanks vergoren und anschließend in kleinen Eichenfässern ausgebaut werden.

Das Weingut Gründl wurde von der Stiftskellerei Kremsmünster als Partnerweingut aufgenommen. Dort versucht der Kellermeister durch Kooperation mit allen österreichischen Weinbaugebieten ein Weinsortiment hoher Qualität, das seinesgleichen sucht, anzubieten. Die klassisch steirische Linie wird durch die Gründl-Weine abgedeckt.

Der Buschenschank, von Christine Gründl mit viel Engagement geführt, hat in der urigen Stube und im Freien Platz für gut 100 Gäste. Saisonelle Schmankerln und ausgezeichnete Fleischprodukte aus eigener Erzeugung sind auf der Speisekarte ebenso enthalten wie köstliche Mehlspeisen, zum Beispiel die Strauben, die mit dem Muskateller einfach herzhaft munden.

5 ha - Ried Stermetzberg: Muskateller, Welschriesling, Zweigelt
Buschenschank: täglich ab 14 Uhr, Di Ruhetag
Weinkost nach Voranmeldung
€ 4,50/12,-
Traubensaft
Fleischprodukte - eigene Erzeugung

Weingut Regele

A-8461 Berghausen, Ewitsch 34
Telefon: 03453/2426-0, Fax: -10
E-Mail: office@regele.com
www.regele.com

Der „Kleine König", was der Name der Familie Regele bedeutet, hat sich rund um den Wein ein schönes, kleines Reich im Ausmaß von 6 ha aufgebaut. Aus Südtirol zugewandert, widmet sie sich seit vielen Generationen dem Weinbau. Am Anfang der südsteirischen Weinstraße nahe Ehrenhausen werden auf diesem Gut seit mehr als 170 Jahren Weine gekeltert und ausgebaut. Die unmittelbar an der slowenischen Grenze gelegene Ried Sulz und die steirische Toplage Zoppelberg sind die Zentren des Regele-Weinanbaues. Die nach Süden geneigten Steilhänge erfordern hohen Arbeitseinsatz und seit jeher war es das Bestreben der Regeles, nur Bestes zu produzieren. Die Reduktion des Ertrages auf 45 hl pro Hektar ist nur eine der Maßnahmen im Weingarten zur Erreichung der hoch gesteckten Ziele.

In der Kellerei, die Qualitätsweine, Sekt und Perlwein in ihrer Produktpalette ausweist, werden die Weine grundsätzlich in Stahltanks und Holzfässern vergoren. Mit geringeren Alkoholwerten, aber dafür fruchtig frisch sind die Weine des letzten Jahres, bedingt durch herbstliche Niederschläge.

„Gute Weine zu erzeugen ist Handwerk -

feine Weine zu vinifizieren ist Kunst", dieser Philosophie fühlen sich die beiden Weinakademiker Ingrid und Georg Regele verpflichtet.

Einen Namen hat sich die Familie Regele auch bei der Sektproduktion gemacht. Mit Champagnerhefe werden die Grundweine vergoren und auf ihr 6 Monate gelagert. Frühestens nach einem halben Jahr in der Flasche kommt der Sekt in den Verkauf. Neu ist ein fruchtiger Muskateller-Sekt, der das schon reiche Sortiment ideal ergänzt. Beim Perlwein wird unter anderem der „Resecco" angeboten, eine Rarität mit extrem feiner Perlage, mineralischem Duft und angenehm integrierter Säure.

Vater Franz Regele hat begonnen, ein Weinarchiv anzulegen. Die Traminer-Weine reichen bis zum Jahrgang 1948 zurück. Dem Vorurteil, dass steirische Weine nur jung getrunken werden sollen, wird eindrucksvoll entgegengetreten.

6,5 ha - Rieden Sulztaler Sulz und Zoppelberg, Obegg: Chardonnay, Sauvignon blanc, Welschriesling, Morillon, Muskateller, Weißburgunder
Ab-Hof-Verkauf: Mo–So, 8–17 Uhr
Kellerführung und kommentierte Weinkost nach Voranmeldung
€ 5,–/15,–
Resecco, Muskatellersekt
Tresterbrände, Essig

Die südsteirische Weinstraße in Berghausen, rechts das „Tal der tausend Steine", die Ried Wielitsch mit dem Weingut der Familie Wagner

Günther und Verena Wagner

Weingut Georgischlössl
Familie Wagner
A-8461 Berghausen 54
Telefon: 03453/2553, Fax: 4343
www.weingut-georgischloessl.at

Als das „Tal der tausend Steine" bezeichnet Bibi Wagner die Ried Wielitsch, eine Kessellage, die aus reinen Muschelkalkböden besteht. Die Hänge sind dicht mit Rebzeilen bepflanzt, das steilste Stück, die Antoniusried, ist in Terrassen angelegt, auf denen der Pinot Noir gedeiht. Es herrscht hier auch ein eigenes Mikroklima, das durch die zwei großen Teiche in der Talsohle beeinflusst wird. Durch die Verdunstung ist die Luftfeuchtigkeit immer sehr ausgewogen, was vor allem in trockeneren Phasen den Reben sehr zugute kommt. Dort unten liegt auch das Weingut Georgi-Schlössl.

Verena Wagner, die jüngste der drei Töchter von Günther und Bibi Wagner, bewirtschaftet heute die sieben Hektar Weingärten des Weingutes, wobei Vater Günther ihr mit Rat und Tat bei der Kellerarbeit zur Seite steht.

„Mir macht die Arbeit viel Spaß", meint Verena, die gerade vom Ausbrocken der Reben aus dem Weingarten kommt.

Die weißen Rebsorten – Welschriesling, Grauburgunder, Sauvignon blanc und der Altsteirische Mischsatz - sind, wie Verena es ausdrückt, „faszinierend fruchtig."

Die Rotweine sind die eigentliche Domäne des Weingutes Georgi-Schlössl. Vom fruchtigen „Zweigelt Classic", dem „Zweigelt Exklusiv", der in Barriques verfeinert wurde, bis zur gehaltvollen Cuvée „ZW+Cab Merlot" aus Zweigelt, Merlot und Cabernet Sauvignon, bis zum Spitzenrotwein „MC", aus je zur Hälfte Merlot und Cabernet, reicht die Produktionspalette. Das Produzieren kräftiger Rotweine ist in der Steiermark nur in den besten Lagen möglich, die Ried Wielitsch in Berghausen ist eine davon. Grundvoraussetzung ist, physiologisch reife und gesunde Trauben zu ernten. Das ist immer vom Wetter abhängig: Bleibt es schön oder kommt der Regen? Ein Zuckergrad mehr hilft nichts, wenn die Trauben teilweise faul sind.

Verena Wagner: „Im August, wenn sich die Trauben blau verfärben, beginnen wir mit der Mengenreduktion. Das sorgt für eine gleichmäßige Ausreifung der verbleibenden Trauben. Wenn dann im Oktober die Stiele der Trauben braun werden und verholzen, kontrollieren wir alle paar Tage den weiteren Reifeverlauf. Je näher der mögliche Erntetermin rückt, desto öfter werden die Trauben gekostet. Dabei ist für mich der Geschmack ausschlaggebend, und auch, wie die Kerne schmecken. Ob sie noch grün und bitter oder schon braun und knackig sind."

Gelesen werden die Trauben in kleinen Kisten, gerebelt und zum Vergären in Edelstahl-Maischetanks gefüllt, 8-14 Tage dauert die alkoholische Gärung, der anschließende biologische Säureabbau wird in Holzfässern durchgeführt. Der Zweigelt reift 6– 8 Monate in den Fässern, der „MC" bleibt bis zu 18 Monate in den Barriques.

Der sehr anspruchsvoll zu vinifizierende Pinot Noir verfügt über ein konzentriertes Beerenaroma und eine feine Würze. Gerade bei den Roten gilt der Wagner'sche Grundsatz: Einlagern, „momentan vergessen" und frühestens nach zwei bis drei Jahren öffnen und genießen.

Mit dem Cabernet Sauvignon war das Weingut „Georgischlössl" schon Sieger in der Kategorie „Vielfalt im Rotwein" bei der steirischen Landesweinkost. Mit dem Blauen Zweigelt und der Merlot/Cabernet-Cuvée erreichte die Familie schon mehrmals das Finale dieses jährlich stattfindenden Weinwettbewerbes.

5 ha - Ried Wielitsch: Welschriesling, Sauvignon blanc, Grauer Burgunder, Blauer Muskateller, Merlot, Cabernet Sauvignon, Pinot Noir, Zweigelt
Ab-Hof-Verkauf in Wielitsch:
Mo–Fr, 10–18 Uhr
€ 5,10/16,–
Frizzante von der Muskatellertraube
Muskateller- und Traminerbrand

Weinhof Kugel

A-8471 Spielfeld, Graßnitzberg 42
Tel: 03453/2592, Fax: 03453/2332
E-Mail: weinhof-kugel@utanet.at
www.weinhof-kugel.at

Nur wenige hundert Meter vor dem Grenzübergang Spielfeld nach Slowenien schlängelt sich eine schmale Straße zwischen den Rieden Graßnitzberg und Obegg hindurch zum Weingut. Die beiden Lagen gehören wohl zu den besten Weinbergen der Steiermark. Hier haben Christian Kugel sen. und seine Ilse einst begonnen ein Hektar Rebfläche zu bewirtschaften. Mit viel Engagement und Einsatz konnte das Fundament für den florierenden Betrieb mit 10 ha Weingärten gelegt werden.

Jetzt sind Christian jun. und Gattin Stefanie Betriebsführer. Er hat das Handwerk von seinem Vater gelernt und greift noch gerne auf dessen Erfahrungsschatz zurück. Gepaart mit seinem kreativen Geist und seinem Streben nach Innovation bildet er ein festes Fundament für die gute Weinqualität. Der große Respekt, den die Winzer der Natur entgegenbringen, äußert sich im täglichen Besuch in den Weingärten, um den wunderbaren Fortschritt im Leben der Weinstöcke mitzuverfolgen. Der Gang durch die Weinzeilen dient auch der Durchführung von Bodenanalysen, denn nur so kann die ausreichende Versorgung mit Nährstoffen sichergestellt werden. Die Unterstützung der Natur durch sorgsame Weingartenarbeit ist für bestes Traubengut mit ausschlaggebend. „Wir sehen unsere zukünftigen Weine praktisch jeden Tag vor der Haustür," lacht Christian Kugel junior, auf die Nähe seiner Weingärten hin angesprochen, „natürlich auch die damit verbundene harte Arbeit." Jede Rebsorte beansprucht für sich eine optimale Umgebung, die durch die

Beschaffenheit des Bodens in den Lagen Graßnitzberg und Obegg für die Kugel-Weine zweifellos gegeben ist. Das Zusammenspiel mit dem günstigen Klima in der Reifephase der Trauben ist ideal. Neben vielen Sonnenstunden sind im Herbst die Temperaturschwankungen zwischen Tag und Nacht sehr wichtig. Die besondere Charakteristik und Einzigartigkeit dieses Terroirs macht die Weine unverkennbar.

Christian Kugel baut seine Weine in den Linien „Klassik"- trocken, fruchtig und frische Säure - und „Exklusiv"- kräftig und körperreich - aus. Alte Traditionssorten wie „Grüner Sylvaner" haben bei ihm ihren berechtigten Platz. Eine Rarität bietet er mit dem „Altsteirischen Mischsatz" aus der um die Jahrhundertwende gepflanzten Rebanlage an. Fast schon vergessene Rebsorten wie „Mosler" und „Grüner Hainer" kommen so zu neuen Ehren und bieten jede Menge Trinkspass.

10 ha - Ried Graßnitzberg und Obegg: Morillon, Weißburgunder, Sauvignon blanc, Muskateller, Welschriesling, Grüner Sylvaner
Ab-Hof-Verkauf: täglich 9–18 Uhr
Kellerführung und kommentierte Weinkost nach Voranmeldung
€ 5,–/11,–
Altsteirischer Mischsatz
1 Ferienwohnung

NEUBAUER
ERNTE 2002
NEUBAUER
ERNTE 2002

Weingut - Buschenschank Neubauer

A-8471 Spielfeld 51
Tel/Fax: 03453/2651
E-Mail: weingut.neubauer@aon.at
www.neubauer-weine.at

Die Tradition des Buschenschanks gibt es in der Steiermark seit dem Jahre 1784. Kaiser Josef II. erließ eine Zirkularverordnung, wonach es „jedermann erlaubt sei, die von ihm selbst erzeugten Lebensmittel, Wein und Obstmost zu allen Zeiten des Jahres wie, wann und in welchem Preise er will, zu verkaufen oder auszutauschen," Auf dieses kaiserliche Patent ist das „Steirische Buschenschankgesetz" zurückzuführen.

Im Laufe der Jahrhunderte wurde dieses Grundgesetz immer wieder leicht verändert und der Zeit angepasst, in seiner grundsätzlichen Aussage hat es aber heute noch Gültigkeit.

Es ist für viele eine schöne Erfahrung, einfach aufs Land zu fahren – dorthin wo der Wein wächst – im Hause des Weinbauern oder unter der Weinlaube zu sitzen und die Köstlichkeiten, die hier produziert werden, zu genießen.

Eine der besten Buschenschänken des Landes liegt am Beginn der südsteirischen Weinstraße in Spielfeld: das Weingut von Ulrike und Walter Neubauer. In dem Buschenschank mit dem herrlichen Panoramablick über die Weingärten und auf das Schloss Spielfeld werden hausgemachte Köstlichkeiten serviert: Ulis Hausplatte, Geselchtes, Schweinsbrüstl, Kübelfleisch, Pasteten, Kürbiskernaufstriche aber auch Fleischloses wie Haussalat, Gemüsebrot, Süßes wie Nusskipferl, Gugelhupf, Strauben und vieles mehr werden angeboten.

Die Liebe zum Weinbau und das Traditionsbewusstsein spiegeln sich in allen Produkten wider.

Weinbau wird in der Familie Neubauer bereits in der dritten Generation betrieben, insgesamt stehen 7,5 ha Weingärten rund ums Haus am Graßnitzberg im Ertrag. Die Böden dieser Weinbaulage bestehen hauptsächlich aus Lehm und Muschelkalk. Die ausgepflanzten Rebsorten sind Welschriesling, Weißburgunder, Morillon, Sauvignon blanc, Muskateller, Müller-Thurgau, sowie ein Blauer Zweigelt.

Die Qualität der Weine spricht für sich, sind doch Welschriesling, Sämling und Chardonnay schon bis ins Finale der steirischen Landesweinkost gekommen und dort nur um einige Zehntelpunkte geringer als der Siegerwein bewertet worden. Doch was bedeutet schon ein Zehntelpunkt mehr oder weniger, Punkte kann man nicht trinken.

Alles zusammen ist es ein wunderbarer Platz, um abzuschalten und einfach einige Stunden zu genießen.

7,5 ha - Ried Graßnitzberg: Morillon, Welschriesling, Weißburgunder, Sauvignon blanc, Muskateller, Müller-Thurgau, Sämling, Zweigelt
Buschenschank und Ab-Hof-Verkauf: Mi–So, ab 14 Uhr, Di, Mi Ruhetag
€ 4,–/6,–
Sekt
Traubensaft, Destillate
3 Gästezimmer, 7 Betten

Ulrike Neubauer

Weingut und Buschenschank Neubauer

Blick auf Schloss Spielfeld

Der Erzherzog-Johann-Fasskeller in Ehrenhausen

Erzherzog Johann Weine
A-8461 Ehrenhausen 34
Telefon: 03453/2423, Fax:-6
E-Mail: office@erzherzog.com
www.erzherzog.com

Gemeinsam statt einsam. Rund 200 steirische Weinbauern aus dem ganzen Rebenland von der Weststeiermark über Ehrenhausen bis Klöch haben sich zur Erzeugergemeinschaft „Erzherzog Johann, Steirischer Wein und Sekt" mit der Zentrale in Ehrenhausen zusammengeschlossen. Durch das gemeinsame Auftreten als Marke ist für viele der kleinen Traubenproduzenten das wirtschaftliche Einkommen gesichert und vor allem können sie sich auf einem großen Markt besser behaupten. Die Geschichte dieser großen „Weinbaufamilie" hat ihren Ursprung im Jahre 1916. Damals erwarb eine kleine Gruppe steirischer Weinbauern vom Schloss Ehrenhausen den Weinkeller. Dort wurden die Weine gemeinsam gekeltert und gelagert. Durch die verkehrsgünstige Lage von Ehrenhausen direkt an der Südbahnlinie Wien–Triest konnten die Weinbauern ihre „südsteirischen Weine" hauptsächlich in „Halben", in Holzfässern, nach Graz an Gastwirte verkaufen. Diese Form

des gemeinsamen Auftretens blieb – von den damals wirtschaftlich sehr bewegten Zeiten bis heute – in ihren Wurzeln erhalten.

Zur Zeit besteht die Erzeugergemeinschaft aus 200 Lieferanten mit Partnerbetrieben in 3 Weinbaugebieten.

Es wird die ganze Bandbreite der steirischen Sortenvielfalt produziert, vom Schilcher, der am Fuß der Koralpe gedeiht, bis zur Klöcher Traminer Auslese. Von mehr als 150 ha Rebflächen wurden 2002 insgesamt 1.280.000 kg Trauben geerntet, die zum größten Teil in Ehrenhausen verarbeitet wurden. Kellermeister des größten Betriebes der Steiermark ist Sieghard Kugel, er leitet auch die Logistik und die Abwicklung der gesamten Traubenernte. „Entscheidend für uns ist die Ernte. Dabei wird genau nach Lage und Reife unterschieden. Es kommt nicht alles in den großen Topf. Wir suchen uns jedes Jahr die besten Chargen aus. Diese werden dann getrennt vinifiziert." Dem Kellermeister steht die modernste Kellereitechnologie zur Verfügung, genauso wie sehr viele große, traditionelle Holzfässer und auch Barriques. Der Ausbau der Weine erfolgt nach den Vorzügen der einzelnen Rebsorten. „Wer einen Erzherzog-Johann-Wein oder - Sekt genießt, soll wissen, dass hinter jedem Schluck viele fleißige Weinbauernhände stehen sowie die Idee, gemeinsam ein gutes Produkt anzubieten."

Gekeltert werden zwei Weinlinien. Die „Exklusiv"-Weine, Welschriesling, Riesling, Weißburgunder, Morillon, Grauburgunder, Sauvignon blanc, Muskateller und Klöcher Traminer werden klassisch-steirisch, trocken und fruchtbetont ausgebaut. Der Schilcher als Roséwein zählt ebenso dazu. Als Rotwein rundet ein Zweigelt das Angebot ab.

Die „Premiumweine Erzherzog Johann" sind durch eine längere Barriquelagerung verfeinert, ein Morillon und Zweigelt zählen dazu. Zwei flaschenvergorene Hauersekte, „Weißburgunder brut" und ein „Schilcher-Sekt" runden das Angebot ab.

Die Erfolge der Weine der Erzherzog-Johann-Erzeugergemeinschaft können sich sehen lassen: Bei der steirischen Weintrophy 2003 konnten in der Kategorie „Welschriesling" die Ehrenhausner den Titel als bester Welschriesling nach Hause bringen. Mit dem Weißburgunder-Sekt konnte auch schon ein steirischer Landessieger gestellt werden.

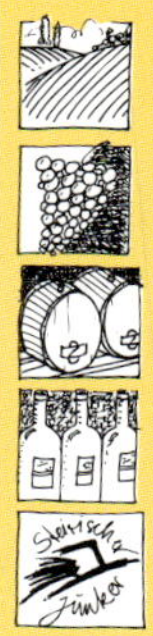

150 ha - Welschriesling, Riesling, Weißburgunder, Grauburgunder, Morillon, Sauvignon blanc, Traminer, Muskateller, Schilcher, Zweigelt
Verkauf Vinothek Ehrenhausen:
Mo–Fr, 8–17 Uhr, Sa, 11–18 Uhr, So, 11–15 Uhr
€ 4,72/8,99
Weißburgunder-Sekt
Schilcher-Sekt

Weingut Klaus Prünte

A-8471 Spielfeld, Graßnitzberg 14
Telefon: 03453/2651, Fax: 4936

Klaus Prünte hat seine 7 ha Weingärten auf zwei Lagen verteilt: den Graßnitzberg und den Witscheiner Herrenberg. Das große Kapital des rund fünf Hektar großen Weingartens am Witscheiner Herrenberg ist, dass ein Teil der Rebstöcke schon ein sehr hohes Alter haben. In den 80er-Jahren hat der Winzer diesen Weingarten wieder zum Leben erweckt. „Die Weinstöcke sind über viele Jahre nicht richtig gepflegt worden, es war schon das Gras darüber gewachsen. Mit viel Arbeit ist es mir gelungen, die alten Reben zu rekultivieren", freut sich Klaus Prünte. „Es sind Welschriesling-, Traminer- und Sauvignon-blanc-Reben, die ältesten Reben sind Morillonstöcke, die bis zu 100 Jahre alt sein dürften".

Die Traubenernte von dieser alten Rebanlage fällt immer sehr bescheiden aus. Aus den Trauben der alten Rebstöcke vinifiziert der Winzer außergewöhnlich dichte und wuchtige Weine wie den Morillon „Alte Reben". Der 2000er Jahrgang ist ein hochreifer Wein, der nach intensiven Kräuteraromen und Minze schmeckt. In diesem Weingarten stehen auch Sauvignon blanc, Welschriesling, Morillon, Weißburgunder, Riesling und Muskateller im Ertrag.

Einen rund zwei Hektar großen Weingarten, der mit Sauvignon blanc, Pinot gris, Chardonnay und Muskateller bestockt ist, kultiviert Klaus Prünte am Graßnitzberg. Intensivste Weingartenarbeit während der ganzen Vegetationsperiode ist für den Qualitätsfanatiker die Voraussetzung für vollreife und gesunde Trauben.

Sein Qualitätsdenken beginnt schon beim Winterschnitt, ihm genügt nicht nur ein konsequenter Rebschnitt, nein, die jährliche Verjüngungskur muss jedem Rebstock angepasst werden. „Ein Weinstock darf nicht Hunger leiden, man soll ihn aber auch nicht überfüttern", ist seine Philosophie bezüglich der Ernährung seiner Weinstöcke. „Der Weinstock soll im natürlichen Humus gebunden sein und nicht mit Dünger verwöhnt werden."

„Ich will jedes Jahr gute Weine keltern. Denn was einen nicht beeindruckt, ist schnell vergessen. Ein wirklich guter Wein ist nur jener, an den man sich noch nach vielen Jahren gerne erinnert."

Beim Vinifizieren seiner Weißweine kommen sowohl Edelstahltanks und traditionelle Holzfässer als auch Barriques zum Einsatz. Klaus Prünte schafft damit den Spagat zwischen jugendlich-frischen Weinen, wie dem „Welschriesling Klassik", und dichten, konzentrierten Gewächsen wie dem „Sauvignon blanc Graßnitzberg".

Der Weinbauer ist auch ein begeisterter Hobbykoch. „Es gibt immer mehr Menschen, die sich der Leidenschaft hingeben, einen wirklich guten Wein zu genießen. Zum Beispiel beim Essen. Für mich ensteht dabei eine ideale Mischung für das überzeugende Trinkerlebnis."

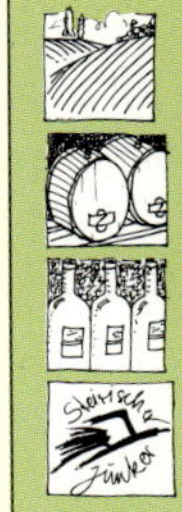

7 ha - Lagen Witscheiner Herrenberg und Graßnitzberg: Welschriesling, Sauvignon blanc, Grauer Burgunder, Chardonnay, Traminer, Muskateller, Zweigelt
Ab-Hof-Verkauf: täglich nach telefonischer Voranmeldung
€ 4,50/23,-

Graßnitzberger Weingärten im Herbst

Die Lage Wielitsch in Berghausen

Die Weinstraße bei Berghausen, links Slowenien, rechts Steiermark

Polz-Kellerstöckl und Degustationsraum

Margarethe Polz im Degustionsraum

Miro Munda, slowenischer Weinpartner von MiroVino, Erich, Walter, Margarethe, Maria und Reinhold Polz

Weingut Polz

A-8471 Spielfeld, Graßnitzberg 54a
Telefon: 03453/2301, Fax:-6
E-Mail: wgp@polz.co.at
www.polz.co.at

Durch Selbstdisziplin, exaktes und korrektes Arbeiten wollen wir jahrgangsbedingt beste Weine in allen Ausbauarten erzeugen!" meint Walter Polz. Das ist die Philosophie des Weingutes Polz, das seinen Sitz in Spielfeld hat. Das Weingut ist seit 1912 in Familienbesitz, bewirtschaftet wird es von den Geschwistern Erich, Walter, Reinhold und Maria Polz gemeinsam. Erich Polz ist für Keller und Vetrieb verantwortlich, Reinhold - er bezeichnet sich selbst oft scherzhaft als „Innenminister" - fungiert als Betriebsleiter, Walter ist für die Weingärten zuständig. Maria arbeitet in der Administration und Präsentation. Johanna führt mit Ehemann Wolfgang Kohlenberger die Buschenschank Polz. Die Familie bewirtschaftet 45 Hektar Eigenflächen sowie die 10 Hektar des Weingutes Rebenhof. Der durchschnittliche Jahresertrag pro Hektar beträgt etwa 45 Hektoliter.

Die wichtigsten Lagen sind der Graßnitzberg (der Boden ist ideal für Muskateller, Grauburgunder und Traminer) und der Hochgraßnitzberg, hier gedeihen Sauvignon blanc und Morillon.

Die Lage Obegg - unterhalb des Weinhofes in Richtung Spielfeld - ist die Basis für Morillon und Sauvignon blanc, die in großem Holz und Barriques ausgebaut werden. Vom „Steirischen Junker", dem ersten Wein eines Jahrganges, bis zur „Reserve", die nur in Spitzenjahren gekeltert wird, streben die Brüder nach Einzigartigkeit in ihren Weinen. Grundsätzlich werden drei Qualitätsstufen unterschieden: die „Steirische Klassik"-Weine, sortentypische Qualitätsweine in Stahltanks ausgebaut, frisch, fruchtig und jugendlich. Vom Muskateller, Welschriesling, Morillon, Weißburgunder bis zum Sauvignon blanc reicht die Palette. Die Lagenweine vom „Graßnitzberg", der Sauvignon blanc „Therese", Morillon und Sauvignon blanc vom „Hochgraßnitzberg" und die „Obegg"-Weine Morillon und Sauvignon blanc sind im kleinen und großen Holz gereift. Und dann gibt es noch die „Reserve"-Weine, diese bis zu einem Jahr länger im Holzfass lagern als die übrigen Lagenweine. Sie stellen gemeinsam mit der roten „Urbani"-Cuvée (Cabernet, Blaufränkisch, Zweigelt) die Höhepunkte eines Weinjahrganges dar.

Gerade die Lagenweine vom „HG", wie der Hochgraßnitzberg betriebsintern genannt wird, und „Obegg" sind die Weine, die auf Grund ihres Potenziales zu den wirklich großen Sauvignon blancs der Weinwelt gezählt werden. Sie brauchen nur einige Zeit, um ihre wahre Größe zu zeigen, der 97er wird jetzt, sechs Jahre nach der Ernte, gerade trinkreif.

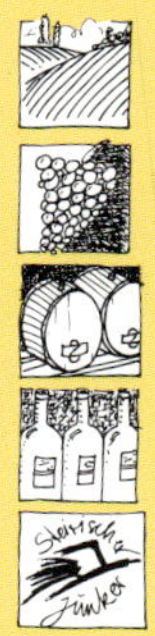

45 ha - Lagen Graßnitzberg, Theresienhöhe, Hochgraßnitzberg, Obegg:
Welschriesling, Morillon, Weißburgunder, Sauvignon blanc, Grauburgunder, Muskateller, Zweigelt, Cabernet Sauvignon, Blaufränkisch
Ab-Hof-Verkauf im Weingut Polz:
Mo-So, 8-18 Uhr
€ 6,05/26,50
Trebernbrand, Kernöl

Weingut Rebenhof

Dr. Aubell-Erich und Walter Polz
A-8471 Spielfeld, Graßnitzberg 54a
Telefon: 03453/2301, Fax: -6
E-Mail: wgp@polz.co.at
www.polz.co.at

Der Rebenhof, ein wunderschön gelegenes Anwesen in Ratsch an der Weinstraße, ist im Besitz der obersteirischen Familie Dr. Eginhard Aubell. Seit über zehn Jahren werden die 10 Hektar bester steirischer Lage am Witscheiner Herrenberg von Erich und Walter Polz mit großem Engagement bewirtschaftet. Für die Brüder gilt auch hier die gleiche kompromisslose Qualitätspolitik wie in ihrem eigenen Weingut. „Inzwischen gibt es den einen oder anderen Wein vom Rebenhof, den wir neidlos sogar etwas höher bewerten als vergleichbaren von unserem Gut. Das ist der Triumph der Lage." Direkt vor dem herrschaftlichen Anwesen wurde ein neuer Weingarten in Terrassenform angelegt, die sich bei dieser extremen Steillage bereits bestens bewährt hat.

Der Blick von der Weinstraße, neben dem kleinen Klapotetz über die Weingärten hinweg hinunter ins Tal nach Slowenien, zählt zu den schönsten Landschaftspanoramen des südsteirischen Weinlandes. Kein Film über diesen Teil der Steiermark kommt ohne Kameraschwenk über diese Naturschönheit aus.

Die Weingärten liegen sehr hoch, und das vorherrschende Mikroklima tut sein übriges, um den besonderen Charakter der Rebenhof-Gewächse zu prägen.

Die Hauptsorten sind ein fruchtiger Sauvignon blanc; ein duftiger und rassiger, mit Birnenaromen ausgestatteter Weißburgunder; ein kräftiger Morillon mit Blütenduft und reifen Obstaromen. Der Sauvignon blanc vom Witscheiner Herrenberg überzeugt durch seine Dichte und Konzentration und ist mit einem intensiven Cassisduft und Stachelbeeraromen ausgestattet. Der „SILT", ein Morillon, der vom Ratscher Nussberg stammt, ist komplex mit einem Bukett nach Tropenfrüchten. Der Name des Weines leitet sich vom Sandstein (Silt) ab, der für den Berg, charakteristisch ist.

Der „Rote Herrenberg", eine Cuvée aus Zweigelt und Pinot Noir, verfügt über eine schöne granat-rubin Farbe und saftige Kirscharomen am Gaumen. Weich und trinkfreudig ist er ein guter Begleiter zu Wildgerichten.

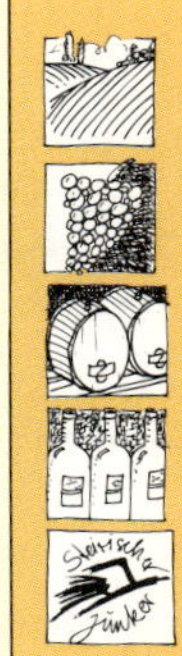

10 ha - Witscheiner Herrenberg und Nussberg: Welschriesling, Weißburgunder, Morillon, Sauvignon blanc, Zweigelt
Ab-Hof-Verkauf im Weingut Polz: Mo–So, 8–18 Uhr
€ 3,75/18,55

Weinverkostung im Kellerstöckl

Weingut Polz in Spielfeld

Traubenübernahme

Frischer Schnee in der Ried Zieregg, Berghausen

Wie anders ist der Blick im Winter! Alles eingefasst in Weiß, alles enger zusammengerückt, in sich zurückgezogen. Auch die Laute anders. Die Luft trägt weiter, und doch ist es stiller. Man bleibt auf den Wegen, sucht die Wärme der gastlichen Stube, geht weiter hinauf zur Kapelle, atmet tief ein und denkt an den Frühling, der kommen wird.

Bester Wein in schöner Umgebung, Weinpräsentationsraum im Weingut Tement, Berghausen

Sommer in der Ried Zieregg, Berghausen

Den Weinberg erklimmen durch die Reihen der Rebstöcke, langsam, den würzigen Duft atmend, den Boden spürend, die Wärme, im Wissen, dass nur diese Ried, dieser einzigartig zusammengesetzte Boden, der sein Gesicht der Sonne in einem einzigartigen Mikroklima in einzigartiger Neigung bietet, einen wiedererkennbaren Wein hervorbringt, der auch die Handschrift des Winzers trägt.

Barriquekeller Weingut Tement, Berghausen

Weingut Tement

A-8461 Berghausen, Zieregg 13
Telefon: 03453/4101, Fax:-30
E-Mail: weingut@tement.at
www.tement.at

Der kometenhafte Aufstieg des steirischen Weines ist vor allem mit einem Namen verbunden: Manfred Tement. Er war schon sehr früh, gleich nach der Matura in Klosterneuburg im Jahre 1979, für die Weine im elterlichen Weingut verantwortlich. Damals wurde noch das kleine 1x1 der Weinbereitung angewendet, erklärt Manfred Tement, „saubere Trauben, kräftig entschleimen, zügige Gärung, nach der Gärung sofort stabilisieren, schnell von der Hefe und den Wein sauber machen. Das alles kurz nach der Gärung." Bei den Trauben galt die Regel: Alles, was man nicht isst, soll man auch nicht zu Wein verarbeiten! „Wenn man das eingehalten hat, hat man schon einen guten Wein gehabt. Man hat nur auf den Gesundheitszustand der Trauben geachtet und nicht gewusst, dass man, wenn man später erntet, einen besseren Wein bekommt." Manfred Tement war allerdings schon sehr selbstbewusst mit seinen Weinen der frühen 80er-Jahre. Mit dem Jahrgang 1983 konnte er als bester steirischer Betrieb gleich zehn Goldmedaillen gewinnen. Sein Vater hatte zwar schon sehr lange seine Weine trocken ausgebaut, aber nur Silbermedaillen dafür erhalten. Die Zeiten änderten sich, die Weine ohne Zuckerrest wurden „salonfähig". „Wenn man den Geschmack eines Weines nicht gewohnt war, so wurde er gleich abgelehnt. Wir haben damals begonnen, Weine aus anderen Weinbauregionen zu kosten und begannen diese Weine zu verstehen." Eines Tages brachte Herbert Hirtner einen Burgunder zum Verkosten mit, einen Chambertin Clos de Bèze 1978. Manfred Tement war

von der Fruchtfülle und Konzentration dieses Weines beeindruckt, obwohl er sich anfänglich mit den weißen Burgundern nicht anfreunden konnte. „Wenn aber viele Menschen in einer anderen Region das als gut empfinden, kann das nicht so schlecht sein." Auch dabei lernte er. Sehr viele Weine wurden verkostet und mit den eigenen verglichen, anfangs schienen die eigenen besser, dann hat es sich umgedreht. Die Entwicklung der Steirer ging in eine leichte und säurebetonte Richtung, sodass die steirischen Weine im Vergleich sauer wirkten. Manfred Tement begann einzelne Lagen später zu lesen und die kräftigeren Weine auch wieder in Holz auszubauen, 1986 begannen auch die ersten Barriqueversuche. Der Weinausbau wurde lockerer gehandhabt, es gab zwar ein paar Eckpunkte, die aber nicht streng gehandhabt wurden. Es begann ein Ausreizen der Möglichkeiten. „Man muss immer an die Grenze gehen, wenn man große Weine machen will." Diese Philosophie ist für Manfred Tement leicht anwendbar, liegen seine Weingärten sowieso genau an der Grenze zwischen Österreich und Slowenien. Wenn er in seine Ried Zieregg fährt, geht es immer „die Grenze entlang". Beim Weinausbau bedeutet es das Wechselspiel zwischen Oxidation und Reduktion, beim Wein im Fass immer eine leichte Oxidation halten, aber trotzdem reduktiv sein. Mit dem heutigen Denken bedeutet dies das Wechselspiel zwischen nicht Schwefeln (Oiydation) und dem Aufrühren der Hefe (Reduktion), den Wein klären lassen, wieder aufrühren, klären lassen, in große Holzfässer umziehen, dabei immer

etwas Hefe mitnehmen, dann wieder klären lassen, aufrühren. Und das monatelang.

In der Zwischenzeit hat Manfred Tement es mit seinem Sauvignon blanc und Morillon aus der Ried Zieregg geschafft, Weine, die am Weltmarkt bestehen und von Bedeutung sind, zu keltern. Er ist an der Spitze angelangt und verteidigt diese Position mit jedem neuen Jahrgang.

Aber auch alle anderen Weine seiner Produktionspalette, und die ist nicht gerade klein, sind von außergewöhnlicher Qualität, vom leichten „Temento" über die „Steirische Klassik", die „Lagenweine", die Süßweine bis zum roten „Arachon".

43 ha - Lagen Zieregg, Graßnitzberg, Steinbach, Sulz, Wielitsch, Sernau:
Welschriesling, Weißburgunder, Morillon, Sauvignon blanc, Muskateller, Traminer, Zweigelt, Blaufränkisch, Blauburgunder
Ab-Hof-Verkauf: Mo-Sa, 8-18 Uhr
€ 5,20/23,-
Tresterbrände
Arachon TFXT

Steinberghof
Weingut Firmenich

A-8461 Ehrenhausen, Berghausen 62
Telefon: 03453/2435, Fax:4417
www.firmenich.at

Die Weingärten in Graßnitzberg wurden 1926 von Franz Wagner, dem Urgroßvater des heutigen Besitzers, als Ergänzung zur heute in Slowenien liegenden Landwirtschaft gekauft. Auf den guten Richtung Süden augerichteten Lagen Graßnitzberg und Steinberg bewirtschaften heute Uli und Dieter Firmenich auf sehr steilen Hängen rund 3 Hektar Rebfläche, deren Bodenstruktur Lehm, Sand und Muschelkalk aufweist. Zur Familie gehören noch die beiden Söhne Johannes und Matthias.

Der alte „steirische Mischsatz", heute bereits eher selten, wird von Dieter Firmenich neben den Rebsorten Welschriesling, Weißburgunder, Morillon, Müller-Thurgau, Gelber Muskateller und Zweigelt kultiviert. Günstige klimatische Bedingungen während der ganzen Vegetationsperiode brachten hochwertiges Traubenmaterial für die Vinifikation. Der Most wird am Steinberghof im technisch modern eingerichteten Keller temperaturgeregelt in Stahltanks und Holzfässern vergoren. Aber auch mit der Kombination von Edelstahltank und Holzfässern wird gearbeitet. Dies bringt Weine unterschiedlicher Stilistik. Beim Ausbau seiner Weine bestätigt der Kellermeister seine Weinbauphilosophie, ein innovatives, kreatives Weingut mit hoher Qualität zu sein, durch ein richtiges Maß an Experimentierfreudigkeit. Aus dem Angebot ragen der Sauvignon blanc und der Zweigelt „Selektion" besonders heraus.

Auch als Brennerei ausgezeichneter Schnäpse und Liköre hat der Hof einen Namen. Krummstiel, Muskateller, Traubenbrand, Johannisbeer- und Nusslikör sind nur ein kleiner Auszug aus der reichen Palette.

Das Weingut mit Buschenschank schmiegt sich idyllisch zwischen Bäumen und Sträuchern an den Hang. Ein wunderbarer Panoramablick über die südsteirischen Weinberge verführt in den stilvollen Räumen und im gemütlichen Garten des Buschenschanks zum Verweilen. Das alte Presshaus mit einer 140 Jahre alten Baumpresse wurde umgebaut und bildet jetzt den geschmackvollen Rahmen für den Genuss der erlesenen Getränke und Speisen. Die Chefin Uli Firmenich, der kreative Küchengeist, bietet auf ihrer Speisekarte gehobene steirische Buschenschankküche. „Feines Leberparfait mit Traminergelee", „Wildschweinsalami mit Kürbiskernweckerl", „Frischkäse-Terrine im Kürbiskernmantel auf Blattsalat" und Süßes wie „Steinbergwürfel" lassen dem Genießer schon beim Aussuchen das Wasser im Mund zusammenrinnen.

Dieter Firmenich betätigt sich neben dem Weinbau und der Schnapsbrennerei auch als malender Winzer der Region, gelernt hat er dies bei Otto Brunner in der Grazer Kunstgewerbeschule. Seine künstlerischen Werke stellt er im Buschenschank aus, wo sie gleichzeitig auch gekauft werden können.

Dieter und Uli Firmenich

3 ha - Welschriesling, Morillon, Weißburgunder, Sauvignon blanc, Muskateller, Altsteirischer Mischsatz, Zweigelt
Buschenschank und Ab-Hof-Verkauf: täglich 12-22 Uhr, Di, Mi Ruhetag
€ 4,80/8,50
Traubensaft, Obstsäfte
Edelbrände, Liköre, Destillate

Weingärten am Hochstermetzberg und Schusterberg in Ratsch

Landschaft! Altes Kulturland, das den Blick schweifen lässt, ihn anhält und wieder frei gibt, von warmtonigen Hügeln im Vordergrund zu kühl verblauenden Fernen. Landschaft, die auch die Seele frei macht, die den Menschen durchatmen lässt, die dem Wort „Heimat" eine tiefe Bedeutung gibt, auch dem, der nicht hier lebt, als Ort, an dem man sich wohl fühlt.

Weingärten in Sulztal an der Weinstraße

Abseits der Hauptstraße: In harmonisch geschwungener Linie, folgend den Strukturen und Formen der Natur, unterbricht eine Parallelstraße den Rücken des Hügels, den Blick weiter, immer weiter ziehend, ein Spiel der Horizontalen, Vertikalen und Schrägen, ergebend eine lebendiges Gewebe von natürlichen und menschlichen Spuren.

Weingut Bullmann-Dr. Brandstätter

A-8461 Ratsch an der Weinstraße 79
Telefon: 03453/2535, Fax: 0316/681810-15
E-Mail: weingut@bullmann.at
www.bullmann.at

Von Beruf ist Prof. Dr. Gerald Brandstätter Internist im Landeskrankenhaus Graz, privat gehört seine große Liebe dem Weinbau. So übernahm er im Jahre 1997 das väterliche Weingut Bullmann in Ratsch an der Weinstraße, das unmittelbar an der slowenischen Grenze gelegen ist. Für rund 600 Meter ist die Staatsgrenze auch mit der Grundstücksgrenze des Betriebes ident.

Das Weingut befindet sich schon seit 1877 im Familienbesitz und wurde ab dem Jahre 1933 von Emma Bullmann geführt. Sie bemühte sich schon damals um den Ausbau der Südsteirischen Weinstraße und wegen ihres Erfolges ist sie seither als „Mutter der Weinstraße" bekannt. 1977 übernahm dann ihr Bruder Dr. Manfred Brandstätter das Weingut.

Kellermeister des Betriebes ist Sebastian Lerchl, und der bekennt sich zur Produktion hochwertiger, typisch südsteirischer sortenreiner Weine, die in dem im Jahre 1753 erbauten Gewölbekeller reifen. Die wichtigsten Rebsorten des sechs Hektar umfassenden Betriebes sind Welschriesling, Rheinriesling, Weißburgunder, Traminer, Sauvignon blanc und ein Riesling von der Lage Witscheinberg, sowie Morillon, Muskateller und Ruländer von der Top-Lage Herrenberg. Besonders beim letzten Jahrgang zeigt sich das Reifepotenzial dieser Lagen, das sich in den eleganten und vielfach ausgezeichneten Weinen widerspiegelt. Je nach Rebsorte und Qualitätsstufe arbeitet Sebastian Lerchl bei der Vinifizierung der Trauben

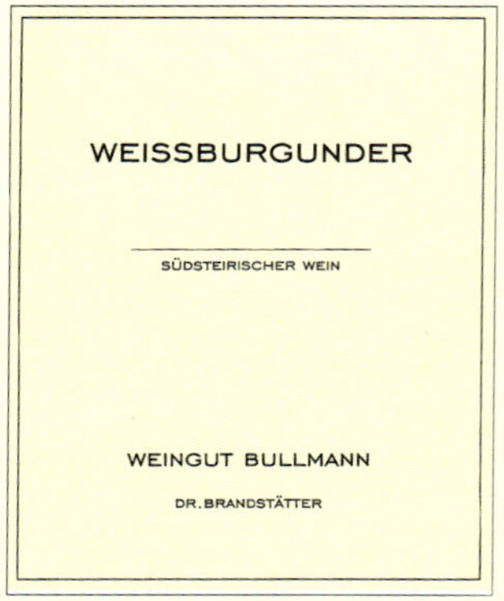

mit verschiedenen Gärsystemen. Die fruchtigen, leichteren Rebsorten wie Muskateller, Welschriesling und Riesling werden temperaturgeregelt in Edelstahltanks vergoren und darin bis zur Flaschenfüllung gelagert. Die kräftigeren, reiferen Morillon, Weißburgunder und Traminer reifen bis zu 6 Monate in großen Holzfässern. Ein besonderes Gustostückerl ist der Ruländer 2001, der sogar 12 Monate in neuen Barriques ausgebaut wurde. Der Blaue Zweigelt wird mittels einer offenen Maischegärung vinifiziert und kommt zur weiteren Abrundung für mindestens 6 Monate ins Holzfass. Weich und samtig, mit Brombeeraromen, so präsentiert sich der Zweigelt.

In der Zwischenzeit hat sich die Jahresproduktion des Weingutes auf 30.000 Flaschen entwickelt, die Bullmann-Weine weisen ein sehr gutes Preis-Leistungsverhältnis auf und haben auf Grund ihrer Qualität erfolgreich Einzug in die Weinkarten einiger Spitzenlokale gehalten.

6 ha - Ried Witscheinberg: Morillon, Welschriesling, Riesling, Ruländer, Weißburgunder, Sauvignon blanc, Traminer, Sämling, Zweigelt
Ab-Hof-Verkauf in Ratsch: Di– Sa, 14–18 Uhr;
in Graz, Merangasse 47: Fr 15–17 Uhr
€ 4,50/8,70
Traubensaft, Fruchtsäfte
Obstbrände

Bio-Weinbau Otto und Beate Knaus

A-8461 Sulztal an der Weinstraße 8
Tel/Fax: 03453/4872
E-Mail: otto.knaus@direkt.at

Der Weinbaubetrieb von Beate und Otto Knaus ist einer der Umstellungsbetriebe, die heute nach biologischen Maßgaben geführt werden. Sie haben sich der Beachtung der Wechselbeziehung zwischen Natur, Pflanzen und Nützlingen bedingungslos verschrieben. „Mein besonderes Anliegen ist die Erhaltung und Förderung der Pflanzen und der Tierwelt auf allen Flächen meines landwirtschaftlichen Betriebes", streicht der Biobauer heraus. „Auf tiefgründigen, mittelschweren Mergel-, Sand- und Lehmböden der guten Süd- bis Südwestlagen liegen die Weingärten unseres Gutes."

Otto Knaus hat bewiesen, dass er es ausgezeichnet versteht, seine langjährige Erfahrung im schwierigen Metier des ökologischen Weinbaues in absolute Qualitätsprodukte umzusetzen. 2003 konnte er die Trauben vollreif ernten und sie erreichten bei der Ernte zwischen 18° und 25°KMW. Vermarktet werden die Weine ausschließlich als Landweine in 0,75-l-Flaschen.

In dem hauseigenen Buschenschank serviert Beate Knaus ausschließlich Produkte aus biologischer Landwirtschaft.

4,5 ha - Sauvignon blanc, Morillon, Welschriesling, Weißburgunder, Grauburgunder, Muskateller, Traminer, Zweigelt
Buschenschank und Ab-Hof-Verkauf: Mär-Okt, Sa, So und an Feiertagen
€ 5,-/7,-
Traubensaft, Fruchtsäfte
Obstbrände, Destillate, Liköre
Walnüsse

Weingut Kästenburg

A-8461 Ratsch an der Weinstraße 66
Telefon: 03453/2565, Fax: 20260
E-Mail: kaestenburg@aon.at

Im ältesten Haus der südsteirischen Weinstraße ist der Weinbaubetrieb des Ehepaares Jakopé-Barthau beheimatet. „Mit einer breiten Palette von Weinen und Edelbränden bis zum handgerüttelten Rieslingsekt wollen wir unsere Kunden verwöhnen", meint Ilse Jakopé-Barthau.
Die Rebsorten Traminer, Muskateller und ein Rosé ergänzen das reichhaltige Angebot. Weinverkostungen mit reichhaltigen Speisen, abgestimmt auf die Produkte des Hauses, sind in der Buschenschank gefragt. Das Schmuckstück der Kästenburg ist der Saal mit dem den Raum dominierenden Kachelofen, der schön gearbeiteten Holzdecke und den in Blei gefassten, mundgeblasenen Glasfenstern. In regelmäßigen Abständen findet der Buschenschank auch als Galerie Verwendung, wobei in den stilvollen, alten Räumlichkeiten die künstlerischen Werke auf den Betrachter ganz besonders wirken.
Im 1. Seminarbauernhof Österreichs wird Gemütlichkeit groß geschrieben, und bevor man eines der gemütlichen Zimmer aufsucht, kann man seine Seele beim Dampfbad im Weinfass baumeln lassen.

6 ha – Welschriesling, Morillon, Weißburgunder, Sauvignon blanc, Zweigelt, Cabernet Sauvignon, Blauer Wildbacher, Pinot Noir
Buschenschank und Ab-Hof-Verkauf: März bis November, Mo Ruhetag
€ 4,20/25,-
Sekt, Traubensaft, Fruchtsäfte
Obstbrände, Weinbrände, Essig
5 Gästezimmer, 10 Betten

Weingut Hannes Zweytick

A-8461 Ehrenhausen, Ratsch 58
Telefon: 03453/2364, Fax: 7222

Dass im Jahre 1995 der Weinbauer Hannes Zweytick aus Ratsch in die Politik gehen und sich somit weitgehend von seinem Betrieb trennen konnte, verdankt er seinem um ein Jahr jüngeren Bruder Ewald. Von dessen Entscheidung hing die Karriere des Älteren ab. Ewald brauchte nicht lange nachzudenken, schließlich war er vom Weinbau immer schon fasziniert gewesen - davon, einem edlen Produkt die eigene Handschrift zu verleihen. Der Entschluss reifte über Nacht - Ewald, ein gelernter Kfz-Mechaniker, kündigte seinen Job bei einer Grazer Firma, wo er zuletzt Maschinen repariert hatte. Seitdem kümmert er sich um das Anwesen des Bruders, das immerhin eine Anbaufläche von elf Hektar umfasst.
Ewald Zweytick, Jahrgang 1962, verfolgt die Philosophie, sortentypische, sehr fruchtige und „wirklich trockene" („Sechs Gramm Restzucker sind mir schon zuviel") Weine zu erzeugen: „Nämlich nur solche, die auch mir schmecken." Bei seiner Arbeitsweise, das gibt er auch gerne zu, ist er stur: „Sauvignon blanc, Grauburgunder, Morillon und Blauen Wildbacher baue ich auch in Allier-Barriques aus. Jeder Wein, das ist mein Prinzip, liegt mindestens 16 Monate im Fass. Das bringt ihm ein Lagerpotenzial von mindestens acht Jahren. Ich bin halt ein Mensch, der gerne experimentiert."
Die Zweyticks verfolgen eine konsequente Preispolitik; die nämlich, dass jeder Wein das wert ist, was er kostet. „Da hat sich doch glatt einmal ein Journalist über den Preis für meinen Sauvignon blanc aufgeregt", ärgert sich Ewald Zweytick heute noch, „dabei repräsentiert gerade dieser Wein den entsprechenden Wert. Ich hab' reagiert, indem ich den Sauvignon ‚Don't cry' getauft hab', was frei übersetzt bedeutet: ‚Reg' dich nicht auf '..."
Beim aktuellen Jahrgang kommt der engagierte Winzer ins Schwärmen: „Die Weine sind fruchtig, verfügen über eine angenehme Säure. Wir haben sehr dichte Burgunder sowie einen tollen Muskateller und einen ebenso tollen Traminer."
Besonders stolz sind die Zweyticks auf den Ab-Hof-Verkauf der Familie: „85% der Käufer sind Privatkunden."

Zeitgemäße Architektur im Weinland

11 ha - Welschriesling, Morillon, Weißburgunder, Grauer Burgunder, Sauvignon blanc, Zweigelt
Buschenschank und Ab-Hof-Verkauf: Ostern–Nov, Fr–So, 14–20 Uhr
Kellerführung nach Voranmeldung
€ 4,70/24,-
Traubensaft
Destillate

Ratsch und Sulztal

Idyllische Herbststimmung

Weingut Uhl
A-8461 Ratsch 13
Tel/Fax: 03453/6044

In der bekannten Weinbaugemeinde Ratsch liegen die Weingärten von Franz Uhl jun. Beste Lagen mit den unterschiedlichsten Böden, die eine sehr gute Wasserspeicherung besitzen, ergeben besonders große Geschmacksvielfalt und optimale Qualität des Traubengutes. Für den Praktiker Uhl ist das die wichtigste Voraussetzung für beste Weine. Um diese von der Natur gegebene Qualität auch adäquat in die Flaschen zu bringen, bedarf es großer Erfahrung und Gespür bei der Kelterung. Schonende Lese und überlegte Verarbeitung sind neben der Natur die Garanten für die permanenten Erfolge bei den Landesweinbewertungen. Bei der Vinifizierung arbeitet Franz Uhl mit unterschiedlichen Gärsystemen, vorrangig jedoch mit Edelstahltanks. Die Reifung dauert von 4 Monaten in den Stahltanks bis 14 Monate in Barriques.

Die Geschmacksvielfalt der Weine des Jahrganges 2003 reicht von fruchtigen Weinen, die leicht im Alkohol sind, bis zu den extraktreicheren und schwereren Weinen. Die Bukettsorten zeigen elegante Würze, dichte Struktur und klare Frucht. Kurz gesagt, sie sind ein Erlebnis. Mit Geschmacksvorgaben ist der Winzer Franz Uhl jedoch vorsichtig, denn was einem schmeckt, muss man selbst herausfinden, und die beste Gelegenheit bietet sich dazu beim Weingut Uhl selbst. Muße dazu hat man bei den kommentierten Weinverkostungen, bei denen um Voranmeldung gebeten wird. Kaufen und kosten kann man täglich, und vielleicht ergattert man auch noch eine Spezialität des Weingutes Uhl, den „Ratscher Urbaniwein", eine herrliche Cuvée aus mehreren Rebsorten.

4 ha – Welschriesling, Morillon, Weißburgunder, Sauvignon blanc, Gelber Muskateller, Sämling 88, Rivaner, Blauer Zweigelt
Ab-Hof-Verkauf: täglich, 9–19 Uhr
€ 4,50/8,–
Traubensaft
Obstbrände, Destillate, Weinbrände

Weingut Weinidylle Dreisiebner

A- 8461 Sulztal a. d. Weinstraße 44
Telefon: 03453/2809, Fax: 20159
E-Mail: weinidylle-dreisiebner@aon.at
www.tiscover.com/dreisiebner

Klein, aber fein – diese Maxime der Weinbaufamilie Adolf und Berta Dreisiebner spürt man als Gast. Sie ist ein wichtiger Grund dafür, dass sich über Jahre eine große Zahl treuer Stammkunden gebildet hat. Dazu gehört unter anderem die Güte der Weine und auch der Speisen, mit denen hier aufgewartet wird. Kellermeister Hans Dreisiebner, der Sohn, macht beim Wein keine Experimente. Er keltert klassisch steirische Weine ohne Barriqueausbau und biologischen Säureabbau. Nicht nur die Stammgäste, einige kommen schon seit Jahrzehnten, sondern auch die professionellen Verkoster bei den Landesweinbewertungen kennen die Qualität der Weine der Familie Dreisiebner. Paradebeispiel dafür ist eindeutig der Gewürztraminer. Mit ihm kam man über Jahre hindurch ins Finale der steirischen Landesweinbewertung oder wurde sogar Klassensieger. Der Weinjahrgang 2003 brachte feine Weißburgunder, Rheinriesling, Sauvignon blanc, allesamt mit dem Prädikat „Kabinett", einen frischen Welschriesling und einen fruchtigen Muskateller sowie eine wirkliche Seltenheit in der Steiermark: eine Gewürztraminer-Trockenbeerenauslese.

Die Liebe zu den Produkten ihres Betriebes merkt man hier aber nicht nur beim Wein, auch die Speisen, mit welchen Gäste von der Chefin Berta Dreisiebner und ihrer Tochter Susanne im Buschenschank erfreut werden, sind eine Klasse für sich. Duftendes Brot und Gebäck, luftgetrocknetes „Lendbratl" und die hausgemachten Konfitüren schmecken in der idyllischen Umgebung, in der Feigen, Mandeln, Kiwis und eine Fülle von Blumen sich entfalten, hervorragend. Man wird verführt hierzubleiben und hat auch die Möglichkeit, Urlaub am Bauernhof (mit Voll- oder Halbpension) zu machen.

2 ha – Welschriesling, Weißburgunder, Rheinriesling, Gelber Muskateller, Sauvignon blanc, Gewürztraminer, Blauer Zweigelt
Ab-Hof-Verkauf: täglich
€ 4,50/8,–
Traubensaft, Fruchtsäfte
Obstbrände, Weinbrände, Destillate
Marmeladen
4 Gästezimmer, 10 Betten

Sulztal an der Weinstraße

Die Grenze verläuft neben der Weinstraße, links ist Österreich, rechts Slowenien – nur noch für kurze Zeit ist dieses Schild in Sulztal zu finden

Weingärten am Hochstermetzberg in Ratsch

Tritt heraus aus dem Schatten die Sonne, wandere durch den Weingarten hinunter zum gastlichen Haus und lass dir erzählen die Geschichte und die Geschichten von der Mühe, den Launen des Wetters, dem Ringen ums wirtschaftliche Überleben, aber auch von den Freuden, dem Lachen in fröhlicher Runde, dem genüsslichen Verkosten edler Weine. Komm näher, denn hier bist du willkommen.

Blick über das Weingut Gross in Ratsch

Weingut Gross

A-8461 Ehrenhausen, Ratsch 26
Telefon: 03453/2527, Fax: 2728
E-Mail: weingut@gross.at
www.gross.at

Das Weingut Gross in Ratsch ist ein Musterbeispiel für den steilen Aufstieg und den Erfolgsweg, den der steirische Weinbau seit dem Beginn der 80er-Jahre genommen hat. Für einen kleinen Familienbetrieb war es damals nicht einfach, seine Weine zu vermarkten. Der 1983er war ein außergewöhnlicher Jahrgang, und in diesem Jahr übernahmen Alois und Ulrike Gross den väterlichen Weinbau. Die Arbeit im Weingarten und die Produktion der Weine sind die Domäne der Männer, sie haben auch die Visionen, wie und wohin es weitergehen soll. Die Realität des Geschäftes, die wirtschaftliche Seite mit Vermarktung und Finanzen, ist die Stärke der Frauen. Gemeinsam sind Ulrike und Alois Gross unschlagbar. Der junge Alois erkannte damals sehr schnell, wohin der Weg führt: „Es kann nur eine Qualitätssteigerung durch Ertragsbegrenzung im Weingarten geben." Er begann seine ersten Visionen umzusetzen, neue Techniken im Keller wurden eingeführt (die gekühlte Vergärung in Edelstahltanks), und 1984 wurde auch mit dem separaten Ausbau der Lagenweine begonnen. Die ersten Schritte waren intensive Arbeiten in den Weingärten und selektive Traubenernte, die dann auch nach Erntedurchgängen separat vinifiziert wurden. Leichte Weine wurden in Stahl, kräftige in Holz gelagert. Mit dem neuen Weinstil erreichte der 23-jährige Alois auch eine neue Kundenschicht. Eine weitere Vision war: „Wir müssen wachsen, wir können nicht mit den Erträgen von 3 ha leben." Das Ziel war, einen lebensfähigen Betrieb zu schaffen, der auf einer wirtschaftlich guten Basis steht, und dann weitersehen. Es folgten einige Reisen in andere Weinbaugebiete, ins Friaul und nach Frankreich. „Wie schmecken dort die Weine? Der Vergleich mit anderen Weinen wurde für uns immer wichtiger. Dadurch ist für uns ein anderes, ein neues Weinbild entstanden. Was schmeckt uns, was wird gerne getrunken? Wie sind unsere Möglichkeiten, und wie komme ich dorthin?", waren die Fragen. 1988 wagten sich erstmals steirischen Winzer auf die Weinmesse in Verona. „Auf einmal kamen Winzerkollegen von Weltruf zu uns und kosteten unsere Weine.", erinnert sich Alois Gross. Die posetive Entwicklung setzte sich von Jahr zu Jahr bis zum heutigen Kellerbau und den Präsentationsräumen, fort. Mit jedem Jahrgang lernte Alois Gross mehr über die Feinheiten seiner Lagen, verbunden mit den Eigenheiten der einzelnen Rebsorten, und entwickelte dadurch seinen Weinstil. Sein Resümee: „Wir haben mehr erreicht, als wir uns in den ursprünglichen Visionen vorgestellt haben, aber es geht noch weiter."

20 ha - Lagen Kittenberg, Nussberg und Sulz: Welschriesling, Morillon, Weißburgunder, Sämling, Sauvignon blanc, Muskateller, Gewürztraminer, Zweigelt
Ab-Hof-Verkauf: Mo– Sa, 14–19 Uhr
€ 5,80/22,–
Gewürztraminer-Eiswein
Trebernbrände

Veronika, Alois und Ulrike Gross

Ein Teil des Gross-Fasskellers

Der Barriques-Lagerraum

Der Klapotetz ruht. Mensch und Natur erholen sich, sammeln Kräfte für einen neuerlichen Beginn. Das Bunt des Sommers und Herbstes ist grellem Weiß gewichen und blauen Schatten. Doch was hier draußen ruht, reift nun weiter im Weinkeller zu neuem, wohlschmeckendem Wein, entwickelt sich hin zur Vollendung. Nichts ruht wirklich. Auch der Klapotetz wird wieder schlagen.

Blick vom Weingut Maitz nach Ratsch und Sulztal

Eine tiefstehende Sonne modelliert warm ein sanftes Land, lässt einen rebenbewachsenen Hügel hervortreten aus beschatteter Senke; Spiel von Licht und Schatten, wechselnd im Rhythmus des Tages und der Jahreszeiten. Kontraste nicht nur des Lichts, Kontraste auch der Farben, natürlichem Grün die Komplementärfarbe menschlicher Rot-Akzente hinzufügend zu einem Ganzen.

Formschöne Vinothek-Regale

aus Edelstahl im individuellen Design gestaltet der Südsteirer Vinzenz Reiter. Jedes dieser funktionellen und formschönen Schmuckstücke ist dem Ort der Weinpräsentation in Größe und Form angepasst. Diese Weinregale sind schon Kunstwerke für sich, die edlen Tropfen sind darin übersichtlich und attraktiv ausgestellt. Die Flaschen werden mit dem Regal zu einer optischen Einheit, damit wird jede Degustation auch zum optisch-sinnlichen Vergnügen.

metall Design

metall-Design Reiter
A-8081 Empersdorf, Dürnberg 55a
Tel: +43 (0)3134/52414, Fax: 52415
mobil: 0699/10100050
e-mail: reiter@metall-design.at
www.metall-design.at

Weingut Maitz Wolfgang

A-8461 Ehrenhausen, Ratsch 45
Telefon: 03453/2153, Fax: -7
E-Mail: weingut@maitz.co.at
www.maitz.co.at

Wolfgang Maitz und seine Maria bewirtschaften das Weingut Rebenburg in Ratsch an der Weinstraße. Die dritte Generation ist bereits voll in den Familienbetrieb integriert. Die älteste Tochter, Rosemarie, führt die Buschenschank und kümmert sich um die Gästezimmer. Wolfgang junior, frischgebackener Weinbaumeister, ist für den Wein im Keller verantwortlich.

Zum Weingut Rebenburg gehören derzeit acht Hektar Rebflächen. Die Weingärten liegen in den Rieden Hochstermetzberg und Schusterberg. Beide Weinberge liegen direkt neben dem Winzerhaus und sind extrem steil. Ausgepflanzt sind Welschriesling, Rheinriesling, Weißburgunder, Sauvignon blanc, Traminer, Scheurebe, Morillon, Ruländer und Zweigelt. Beide Wolfgangs bekennen sich zu kompromissloser Qualität. Maitz Wolfgang junior: „Ein Weinbauer muss das ganze Jahr die volle Übersicht über seine Weingärten haben. Und kein Jahr gleicht dem anderen." Die Trauben werden händisch geerntet, im Keller gerebelt und schonend gepresst. Die Weine vergären, je nach Rebsorte, temperaturgeregelt in Edelstahltanks und auch in großen und kleinen Holzfässern. Die Trauben aus den Lagen Hochstermetzberg und Schusterberg werden getrennt verarbeitet und ausgebaut. „Unser Ziel ist es, Weine mit Sortencharakter, Gebietstypizität, Finesse und viel Trinkvergnügen zu produziern. Besonders wichtig für mich ist, dass unsere Weine über einen intensiven Duft und auch einen kräftigen Körper verfügen." Vier Linien werden angeboten: die „Klassik"-Weine – frisch, fruchtig mit sortentypischen Aromen ausgestattet.

Die Lagenweine „Hochstermetzberg" und „Schusterberg", teils Stahltankausbau und großes Holz, fallweise auch mit Malolaktik. Weine, die von ihrer Herkunft geprägt sind – kräftig, voll und langlebig.

Der „M" ist ein Zweigelt aus Trauben mehrerer Lagen. „M" steht für Maitz. Seit dem Jahrgang 2001 gibt es noch eine weitere Steigerung, die „Privat"-Weine. Die besten Grundweine eines Jahrgangs werden für mindestens 12 Monate in Barriques ausgebaut, bevor sie unter dieser Bezeichnung in Flaschen gefüllt werden. 2001 war es eine Burgunder Cuvée, die so vinifiziert wurde.

In der Buschenschank der Familie Maitz wird man mit hausgemachten Spezialitäten aus Küche und Keller verwöhnt. Als lukullischer Abschluss sollen ein Stück Reindling und ein Glas Traminer das Leben noch zusätzlich versüßen. Maria Maitz hat uns das Rezept ihrer überaus beliebten Nuss-Schnecken verraten. Auf den nächsten Seiten ist es zu finden.

In der Pension am Weinbauernhof mit den freundlichen Komfortzimmern lässt sich auch ein Aufenthalt so richtig genießen.

8 ha - Ried Schusterberg und Stermetzberg: Welschriesling, Morillon, Sauvignon blanc, Sämling, Weißburgunder, Muskateller, Rheinriesling, Traminer, Ruländer, Zweigelt
Buschenschank: März-Nov, ab 14 Uhr
Ab-Hof-Verkauf: ganzjährig, ganztägig
€ 4,60/16,-
Morillon-Sekt, Traubensaft, Kernöl
16 Gästezimmer, 31 Betten

Der Maitz Fasskeller, alle Fässer sind beschnitzt

Wolfgang sen., Wolfgang jun. und Rosemarie Maitz

Der Hochstermetzberg

Rezepte von Maria Maitz, Ratsch

Nuss-Schnecken in der Rein (Germteig)

Zubereitung Germteig: In eine größere Schüssel 1 kg glattes Weizenmehl und eine Prise Salz geben, in der Mitte der Mischung eine Mulde fürs Dampfl machen. 60 g Germ darin zerbröseln, mit 120-150 g Feinkristallzucker und ¼ ℓ lauwarmer Milch verrühren. Den Teig für kurze Zeit an einem warmen Platz stehen lassen.

In der Zwischenzeit: 100 g Butter und 1 EL Schweineschmalz bei mäßiger Hitze zergehen lassen, ⅜ ℓ lauwarme Milch und 1/16 ℓ Rum dazugeben, gut vermischen, abschlagen, den Teig in der Schüssel zugedeckt an einen mäßig warmen Ort stellen und darin „aufgehen" lassen. Den Teig nach 20 Minuten wieder zusammenkneten und für eine weitere ½ Stunde rasten und aufgehen lassen – dadurch wird der Teig feinporiger.

Zubereitung Fülle: 500 g weiche Butter, 250 g Feinkristallzucker und gemahlenen Zimt – je nach Geschmack – schaumig rühren. Auf den auf 1½ bis 2 cm dick ausgewalkten Teig die Mischung aufstreichen und mit gemahlenen Walnüssen bestreuen. Diesen Teig einrollen und in etwa 6–7 cm lange Stücke schneiden. In einer befettete Email-Kasserolle Stück für Stück mit der Schnittfläche nach oben nebeneinander aufstellen (Schneckenform) und noch 20 Minuten aufgehen lassen. Im vorgewärmten Backrohr bei 180°-190°C etwa 45 Minuten backen.
Leicht zugedeckt auskühlen lassen.
Der Germteig mit Nussfülle kann in verschiedene Formen zum Backen gefüllt werden, wie in eine Gugelhupf- oder eine Herzform.

Zutaten für 10–12 Portionen
Germteig
1 kg glattes Weizenmehl,
Prise Salz, 60 g Germ,
120-150 g Feinkristallzucker,
¼ ℓ Milch,

100 g Butter,
1 EL Schweineschmalz,
⅜ ℓ Milch, 1/16 ℓ Rum

Für die Fülle
500 g weiche Butter,
250 g Feinkristallzucker,
Zimt,
300 g gemahlene Walnüsse

Nuss-Schnecken in verschiedenen Formen

Kranzkuchen

Zubereitung: Die Grundmasse wie den Germteig für Nuss-Schnecken zubereiten, es werden jedoch 2-3 Eidotter dazugegeben.
Wenn der Germteig aufgegangen ist, nochmals durchkneten und ungefähr ½ cm dick zu einem Rechteck ausrollen, mit zerlassener Butter bestreichen. Mit der Fülle bestreuen und sehr kompakt einrollen. Die Rolle der Länge nach durchschneiden und beide Hälften wie eine Schnecke zusammendrehen. Den Kranz auf das mit einem Backpapier belegte Backblech legen, nochmals für einige Minuten aufgehen lassen und bei 190°C etwa 30–40 Minuten backen.

Zutaten für 6–8 Portionen
Germteig
500 g Mehl, 30 g Germ,
¼ ℓ Milch, 60 g Butter,
60 g Zucker, 2–3 Dotter, Salz

Für die Fülle
50 g Nüsse, 50 g Rosinen, 50 g Feinkristallzucker, 50 g Butter, Zitronensaft und Zucker

Weintipp

Eine steirische Traminer-Spätlese oder eine Traminer-Auslese – als Süßwein ausgebaut – verfügen über die intensiven und blumigen Rosen- und Honignuancen, die mit dieser feinen, süßen Germ-Nuss-Mehlspeise bestens harmonieren.

Josef Puschnig und Melitta Trummer

Eva Lambauer, Bacchuskeller

Weingut Bacchuskeller

Eva Lambauer
A-8462 Gamlitz, Eckberg 37
Telefon: 03453/2570, Fax: -70
E-Mail: evalambauer@at.tt
www.evalambauer.at.tt

Eva Lambauer führt das Weingut „Bacchuskeller", das in Eckberg, direkt an der südsteirischen Weinstraße, liegt. Drei der vier Hektar Rebfläche befinden sich auf slowenischem Gebiet. Hier liegt auch die Ried Speisenegg, auf der Welschriesling, Rheinriesling und Sauvignon blanc kultiviert werden. „Die Weingärten jenseits der Grenze stellten für uns nie ein Problem dar, weil ein eigener Weg über die grüne Grenze zu ihnen führt", erklärt Eva Lambauer. „Man muss nur aufpassen, dass man immer einen Grenzübertrittsschein bei der Weingartenarbeit mit hat, denn es kann schon passieren, dass man während der Arbeit von Zöllnern kontrolliert wird."

Der 2002er Sauvignon blanc mit dem Aroma nach gelben Paprika und zarten Anklängen von Stachelbeeren gehört zusammen mit dem frischen, nach Walnüssen duftenden Weißburgunder zu den erklärten Favoriten Eva Lambauers. Der leichte Welschriesling oder der Altsteirische Mischsatz sind auch die geeigneten Begleiter zu den Köstlichkeiten des Buschenschanks „Bacchuskeller". Mit Speisen wie Leberparfait mit Preiselbeeren oder der Wildkräuterterrine, der Haussulz mit Kernöl und Zweigeltessig und den Buschenschankklassikern Brettljause und Verhackertwürstel ist sicherlich für jeden Geschmack etwas dabei.

„Lieber Gast! Ich strafe dich mit ewiger Treue", lautet das Motto von Eva Lambauer. Das Winzerhaus und die Buschenschenke wurden großzügig und geschmackvoll umgebaut. Die neuen Gästezimmer strahlen sehr viel Atmosphäre und Behaglichkeit aus. Bei all den kulinarischen Freuden, die einem hier geboten werden, ist ewige Treue wohl von beiden Partnern gefordert, auch von uns Gästen gegenüber der Chefin des „Bacchuskellers".

6 ha - Welschriesling, Muskateller, Altsteirischer Mischsatz, Sauvignon blanc, Weißburgunder, Blauer Zweigelt
Buschenschank: Di–So, 12–22 Uhr
Mitte Dez–Anfang Feb geschlossen
€ 5,10/8,-
Traubensaft, Fruchtsäfte
Obstbrände, Traubenbrand
5 Gästezimmer, 10 Betten

Weingut Puschnig

A-8462 Leutschach, Glanz 32
Tel/Fax: 03454/329
E-Mail: info@weingutpuschnig.at
www.weingutpuschnig.at

Der Geschmack des „Terroirs" – das Geschmackspotenzial, das eine Rebsorte in einem bestimmten Weingarten entwickeln kann, ist erst mit einigen Jahrgängen eines Weines erschmeckbar und vergleichbar. Eine weitere Voraussetzung dafür ist auch dieselbe Methode bei der Vinifizierung. Diese Geschmacksstruktur beginnt sich im Wein erst nach einigen Jahren der Reife zu entwickeln. Bei steirischen Weinen ist das nur bei wenigen Ausnahmen möglich. Die Rebsorten Weißburgunder, Sauvignon blanc, Chardonnay und Traminer erfüllen die Voraussetzungen für einen solchen Ausbaustil.

Zu den Komponenten des Terroirs zählen der Boden, in dem die Reben wurzeln, das Kleinklima, die Rebsorte, das Alter der Weinstöcke, die Ausreifung der Trauben und vor allem das Können und die Erfahrung des Winzers. Dann, nach der Fass- und Flaschenreife beim Winzer erfolgt der Erwerb durch einen Weinliebhaber, und es liegt in seiner Hand, die Flaschen gleich zu öffnen oder noch etwas abzuwarten.

Einer, der sowohl jung zu trinkende, duftig-frische wie auch lange lagerfähige Weine keltert, ist der Weinbaumeister Josef Puschnig in Glanz. Seine Weingärten haben schon das gewisse Alter, um die Trauben für „Weine für Jahrzehnte" reifen zu lassen.

Die Rieden Kaltenegg, Sanberg und Karnerberg bestehen aus lehmigen Böden. Das ist für die Reben ein großer Vorteil, denn Lehm speichert Wasser und gibt es langsam wieder ab. Das wiederum kommt den Rebstöcken, vor allem in trockenen Jahren, sehr zugute. Die Ried Sanberg wiederum besteht aus durchwegs sandigen Böden. Josef Puschnig: „Dieser Boden lässt die Trauben langsamer reifen. Der Wein aus diesen Trauben entwickelt sich aber schneller und ist in der Jugend zugänglicher." Puschnig hat schon immer eine Traubenreife ab der Kabinettstufe angestrebt, wobei auch immer Spät- und Auslesen erreicht wurden. „Wenn die Trauben eine Reife von 18°KMW erreichen, die Spätlesegradation, ist der Sauvignon blanc für eine längere Lagerung besonders geeignet."

Der „Morillon Karnerberg" erinnert im Duft an einen Korb mit tropischen Früchten, Mango- und Ananasaromen kommen vor. Der 2002er Sauvignon blanc ist ein wahres Fruchtbündel, gelber Paprika, Holunderblüte, aber auch etwas Brombeere findet man vor.

Dass Josef Puschnigs Weine sich mit zunehmendem Alter immer besser entwickeln, lässt sich leicht beweisen: Bis zum Jahrgang 1989 zurück gibt es noch kleine Mengen an Archivweinen.

4,5 ha - Sauvignon blanc, Morillon, Welschriesling, Weißburgunder, Muskateller, Gewürztraminer, Chardonnay, Cabernet Sauvignon, Blauer Wildbacher
Ab-Hof-Verkauf: ganzjährig, Sa, So 8–20 Uhr, Mo–Fr nach tel. Vereinbarung
€ 4,–/8,–
Traubensaft, Zwetschkenbrand

Weingut Brolli - Arkadenhof

A-8462 Gamlitz, Eckberg 43
Telefon: 03453/2341, Fax: -4
e-mail: weingut@brolli.at
www.brolli.at

Eine berauschende Umgebung, ein herrschaftlich anmutendes Haus und prachtvolle Weine: Ingredienzien, die ein ausgezeichnetes Weingut ausmachen. Zu finden ist dies im Arkadenhof Brolli an der südsteirischen Weinstraße in Gamlitz-Eckberg. Bereits seit 1895 steht er im Besitz der Familie. Franz J. Brolli und sein Sohn Reinhard, beide Absolventen der Weinbauschule Silberberg, teilen sich den Weinbau, wobei die Passion des Vaters eindeutig die Rotweine sind, während Reinhard Brollis Begeisterung den weißen Sorten gehört. Dem Traubengut wird bei der Ernte besondere Aufmerksamkeit zuteil. Die Lese erfolgt spät und in zwei Etappen, wobei streng selektioniert und schonend weiterverarbeitet wird. Die beiden Winzer verfolgen bei der Vinifizierung zwei Ausbaulinien: die Linie „Classic", die sich traditionell steirisch, mit großer Sortentypizität und vielschichtigen Fruchtaromen präsentiert, sowie die Lagenweine der Toplagen „Kreuzweingarten", „Pößnitzberg", „Ratscher Herrenberg" und „Obereckberg", die neben der Winzerkunst das eigentliche Kapital des Weingutes bilden und vor allem das besondere Terroir der einzelnen Lagen zur Geltung bringen. Die Weine beider Ausbaulinien gehören zum Besten, was die Steiermark zu bieten hat. Bei den

Die Eckberger Winzerfamilie Brolli: Reinhard, Gene, Franz und Bettina

Weißweinen stehen Welschriesling, Morillon, Weißburgunder, Sauvignon blanc und Gelber Muskateller im Mittelpunkt, die Rotweine werden vom reinsortig ausgebauten Cabernet Sauvignon und von der Cuvée „Bettin" (Blauer Zweigelt, Blauburger und Cabernet Sauvignon) angeführt, die Franz Brolli seiner Tochter Bettina gewidmet hat. Der Buschenschank des Weingutes wird von Gene, der Gattin von Franz J. Brolli, geführt. Einen besseren Platz zum Genießen kann man sich als Weinfreund nicht wünschen.

15 ha – Welschriesling, Chardonnay, Sauvignon blanc, Weißburgunder, Gelber Muskateller, Rheinriesling, Grauer Burgunder, Traminer, Blauer Zweigelt, Cabernet Sauvignon
Buschenschank: geöffnet von März–Ende Oktober: 11-21 Uhr
Ab-Hof-Verkauf: 8-18 Uhr
Obstbrände, Destillate, Weinbrände
€ 5,50/20,–

Weingärten im Winter bei Glanz an der Weinstraße

Die unberührte Schneedecke verrät es uns: Hier ist schon lange keiner zwischen den Rebstöcken mit prüfendem Blick hinuntergegangen. Das Werk hier ist getan. In klarer Luft richtet sich der Blick nun ins Blaue, in die Ferne, und deutlicher treten die Konturen hervor und man sieht: Natur und Menschenland haben sich verbunden zum Kulturland mit unverwechselbarem Gesicht.

Weingärten in Glanz an der Weinstraße

Weingut Tschermonegg

A-8462 Glanz an der Weinstraße 50
Telefon: 03454/326, Fax: -50
E-Mail: weingut@tschermonegg.at
www.tschermonegg.at

In den Lagen Oberglanzberg, Steinbach und Pößnitzberg der Gemeinde Glanz bewirtschaftet Erwin Tschermonegg über 17 ha Weingärten. Das Weingut liegt in 550 m Seehöhe unübersehbar auf einer Anhöhe direkt an der südsteirischen Weinstraße.
Das Bestreben von Erwin Tschermonegg, besonders fruchtige Weine zu keltern, gelingt ihm mit jedem Jahrgang. Er hat diese Kunstfertigkeit schon so weit verfeinert, dass kein Jahr vergeht, ohne dass nicht einer seiner Weine bei nationalen und internationalen Bewerben einen Spitzenplatz belegt oder gleich als der Beste bewertet wird. Wie macht er das nur, fragen sich viele seiner Winzerkollegen. Die Antwort ist ganz einfach: In jedem der vielen Einzelschritte im Laufe des Jahres, im Weingarten, während des Weinausbaus bis zur Flaschenfüllung immer um einige Prozent sorgfältiger arbeiten. Die Laubarbeit noch konsequenter durchführen, die Bodenbearbeitung noch genauer, die Mengenreduktion der Trauben am Stock noch einfühlsamer auf die Rebsorte abstimmen, und, und, und ...
Sein Vorhaben ist ihm auch beim letzten Jahrgang gelungen: „Vor allem der Sauvignon blanc ist besonders aromatisch ausgefallen ‚natürlich auch der Muskateller", freut sich der Weinbauer. Stolz ist er auch

auf seine Rotweine, den Blauen Zweigelt und den Cabernet Sauvignon, der 12 Monate in Holzfässern reift.
Eine Besonderheit ist der „Traminer Trio", eine Cuvée aus Gelbem, Rotem und Gewürztraminer, die gemeinsam in einer alten Rebanlage wachsen. Der Wein verfügt über ein ausgeprägtes Sortenbukett, das an Rosen, Milchschokolade und Kokosnuss erinnert.
Mit Sauvignon blanc, Muskateller, Morillon, Weißburgunder und Traminer wurde das Weingut einer der am häufigsten ausgezeichneten Betriebe des Landes. So waren die Tschermonegg-Weine Sieger bei der Landesweinbewertung in den Jahren 1994, 1995 (2x), 1996, 1997 (2x) und 1998, 1999, 2000 und 2001.
Der Muskatellersekt und zahlreiche Edelobstbrände runden das Angebot dieses außergewöhnlichen Betriebes ab.

17 ha - Welschriesling, Morillon, Weißburgunder, Grauburgunder, Sauvignon blanc, Muskateller, Traminer, Sämling, Blauer Zweigelt
Buschenschank und Ab-Hof-Verkauf: Mo–Fr, 17–22 Uhr, Sa–So, 11–22 Uhr
Mi Ruhetag
€ 5,-/14,-
Muskateller-Sekt, Obstbrände
17 Gästezimmer, 34 Betten

Weingut Dreisiebner-Stammhaus

A-8461 Sulztal, Weinstraße 35
Telefon: 03453/2590, Fax: -22
E-Mail: stammhaus@dreisiebner.com
www.dreisiebner.com

Ende der 40er-Jahre begann Josef Dreisiebner den Weinbau zu forcieren. Heute bewirtschaften zwei Generationen den gewachsenen Betrieb. Die Söhne Hannes und Rudolf tragen die volle Verantwortung für Weingärten und Keller, während die Elterngeneration jetzt die Buschenschank und die Gästezimmer betreut.
Die südlich ausgerichteten Lagen Hochsulz, Zoppelberg und Speisenegg haben Hangneigungen bis 70% und weisen Sand, Schotter und Lehm als Untergründe auf. Die Böden bilden zusammen mit gezielter händischer Rebpflege wie Traubenausdünnung und Lauboptimierung, den Grundstein für die Spitzenqualität der Weine des Weingutes. 2003 wurden aus der Lage Hochsulz kräftige Weine von großer Fruchttiefe ausgebaut. Der Jahrgang wird der Betriebsphilosophie, „Weine aus eigener Ernte in höchster Qualität zu keltern und exklusiv zu vermarkten" gerecht. Der 2000er Chardonnay und 2001er Riesling wurden auch als steirische Landessieger prämiert.

12 ha – Sauvignon blanc, Morillon, Muskateller, Weißburgunder, Riesling, Welschriesling,
Zweigelt, Blauer Wildbacher
Buschenschank: 15.01.–15.12., ab 14 Uhr
Ab-Hof-Verkauf: täglich ab 10 Uhr
€ 5,-/29,-
Traubensäfte, Fruchtsäfte
Obstbrände, Destillate, Trebernbrand
5 Gästezimmer, 10 Betten

Gasthof-Weingut Mahorko

A-8463 Leutschach, Glanz an der Weinstraße 82
Telefon: 03454/7090, Fax:-70
E-Mail: weingut@mahorko.at
www.mahorko.at

Mahorko – ein Name, der jedem Besucher der südsteirischen Weinstraße ein Begriff ist.

Seit 1920 betreibt die Familie Mahorko schon Weinbau und im Jahr 2000 gab es wieder einen Generationenwechsel. Helmut Mahorko jun. ist seit diesem Jahr für die Herstellung der Weine verantwortlich. Voll Ambition hat der junge Weinbau- und Kellermeister sich in die Arbeit gestürzt und bereits erste Erfolge für seine Arbeit geerntet. So konnte bei der Landesweinbewertung 2002 in der Kategorie „Hohe Prädikate" mit dem Traminer 2000 (TBA-Trockenbeerenauslese) der Sieg geholt werden. Ein großer Erfolg für den damals erst 18-jährigen Jungwinzer und Silberbergabsolventen. Neben den höheren Prädikatsweinen versteht er auch mit der „Steirischen Klassik" umzugehen, und es werden fruchtig frische Weine in außergewöhnlicher Qualität gekeltert.

Beste Voraussetzungen in den Weingärten finden ebenfalls die Burgundersorten, die auf den tiefgründigen Lehmböden und zum Teil hohem Kalkanteil die Ausgangsbasis für vollmundige und geschliffene Weine liefern. Nicht nur vom Wein versteht die Familie Mahorko etwas, auch die verfeinerte steirische Küche wird auf das Beste gepflegt, davon kann man sich als Gast im Restaurant überzeugen. Ein Buffet, das keine Wünsche offen lässt, eine „Bioecke", „Schmankerln" wie Spargel, Kürbis, Pilze oder Wildgerichte je nach Jahreszeit, dem kulinarisch interessierten Gast wird sehr viel geboten. Im Hotel und im Restaurant sind Irene Mahorko und Tochter Katharina die treibenden Kräfte, die professionell und mit liebenswerter Gastfreundschaft jeden Besuch zu einem besonderen Erlebnis machen. Der Gasthof Mahorko ist unter anderem auch deswegen bei Gästen von nah und fern zu einer Institution geworden und zählt zu den absoluten Lichtblicken an der südsteirischen Weinstraße.

6 ha – Welschriesling, Muskateller, Weißburgunder, Grauburgunder, Sauvignon blanc, Zweigelt
Restaurant/Hotel: geöffnet von 15.03 bis 31.12., Mo Ruhetag
€ 4,50/22,–
Prädikatsweine
Sekt
Traubensaft
22 Gästezimmer, 44 Betten

Weingut Germuth

A-8463 Glanz, Kellerstraße 34
Tel/Fax: 03454/6734
E-Mail: familie@weingut-germuth.com
www.weingut-germuth.com

In Glanz liegen die Weingärten der Familie Germuth. Die Rieden im Ausmaß von 10 ha verteilen sich entlang der Glanzer Kellerstrasse auf einer Seehöhe von etwa 450 m und sind mit nahezu allen gängigen steirischen Rebsorten bestockt. Der Bogen der Weine, die von Herbert und Ewald Germuth gekeltert werden, spannt sich von Weißweinen mit sehr intensiven Fruchtaromen und frischer Säure bis hin zu Prädikatsweinen. Vergoren wird in Edelstahltanks, die hochwertigen Lagenweine und die Rotweine reifen in einem alten Gewölbekeller in Eichenfässern oder in Barriques. Der Jahrgang zeigt die typische Ausbaulinie mit hervorragenden Fruchtaromen, frischer Säure und geringem Alkohol. Sich zum passenden Wein mit der passenden Jause verwöhnen lassen kann man im hauseigenen Buschenschank, und nur 15 Gehminuten entfernt liegt ein Ferienhaus mit 4 Appartements, das als Geheimtipp unter Erholungssuchenden gilt. Die ruhige und familiäre Atmosphäre inmitten des südsteirischen Weinlandes macht den Urlaub bei der Familie Germuth wirklich zu etwas Besonderem.

10 ha – Rheinriesling, Morillon, Sauvignon blanc, Müller-Thurgau, Sämling 88, Altsteirischer Mischsatz, Muskateller, Gewürztraminer, Blauer Zweigelt, Blauer Wildbacher
Welschriesling und Weißburgunder im Finale bei der Landesweinkost 2002
Buschenschank ganzjährig, Di Ruhetag
€ 4,–/8,50
Fruchtsäfte, Traubensaft
4 Gästezimmer, 10 Betten

Weingut Repolusk

A-8463 Glanz an der Weinstraße 41
Telefon: 03454/313, Fax: -4
E-Mail: weingut@repolusk.at
www.repolusk.at

Ein langer, sonniger Herbst schafft die besten Voraussetzungen für einen ausgezeichneten Jahrgang. Die Trauben können so lange wie nur möglich am Stock belassen werden, dadurch steigen täglich die Zuckergrade und die Trauben entwickeln ihr volles Bukett. Wenn dieser Zeitraum bis Ende Oktober andauert, können auch in der Steiermark natürlich konzentrierte Trauben für edelsüße Weine geerntet werden. Ein Winzer, dem dieses Kunststück immer wieder gelingt, ist Roland Repolusk in Glanz. Er erntete vom Roten Traminer in den Jahren 2000 und 2001 eine Spätlese und 2001 vom Sauvignon blanc eine Beerenauslese. Diese edelsüßen Weine überraschen und beeindrucken durch ihre saubere, feine Frucht und markante Säure, die mit der Restsüße eine harmonische Einheit bildet.

Auf den Rieden Oberglanz und Kaltenegg gedeihen auch Welschriesling, Morillon, Weißburgunder, Muskateller, Sauvignon blanc und Blauer Wildbacher. Vom Sauvignon blanc gibt es zwei stilistisch unterschiedliche Weine, den fruchtigen Typ aus der Ried „Kaltenegg" und den vollen und kräftigen aus der Ried „Oberglanz", der auch in die Selektion „Spargelwein" aufgenommen wurde. Jedes Jahr zur Spargelzeit lässt sich Barbara Repolusk neue Köstlichkeiten einfallen: weißes und grünes Spargelmousse oder die Spargelterrine ... Womit wir bei den kulinarischen Genüssen angelangt sind, die im angeschlossenen, neu umgebauten Buschenschank aufgetischt werden.

Ein Brotbackofen wurde im Gastraum gemauert, darin wird jetzt das Brot selbst gebacken und der Gast kann dies „live" miterleben. Im ersten Moment sieht er aus

wie ein Pizzaofen, macht nichts, in den Wintermonaten gibt er dafür viel wohlige Wärme ab. Eine Vinothek-Ecke im Wohnzimmerstil wurde eingerichtet, mit Lehnsessel, Fußstütze und Leselampe, genau der richtige Platz zum Schmökern in den zahlreichen Weinbüchern und zum Verkosten von Weinen.

Je nach Saison gibt es im Buschenschank neben der traditionellen Brettljause Frisches aus dem Hausgarten wie Rhabarbermousse oder reife Früchte zu luftgetrocknetem Rohschinken mit Oberskren. Wer es etwas deftiger mag, wählt den Käferbohnensalat mit Kürbiskernöl, das auch aus der eigenen biologisch geführten Landwirtschaft kommt. Breit gefächert ist auch das Käseangebot, wo ein Weinkäse und ein geselchter Schafskäse ebenso zu haben sind wie verschiedene Edelschimmelsorten mit der passenden Weinempfehlung von Diplom-Sommelière Gudrun Hernach.

Auch die „Süßen" kommen bei den Repolusk-Damen nicht zu kurz. Mutter Amalia Repolusk bäckt eine Kürbiskerntorte, Weinstrauben und vor allem ihren berühmten gefüllten Gugelhupf. Im Herbst werden reife Muskateller-Weinbeeren in den feinen Germteig gestreut. Immer wieder wird Frau Repolusk um das Rezept gefragt. „Is' eh ganz einfach!" sagt sie lächelnd und erklärt mit einigen knappen Sätzen, wie dieses Wunderwerk an Größe und Flaumigkeit entsteht. Liegt es daran,

Die Repolusk-Töchter, von links: Eva Lamprecht, Gudrun Hernach, Barbara Repolusk sowie Karl Lamprecht, Ewald Hernach und Roland Repolusk

dass sie von den acht Eiern pro Kilogramm glattem Mehl nur die Dotter nimmt? Die genauen Mengen der weiteren Zutaten kann sie ohnehin nicht angeben, denn die hat sie „im G'fühl". Bisher sind noch alle, die das Rezept zu Hause ausprobiert haben, wiedergekommen. Dem selbst gebackenen Gugelhupf fehlt ein wesentlicher Bestandteil, der die Harmonie vollendet: Der Blick von der Terrasse unter der Weinlaube ins südsteirische Weinland bis weit nach Slowenien hinein und dazu ein Glas der Roten-Traminer-Spätlese.

11 ha - Ried Oberglanz, Kaltenegg:
Weißburgunder, Morillon, Welschriesling, Sauvignon blanc, Muskateller, Roter Traminer, Schilcher, Blauer Wildbacher, Zweigelt
Buschenschank: März-Dezember, 12–22 Uhr, Di Ruhetag
€ 4,50/11,–
Sekt „Filius", Obstbrände, Destillate
Traubensaft, Kürbiskernöl

Weingut Hack-Gebell

A-8462 Gamlitz, Eckberg 100
Tel/Fax: 03454/30
E-Mail: office@weingut-hack.at
www.weingut-hack.at

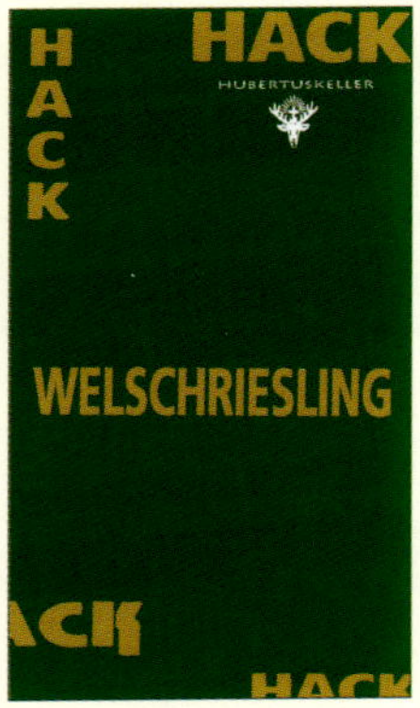

Im Jahre 1999 übernahm Philipp Hack nach Abschluss der Weinbaufachschule Silberberg die Verantwortung im Weinkeller des Familienbetriebes. „Unser Weingut war über Jahrzehnte vom Geist meines Großvaters Emil Hack-Gebell, des Bürgermeisters von Gamlitz, geprägt. Seiner Leidenschaft für die Jagd verdanken wir den Namen ‚Hubertuskeller' für den Buschenschank. Jetzt will ich unserem Weingut ein neues Profil geben", erzählt der ehrgeizige junge Winzer über das Weingut. Er ist ein Tüftler, der ständig damit beschäftigt ist, noch mehr Qualität in seine Weine zu bringen. Seiner Philosophie ist er treu geblieben, obwohl in den letzten Jahren die Anbauflächen nahezu verdoppelt wurden. Zur ursprünglichen Lage Sulztal kam die Lage Eckberg hinzu. Durch jährlich hervorragende Weine beweist dieses Weingut immer wieder, dass mehr Quantität nicht Hand in Hand mit Qualitätsverlust gehen muss.

„Auf unseren Lagen reifen je nach Bodenbeschaffenheit feinfruchtig abgerundete Weine, aber auch extraktreiche, leichte Weine mit anregender Säure. Die Weine werden traditionell in Edelstahltanks trocken ausgebaut. Unsere Lagenweine reifen in großen und kleinen Holzfässern, und Barriques", gibt der Kellermeister

Einblick in die Arbeit des Winzers. So reift hier ein hervorragender Sauvignon blanc, der trocken, rassig und extraktreich schmeckt und dessen saftige Säure von bemerkenswerter Frische ist.

Im Jahre 2002 wurden das Winzerhaus und der alte Weinkeller, beide Gebäude stammen aus der Mitte des 17. Jahrhunderts, liebevoll restauriert.

Wohlige Behaglichkeit und urige Atmosphäre erleben die Gäste in dem handgesetzten Ziegelgewölbe mit seinen schönen Holztramen. Eine großzügige südseitige Terrasse lädt zum Verweilen ein. Neben vielen hausgemachten Spezialitäten wird als Rarität eine Leberstreichwurst nach einem alten Rezept aus dem Stuttgarter Raum angeboten.

10 ha – Welschriesling, Morillon, Weißburgunder, Sauvignon blanc, Muskateller, Sämling,
Zweigelt, Blauburgunder, Schilcher
Buschenschank und Ab-Hof-Verkauf: Februar-Dezember, Di–So, ab 18 Uhr, Mo Ruhetag
€ 4,80/18,-
Traubensaft

Weingut und Gasthaus Sabathihof

A-8463 Glanz an der Weinstraße
Telefon: 03454/495, Fax:
E-Mail: sabathihof@aon.at
www.sabathihof.com

Auf einer Anhöhe inmitten der Weinberge und Mischwälder liegt der Sabathihof, ein Familienbetrieb mit 5 ha Rebfläche auf dem Pößnitzberg. Von Welschriesling über Morillon bis Zweigelt reicht die große Palette des steirischen Rebsortimentes. Drei Generationen leben zur Zeit auf dem Anwesen. Melitta und Guido Dillinger mit den Eltern sowie Johann und Frieda Sabathi mit ihren Kindern Miriam und Florian. Jeder muss fleißig anpacken, um die vielfältigen Arbeiten auf dem Anwesen zu erledigen. Trotzdem nehmen sich die Weinbauern gerne Zeit, ihren Gästen alles über den Wein und dessen Ausbau, sowohl theoretisch als auch praktisch, zu vermitteln. Gerne werden Erntehelfer, die ihr Wissen durch Mitarbeit erweitern wollen und dabei den schönen Herbst mit Sturm und frisch gebratenen Kastanien in der farbenprächtigen Natur erleben möchten, für die Weinlese aufgenommen. Durch gänzlichen Verzicht auf Handelsdünger, kurzen Rebschnitt, genaue und oft durchgeführte Laubarbeit werden im Weingarten bereits die Voraussetzungen für die zukünftigen Qualitätsweine gelegt. Einen weiteren wichtigen Beitrag leistet das südsteirische Klima.

Im Weinkeller trägt Guido Dillinger die Verantwortung. Er vinifiziert seine Weine je nach Jahrgang und Sorte in Stahltanks und Holzfässern, um die sortentypischen Merkmale besonders hervorzustreichen. Sehr angetan ist er vom letzten Jahrgang, der geringere Mengen erbrachte. Weißweine mit schönem Frucht-Säure-

spiel und Rotweine mit geschmeidiger Gerbstoffstruktur und zarten Fruchtanklängen sind das Ergebnis. Die Qualität war sehr hoch und machte den Jahrgang auf diesem Weingut zum besten der letzten Jahre.
Den Wandel vom Weinbauernhof zum Weingasthaus hat der Sabathihof vollzogen. Geblieben sind die ruhige Lage, der schöne, alte Weinkeller, der Kinderspielplatz und die guten hauseigenen Produkte. Für die Gäste in der neu gestalteten Gaststube mit dem gesetzten Herd und auf der Terrasse kocht der Wirt steirisch auf. Schmankerln wie Blutwurst, steirisches Wurzelfleisch, Ochsenschlepp und Wildspezialitäten verwöhnen den Gaumen zu den erlesenen Weinen.
Gästezimmer unterschiedlicher Preiskategorien laden zum Urlaub. Ruhig schlafen, fein essen und gemütlich durch die sanften Weinhügel schlendern bringt zu jeder Jahreszeit Entspannung und Erholung. Stress, Hektik und Lärm haben hier keinen Platz.

5 ha - Welschriesling, Morillon, Weißburgunder, Sauvignon blanc, Muskateller, Traminer, Zweigelt
Gasthaus: April-Dezember geöffnet, Mo, Di Ruhetag
Ab-Hof-Verkauf: täglich
€ 4,-/8,50
Traubensaft
Obstbrände, Weinbrände
18 Gästezimmer, 40 Betten

Weingut Fuchs

A-8463 Glanz 6
Telefon: 03454/387, Fax: 70087
E-Mail: office@fuchs-weine.at
www.fuchs-weine.at

Die Familie Fuchs betreibt in der Südsteiermark bereits in der dritten Generation Weinbau und folgt damit einer Tradition, die vor über 200 Jahren in Deutschland begonnen wurde. Adolf Fuchs I. kam in den 20er-Jahren während einer Studienreise in die Südsteiermark, wo er schon damals das vorhandene Potenzial für Qualitätsweine erkannte. Kurz darauf kaufte er das heutige Gut in Glanz und wurde zu seiner Zeit zu einem der Pioniere im Weinbau. Seinen Sohn Heinrich I. verschlug es in den 50er Jahren des vorigen Jahrhunderts nach Australien, wo er für einige Jahre bei Lindemanns im Hunter Valley arbeitete. Als er dann nach Österreich zurückkehrte, begann er seine eigenen Weine unter dem Namen „Fuchs" zu vermarkten.
Der heutige Betrieb teilt sich in zwei Weingüter, die sich in zwei verschiedenen Weinbauregionen Österreichs befinden. Das Stammhaus ist in Glanz, nahe der slowenischen Grenze, angesiedelt. Dort werden 14 ha Weingärten bewirtschaftet und in erster Linie die fruchtig-steirischen Weißweine gekeltert. In Podersdorf am Neusiedlersee, wo die Reben für gehaltvolle Rotweine ideale Wachstumsbedingungen vorfinden, steht die zweite Fuchs-Weinkellerei.
Heute sind es die Söhne Adolf II. und Heinrich II. Fuchs, die den Betrieb führen. Die

Adolf und Heinrich Fuchs

Aufgaben sind geteilt. Während Adolf für die Weingärten verantwortlich ist, kümmert Heinrich sich um die Kellerwirtschaft und den Verkauf.
Beim Verkauf zeigt sich auch der Erfolg der Brüder Fuchs, in 14 Länder exportieren sie ihre Weine. Damit zählen sie punkto Export zu den erfolgreichsten österreichischen Weinbaubetrieben.
Sauvignon blanc, Muskateller, Chardonnay, Weißburgunder und Welschriesling sind die Rebsorten der Linie „Klassik-Vinothek Steiermark".
Die Fuchs-Weine haben ein sehr gutes Preis-Leistungsverhältnis und sind auf Grund ihrer hohen Qualität auf vielen Weinkarten österreichischer Spitzenlokale zu finden.

14 ha - Welschriesling, Chardonnay, Sauvignon blanc, Muskateller
Ab-Hof-Verkauf: Mo-Sa, 10-18 Uhr
Kellerführung und kommentierte Weinkost nach Voranmeldung
€ 5,-/12,-
„Vinothek Burgenland": gehaltvolle Weine aus eigenen Weingärten im Burgenland

Weingärten in Sernau mit Blick nach Eckberg, Gamlitz

Südhang: Wo die Trauben mehr Licht, mehr Wärme aufnehmen, diese als Reife und Süße weitergebend dem Wein, den die Freunde, die Gäste suchen, wenn sie über die Straße am Kamm kommen, die auch zum Nachbarn in Sichtweite führt, den jeder hier kennt.

Der Weinkeller von Walter Skoff in Eckberg, Gamlitz

Der heilige Urban wacht über allem, über den zuletzt gekelterten Weinen in den Fässern, die erst reifen werden hin zur Vollendung. Diese Weine werden erst mit dem Etikett auf einer Flasche ihren Namen bekommen, wie die Weine, die unter der Obhut Urbans bereits Zeugnis ablegen von der Größe vergangener Jahrgänge.

Drei Generationen steirischer Weinbau: Johann Skoff, Walter und Joachim

Weingut Walter Skoff

A-8462 Gamlitz, Eckberg 16
Telefon: 03453/4243, Fax: -17
E-Mail: w@weingut-skoff.com
www.weingut-skoff.com

Ein Weinbaubetrieb, in dem drei Generationen harmonisch nebeneinander werken, ist der Familienbetrieb Skoff in Eckberg, Gamlitz. Walter, der heutige Chef, hat den Weinbaubetrieb von 3,5 ha eigener Weingartenflächen im Jahr 1987 zu einem der größten Betrieb der Steiermark hoch gearbeitet. Es werden 36 ha eigene Weingärten gepflegt und noch zusätzlich die Trauben von 24 ha Vertragsweingärten vermarktet. Zur Hand gehen ihm dabei sein Sohn Joachim, seine Frau Evelyn und Tochter Cornelia, die sich beide um den Buschenschank und die Gästezimmer kümmern.

Joachim ist für die Kellerwirtschaft mitverantwortlich und vinifiziert seine eigenen Weine (Sauvignon blanc Hochsulz und Obegg), zusätzlich studiert er Handelswissenschaften und ist für den Weinexport zuständig. Und weil er im Winter im Weinbau weniger Arbeit gibt, nützte er die Zeit um ein mehrmonatiges Arbeitspraktikum in Neuseeland und Chile zu absolvieren. Diese erfolgreicheEntwicklung war möglich durch jahrelange harte Arbeit im Weingarten, bei der Kellerwirtschaft, durch ständige Verbesserung der Weinqualität und vor allem der Nachfrage nach den Skoff-Weinen.

Der Aufstieg des Weinguts Walter Skoff ist auch mit der gesteigerten Popularität der Rebsorte Sauvignon blanc verbunden. Gerade mit dieser Rebsorte hat das Weingut seine größten Erfolge. Sieben verschiedene Vertreter dieser edlen Rebsorte finden sich im momentanen Angebot des Hauses. Vom einfachen „Classique" über den kräftigen „Edition", die Lagenweine „Hochsulz" und „Obegg" bis zum „Royal" reicht die Bandbreite. Als Besonderheit gibt es noch, wenn es der Jahrgang erlaubt, 2001 eine Auslese und 2002 sogar eine Trockenbeerenauslese.

Welschriesling, Pinot gris, Muskateller und Chardonnay sind weitere Schwerpunkte, die teilweise klassisch-steirisch in Edelstahl und teilweise auch in Holzfässern reifen.

Der neue Gewölbekeller, der aus alten gebrannten Ziegeln gemauert wurde, ist der schönste Fasslagerraum der Steiermark. Die Buschenschank, von Evelyn Skoff geführt, lässt keine kulinarischen Wünsche offen. Ein Besuch lohnt sich.

36 ha - Ried Obegg und Hochsulz:
Chardonnay, Pinot gris, Muskateller, Sauvignon blanc, Zweigelt
Buschenschank: ganzjährig, 13–23 Uhr, Di, Mi Ruhetag
Ab-Hof-Verkauf: Mo–Do, 8–16.30 Uhr, Fr, 8– 15 Uhr
€ 5,70/21,-
Primissimo Sekt, Obstbrände, Tresterbrände
5 Zimmer, 13 Betten

Weinhof Stani Gustl - Nekrep

A-8462 Gamlitz, Eckberg 72
Telefon: 03453/2248, Fax: 57 48
E-Mail: weinhof.nekrep@aon.at

Seit mehr als 100 Jahren wird am Weinhof Stani Gustl Weinbau betrieben. Die Geschichte des seit 1877 im Familienbesitz befindlichen Weingutes ist eng verknüpft mit der rasanten Entwicklung des steirischen Weinbaues. Geführt wird der Betrieb von Josef Nekrep, unterstützt wird er bei seiner Arbeit von Sohn Günter. Der Hausherr zeigt sich als aufgeschlossener, der zeitgemäßen Kellertechnologie vertrauender Winzer, der nur eines zum Ziel hat: Jahr für Jahr höchste Weinqualität zu produzieren. „Sichtbare Zeichen für unsere Arbeit sind zahlreiche Weinprämierungen bei Gebiets- und Landesweinbewerben sowie bei der Weinkost der ‚Kleinen Zeitung'. Bei der Landesweinkost landete unser Weißburgunder im Finale. Darauf sind wir sehr stolz."

7,5 ha - Welschriesling, Morillon, Rheinriesling, Weißburgunder, Muskateller, Sauvignon blanc
Buschenschank: geöffnet 6.01.-20.12., Di Ruhetag
Ab-Hof-Verkauf täglich 8-18 Uhr
€ 5,-/15,-
Traubensaft, Fruchtsäfte
Destillate, Kernöl
5 Gästezimmer, 14 Betten

Weingut Elsnegg

A-8462 Gamlitz, Eckberg 26
Telefon: 03453/4812, Fax: -4
E-Mail: weingut.elsnegg@aon.at
www.elsnegg.at

„Die Qualität eines Weines stammt von Trauben aus gepflegten Weingärten. Diese Grundqualität beim Ausbau des Weines zu erhalten, verlangt das ganze Gefühl des Kellermeisters." Nach außen wirkt Engelbert Elsnegg aus Eckberg-Gamlitz sehr ruhig und ausgeglichen. Das kann er auch sein, denn sein acht Hektar Rebfläche umfassender Weinbau funktioniert so, wie es sich der Winzer vorstellt: „Ein ständiger Lernprozess ist wichtig; man darf nie auf einer Ebene stehen bleiben." Er ist kein lauter Winzer, keiner, der seine Erfolge lauthals hinausschreit, er ist einer, der Jahr für Jahr seine Qualitätslatte um eine Spur höher legt, und das bei allen Rebsorten.
Den Jahrgang 2003 haben Engelbert und Monika Elsnegg in allen seinen Besonderheiten wiedergegeben - es ist eine Serie mit klassisch trocken ausgebauten Weinen, die durch Frische, Finesse und schöne Frucht bestechen. Die Rebsorten der Klassik-Weine sind Welschriesling, Weißburgunder, Morillon, Sauvignon blanc und Muskateller. Die wichtigsten Lagen sind Eckberg, Edelbach und Urlkogel, eine Top-Kessellage direkt vor der Haustüre. Die kräftigen Lagenweine werden vom einzigartigen „Weißburgunder Eckberg" (mit dem 2002er im Semifinale der steirischen Landesweinkost) angeführt, der „Sauvignon blanc Urlkogel" ist

fast immer im „Salon Österreichischer Wein" vertreten. Am Urlkogel gedeiht der Sauvignon blanc und am Eckberg der Chardonnay - der 2002er verfügt über eine dichte, schmelzige Struktur.
Zudem lohnt es sich natürlich auch, den Roten Traminer, den Rheinriesling und den Blauen Zweigelt zu verkosten.
Das Haus wurde neu gestrichen, der Buschenschank umgebaut, der Verkostungsraum fertiggestellt. In einer architektonisch schön gestalteten Umgebung kann man sich nun in gediegener Atmosphäre den feinen Elsnegg-Weinen widmen.
Zu allem sollte man sich jedenfalls Zeit nehmen und das Auto stehen lassen. Letzteres ist kein Problem, da die Familie Elsnegg auch über zwei Gästezimmer verfügt. Somit steht nach der Weinverkostung dem Probieren des einen oder anderen Edelbrandes nichts im Wege.

8 ha - Lagen Eckberg und Urlkogel: Welschriesling, Chardonnay, Rheinriesling, Weißburgunder, Grauburgunder, Muskateller, Sauvignon blanc
Buschenschank: geöffnet Ostern–Nov, Do Ruhetag
Ab-Hof-Verkauf täglich 9-18 Uhr
€ 5,-/12,-
Destillate, Kernöl
2 Gästezimmer, 5 Betten

Das Schloss Gamlitz der Familie Melcher

Die Weingärten der Ried Sonneck

Weingut Schloss Gamlitz Melcher

A-8462 Gamlitz, Eckberger Weinstraße 32
Telefon: 03453/2363, Fax: 4550
E-Mail: weingut@melcher.at
www.melcher.at

Das im Jahre 1131 erbaute Schloss Gamlitz ist seit 1904 im Besitz der Familie Melcher. Hier hat sich Fritz Melcher als Weinpionier einen Namen gemacht, der schon in frühen Jahren kompromisslos für eine gehobene Weinkultur eingetreten ist.

Heute bewirtschaftet sein Sohn Arnold Melcher eine Rebfläche von 11 Hektar. Die bedeutendsten Lage ist die Ried Sonneck, dort wachsen die Trauben für hervorragende Weine der Rebsorten Sauvignon blanc, Muskateller und Chardonnay. Besonders erwähnenswert dabei ist eine über 60 Jahre alte Sauvignon-blanc-Rebanlage. Im langjährigen Durchschnitt kann von diesen alten Stöcken alle drei Jahre eine außergewöhnliche Ernte eingebracht werden. Die daraus gekeltert Weine werden zählten in den letzten Jahrzehnten nachweislich zu den großen Weinen der Steiermark.

Zur gleichen Zeit, als Arnold Melcher die Prüfung zum Weinbaumeister erfolgreich ablegte, begann in der Steiermark auch die spezielle namentliche Bezeichnung von Weinen. Was lag für den jungen „Meister", der fließend italienisch spricht, näher, als seinen Wein „Maestro" zu nennen. Der in Barriques ausgebaute Chardonnay 1997 führt diesen Namen als besondere Auszeichnung. Mit diesem Jahrgang begann sich Arnold auch intensiv mit der Vergärung und Lagerung seiner besten Weine in Barriques auseinander zu setzen. Klimatisch waren die folgenden Jahre mit langen, warmen Herbstmonaten gesegnet, sodass Trauben mit einer überdurchschnittlich hohen Reife eingebracht werden konnten. Für Arnold folgte dadurch eine Zeit, in der er sich monatelang nur mit seiner Stereoanlage als Unterhaltung im Weinkeller aufhielt und um seine Weine kümmerte. Die Ergebnisse dieser Bemühungen können sich sehen, pardon,

schmecken lassen. Der Jahrgang 1999 bescherte eine weitere Steigerung, die „Quercus Cuvée Maestro-Grande", eine in Barriques gereifte Sauvignon-blanc- und Chardonnay-Cuvée, die, wie der Name schon aussagt, noch um eine Nummer größer ist. Der Sauvignon blanc „Alte Reben" 2000 zählt durch seine Wucht, Harmonie und seinen Trinkfluss zu den großen Weinen der Steiermark.

Aber auch mit den Weinen, die klassisch-steirisch ausgebauten wurden, wie Muskateller oder „Schubert-Schilcher", überzeugt der junge Kellermeister durch eine klare und intensive Fruchtbetonung, die viel Freude beim Trinken macht.

Von den Paradesorten des Betriebes, Muskateller und Sauvignon blanc, wird auch reinsortiger Sekt hergestellt. Im Jahre 2001 konnte mit dem Sauvignon-blanc-Sekt auch der Landessieger in dieser Kategorie gestellt werden.

Besonders stolz ist Fritz Melcher auf seine Vinothek, die Sauvignon blanc, Traminer und Muskateller seit den 60er-Jahren umfasst, die alle noch trinkbar sind.

11 ha - Ried Sonneck: Morillon, Welschriesling, Weißburgunder, Sauvignon blanc, Muskateller, Schilcher
Buschenschank und Ab-Hof-Verkauf: täglich, 8–22 Uhr
€ 5,50/23,-
Muskateller- und Sauvignon-blanc-Sekt
Obstbrände, Weinbrände
9 Gästezimmer, 20 Betten

Weinbau Dietrich

A-8462 Gamlitz, Eckberg 9
Telefon: 03453/4203, Fax: 20677
E-Mail: weinbau.dietrich@aon.at
www.dietrich.at

Drei Generationen leben heute auf dem Weingut. Theresia und Ignaz Dietrich, die Großeltern, haben in mühevoller Kleinarbeit den Familenbetrieb aufgebaut und mit der derzeitigen Größe auf sichere Beine gestellt. In der Zwischenzeit hat ihr Sohn, der ausgebildeter Weinbaumeister Johann, die Verantwortung für den Weingarten und den Weinkeller übernommen. Seine Gattin Regina, im Hauptberuf Lehrerin, stammt aus Tirol und kümmert sich um den Nachwuchs, Andrea und Leopold, der sich ganz besonders darüber freut, wenn Gäste mit Kindern das Weingut besuchen.

Der Urgroßvater hatte die Landwirtschaft in den 20er-Jahren erworben und bewirtschaftet. Am Anfang waren Ackerbau, Viehzucht und Weinbau die Standbeine des gemischt geführten Betriebes. Als das Augenmerk verstärkt auf den Weinbau gelegt wurde, verzichtete man bald zur Gänze auf die Viehzucht. „Urlaub im Stall", heißt es heute. Das leer stehende Stallgebäude wurde liebevoll umgebaut und drei komfortable Ferienwohnungen wurden eingerichtet. Alles, was das Herz begehrt, ist vorhanden und ein eigener Bestelldienst liefert täglich die angebotenen und gewünschten Produkte direkt an die Wohnungstür.

Getreu ihrem Motto „familiär, klein und handlich bleiben", setzen die Dietrichs klar auf Klasse statt Masse. Trotzdem bieten sie ein äußerst reichhaltiges Qualitätsweinprogramm an. Darüber hinaus bekommt man bei Johann Dietrich eine alte, bei uns kaum ausgepflanzte Rebsorte, den Kerner. Mit dieser Weinsorte erregte er bei der internationalen Weinmesse in Laibach Aufsehen und konnte mit der Novität eine Goldmedaille gewinnen.

Für eine Verkostung im alten, von schwarzem Edelschimmel überzogenen Keller sollte man sich ausreichend Zeit nehmen, um die gesamte Sortenvielfalt des Betriebes in dieser angenehmen Atmosphäre kennen zu lernen. Mit Sicherheit hinterlässt dieses Erlebnis einen bleibenden Eindruck.

Die Erträge bei den Weißweinsorten beschränkt Johann Dietrich auf 7.000 kg/ha, vergoren und ausgebaut wird nach Rebsorten unterschiedlich. Vinifiziert werden die frischen und fruchtigen Weißweine in Stahltanks, die Bukettsorten in den großen Holzfässern, wobei der Kellermeister nur mit jenen natürlichen Hefen arbeitet, die mit den Trauben aus dem Weingarten in den Keller kommen. „Unserer ganzen Familie ist es ein Anliegen, die Landwirtschaft mit größtem Respekt vor der Natur zu bewirtschaften und dadurch größtmögliche Qualität zu erzeugen."

3,5 ha - Welschriesling, Morillon, Weißburgunder, Muskateller, Sämling, Sauvignon blanc, Rivaner, Kerner, Zweigelt, Blauburgunder
Ab-Hof-Verkauf: täglich
€ 3,70/5,50
Traubensaft, Obstbrände, Weinbrände, Kernöl
3 Ferienwohnungen, 8 Betten

Weingut-Rebschule Grasmuck

A-8462 Gamlitz, Obere Hauptstraße 51
Telefon: 03453/2278, Fax: -4
www.grasmuck.net

Mit der Zucht und Pflege von Weinreben hat man sehr lange Erfahrung auf dem Weingut Grasmuck. Bereits im Jahr 1922 gründete Karl Grasmuck seine Rebschule. Nun ist Karl Heinz Grasmuck der Eigentümer und Kellermeister des Weingutes. Er nennt neben der Rebschule 2,6 ha Weingärten mit der Spitzenlage „Sernauberg" sein Eigen, die auf teilweise stark geneigten (40%) reinen Südhängen liegen und sandige, leichte Lehmböden aufweisen. Den Trauben wird naturgemäß höchste Aufmerksamkeit zuteil, das Beste ist gerade gut genug. Gekeltert werden frische, fruchtige Weißweine und Rotweine, die teilweise international ausgebaut werden. Bei der Vergärung setzt er auf Stahltanks und Holzfässer, einige Weine reifen auch in Barriques. Die strenge Selektion ergibt jedes Jahr Weine von höchster Qualität. 1992 wurde das Weingut Grasmuck „World Champion" bei der internationalen Weinbewertung in Laibach. Der Jahrgang brachte dem Winzer Grasmuck sehr fruchtige Weine, die nicht zuletzt wegen der nicht allzu hohen Säure große Harmonie zeigen.

2,6 ha – Welschriesling, Morillon, Weißburgunder, Sauvignon blanc, Müller-Thurgau, Sämling 88, Rheinriesling, Zweigelt, Blaufränkisch
Ab-Hof-Verkauf: täglich bis 19 Uhr, Sa bis 18 Uhr, So gegen Voranmeldung
Sekt
Fruchtsäfte, Weingelee
Liköre

Weingärten rund um den Sattlerhof in Sernau, Gamlitz

Einmal sehen wie ein Vogel! Von oben, weit oben, und erkennen, dass der Mensch sich nach der Natur richtet, sein Heim an den schönsten, den exponiertesten Platz stellt und, abhängig von der lebenspendenden Sonne, dieser sein Wichtigstes zuwendet: den Weinhang, nach Südwesten geneigt, der Sonne immer das Gesicht bietend, während im kühleren Nordost der Wald liegt.

Der Barriquekeller des Weinguts Sattlerhof, Gamlitz

Weingut Sattlerhof

A-8462 Gamlitz, Sernau 2
Telefon: 03453/2556, Fax: 5732
E-Mail: weingut@sattlerhof.at
www.sattlerhof.at

Südlich von Gamlitz, im Ortsteil Sernau, übernahmen im Jahre 1965 Luise und Wilhelm Sattler das seit 1887 in Familienbesitz befindliche Weingut. Heute setzen die Söhne Willi jun. und Hannes diese Tradition fort. Willi ist für den Weinbau zuständig, Hannes begeisterte sich für die Gastronomie und führt sein 4 Sterne-Genießerhotel und das 2 Hauben-Restaurant „Sattlerhof". Willi Sattler setzt die Tradition seines Vaters fort, der sich für trockene, fruchtbetonte und leichte Weine, die „Klassik", eingesetzt hatte. Der Junior unterscheidet sich insofern vom Vater, als er, dem Trend der Zeit entsprechend, einen weiteren Weintyp schuf, „die in Barriques ausgebauten Lagenweine vom Sernauberg, Kranachberg und Pfarrweingarten, die voluminös, reif und sehr lange lagerbar sind". Der Sattlerhof bewirtschaftet heute 23 ha eigener Weingärten und verarbeitet noch zusätzlich die Trauben von 12 ha Weingärten von Vertragswinzern.

Die drei Lagen, deren Qualitätspotenzial durch die Kunst des Winzers im Wein erst schmeckbar wurde, sind:

Der Sernauberg, eine Kessellage mit bis zu 70% steilen Hängen, der Boden besteht aus Korallengestein mit schottriger, lehmiger und sandiger Auflage, wo ein fruchtig-duftiger Sauvignon blanc, Morillon, sowie Welschriesling, Weißburgunder und Muskateller wachsen.

Der Kranachberg: Auf der anderen Seite des Tales wachsen die Trauben für hochwertigen Sauvignon blanc, Weißburgunder und Blauburgunder. Für die weit verstreuten Weingärten am Kranachberg wurde eine eigene Logistik zur Bearbeitung der Weingärten aufgebaut. Ein kleiner Traktor wird auf einen Anhänger geladen und so von Weingarten zu Weingarten geführt. Jede der Rebanlagen verfügt über eine eigene Wasserversorgung und wegen des großen Wildbestandes in den umliegenden Wäldern sind alle Weingärten eingezäunt. Die Qualität der Trauben und die Reife machen den Aufwand wieder wett. Aus der Region Sernau, Kranach und Kranachberg sind in den letzten Jahren viele Gewinner der Landesweinkost der Rebsorten Sauvignon blanc und Muskateller gekommen. Und das spricht für die Vorzüge dieser Weinberge.

Der Pfarrweingarten, eine kleine Südkessellage, liegt in einer Höhe zwischen 310 und 370 Metern. Die lehmigen Sandböden auf Korallenuntergrund schaffen hier hervorragende Bedingungen für extraktreichen, vollreifen Sauvignon blanc sowie Morillon, Weiß- und Grauburgunder.

Den wohl größten Erfolg mit einem seiner Weine konnte Willi Sattler im Frühjahr 2001 erlangen. Im Königshof in München fand eine Sauvignon-blanc-Verkostung mit 71 Spitzenweinen aus der ganzen Weinwelt statt. Sauvignons aus Deutschland, Frankreich, Italien, Spanien, Neuseeland, Chile, Südafrika, Kalifornien und Österreich wurden gedeckt verkostet. Als Sieger ermittelte die internationale

Expertenrunde unter der Leitung von Hardy Rodenstock den „Sauvignon blanc Kranachberg 1999" vom Sattlerhof. Als Abrundung wurde noch der „Sattlerhof Sauvignon blanc Steirische Klassik 1999" an zwölfter Stelle gereiht.

Trebernbrände, Weinbrand, Kürbiskernöl, Essige und als Besonderheit ein Auslese-Essig aus vollreifen, höchst konzentrierten Weinbeeren, der in seiner Aromatik weit über das Geschmacksbild von üblichen Weinessigen hinausgeht.

Der neue Degustationsraum ermöglicht das Verkosten aller Weine, die charmant von Maria Sattler präsentiert werden.

Bruder Hannes betreibt mit seiner Frau Gabi eines der besten Restaurants der Steiermark. Einige seiner speziellen Gerichte finden sich auf den nächsten Seiten.

23 ha - Ried Pfarrweingarten und Kranachberg: Morillon,
Welschriesling, Weißburgunder, Sauvignon blanc, Muskateller, Blauburgunder, St. Laurent, Zweigelt
Ab-Hof-Verkauf: Mo- Fr, 14–19 Uhr, Sa, 10–19 Uhr
€ 5,80/29,-
Sekt „Sattlerhof brut"
Hotel-Restaurant Sattlerhof

Der Sattlerhof – der Koch und der Winzer

Kaninchensulz mit Muskatellergelee und gerolltem Kaninchenrücken

Etwas außerhalb von Gamlitz in Richtung Leutschach, liegt der Ortsteil Sernau. Auf einer sonnigen Anhöhe steht der Sattlerhof. Schon in den späten 70er-Jahren hatte Vater Wilhelm Sattler seine Weine ganz trocken ausgebaut. Sehr früh musste Willi Sattler den Weinbaubetrieb übernehmen, einige Jahre später kam dann das Restaurant von Bruder Hannes dazu. Heute sind das Weingut, Genießerhotel und Restaurant Sattlerhof eine der führenden Adressen für Genuss und Geschmack.
Die Atmosphäre im Restaurant von Gabi und Hannes Sattler ist sehr natürlich und gelöst, der schöne Blick in Richtung Kranachberg vollendet die Harmonie von Speisen, Wein und Landschaft, in der die geschmackvoll zubereiteten Grundprodukte gewachsen sind.

Gerollter Kaninchenrücken

Zubereitung: Den Kaninchenrücken salzen und pfeffern. Die Farce mit Gemüsewürfeln und gehacktem Rosmarin vermischen und den Kaninchenrücken auf der Innenseite damit bestreichen und einrollen. Die Rolle außen mit Paprika und Rosmarin würzen und in eine bebutterte Alufolie eindrehen. Die Rolle in einer Pfanne bei 150°C etwa 20 Minuten im Rohr braten. In der Folie auskühlen lassen.

Zutaten für 4–6 Portionen
1 Kaninchenrücken ausgelöst (mit Bauchlappen),
150 g Kaninchenfarce,
50 g gewürfelte und gekochte Sellerie und Karotten,
Salz, Pfeffer, Paprika,
gehackter Rosmarin,
die Alufolienstücke mit Butter bestrichen

Nährwert pro Portion:
119 kcal; 7,73 g Fett; 0,76 g KH; 11,7 g EW; 66,2 mg Chol; 0,06 BE.

Kaninchensulz mit Muskatellergelee

Zutaten für 6–8 Portionen
2 gekochte Kaninchenkeulen, je 20 g gekochte Sellerie-, Karotten- und gelbe Rübenwürfel; 0,25 ℓ Kaninchenfond (Suppe von den gekochten Kaninchenkeulen), 3 Blatt Gelatine in kaltem Wasser einweichen, ausdrücken, Salz, Pfeffer, ⅛ ℓ Muskateller, 1 Blatt Muskatellersalbei

Zubereitung: Kaninchenfleisch von den Knochen lösen und in kleine Würfel schneiden. Muskateller auf die Hälfte einkochen, den Kaninchenfond zufügen und aufkochen. Mit Salz und Pfeffer abschmecken. Die ausgedrückte Gelatine im heißen Fond auflösen. Fleisch- und Gemüsewürfel, sowie fein geschnittenes Muskatellersalbeiblatt dazugeben und alles in eine mit Klarsichtsfolie ausgelegte Terrinenform füllen. Mindestens 2 Stunden gut kühlen. Zum Anrichten aus der Form stürzen und in Scheiben schneiden.
Die Kaninchenrolle aus der Folie wickeln und ebenfalls in Scheiben schneiden. Sulz und Kaninchenrücken auf dem Teller anrichten, dazwischen mit Salat garnieren. Über die Sulz etwas Vinaigrette geben und zum Kaninchenrücken glasierte Rosmarinkarottenwürfel geben.

Weintipp

Die Kaninchensulz in Muskatellergelee ist ein feines Gericht mit aromatischen Komponenten, das sich mit dem „Muskateller Klassik", der auch schon fürs Gelee verwendet wurde, sehr schön kombinieren lässt.

Kaninchensulz mit Muskatellergelee

Der Sattlerhof von Gabi und Hannes Sattler in Gamlitz

Weintipp

Die Gänseleber im Trockenbeerengelee mit dem höheren Fettanteil braucht einen süßen und kräftigen Gegenpol. Die edelsüße „Morillon Pfarrweingarten Trockenbeerenauslese" ist dazu genau die richtige Ergänzung.

Gänseleber mit TBA-Gelee und Quitten-Balsamsauce

Gänseleber im Trockenbeerenauslese-Gelee und Quitten-Balsamsauce

Zutaten für 4–6 Portionen

300 g Gänseleber – in 1cm dicke Scheiben geschnitten. Griffiges Mehl, Salz, Pfeffer, 1 größerer Apfel in Spalten geschnitten, ¼ ℓ Apfelsaft, ¼ ℓ Trockenbeerenauslese, 6 Blatt eingeweichte Gelatine

Zubereitung: Die Gänseleber in griffigem Mehl wenden und in heißem Öl auf beiden Seiten kurz anbraten. In den Tiefkühler stellen und auskühlen lassen.

Die Trockenbeerenauslese und den Apfelsaft aufkochen und die ausgedrückte Gelatine darin auflösen, ebenfalls fast auskühlen lassen. Die Äpfel in Butter, etwas Zucker und Apfelsaft dünsten und dann auskühlen lassen.

Nun in eine Terrinenform ca. 1cm von dem Gelee eingießen und fest werden lassen. Dabei die Terrinenform am besten in ein Eiswasser (Eiswürfel und Wasser) stellen. Danach eine Lage Gänseleber einschlichten, wieder Gelee einfüllen und fest werden lassen. Dann die Äpfel, wieder Gelee usw., bis die Form voll ist.

Rosmarinbrot

Toskanabrot in 1 cm breite Scheiben schneiden und mit flüssiger Butter bestreichen und mit gehacktem Rosmarin bestreuen. Toasten oder im Rohr mit Grill gratinieren.

Zur Gänseleberterrine reichen.

Balsamessigsauce

⅛ ℓ älteren Balsamessig zu einer saucenartigen Konsistenz einreduzieren.

Quittensauce

Für die Quittensauce nehmen wir Quittenmarmelade mit etwas Trockenbeerenauslese, auf die gewünschte Konsistenz verrührt

Zubereitung: Die Gänselebersülze über Nacht gut kühlen. In Scheiben schneiden und auf Tellern anrichten. Die Balsamicosauce und die Quittensauce auf den Tellern dekorativ mit einem Löffel verteilen. Rosmarinbrot dazugeben und mit einem Rosmarinzweig garnieren.

Klare Gemüsesuppe mit Fischnockerl

Klare Gemüsesuppe mit Fischnockerl

Zutaten für 4 Portionen

Gemüsesuppe: ¾ ℓ Wasser, 250 g gewürfelte Kartoffel und Kohlrabi, 2 geschälte und entkernte und in Spalten geschnittene Paradeiser, etwas Butter, Salz, Pfeffer, 2 Lorbeerblätter, einige Fenchelsamen, Zitronensaft, Kerbel

Zubereitung: Gemüsewürfel in Butter anschwitzen und mit Wasser aufgießen. 2 Lorbeerblätter und ein paar Fenchelsamen dazugeben und etwa 20 Minuten leicht kochen lassen.

Lorbeerblätter herausnehmen und Paradeisspalten dazugeben. Mit ein bisschen Zitronensaft abschmecken.

Fischnockerl

Zutaten für 4 Portionen
200 g Karpfenfilet, entgrätet, 1 Eiweiß, 200 *ml* Obers, Salz, Cayennepfeffer, Muskatnuss

Zubereitung: Das gut gekühlte Fischfilet in Würfel schneiden und in der Moulinette mit dem Eiweiß cuttern. Mit leicht geschlagenem Obers vorsichtig vermischen und mit Gewürzen abschmecken.
Mit einem Teelöffel Nockerln formen und in leicht kochendes Salzwasser einkochen. Maximal 5 Minuten ziehen lassen, dann herausnehmen.
Die Gemüsesuppe in Tellern anrichten, Karpfennockerl hineinlegen und mit frischem gezupften Kerbel verfeinern.

Nährwert pro Portion:
284 kcal; 20,7 g Fett; 10,8 g KH; 13,5 g EW; 87,5 mg Chol; 0,9 BE.

Krensuppe mit gefüllten Klachl
und Rote-Rüben-Kren

Zubereitung Krensuppe: Zwiebel fein schneiden, in Öl anschwitzen ohne Farbe nehmen zu lassen, Knoblauch hineinpressen, etwas Essig dazugeben, mit Fond aufgießen und 10 Minuten leicht kochen lassen. Obers dazugeben. Mit Salz, Pfeffer und Muskatnuss würzen, mixen und Kren dazugeben. Sofort passieren und anrichten.

Gefüllte Klachl

Zutaten für 4 Portionen
1 Schweinshaxl gewaschen und geputzt, ½ *l* Schweinsfond, ⅛ *l* Obers, 2 geschälte Zwiebeln, 2 Knoblauchzehen, Salz, Pfeffer, Muskatnuss und etwas Essig zum Würzen, frisch gerissener Kren, Öl zum Anschwitzen Wacholderbeeren, Pfefferkörner, Kümmel, 1 Knoblauchzehe.

Zubereitung: Das Schweinshaxl in ein feuchtes Tuch binden, 6-8 Stunden im Fond ziehen und dann erkalten lassen. Schwarte vorsichtig vom Haxl lösen.

Zutaten Fülle: 1 Hühnerbrust, 100 g Schweinsschulter, 200 g Obers, Salz, Pfeffer, Kümmel, Knoblauch, 2 EL gehackte Petersilie, je 100 g gekochte Karotten und Sellerie

Zubereitung Fülle: Hendlbrust und Schweinsschulter fein faschieren, mit Obers mixen, mit Salz, Pfeffer, Kümmel und Knoblauch würzen, Petersilie dazugeben, durchrühren.
Das Fleisch des Schweinshaxls vom Knochen lösen, in ½ cm große Würfel schneiden und in die Farce geben. Karotten und Sellerie ebenfalls in ½ cm große Würfel schneiden und dazugeben.
Alles gut vermischen und in die Schwarte einfüllen, in geölte Alufolie eindrehen und etwa 40 Minuten im Fond ziehen lassen. Herausnehmen, Folie ablösen. Gefüllte Klachl in Scheiben schneiden und in der Krensuppe servieren.

Krensuppe mit gefüllten Klachl und Rote-Rüben-Kren

Tipp: Als (schnellere) Alternative zur gefüllten Klachl kann man die Krensuppe auch mit Knoblauchcroutons oder Räucherforellenstücken anrichten!

Bärlauch-Sterz mit Forellenkaviar

Räucherforellenparfait, Räucherforellenmousse mit Strudelblättern

Gebratene Entenleber mit glasierten roten Rüben

Räucherforellenmousse
mit Strudelblättern

Zutaten für 4–6 Portionen

250 g Räucherforellenfilet, 250 ml geschlagenes Obers, 3 Blatt Gelatine, weißer Pfeffer, Salz, etwas Zitronensaft

Zubereitung: Die Räucherforellenfilets in der Moulinette fein pürieren. Die Gelatine in kaltem Wasser einweichen, danach ausdrücken und in wenig heißem Wasser vorsichtig auflösen. Dann die Hälfte des geschlagenen Obers mit der Forellenmasse vermischen. Das restliche Obers und die flüssige Gelatine vorsichtig unterheben. Mit Salz und Pfeffer abschmecken und die Hälfte davon in einen viereckigen Behälter geben. Die andere Hälfte in eine kleine Terrinenform einfüllen.

Zum Anrichten das Mousse aus der Terrinenform stürzen und in Scheiben schneiden. Aus der zweiten Hälfte mit dem Eisportionierer halbe Kugeln ausstechen und zwischen den Strudelblättern anrichten. Mit Salat garnieren.

Nährwert pro Portion:
398 kcal; 19,7 g Fett; 37,1 g KH; 18 g EW; 74,5 mg Chol; 3,1 BE.

Gebratene Entenstopfleber
mit glasierten roten Rüben

Zutaten für 4 Portionen

8 Scheiben Entenstopfleber, Grobsalz, Pfeffer, etwas Mehl, Salat zum Garnieren

Glasierte rote Rüben

200 g gekochte und in Stifte geschnittene rote Rüben,
50 g pürierte rote Rüben (gekocht – mit Salz und Zitrone gewürzt), 1 TL Zucker, etwas Butter
Die roten Rübenstifte in zerlassener Butter und Zucker glasieren.
1/16 ℓ Sauerrahm, frisch geriebener Kren, Zitrone, Salz.
Den Sauerrahm mit Kren, Zitrone und Salz abschmecken.
Zubereitung: Die Entenstopfleber salzen und pfeffern und leicht in griffigem Mehl wenden. In einer heißen Pfanne mit wenig Öl die Entenleberscheiben beidseitig kurz braten und sofort auf den vorbereiteten Tellern mit roten Rüben, Krenrahm und Sauce aus passierten roten Rüben anrichten. Mit etwas Salat und einem frischen Kräutlein garnieren.

Nährwert pro Portion:
304 kcal; 15,9 g Fett; 14,5 g KH; 24,3 g EW; 615 mg Chol; 1,2 BE.

Kalbsnieren im Ganzen gebraten,
auf Orangensauce mit Topinamburpüree

Zutaten für 4 Portionen
2 Stück Kalbsnieren, Salz, Pfeffer, $^1/_{16}$ ℓ Rotwein, $^1/_{16}$ ℓ Portwein, $^1/_8$ ℓ Kalbsfond, 3 EL Orangenmarmelade

Zubereitung: Die Kalbsnieren mit Salz und Pfeffer würzen. In einer Pfanne von allen Seiten anbraten und im Rohr bei 150°C etwa 10 Minuten garen. 2 Minuten vor Ende der Garzeit mit etwas Orangenmarmelade bestreichen. Die Nieren 10 Minuten rasten lassen.

Den Portwein und Rotwein auf die Hälfte einkochen lassen. Mit Kalbsfond aufgießen und noch etwas kochen lassen. Die Marmelade einrühren und die Sauce abseihen.

Zutaten Topinamburpüree
$^1/_4$ kg Topinambur, $^1/_2$ Zitrone, Salz, Curry, $^1/_{16}$ ℓ Obers

Zubereitung Püree: Die Topinambur gut waschen, bürsten und in Stücke schneiden. Im Topf mit Wasser, Salz und etwas Zitronensaft kochen, abseihen, etwas Flüssigkeit zurückbehalten. Die Topinambur mit Flüssigkeit und Obers pürieren. Mit Curry vorsichtig abschmecken und eventuell mit etwas Flüssigkeit auf die gewünschte Konsistenz bringen.

Die Niere in Scheiben schneiden, auf Orangensauce anrichten, mit Püree servieren, mit frittierten Topinamurchips garnieren.

Als weitere Beilagen empfehlen wir Gemüse, wie grüne Bohnen, Karotten und Sellerie.

Kalbsnieren im Ganzen gebraten mit Orangensauce

Saiblingfilet mit Kräuterbröselkruste
und glasiertem Löwenzahn und Radicchio

Zubereitung: Die Saiblingsfilets würzen und in einer Pfanne mit Öl auf beiden Seiten leicht anbraten. Auf der Fleischseite die Bröselmasse aufstreichen und im Rohr bei Oberhitze oder Grill gratinieren. Auf dem Gemüse anrichten.

Zutaten Gemüse
100 g Löwenzahn, 100 g Radicchio, Salz, Pfeffer, Butter, Zucker, $^1/_8$ ℓ Erdäpfelfond

Zubereitung Gemüse: Butter und Zucker in einer Pfanne zergehen lassen, Gemüse zufügen, salzen, pfeffern, kurz durchschwenken und mit Erdäpfelfond aufgießen.

Zutaten für die Kruste
Weißbrotbrösel, handwarme Butter, gehackte Kräuter (Kerbel, Petersilie, Estragon)

Zubereitung: Die Brösel mit der Butter und den Kräutern zu einer weichen Masse vermischen.

Saiblingfilet mit Kräuterbröselkruste

Zweierlei vom Schwein
mit mitgebratenen Erdäpfeln

Schweinsbraten

Zutaten für 8 Portionen

½ Schweinsschopf (ca. ¾ kg), Kümmel im Ganzen, gepresster Knoblauch von 3 Zehen, Salz, Pfefferkörner, 3 Lorbeerblätter, etwas Öl
400 g Erdäpfelwürfel, ca. 1½ cm groß

Zubereitung: Schweinsschopf mit Gewürzen gut einreiben, in einer Pfanne mit Öl im Rohr bei 200°C etwa 1½ bis 2 Stunden braten. Den Schopf öfters mit Wasser angießen und mit dem Saft in der Pfanne begießen. Die Erdäpfelwürfel etwa ½ Stunde vor Garzeitende zugeben.

Tipp: *Schweinsbraten gelingt am besten, wenn man ein größeres Stück brät. Deshalb empfehlen wir etwas mehr zu braten und den Rest für eine kalte Jause zu verwenden.*

Schweinsfilet

Zutaten für 4 Portionen

4 Stück Schweinsmedaillons á 150 g

Zubereitung: Die Medaillons in einer Pfanne mit etwas Öl, Salz, Pfeffer beidseitig anbraten und ca. 10 Minuten rasten lassen.

Anrichten: Den in Scheiben geschnittenen Schweinsbraten und die Schweinsmedaillons mit dem Saft auf dem Teller anrichten. Die Erdäpfelwürfel darüber streuen und als Beilage etwas Gemüse und mitgebratenen Knoblauch servieren.

Nährwert pro Portion:
626 kcal; 37 g Fett; 14,4 g KH; 58,7 g EW; 193 mg Chol; 1,2 BE.

Weintipp

Ein gereifter Rotwein wie die „Sattlerhof 1999er St. Laurent/Zweigelt Cuvèe" wird zum würzigen Schweinsbraten eine gute Figur machen, wobei ein rassig-würziger Riesling auch sehr gut geeignet ist.

Stubenküken – Keulen und Brust
gefüllt auf Rotweinschalotten und Sterzterrine

Zutaten für 4 Portionen
2 Stubenküken zerteilt und die Keulen hohl ausgelöst

Zutaten für die gefüllte Brust-Farce
100 g Hühnerfleisch fein faschiert, 75 *ml* Obers, Salz, Pfeffer, Muskatnuss, gehackter Rosmarin
Zubereitung: Gut gekühltes Hühnerfleisch würzen und mit Obers in der Moulinette cuttern, die Stubenkükenbrust mit Flügelknochen auf der Fleischseite plattieren. Mit Farce bestreichen und einrollen.

Zutaten für die Keulen-Fülle
4 Stück Toastbrot entrindet und in Würfel geschnitten, 1 Eigelb, etwas Milch, gehackter Rosmarin, etwas zerlassene Butter, Muskatnuss, Salz, Pfeffer
Zubereitung der Keulen: Alle Zutaten vermischen und ziehen lassen. Hohl ausgelöste Keulen damit füllen und zusammenrollen.

Sterzterrine

Zutaten für 4 Portionen
¼ *ℓ* Wasser, 125 g gelben Sterz (Polenta-Maisgrieß), 10 g Butter, Salz, Muskatnuss

Zubereitung: Wasser mit Butter und Salz aufkochen, den Sterz einrühren und etwa 10 Minuten dünsten. Öfters rühren, damit sich die Masse nicht anlegt. Wenn das Wasser gut aufgesaugt und der Sterz weich ist, in eine mit Klarsichtfolie ausgelegte Terrinenform füllen, auskühlen lassen.
Vor dem Anrichten in Scheiben schneiden mit zerlassener Butter bestreichen, mit etwas Wasser bepinseln und mit Alufolie zudecken. Im heißen Rohr wärmen.
Die Keulen und die Brust der Stubenküken in einer bebutterten Pfanne im 180°C heißen Backrohr ca. 8 Minuten braten. Noch für 10 Minuten an einem warmen Ort rasten lassen. In Scheiben schneiden und auf den Rotweinschalotten mit der Sterzterrine anrichten.
Als weitere Beilagen empfehlen wir gedünstetes Mangold und gebratene Champignons.

Nährwert pro Portion:
1310 kcal; 63,1 g Fett; 93 g KH; 41,3 g EW; 318 mg Chol; 7,8 BE.

Stubenküken gefüllt auf Rotweinschalotten und Sterzterrine

Zutaten Rotweinschalotten
400 g Schalotten geschält und in Spalten geschnitten,
200 g Butter, 150 g Kristallzucker, Salz, etwas Wasser.
1 *ℓ* Rotwein, ¼ *ℓ* Portwein und ⅛ *ℓ* Preiselbeersaft auf ¼ *ℓ* einkochen
Zubereitung Rotweinschalotten: Butter zerlassen, Schalotten, Zucker, Salz und etwas Wasser dazugeben, ohne Farbe nehmen zu lassen langsam dünsten. Danach mit Reduktion von Rotwein, Portwein und Preiselbeersaft aufgießen und langsam weiter köcheln lassen, bis die Schalotten die gewünschte Farbe angenommen haben.

Weintipp
Der Weinbegleiter darf den zarten Geschmack des Stubenkükens nicht übertönen, es kann ein leichter bis mittelschwerer Rotwein sein, entweder ein Blauburgunder oder ein Blauer Zweigelt sind dazu möglich.

Topfenmousse mit Rhabarber, Himbeeren und Erdbeeren

Gebackene Apfelpalatschinken mit Kürbiskernen

Topfenmousse mit Rhabarber,
Himbeeren und Erdbeeren

Zutaten für 4 Portionen
250 g Topfen, Saft und Schale von ½ Zitrone, 1 Ei, 1 Dotter, 75 g Staubzucker, 1 TL Vanillezucker, Prise Salz, 100 g Qimiq, 150 g Obers
Zubereitung: Ei, Dotter, Zucker, Salz und Zitrone über Wasserdampf warm aufschlagen, kalt rühren. Passierten Topfen und Qimiq unterrühren. Zum Schluss das geschlagene Obers vorsichtig unterrühren. Mindestens 2 Stunden kaltstellen.

Früchte: 100 g Rhabarber, 1 Tasse Himbeeren, 100 g Erdbeeren.
Zubereitung: Den Rhabarber in Stücke schneiden und in etwas Butter und Zucker dünsten.
Das Topfenmousse in der Mitte des Tellers mittels Eisportionierer anrichten. Die Früchte mit Zucker und Zitrone marinieren und um das Mousse anrichten. Mit in Streifen geschnittenen Minzblättern bestreuen, mit Minze garnieren und anzuckern.
Nährwert pro Portion:
307 kcal; 17,6 g Fett; 25,2 g KH; 11 g EW; 172 mg Chol; 2,1 BE.

Gebackene Apfelpalatschinken
mit Kürbiskernen

Zutaten für 4 Portionen
4 Äpfel waschen, schälen, blättrig schneiden, 20 Stück Rumrosinen, 20 g Butterbrösel, Zimt, Zitrone, Rum, Zucker
Zubereitung: Für die Fülle der Apfelpalatschinken die Zutaten vorsichtig vermischen und etwas ruhen lassen

Palatschinkenteig
75 g Mehl, 200 *ml* Milch, 2 Eier, 75 g zerlassene Butter, etwas Orangenzesten und Orangensaft, 30 g Staubzucker
Zutaten für die Kürbiskern-Panier
100 g süße Brösel, 2 Eier, 50 g gehackte, karamellisierte Kürbiskerne.
Zubereitung: Die Eier mit Mehl glatt rühren. Die restlichen Zutaten dazugeben und den Teig ½ Stunde rasten lassen. Danach dünne Palatschinken backen.
Die Palatschinken mit der Apfelmasse bestreichen und einrollen. Dann in Eiern, süßen Bröseln und gehackten, karamellisierten Kürbiskernen panieren und in Fett herausbacken.
Auf einer Küchenrolle abtropfen und dann in Scheiben geschnitten auf einem Teller anrichten, mit Staubzucker bestreuen.
Dazu passen hervorragend eine Kugel Vanilleeis oder Zimtrahm, sowie glasierte Äpfel.

Kürbiskernparfait-Turm
mit Strudelblättern

Zutaten für 4 Portionen
2 Eier, 2 Dotter, 150 g Zucker, etwas Kernöl, 100 g Kürbiskerne karamellisiert und gehackt, 300 g geschlagenes Obers

Zubereitung Parfait: Eier, Dotter, Zucker und Kernöl über Wasserdampf schaumig schlagen, mit dem Mixer kalt schlagen. Kürbiskerne und geschlagenes Obers vorsichtig untermischen, in eine Form füllen, 24 Stunden frieren.

Zitrusfrüchte: Filets von rosa Grapefruit und Orangen

Zubereitung Früchte: Die Früchte mit Zucker, Orangensaft und Cointreau marinieren. Die Strudelblätter in der Größe 5 x 5 cm zuschneiden (pro Portion 4-5 Stück) Strudelblätter auf ein befettetes Blech legen, mit zerlassener Butter bestreichen, mit Staubzucker besieben, bei Oberhitze backen, bis die Strudelblätter goldbraun sind.
Die Strudelblätter abwechselnd mit Kürbiskernparfait zu einem Turm anrichten. Zitrusfrüchtefilets mit Sauce rundherum anrichten. Mit Minze oder Melisse garnieren, mit Staubzucker bestreuen.

Restaurant Sattlerhof
Hannes und Gabriela Sattler
A-8462 Gamlitz, Sernau 2a
Tel: +43 (0) 34 53-44 54, Fax: -44
Geöffnet: Mi–Sa, 12–14 Uhr und 18–21 Uhr, So 12–14 Uhr
www.sattlerhof.at
e-mail: restaurant@sattlerhof.at

Weingut Lackner-Tinnacher

A-8462 Gamlitz, Steinbach 12
Telefon: 03453/2142, Fax: 4841
E-Mail: weingut@tinnacher.at
www.tinnacher.at

Seit über 200 Jahren, genau seit 1770, ist das in Gamlitz-Steinbach zwischen Obst- und Weingärten gelegene Gut der Familie Lackner in Familienbesitz. Heute wird das Weingut von Fritz und Wilma Tinnacher geführt. Die 16 Hektar Weingärten haben durchwegs sandige bis lehmige Bodenstrukturen. Es werden zwei Lagen bewirtschaftet – Steinbach und Eckberg. Erstere bildet die Basis für die Rebsorten Welschriesling, Weißburgunder, Morillon, Sauvignon blanc, Grauburgunder, Muskateller, aber auch für einen Rotwein, eine Cuvée aus Zweigelt und St. Laurent, die unter der Bezeichnung „Steinbach" in den Verkauf kommt.

„Unser Bestreben ist es, feine, von Boden und Kleinklima geprägte Lagenweine zu produzieren", bringt Fritz Tinnacher die Philosophie des Hauses auf den Punkt. Schon in den 80er-Jahren war das Weingut Lackner-Tinnacher seinen Weinbaukollegen um einige Schritte voraus und hat seine Weine nach ihrer Herkunft getrennt verarbeitet und auch als solche bezeichnet. Seit dem Jahrgang 1990 werden die Lagen am Etikett angeführt.

Das besondere Kleinklima der Rieden erhält Fritz Tinnacher durch Wiesenränder und Schutzwälder, die rund um die Weingärten angelegt sind. Er und seine Gattin Wilma sind eigentlich mehr Weingärtner, in dieser Form werden die Weinstöcke kultiviert und gepflegt. Im Laufe des Jahres wird jeder Rebstock mehrmals ausgedünnt, viel Laubarbeit wird, je nach Rebsorte individuell, durchgeführt. Das bringt in jedem Jahr die höchstmögliche Traubenreife. Diese konsequente Arbeit

wird im neugebauten Weinkeller fortgesetzt, der im Jahre 2000 fertig gestellt wurde und eine Auszeichnung der Republik Österreich für vorbildliche Baugestaltung erhielt. Absolute Sauberkeit ist das oberstes Gebot, vom Eintreffen der Traube im Keller bis zur Flaschenfüllung. Fritz Tinnacher: „Mein Bestreben ist es, Weine mit einer besonders feinen Charakteristik zu keltern."

Diese feinziselierten und zarten Nuancen, die Fritz Tinnacher in seine Weine integriert, werden durch die Lagerung noch besser, noch intensiver. Zwei bis drei Jahre nach Ernte beginnen sich die Lackner-Tinnacher-Weine zu ihrer wahren Größe zu entwickeln. Von den 2002er Weinen sind der Morillon Steinbach, Sauvignon blanc Steinbach und Welles, Weißburgunder und Grauburgunder Steinbach, die alle sehr nuancenreich und fein sind, besonders hervorzuheben.

Zum Gut gehören auch 6 Hektar Obstgärten. Aus den Früchten – Williamsbirne, Zwetschke, Maschansker und Quitte – werden edle Brände destilliert.

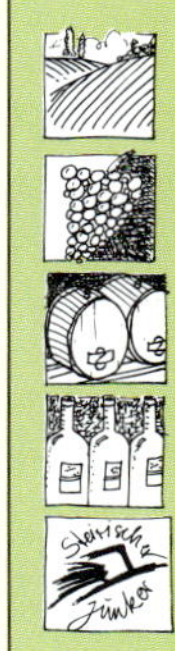

16 ha - Lagen Steinbach und Eckberg:
Welschriesling, Weißburgunder, Morillon, Grauburgunder, Traminer, Sauvignon blanc, Muskateller, Riesling, Zweigelt, St. Laurent
Ab-Hof-Verkauf: Mo-Sa, 10-12 Uhr, 15-18 Uhr
€ 5,50/19,50
Traubensaft, Apfelsaft
Obstbrände, Weinbrände

Weinbau Strauss, vlg Schopper

A-8462 Gamlitz, Steinbach 16
Telefon: 03453/3434, Fax: -4
e-mail: office@weingut-strauss.at
www.weingut-strauss.at

Als er mit seinem Welschriesling erstmals im Österreichischen Weinsalon vertreten war, war Karl Strauss schon berechtigt stolz auf die Leistungen seines Sohnes Gustav als Kellermeister. Gleich mit drei Weinen, dem Welschriesling, Weißburgunder und Sämling erreichte er das Finale bei der steirischen Landesweinkost. Zum Sieg hat es nicht gereicht, der Qualitätslevel bei dieser Weinkost ist sehr hoch. Jeder Wein, der so weit kommt, ist hervorragend, die feinen Nuancen, die den Unterschied ausmachen, sind individuell zu bewerten.

Jetzt sind beide Söhne, Karl jun. und Gustav, voll im Weingut Strauss integriert. Gustav, Absolvent der Fachschule Silberberg und Kellermeister, kümmert sich um Weingärten und Keller, während Karl jun. für die Firmenlogistik, Verkauf und die Weinmessen zuständig ist.

Der 14 Hektar große Familienbetrieb ist gewachsen und verarbeitet mit dem Zukauf die Trauben von einer Fläche von rund 25 ha, was einer jährlichen Produktion von rund 150.000 Flaschen entspricht.

Die Kellerei ist das „Technologiezentrum" des Weingutes. Auf dem neuesten technischen Stand eingerichtet, sind alle Feinheiten der Vinifizierung möglich, um die typische steirische Frucht in den Weinen zu erhalten. Eine gekühlte, computergesteuerte Gärung ist ebenso selbstverständlich wie der Einsatz von großen Eichenholzfässern für die gehaltvollen Bukettsorten. Traditionelles Wissen ist mit modernster Kellertechnologie kombiniert, jede Möglichkeit, den Qualitätsstandard

zu heben, wird ausprobiert. An Weißweinen wird fast die ganze steirische Palette angeboten: ein sehr fruchtiger Schilcher, Welschriesling, Morillon, Weißburgunder, Sauvignon blanc, Muskateller, Grauburgunder, Sämling und eine Gewürztraminer Spätlese, die mit einem intensiven Duft nach Wildrosen und Zimt verführt.
Die Strauss-Rotweine St. Laurent, Blauer Zweigelt, Blauer Portugieser und Blauer Wildbacher werden teilweise auch in französischen Barriques zur vollen Reife gebracht. Die Cuvée „Julia", aus Cabernet Sauvignon, Zweigelt und Blauer Wildbacher, reifte sogar 14 Monate in den Kleinfässern. Edle Kompositionen aus Früchten, von Gustav destilliert, Maschansker, Kriecherl, Zwetschke, Saubirne, Mirabelle, Holunder und Birnenquitte als Edelbrand, sowie ein Schilcher und ein Muskateller als Tresterbrand und ein Traubenbrand runden das Angebot mit Edel- und Traubenbränden ab.

14 ha - Welschriesling, Morillon, Weißburgunder, Sauvignon blanc, Muskateller, Grauburgunder, Sämling, Gewürztraminer, Zweigelt, St. Laurent, Blauer Wildbacher, Schilcher
Ab-Hof-Verkauf: Mo–So 8–19 Uhr, So 13–19 Uhr
€ 4,–/12,-
Sekt, Traubensaft
Obstbrände, Destillate

Weingut Pongratz

A-8462 Gamlitz, Kranachberg 73
Tel/Fax: 03453/4477
e-mail: wein@pongratz.cc
www.pongratz.cc

Gleich neben einem kleinen Wald gelegen und umgeben von den Weingärten, findet man das Weingut Pongratz am Labitschberg. Dem Besucher sticht als erstes das zum Buschenschank umgebaute Stallgebäude ins Auge. Wen wundert es, wenn man die alten Gewölbe aus dem Jahre 1850 und die alten Holztrame sieht. Jahrelang behutsam restauriert, eröffnete die Familie Pongratz 1997 die „Holzstubn" und den „Gwölbraum" neu, wo es zu den hauseigenen Weinen selbst gebackenes Brot und deftige Jausen gibt. Es wurde ein Ambiente geschaffen, in dem man sich rundum wohl fühlt. Der Rundblick vom Murtal bis über die Landesgrenze ist sicher einer der schönsten der Region. Der Familie Pongratz bleibt selten Zeit diese Idylle zu genießen, denn bei ihr hat der Gast absoluten Vorrang. Wer bei einer Weinverkostung dem reichen Sortenangebot oder seinem Lieblingswein zu sehr zugesprochen hat, kann sich in die Gästezimmer im ersten Stock zurückziehen. Eingerichtet mit viel Holz, entsprechen sie dem ländlichen Stil. Der alte Nachttopf unter dem Bett ist Dekoration. Jedes Zimmer ist selbstverständlich mit Dusche und WC ausgestattet. Hermine Pongratz serviert am Morgen ein reichhaltiges Frühstück mit duftendem Kaffee. Auf die Auszeichnung „4 Margaritenbetrieb" ist sie berechtigt stolz.
Viel Freude und umfangreiches Fachwissen bringen Franz und Markus Pongratz bei der Bewirtschaftung der Lage „Kranachberg" und neuerdings der Lage „Unterhochberg" mit. Die steilen Hänge in Südlage begünstigen die Traubenreife und schaffen eine wichtige Voraussetzung für die Qualitäts-

weinproduktion. Vater Franz hat die jahrelange Erfahrung im Weinbau, Sohn Franz die nötige Portion Experimentiergeist. Das gelungen Zusammenspiel der beiden, das günstige Klima, der gute Boden und die gediegene Verarbeitung sind Faktoren für hochqualitative Pongratz-Weine. Mit dem Sauvignon blanc „Kranachberg" gelang ihnen ein einmaliger Erfolg, als sie sich in Laibach gegen 756 Teilnehmer aus 21 Nationen durchsetzten und zum „World Champion 2001" gekürt wurden. „Ein unverwechselbarer, würzig eleganter Wein, finessenreich und temperamentvoll. Der Weltmeisterwein zeichnet sich durch seine Harmonie aus", lautet das Urteil des Winzers.
Das Interesse, Bodenständiges mit Neuem zu verbinden, zeigt sich auch in der Kellerarbeit, wo bei der Vergärung auch mit Kombinationen von Edelstahltank und Holzfässern gearbeitet wird. Von spritzigen, leichten Weinen bis zu charaktervollen und körperreichen reicht die Palette, sodass am Weingut Pongratz für jeden Gaumen der passende Tropfen gefunden wird.

6 ha - Welschriesling,Weißburgunder, Styrian Green, Gelber Muskateller, Morillon, Sauvignon blanc, Grauer Burgunder, Sämling, Zweigelt
Buschenschank: Fr-So ab 14 Uhr
Juli, Dez-Feb geschlossen
Ab-Hof-Verkauf nach Voranmeldung
€ 5,-/20,-
Obstbrände, Destillate, Weinbrände
4 Gästezimmer, 8 Betten

Weingut Schilhan

A-8462 Gamlitz, Kranach 8
Tel/Fax: 03453/6094
e-mail: office@weingut-schilhan.at
www.weingut-schilhan.at

Der „Elvis vom Kranachberg" Wilfried Schilhan

Als „Elvis vom Kranachberg" wird Wilfried Schilhan oft betitelt. Dieser Beiname kommt nicht von ungefähr, ist doch der umtriebige Winzer einer der glühendsten Verehrer des Kings und seiner Musik. Ihm zu Ehren wird jedes Jahr ein eigener Wein gekeltert (2000 eine Traminer TBA und 2001 ein Traminer Eiswein), der dann mit dem Namen „Aaron" (dem 2. Vornamen von Elvis) von Musikfreunden genossen wird; und das von Gamlitz bis Graceland.

Wilfried Schilhan ist ein echter Musik-Fan, er selbst ist aktiver Musiker und Individualist, und – „last but not least" - ein hervorragender Winzer, bei dem statt Blut Muskateller, Sauvignon blanc und Chardonnay in den Adern fließen. Das kommt aber nicht von der Menge des bisher konsumierten Weines, sondern von seinem Umgang mit diesen Rebsorten. Er hat seine Weingärten in den besten Kranacher Lagen am Jägerberg und Hochglanzberg. Die Trauben werden alle händisch gelesen, schonend verarbeitet und temperaturgesteuert in Edelstahltanks vergoren. Welschriesling, Sauvignon, Morillon und der Schilcher - diese frischen Weine sind von ihrer Primärfrucht geprägt. Besonders reife und gesunde Trauben vom Chardonnay, Traminer und auch teilweise vom Sauvignon blanc werden auch in kleinen Holzfässern vergoren und ausgebaut. Nach dem BSA verbleiben sie darin noch für weitere 8 bis 12 Monate zum Reifen. Diese Weine verfügen dann über ein tiefes Fruchtpotenzial, den Geschmack des „Terroirs" - der Lage - und haben eine lange Lager- und Entwicklungsfähigkeit. Die erste Trinkfreude hat man aber erst 4 Jahre nach der Ernte, dann beginnen sich die Einzelkomponenten zu harmonisieren, die Gerbstoffe sind eingebunden und die reifen Fruchtnoten kommen stärker zum Vorschein, dann zeigen sie ihre wahre Größe.

Wilfried Schilhans „Weinkostraum" erinnert an ein Hard-Rock-Cafe, Elvis lebensgroß in der Ecke, eine goldene Schallplatte an der Wand, das Schlagzeug immer spielbereit, das sind die Ausdrucksmittel eines „zeitgemäßen" Buschenschank.

15 ha - Welschriesling, Morillon, Weißburgunder, Schilcher, Sauvignon blanc, Muskateller, Zweigelt, Blauer Wildbacher
Ab-Hof-Verkauf: Mo-So, 10-17 Uhr
Kellerführung und kommentierte Weinkost nach Voranmeldung
€ 5,40/25,-
Schilcher Frizzante
Destillate

Weinbau Liener Gerhard

A-8462 Gamlitz, Labitschberg 27
Telefon: 03453/2190, Fax: 20495
E-Mail: office@weinbau-liener.at
www.weinbau-liener.at

Der Großvater kaufte 1936 den Betrieb, und die Familie Liener führt seitdem eine gemischte Landwirtschaft. Gerhard Liener nennt 4 ha Rebfläche sein Eigen und produziert rund 25.000 Flaschen Wein pro Jahr. Gerade das letzte Jahr mit seinem heißen Sommer ließ Gerhard Liener hervorragende Weine keltern. Die Weißweine sind allesamt fruchtig und kräftig, Welschriesling und Sämling etwas leichter. Vergoren werden sie in Stahltanks oder Holzfässern und reifen danach bis zu 12 Monate in Holzfässern. Als Kontrast zum neuen Weinkeller mit seinen blitzenden Edelstahltanks ist der Gewölbekeller aus der Mitte des 18. Jahrhunderts immer noch in Betrieb. Mit seinen drei tragenden Säulen eine Seltenheit und gilt als einer der ältesten Keller der ganzen Region. In diesem nostalgischen Ambiente kann man die gesamte Produktpalette an Weinen und Edelbränden verkosten. Neben dem Weinbau betreibt die Familie auch noch Teichwirtschaft, und verwöhnte Gaumen werden mit geräucherten Fischfilets, Silberamurlocken, Fischpasteten und sauren Fischsalaten überrascht.

4 ha – Welschriesling, Altsteirerwein, Weißburgunder, Morillon, Sauvignon blanc, Muskateller, Schilcher, Zweigelt, Blauer Wildbacher
Ab-Hof-Verkauf: ganzjährig
€ 4,-/7,-
Traubensaft, Fruchtsäfte
Steirerfisch
5 Gästezimmer, 10 Betten

Weingut Muster.gamlitz

A-8462 Gamlitz, Grubtal 14
Tel/Fax: 03453/2300, Fax: -4
E-Mail: weingut@muster.gamlitz.at

In Grubtal bei Gamlitz bewirtschaften Josef Muster und sein Sohn Reinhard fast acht Hektar Rebflächen. Sie haben ein sehr breites Weinprogramm, vom frischen Welschriesling über wuchtige, kräftige Weißweine bis zur Trockenbeerenauslese und natürlich auch Rotweine, denen ein besonderes Augenmerk geschenkt wird. Seit dem Jahrgang 2002 wird eine neue Produktionsphilosophie umgesetzt, es werden nun drei Weinlinien produziert – „Klassik", „Reverenz" und „Baroque".

Der „Klassik"-Ausbau zeigt Formen verschiedenster Fruchtvariationen, leicht und trocken ausgebaut werden die Rebsorten Welschriesling, Sauvignon blanc, Weißburgunder, Chardonnay, Muskateller, Sämling, Rheinriesling und Zweigelt.

Aus den besten Lagen kommen die Trauben für die „Reverenz"-Weine; Grauburgunder, Chardonnay, Weißburgunder und Sauvignon blanc-Reserve zählen dazu. Bei der Vinifizierung dieser Weine werden die Vorzüge des Stahltanks bei der Gärung mit der Reifung in Eichenholzfässern kombiniert.

Aus den besten Lagen wurden die Trauben mit der höchsten Reife ausgewählt, dann sorgfältig in kleinen Eichenfässern vinifiziert, das sind Zweigelt, Sauvignon blanc und der Chardonnay der „Baroque"-Linie. Obwohl diese Weine im internationalen Stil ausgebaut werden, zeigen sie deutlich ihre steirische Herkunft, die typische steirische Frucht ist im Vordergrund.

Zum großen Weinangebot gibts noch ein unglaubliches Spektrum an feinen Obstbränden: Williams, Kriecherl, Zwetschken, Apfelbrände, Quitten, Johannisbeere, Himbeere, Trester, Holunder, Marille und Pfirsich finden sich auf der Karte. Josef Muster konnte in den letzten Jahren mit seinen edlen Destillaten gleich 7 x Landessieger werden.

7,5 ha - Sauvignon blanc, Morillon, Welschriesling, Muskateller, Sämling, Zweigelt
Buschenschank: Mi–Sa; So, Mo Ruhetag
Ab-Hof-Verkauf: täglich
Kellerführung und kommentierte Weinkost bei Voranmeldung
€ 4,70/12,20
Traubensaft, Fruchtsäfte
Obstbrände, Destillate, Liköre

Weingut Peter Skoff

A-8462 Gamlitz, Kranachberg 50
Telefon: 03453/6104, Fax: -4
E-Mail: weingutskoff@aon.at
www.weingutskoff.at

Umgeben von Wäldern und Weingärten mit herrlichem Panoramablick in das südsteirische Hügelland, beeindruckt das Äußere des Weingutes. Großzügige und mit viel Holz gestaltete Räumlichkeiten bilden mit vorzüglichen Weinen und steirischen Schmankerln die dazu passenden „inneren Werte". Anna und Peter Skoff bewirtschaften gemeinsam mit ihren Söhnen Markus und Christian das Gut, auf dem man sich seit 1975 nur mehr auf Weinbau konzentriert.

In den Weingärten des Weingutes werden neun verschiedene Rebsorten auf besten Süd- und Südostlagen kultiviert. Der alte Name „Rotriegl", wie die steile, geschützte Kessellage mit dem sandig-kargen Schotterboden schon immer geheißen hat, wird als Markenname für die Herkunft der Weine verwendet. Von der Linie „Rotriegl Classic", den Vertretern der fruchtigen, säurebetonten Weine, über die kräftige, vollmundige „Rotriegl Selektion" bis zu den Lagenweinen mit der Bezeichnung „Kranachberg", die 12 bis 18 Monate in den Barriques vinifiziert werden, reichen die Ausbaurichtungen. Peter Skoff ist ein Winzer, der das große Sortiment der steirischen Weine auszureizen versteht. Die Weinlinie „Rotriegl" ist zum Synonym für Topweißweine geworden und der Buschenschank Skoff wurde zur Pilgerstätte der Weinliebhaber.

Die einzelnen Weingärten haben Hangneigungen bis zu 60% und sind schwer zu bearbeiten. Die Weinzeilen sind eng gesetzt und verlangen viel Handarbeit. „Durch die engeren Reihen ergeben sich mehr Stöcke pro Hektar als im Durchschnitt", erzählt der Winzer, „aber auch eine geringere Einzelstockbelastung. Es hängen maximal 6 Trauben auf einem Stock, sodass genügend Laub für die Photosynthese der Zuckereinlagerung in den Trauben vorhanden ist."

Die letzte Ernte brachte durch sorgfältige Weingartenarbeit und die begünstigten Lagen ausgezeichnet reifes und gesundes Traubenmaterial. Der Weinkeller ist technisch sehr gut ausgestattet. Für den Ausbau der leichten, fruchtigen Weine stehen Stahltanks, für die Burgundersorten die klassischen Eichenholzfässer zur Verfügung. Jede Sorte wird individuell behandelt, je nach gewünschtem Bukett wird mit verschiedenen Maischestandzeiten und Ganztraubenpressung gearbeitet. Der Zweigelt wird in offener Maischegärung vinifiziert, ehe er für den weiteren Ausbau in Barriques gefüllt wird.

In letzter Zeit konnten vorher unbewirtschaftete Flächen durch Drainage- und Planierarbeiten für die weinbauliche Nutzung brauchbar gemacht werden. Die neuen Lagen werden mit Sauvignon blanc, Morillon und Muskateller bestockt.

12,8 ha - Welschriesling, Morillon, Sauvignon blanc, Weißburgunder, Muskateller, Gewürztraminer, Blauer Wildbacher, Zweigelt
Buschenschank und Ab-Hof-Verkauf: Ostern-Allerheiligen täglich
€ 4,50/14,-
Traubensaft, Destillate
5 Gästezimmer, 10 Betten

Weingut Trabos

A-8462 Gamlitz, Kranachberg 30
Telefon: 03454/430, Fax: 6830
E-Mail: trabos@aon.at
www.trabos.at

Aus Gamlitz kommend, erreicht man in Kranach das Weingut von Gerti und Josef Trabos. Eine schmale Straße führt durch den Wald den Berg hinauf. Die große Lichtung präsentiert die idyllischen Weingärten in wohltuender Abgeschiedenheit und Ruhe. Einige hundert Meter weiter steht der Hof der Familie Trabos. Arbeitsteilung ist das Erfolgsgeheimnis, um die zahllosen Aufgaben im Weingarten, Weinkeller und im Buschenschank bewältigen zu können.

Gerti Trabos ist der gute Geist des Buschenschanks und des Hofes und für den prachtvollen Blumenschmuck zuständig. Beim steirischen Blumenschmuckbewerb war die Auszeichnung „schönster Buschenschank der Steiermark" der gerechte Lohn für die mühevolle Arbeit.

Josef kümmert sich um alles von der Rebe bis zum Wein. Für ihn ist jeder Jahrgang eine neue Herausforderung, die für ihn im Reigen der Jahreszeiten ständig nachvollziehbar ist. Die Toplage des Betriebes ist die Ried Kranachberg. Rund um den Hof gelegen, handelt es sich um eine Süd- bis Südwestlage mit 60% Hangneigung. Die Weine vom Kranachberg sind in ihrer dichten Frucht, ihrem fülligen Körper und ihrer besonderen Würze ein Aushängeschild des Betriebes. „Die Qualität der Weine beginnt im Weingarten. Darum achte ich besonders auf eine Ertragsminderung und eine sorgsame Laubarbeit, um eine höchstmögliche Qualität der Trauben zur Lesezeit zu erreichen." Der Weinbauer strebt auch eine hohe Laubwand bei den Rebstöcken an: „Das bedeutet zwar mehr Arbeit, ist für mich aber ein unverzichtbares Mosaiksteinchen auf dem Weg zu physiologisch reifen Trauben." Im Weinkeller setzt Josef

Trabos auf den reduktiven Ausbau seiner Weine in Stahltanks. Welschriesling, Weißburgunder, Muskateller, Sauvignon blanc werden darin vergoren, die Lagenweine vom Kranachberg, Sauvignon blanc und Chardonnay kommen zur Gärung in die kleinen Holzfässer. Die gehaltvollen Roten, Zweigelt und Blauer Wildbacher, reifen bis zu 14 Monate im Holz, bevor sie gefüllt werden.

Die Töchter Birgit und Anita managen Werbung, Präsentation und Verkauf. Anita ist als Weinprinzessin gleichzeitig eine der Repräsentantinnen des steirischen Weines.

Mit einer Gruppe steirischer Jung-Weinbäuerinnen haben sich Birgit und Anita Trabos, selbst Absolventinnen der Weinbaufachschule Silberberg, zusammengeschlossen. Unter dem Motto „chic und charmant und weiblich" starteten sie unter dem Namen „femiVin" eine steirische Weinoffensive. Das erfolgreiche Projekt vermarktet ausgesuchte Weine der klassischen steirischen Sortenpalette. Die sieben angeschlossenen Weingüter tragen jedes Jahr eine andere Rebsorte zum „femiVin"-Sortiment bei.

10 ha - Kranachberg: Welschriesling, Weißburgunder, Morillon, Sauvignon blanc, Sämling, Muskateller, Blauer Zweigelt, Blauburger, Blauer Wildbacher
Buschenschank und Ab-Hof-Verkauf: März-Dezember, Mi, Do Ruhetag
€ 4,40/8,90
Sekt, Traubensaft, Fruchtsäfte
Destillate

Weingut Karl Bauer

A-8462 Gamlitz, Kranachberg 22
Tel/Fax: 03454/444
E-Mail: weingut.bauer@aon.at
www.weingut.fam.bauer.at

1993 war für den Weinbauern Karl Bauer aus Gamlitz-Kranachberg ein aufregendes Jahr. Damals widmete sich die steirische Landesausstellung dem Schriftsteller Peter Rosegger – und Karl Bauer wollte dafür einen entsprechenden Wein kreieren. Mittlerweile ist der Peter-Rosegger-Wein aus seinem Betrieb gesetzlich geschützt – beim Weißen wird ein Welschriesling, beim Roten ein Blauer Zweigelt in die Flasche gefüllt.

„Qualität wächst im Weingarten", sagt Karl Bauer, der mittlerweile von seinem Sohn Arnold, einem Absolventen der Weinbauschule Silberberg, tatkräftig unterstützt wird. Immerhin gilt es, 9,5 Hektar Rebfläche intensiv zu betreuen. Das bedeutet viel Arbeit, die wiederum eine tolle Qualität garantiert. „Durch mehrmalige Selektionen gelang es uns, hochwertiges Material zu ernten", beschreibt Karl Bauer den letzten Jahrgang. „Unsere Weine bestechen durch ihre sortentypische steirische Frische und Würze und verfügen über viel Frucht."

Angeboten werden Welschriesling (anregendes Säurespiel), Rivaner (feine Zitrustöne, ein idealer Sommerwein), Weißburgunder (Duft nach grünen Nüssen und exotischen Früchten), Chardonnay (elegante Fülle), Sauvignon blanc (Duft

nach schwarzen Johannisbeeren), Muskateller (stammt von der Ried Zieregg, sehr traubig) und ein in der Farbe erdbeerrosa und im Geschmack frischer Schilcher. Bei den Rotweinen dominieren der - wie eingangs erwähnt - Peter Rosegger gewidmete, würzige Blaue Zweigelt und zudem der Cabernet Sauvignon. Letzterer reift in kleinen und großen Holzfässern. Er besticht durch wunderschöne Röstaromen, viel Tiefe, Kraft und Finesse sowie ein tolles Lagerpotenzial.

Wem die Weine schmecken, der kann sich bei der Familie Bauer in ihrem (1901 gegründeten) Weingut auch einquartieren. Drei Doppelzimmer stehen zur Verfügung. Der unvergleichliche Ausblick ins Weinland, in ein wahres Paradies, ist gratis ...

9,5 ha - Ried Zieregg: Welschriesling, Weißburgunder, Sauvignon blanc, Chardonnay, Muskateller, Schilcher, Zweigelt, Cabernet Sauvignon
Ab-Hof-Verkauf: täglich, 8–18 Uhr
Kellerführung und kommentierte Weinkost nach Voranmeldung
€ 4,40/6,40
1 Ferienhaus mit 6 Betten

Weingärten in Kranach

Weingut Rupert Adam

A-8462 Gamlitz, Kranach 13
Tel/Fax: 03453/2485
E-Mail: rupert.adam@zhm.at

Als im Jahre 1966 Rupert Adam starb, war sein Sohn Rupert junior 24 Jahre jung und stand vor einer verantwortungsvollen Aufgabe. Heute ist er der Senior, sein Sohn („Er heißt mit Vornamen natürlich auch Rupert") trägt seit 1991 die Verantwortung für die Kellerwirtschaft. Der Betrieb umfasst drei Hektar Anbaufläche, die Hänge sind teilweise sehr steil. Die Arbeit ist dementsprechend intensiv, aber sie lohnt sich. So sind die Adams - Tochter Maria, die von 1990

bis 1992 steirische Weinkönigin war, hat die Bereiche Verkauf und Marketing übernommen - mit Recht stolz auf den letzten Jahrgang. Rupert Adam: „Das warme Frühjahr und der heiße Sommer bewirkten, dass der Wein intensiver im Duft und markanter in der Säure wurde."
Angeboten werden Welschriesling, Weißburgunder, Morillon, Savignon blanc, Muskateller und Blauer Zweigelt. Bei den Adams ist es Tradition, die eigenen Weine regelmäßig zu verkosten, über sie zu diskutieren und gegebenenfalls auch konstruktive Kritik zu üben. Maria Marussig: „Einmal im Monat sitzen mein Vater, mein Bruder, mein Ehemann Herbert und ich beim Kartenspielen zusammen und probieren dazu die Weine aus. Dabei geht es nicht nur ums ‚Bummerl', sondern eben auch darum, über unsere Weinlinie zu reden, was man vielleicht anders oder besser machen kann." Marias Lieblingswein ist der Weißburgunder, „denn erstens schmeckt er jedesmal herrlich und zweitens gibt es nicht allzu viel davon ..."

3 ha - Welschriesling, Morillon, Weißburgunder, Sauvignon blanc, Blauer Zweigelt
Ab-Hof-Verkauf: Mi–So, 13–18 Uhr
Kellerführung nach Voranmeldung
€ 4,–/8,–
Obstbrände, Destillate

Weingut Dietrich

A-8462 Gamlitz, Sernau 13
Telefon: 03453/3384, Fax: 20692
E-Mail: info@weingut-dietrich.at

Seit nunmehr vier Generationen betreibt Familie Dietrich auf ihrem landwirtschaftlichen Betrieb den Weinbau. Ein wenig abseits der südsteirischen Weinstraße, in Sernau, zwischen Gamlitz und Glanz liegt der Weinhof. Vor dem Haus steht eine 100-jährige Traueresche, deren gewaltige Krone und ausladende Ästen ihre Schatten sanft über den freundlichen Gastgarten mit seinen urigen Holztischen und -bänken breitet. Einige Schritte entfernt befindet sich ein kleiner Kinderspielplatz, der den kleinen Gästen Kurzweile bietet; der Hausweingarten und der in dieser Gegend unvermeidbare Klapotetz vervollständigen das idyllische Bild. Mit langen Spaziergängen durch die Weingärten, dem Kennenlernen von Land und Leuten, dem Verweilen unter der Traueresche und dem Urlaub am Weinhof werben Claudia und Franz Dietrich um ihre Gäste.
Die Südlagen Jägerberg, Hausweingarten und die Lage Sernauberg mit einer Gesamtrebfläche von 7 ha werden von Kellermeister Franz Dietrich mit größter Sorgfalt bearbeitet. „Mit unseren Qualitätsweinen, vor allem dem Morillon, einem Wein mit Duftnoten von exotischen Früchten und Vanilleschoten, der am Gaumen reif und gebündelt wirkt und lange nachklingt, können wir jedes Jahr bei der Landesweinbewertung erfolgreich punkten. Steirischer Landessieger 2001 und Finalist in den folgenden beiden

Jahren, auch mit dem Riesling, ist eine Bestätigung für unsere Arbeit", freut sich Franz Dietrich.
Es wird fast die ganze steirische Sortenpalette angeboten, ergänzt durch eine Traminer Spätlese und eine Sämling Beerenauslese. Die Cuvée „Tricinium" ist ein besonderer Genuss für den Gaumen des Weingenießers. Der Sortenspiegel bietet 80% Weißweine und 20% Rotweine. Daneben beschäftigt sich Franz Dietrich mit der Sektproduktion und dem Brennen edler Obstbrände aus Kriecherl, Birnen und Weichseln.
Um den Besuchern die Entstehung des Weines näher zu bringen, wurde neben dem Haus eine Schauweingartenzeile mit Speisetrauben gepflanzt, wo auf Tafeln neben der Sortenbeschreibung auch Interessantes und Wissenswertes zum Weinbau vermittelt wird.
Claudia Dietrich kümmert sich fürsorglich und mit Freundlichkeit um die Gästezimmer und den Buschenschank. Für Weinhof-Urlauber stehen gemütliche Naturholzzimmer mit modernstem Komfort zur Verfügung. Zum Frühstück wartet ein reichhaltiges steirisches Buffet auf die Gäste. Buschenschankgäste in der Winzerstube oder unter der Traueresche können sich zu den Weinen mit einer hausgemachten Brettljause oder Schafkäse-

7 ha – Rieden Sernauberg und Jägerberg: Welschriesling, Rheinriesling, Morillon, Muskateller, Sauvignon blanc, Sämling, Blauer Zweigelt
Buschenschank: April–Nov, 14–22 Uhr, So–Mo Ruhetag
Ab-Hof-Verkauf: täglich 8–18 Uhr
€ 4,40/10,20
Sekt, Traubensaft, Destillate,
5 Gästezimmer, 10 Betten

Weinbau Amandus Adam

A-8463 Leutschach, Kranach 37
Tel/Fax: 03454/378
E-Mail: amandus.adam@a1plus.at

Der Familienname Adam ist in Kranach recht häufig, auch gibt es mehrere Weinbaubetriebe mit diesem Familiennamen. Um den Richtigen zu finden, muss man den Vornamen kennen, aber eines haben alle Adams in dieser Gegend gemeinsam: Sie keltern sehr gute Weine.
Amandus Adam bewirtschaftet mit seiner Gattin Carmen etwas über 5 ha Weingärten in Kranach, in jenem Teil der Südsteiermark, der vor allem mit dem Muskateller und Sauvignon blanc in den letzten Jahren bei der steirischen Landesweinkost immer die ersten Plätze belegen konnte. Ob es nun die leichteren, lockeren Böden des Gebietes sind, die in Verbindung mit dem Handwerk der Winzer dies möglich machten, wer weiß das schon genau? Aber es fällt auf, dass viele Weine aus der Region Kranach immer ganz vorne dabei sind.
In den Weingärten wächst die Basis, der Winzer kann im Keller nur versuchen so viel wie nur möglich von dem, was der Jahrgang bringt, in Wein überzuführen. Amandus Adam beherrscht diese Kunst vorzüglich, seine Weißweine zeichnen sich alle durch eine prägnante Fruchtigkeit, unterlegt von einer frischen Säure, aus. Seine Rotweine, Zweigelt und Blauer Wildbacher, werden nach einer offenen Maischegärung in Eichenfässern weiter ausgebaut, der Wildbacher kommt zur Reifung noch für einige Monate in Barriques.
Carmen Adam ist eine ambitionierte Köchin, eines ihrer süßen Geheimnisse ist eine besondere regionale Spezialität: die Steirische Apfeltorte mit Muskateller. Sie hat das Rezept für diese wunderbare Kombination einer Süßspeise mit Wein aufgeschrieben, hier ist es:
Einen Teig aus 120 g Zucker, 150 g Marzipan, 1 Ei, 250 g Mehl glatt, 1 Pkg Backpulver herstellen.
Die Zutaten in einer Schüssel verrühren, und etwa ½ Stunde kühl rasten lassen, mit dem Nudelholz auf eine Dicke von 1 cm ausrollen, in eine Tortenform geben, dabei den Teig bis zum Rand hochdrücken.
Für die Fülle: 1 Flasche Muskateller (0,75 l) mit 200 g Kristallzucker aufkochen. 2 Pkg Vanillepuddingpulver mit etwas Wein verrühren und hineinrühren - das Gemisch soll aber nicht zu lange kochen. 1 kg leicht säuerliche Äpfel schälen und grob raspeln, in die Pudding-Wein-Creme geben, gut umrühren. Achtung – nicht mehr aufkochen lassen, sonst werden die Äpfel zu weich.
Die lauwarme Fülle auf den rohen Teig geben und etwa 40–45 Minuten bei etwa 170°C backen.
Wenn die Torte ausgekühlt ist, kann man noch einen Becher aufgeschlagenes Schlagobers darübergeben.
Ja, und wenn die Torte wirklich wie das Original schmecken soll, dann muss es ein Amandus-Adam-Muskateller sein. Und der mundet alleine auch vorzüglich.

5,46 ha - Welschriesling, Morillon, Weißburgunder, Chardonnay, Sauvignon blanc, Muskateller, Sämling, Zweigelt, Blauer Wildbacher
Ab-Hof-Verkauf: ganzjährig
Kommentierte Weinkost nach Voranmeldung
€ 4,20/10,50
Traubensaft
4 Gästezimmer, 8 Betten

Weingärten in Steinbach

Du, nur du, als Gast oder Freund, darfst hinunter in den Keller, das Allerheiligste, den Ort der Gärung, der Lagerung, der Reifung. Wenn dir die Tabernakeltür geöffnet wird, die Stimmen leiser werden und gelbgolden ein edler Tropfen im Glas gereicht wird, dann weißt du: Du lebst, intensiv, mit allen Sinnen.

Die Vinothek des Olwitschhof von Otto Riegelnegg

Weingut Olwitschhof
Otto und Theresia Riegelnegg

A-8462 Gamlitz, Steinbach 62
Telefon 03454/6263, Fax: -6
E-Mail: olwitschhof@riegelnegg.at
www.riegelnegg.at

Der Olwitschhof von Otto und Theresia Riegelnegg ist zur Pilgerstätte vieler Sauvignon-blanc- und Muskatellerfreunde geworden. Otto Riegelnegg ist ein bescheidener Mensch geblieben, obwohl er mit seinen Weinen schon seit vielen Jahren als Dauergewinner bei der steirischen Landesweinkost und im Österreichischen Weinsalon vertreten ist. Gleich mit vier Weinen war er heuer im steirischen Finale, mit Sauvignon blanc, Morillon Sernauberg, Muskateller und dem späteren Landessieger bei den hohen Prädikaten, dem Morillon/Chardonnay-Eiswein 2001.
„Bei den fruchtintensiven Rebsorten wie Sauvignon blanc und Muskateller war es heuer besonders schwierig, da doch sehr viele Weine von Trauben aus Junganlagen dabei waren. In den ersten beiden Jahre sind diese Trauben im Aroma am intensivsten, diese Weine strotzen vor Frucht. Das wird dann schwächer und erst nach 8 bis 10 Jahren werden die Aromen wieder intensiver", meint Otto Riegelnegg zur Entwicklung seiner Weinstöcke.
Wenn man so viel Erfolg und Aufmerksamkeit hat, ist der Verkauf der Weine kein Problem, die Nachfrage ist sehr groß. Für den Weinbauern ist es allerdings schwierig, allen Wünschen seiner Kunden und Weinliebhaber nachzukommen. Die Erntemengen der Trauben sind auf Grund der

rigorosen Qualitätsproduktion gering. Erst bei der Flaschenfüllung weiß der Winzer genau, wie viele Flaschen von einer Rebsorte verfügbar sind. Ja, und dann gibt es das blaue Büchlein, in dem werden alle Vorbestellungen und Wünsche das ganze Jahr über notiert. Dann kommt der Moment der Wahrheit: Es sind, wie jedes Jahr, zu wenig Flaschen vorhanden, um alle Wünsche erfüllen zu können. Die einzelnen Bestellungen müssen in der Menge gekürzt werden, um dadurch so viele der Wünsche wie möglich erfüllen zu können. Ein kleiner Teil wird auch noch für Weinfreunde, die persönlich zum Olwitschhof kommen, zurückbehalten. Doch der beste Wille hilft nichts, im Juni ist Otto Riegelnegg fast immer ausverkauft. Deshalb sei geraten, auch wenn der Wein erst im Mai austreibt, sich schon frühzeitig von der nächsten Ernte einige Flaschen zu reservieren. Bei diesen Qualitäten besser als jede Aktie!

7 ha - Sauvignon blanc, Muskateller, Morillon, Welschriesling, Riesling, Rivaner, Scheurebe, Zweigelt
Ab-Hof-Verkauf: ganzjährig, Mo-Sa, 13.30-18 Uhr
€ 4,30/15,60
Schilcher-Traubensaft
Muskatellersekt
Obstbrände, Tresternbrände

Weinbau Schnabl

A-8462 Gamlitz, Sernau 6
Tel/Fax: 03453/3010
E-Mail: weingut.schnabl@utanet.at

Einer der wichtigsten Punkte in Matthias Schnabls Weinbauphilosophie lautet schlicht und einfach: gezielte Laubarbeit und strenge Selektion bei der Ernte. Die dadurch erzielte Traubenqualität ermöglicht den sortentypischen klassischen Ausbau. Auf 4 ha Rebflächen wachsen Trauben für zarte, feingliedrige Weine, die elegante Fruchtigkeit zeigen und leicht im Alkohol sind. Der Jahrgang brachte neben der frischen und fruchtigen Linie mit Ruländer und „Sauvignon blanc Steinbach" auch zwei Weine mit etwas mehr Restzucker und Säureabbau. Der Zweigelt, in Barriques ausgebaut, ist mit schöner Frucht unterlegt. Das Bestreben herausragende Weine zu machen und das gleichzeitige Festhalten an der Tradition machen den Charme dieses Weingutes aus, das schon durch mehrfache Auszeichnungen auf nationaler und internationaler Ebene belohnt wurde. Neben Weinen und Edeldestillaten lässt man hier das Essen nicht zu kurz kommen und offeriert dem Besucher nicht nur Klassiker wie Bauernjause und Kübelfleisch mit im Holzofen gebackenem Brot, sondern auch vegetarische Gerichte.

4 ha - Welschriesling, Rheinriesling, Weißburgunder, Morillon, Ruländer, Muskateller, Sauvignon blanc, Zweigelt
Buschenschank: März-Dezember, Mi Ruhetag, kommentierte Weinkost nach Voranmeldung
Ab-Hof-Verkauf: ganzjährig, 8-20 Uhr
€ 4,50/7,-
Sekt „Charmeur"
Obstbrände, Destillate

Weingut Karl und Anna Riegelnegg

A-8462 Gamlitz, Sernau 21
Tel/Fax: 03454/490

Wenn sich die Sernaustraße gabelt, geht es links zu Otto Riegelnegg und rechts zum Weingut von Karl und Anna Riegelnegg. Sie bewirtschaften 6 ha Weingärten in den Rieden Sernauberg, Felsenriegl und Hartner Südhang. Mit Morillon und Weißburgunder steht Karl Riegelnegg alle Jahre im Finale der steirischen Landesweinkost, was über das Qualitätsniveau des Hauses alles sagt.
Karl Riegelneggs besondere Vorliebe gilt aber den Rotweinen. Mit seinem Zweigelt hat er sich zur steirischen Rotweinelite vorgearbeitet. Dem Zusammenspiel von gutem „Terroir", auf dem die Reben wachsen, dem Handverlesen der Trauben und den geringen Ernten (35 hl/ha) fügt er noch seine sorgfältige Art der Weinbereitung hinzu, und das Ergebnis sind dunkle, fruchtbetonte und gerbstoffreiche Weine, deren Herkunft man nicht in der Südsteiermark vermuten würde. Bei dem

kräftigeren 2002er Zweigelt und dem Blauen Wildbacher, die in Barriques reiften, ist das Holz niemals im Vordergrund, sondern fein eingebaut, einfach optimal vinifiziert.
Ein trockener Muskateller Sekt rundet das Angebot perfekt ab.
Zwetschken, Holzbirne, Maschanzkerapfel und Marille werden zu feinen Edelbränden destilliert.

6 ha - Welschriesling, Rheinriesling, Sauvignon blanc, Weißburgunder, Morillon, Sämling, Blauer Wildbacher, Blauer Zweigelt
Ab-Hof-Verkauf: ganzjährig, Mo-Sa, 10-19 Uhr
€ 4,10/10,-
Muskatellersekt
Zwetschken-, Marillenbrand
Traubenbrand

Gamlitz-Sernau, am höchsten Punkt der „Jaglhof" von Herbert Hirtner, links das Weingut von Karl und Anna Riegelnegg und hinter dem Jaglhof liegt der „Olwitschhof" von Otto Riegelnegg

Weingut Adam-Schererkogl

A-8462 Gamlitz, Steinbach 53
Tel/Fax: 03453/3830, Fax: 20055
E-Mail: adam-schererkogl@t-online.at
www.tiscover.com/adam-schererkogl

Der 3 km von Gamlitz entfernt gelegene Hof garantiert durch seine Einzellage angenehme Ruhe und wohlige Entspannung. Auf dem Schererkogl gelegen, mit wunderschönem Ausblick auf die umliegenden Weingärten und ins südsteirische Weinland, bietet das Weingut von Helga und Otmar Adam eine echte Postkartenidylle. Die steilen Weingärten an den Hängen des Kogls lassen die Weintrauben in idealer, sonniger Lage reifen. Das monotone Klappern des vor dem Hof aufgestellten Klapotetz schmiegt sich wohlig in die südsteirische Landschaft.

Helga Adam hatte jahrelang zu niedrigen Blutdruck, seit sie jedoch ihren Lieblingswein, den Blauen Zweigelt, in Maßen genießt, scheinen die gesundheitlichen Probleme gelöst. „Ich genieße diesen Wein, er wurde schließlich in Barriques ausgebaut." Die beiden Kinder, Gerald und Carina, helfen kräftig mit und scheuen keine Mühe, um die Eltern bei der oft beschwerlichen Arbeit der Weinbauern zu entlasten.

Kellermeister Otmar Adam zum aktuellen Jahrgang: „Unsere Weine sind typisch südsteirische Linie, fruchtiger Duft, frisch, feinwürzig am Gaumen, weich und anhaltend im Abgang. Als Empfehlung würde ich den Grauburgunder als passende Ergänzung zu Spargelgerichten angeben."

Den Schererkogl unter einer der ältesten Linden der Region genießen, gemütliche Spaziergänge durch die ausgedehnten Weingärten, die Besichtigung der alten Baumpresse und Weinkellerführungen eignen sich hervorragend zur Erholung. Zum besseren Kennnenlernen der Arbeit des Winzers wird den Gästen die Mitarbeit am Hof möglich gemacht.

5 ha – Welschriesling, Muskateller, Weißburgunder, Grauburgunder, Scheurebe, Sauvignon blanc, Morillon, Blauer Zweigelt
Buschenschank und Ab-Hof-Verkauf: November–April, Fr–So ab 14 Uhr, Mai–Oktober: Mi–So ab 14 Uhr
€ 4,-/6,50
Traubensaft
6 Gästezimmer, 10 Betten

Weingut Johannes Söll

A-8462 Gamlitz, Steinbach 63a
Telefon: 03453/6667, Fax: -77
E-Mail: familie@weingut-soell.at
www.weingut-soell.at

Als Weinbaumeister und Verwalter eines großen Weingutes an der südsteirischen Weinstraße holte sich Johannes Söll nach Absolvierung der Weinbaufachschule Silberberg Praxis und reiche Erfahrung, bevor er im Jahre 1993 zusammen mit seiner Ehefrau Maria den elterlichen Betrieb übernahm. Dem 12,7 ha großen Weingut ist eine 17 ha große Landwirtschaft angeschlossen, die die Früchte für die Saft- und Edelbrandproduktion sowie Kerne fürs Kernöl liefert. Johannes Söll bewirtschaftet Weingärten in den südsteirischen Toplagen Sernauberg und Steinbach. Die Sand-, Lehm-, Verwitterungs- und Muschelkalkböden, auf denen seine Reben ausgepflanzt sind, bringen ausgeprägte und sehr feinfruchtige Geschmackskomponenten in die Trauben. Für ihn ein wichtiges Kriterium, denn ihm sind besonders der Geschmack der Trauben und ihre physiologische Reife ein Anliegen. Reintönige, finessenreiche und doch markante, dichte und ausdrucksstarke Weine entstehen durch das Zusammenspiel von Rebsorte, Boden und Bearbeitung. Um jedes Jahr eine gleichbleibend hohe Reife der Trauben zu erreichen, sind während der ganzen Vegetationsperiode in den Weingärten viele sehr zeit- und arbeitsintensive Schritte notwendig. Diese Arbeiten werden meist händisch durchgeführt, jeder Stock wird individuell bearbeitet. Wachstum und Ertrag werden dabei je nach Rebsorte und angestrebter Qualitätsstufe korrigiert. Im Sommer werden die Reben im Längenwachstum gekürzt, um dadurch mehr

junge Blätter am Weinstock zu erhalten.

Ab Ende Juli wird nochmals die Traubenmenge korrigiert, das bedeutet, es werden wieder Trauben von den Stöcken geschnitten.

„Unsere Qualitätsklassifikation erfolgt in drei Kategorien: Klassik, Lagenweine und Reserveweine – je nach Qualität, Lesezeitpunkt, Sorte und Jahrgang." Die Ernte erfolgt bei den Klassikweinen etwas früher. Die Vergärung findet in Stahltanks statt. Sie sind im Bukett reintönig, mit frischer Frucht und am Gaumen sehr feingliedrig.

Für die Lagenweine werden jeweils die reifsten Früchte ausgelesen. Diese Weine sind sehr ausdrucksstark und etwas höher im Alkohol. Reserveweine werden zum spätestmöglichen Erntetermin gelesen. Ihre Vergärung und der Weinausbau erfolgen je nach Sorte in Barriques.

Produkte aus der Hausschlachtung, Käsevariationen und die „weltbesten Zimtschnecken" werden in der Buschenschank serviert.

12,7 ha – Welschriesling, Weißburgunder, Sauvignon blanc, Muskateller, Morillon, Zweigelt, Sylvaner, Sämling
Buschenschank und Ab-Hof-Verkauf: Ostern–Allerheiligen, Do–Sa, 13–22 Uhr, So 13–19 Uhr
€ 4,90/12,-
Traubensaft, Fruchtsäfte, Obstbrände, Destillate, Weinbrände, Liköre, Kernöl
5 Gästezimmer, 10 Betten

Weingut Toso

Ingrid und Ewald Krainer
A-8462 Leutschach, Kranach 75
Tel/Fax: 03454/6853
E-Mail: toso@rebenland.at
www.rebenland.at/toso

Kurz bevor die Straße nach Leutschach kurviger wird, steht eine große Tafel mitten im Weingarten, „Toso" steht darauf geschrieben. Im ersten Moment kann man mit dem Namen nichts anfangen, er klingt nicht gerade „ursteirisch". Toso, der Hofname des Gutes, stammt von einer Ziegelbrennerfamilie aus Italien, welche einst das Anwesen bewirtschaftet hat. Seit nunmehr zwei Generationen befindet sich der Weinhof in Besitz der Familie Krainer. Es ist erst einige Jahre her, dass sich Ewald und Ingrid Krainer dazu entschieden haben, den Hof zu übernehmen, um sich verstärkt dem Weinbau zu widmen. In diesem Sinne ist Ewald Krainer ein „Jung-Winzer", der sich aber sehr schnell mit der Kunst der Weinbereitung vertraut gemacht hat. Für ihn ist die Pflege und Betreuung der Rebanlagen im Laufe des Jahres von großer Wichtigkeit, geht es doch darum, im Herbst erstklassige Trauben in den Keller zu bringen. Die ganze Familie hilft mit, dieses vorgegebene Ziel zu erreichen. Ingrid Krainer hilft bei allen Arbeiten im Weingarten, sie ist auch für die Herstellung der Marmeladen und Säfte zuständig und als Chefin der Ab-Hof-Vermarktung auch im Verkaufsraum zu finden. Stephan, der 18-jährige Sohn, besucht zur Zeit die Weinbauschule in Silberberg und ist dadurch schon eine große Stütze im Betrieb. Matthias, der Jüngere, packt überall dort an, wo er gerade gebraucht wird.
Im 3,5 ha großen Weingarten, der rund ums Haus gelegen ist, gedeiht eine breite Sortenpalette: Welschriesling, Rivaner, Sauvignon blanc, Gelber Muskateller und

Blauer Zweigelt. Der berühmte „Altsteirische" ist ein Sortenverschnitt aus drei Rebsorten; dieser fruchtige und frische Wein wird besonders im Sommer sehr gerne getrunken. Alle Weine werden im typisch steirischen Stil ausgebaut, ihre Charaktereigenschaften sind die Fruchtigkeit in Verbindung mit einer animierenden Säure. Der Blaue Zweigelt ist eine der Lieblingsrebsorten von Ewald Krainer, vergoren werden die Trauben teilweise offen in Maischegärbottichen mit händischem Unterstoßen des Maischehutes, ein anderer Teil kommt zur Gärung und Mazeration in Stahltanks. Die Jungweine werden gemeinsam für einige Monate in großen Holzfässern gelagert. Nach einigen Monaten der Reife, wenn der Wein rund und samtig ist, wird er gefüllt.
Ein weiteres Standbein ist die Produktion von hausgemachten Fruchtsäften aus Garten und Wald. Den Holunderblütensirup und die hausgemachte Weinbergpfirsich-Marmelade sollte man unbedingt probieren.

3,5 ha - Welschriesling, Altsteirer, Rivaner, Sauvignon blanc, Muskateller, Blauer Zweigelt
Ab-Hof-Verkauf: März- Mitte Nov, täglich, 13-19 Uhr
€ 4,50/7,20
Traubensaft
Holunderauszug, Hollerblütensirup, Johannisbeersirup
Marmeladen, Weingelees

Weingut Eory

A-8463, Leutschach, Pössnitz 65
Telefon: 03454/360, Fax: -4
E-Mail: weingut.eory@aon.at
www.weingut.eory.at

Im Jahre 1987 übernahmen Wilhelm und Erika Eory von den Eltern das gleichnamige Weingut. Bewirtschaftet wird in dritter Generation. Die Vorbesitzer, ein Brüderpaar mit dem Namen Hartnagl, waren gegen Ende des 19. Jahrhunderts noch k. u. k. Hoflieferanten. Sie vermachten das Gut der Kirche in Leutschach, von welcher es die aus Ungarn stammende Familie Eory kaufte. Schon aus der Tradition heraus werden hier höchste Qualitätsansprüche angelegt. Das letzte Weinjahr war geprägt von Wetterkapriolen. Einerseits war es zu trocken, andererseits war die zweite Vegetationsperiode zu nass. Nichtsdestoweniger ist dieser Jahrgang ein eleganter, fruchtiger Wein, der sogar den 2000er übertrifft. Großes Fachwissen gepaart mit Risikobereitschaft war nötig, um diesen Erfolg zu erzielen. Als Ergänzung zur bereits vorhandenen Sortenvielfalt – Welschriesling, Müller-Thurgau, Weißburgunder, Morillon, Chardonnay, Sauvignon blanc, Muskateller, Traminer an Weißweinen und Blauer Zweigelt, Blauburgunder, Blauer Wildbacher an Rotweinen – werden nun zusätzlich die bukettintensiven Rebsorten Ruländer und Muskateller ausgebaut.
Für den besonderen Anlass oder ein gemütliches Beisammensitzen steht ein Muskateller-Frizzante als Rarität zur Verfügung.

Der aus dem 16. Jahrhundert stammende ältere, tiefer liegende Weinkeller ist äußerst sehenswert.
Im vergangenen Winter wurde die Buschenschank, ein umgebautes Wirtschaftsgebäude, renoviert und ausgebaut. Hier wird bodenständige Kost in bodenständiger Sprache angeboten: „Wullts gean sölba umaschmian?" als Einladung zum „Aufschtrich-Tölla mit olle Aufschtrich, - an Vahockert, Grammelfettn, Lejba-, Liptaua-, Kiawiskean-, Erdäpfel-, Rohkoustaufstrich mit an Weckerl und an Brot". Auch traditionelle Mehlspeisen werden serviert, zum Beispiel die „Südschteirische Schtraum", oder „Buchtln mit Wanillesouß" oder der „Bsouffana Weinzierl". Ab 10 Personen gibt es auf Bestellung steirisches oder südsteirisches Buffet.
Der großzügige Gastgarten mit dem dahinplätschernden Weinstockbrunnen, gestaltet vom ortsansässigen Künstler Willi Trojan, lädt zum „Ins-Land-Einischaun" ein. Der Künstler ist bekannt durch die „weltgrößte Weintraube" auf dem Eory-Kogel, die eine Eintragung ins Guiness-Buch der Rekorde brachte. In der neugestalteten Verkostungsecke kann man sich einen Überblick über die hauseigenen Weine verschaffen.

10 ha - Welschriesling, Morillon, Müller-Thurgau, Weißburgunder, Chardonnay, Sauvignon blanc, Muskateller, Traminer, Blauer Zweigelt, Blauburgunder, Blauer Wildbacher
Buschenschank: April–November, Do Ruhetag
€ 4,50/6,20
Frizzante
Traubensaft, Apfelsaft

Weinbau Hernach

vlg. Roschitz
A-8463, Leutschach, Pössnitz 84
Tel/Fax: 03454/6178

Ein Familienbetrieb, wie man ihn sich vorstellt, ist das Weingut Hernach. Die Familie kann auf eine lange Tradition zurückblicken, schließlich betreibt man hier schon seit 1898 Weinbau. Der heutige Besitzer Herbert Hernach ist mit Leib und Seele Weinbauer und versteht es, Tradition und moderne Technik sinnvoll zu verquicken. Gewissenhafte Arbeit in den Weingärten ist die Basis für gesundes Traubengut. Auf den Lagen „Kreuzweingarten" und „Wolleschnig" gedeihen Weißburgunder, Morillon und Sauvignon blanc. Es werden fruchtbetonte Weine gekeltert. Zu einem Weingut gehört neben der obligaten Jause auch der Schnaps. Williams- und Muskatellerbrand sind hervorragend.
Wenn ein Tag sich dann dem Ende zu neigt, hat man die Möglichkeit am Weinbauernhof in einem der komfortablen Zimmer zu übernachten und kann sich schon auf einen neuen Tag freuen und ihn mit selbst gebackenem Brot, einem frischen Frühstücksei und Marmeladen aus eigenem Obst beginnen.

5,5 ha – Welschriesling, Morillon, Weißburgunder, Sauvignon blanc, Muskateller
Ab-Hof-Verkauf: ganzjährig
€ 4,-/6,-
5 Gästezimmer, 10 Betten

Weinbau Krampl

A-8463 Leutschach, Schlossberg 9
Tel/Fax: 03454/6366

Seit 4 Generationen ist der Erbhof bereits im Besitz der Familie. Heute will die Familie Krampl mit viel Engagement Weinbau und Tourismus zusammenführen. Friedrich und Walpurga Krampl bewirtschaften einen Weinbaubetrieb mit 4,5 ha Rebflächen, dessen geringfügig steile Lagen sich auf nach Südost bis Südwest geneigten Hängen befinden. Die Arbeit wird geteilt. Für die Vinifizierung des Traubengutes ist Sohn Christian zuständig. Bei ihm reifen die Rotweine im Holzfass, die Weißweine werden im Stahltank vergoren. Das Weißweinangebot zeigt einen Querschnitt durch die „Steirische Klassik": Weißburgunder, Chardonnay, Sauvignon blanc, Muskateller und Grüner Sylvaner. Der letzte Jahrgang war sehr zufriedenstellend und brachte unter anderem einen schönen Weißburgunder, einen vollmundigen Chardonnay und Zweigelt.
Mit selbst gebackenem Brot, einer Auswahl an typischen Jausenspezialitäten und erstklassigen Mehlspeisen wird hier für das leibliche Wohl der Besucher gesorgt.

4,5 ha – Weißburgunder, Chardonnay, Muskateller, Sauvignon blanc, Grüner Sylvaner, Zweigelt
Buschenschank: täglich 10–20 Uhr
Kellerführung bei Voranmeldung
€ 5,-/6,-
Traubensaft, Honig

Weingut Germuth

A-8463, Leutschach, Glanz 24
Telefon: 03454/383, Fax: 70022
E-Mail: buschenschank@weingut-germuth.com
www.weingut-germuth.com

Das Weingut Germuth, zweimaliger Finalist der steirischen Landesweinbewertung 2003 mit den Rebsorten Welschriesling und Weißburgunder, liegt in Glanz an der Weinstraße. Entlang der schönen „Glanzer Kellerstraße" mit ihren alten Kellerstöckln liegen die Weingärten der Ried Kaltenegg in einer Seehöhe von rund 450 m. Die mittelschweren bis schweren Lehmböden sichern während der Vegetationsperiode eine gleichmäßige, ausgeglichene Wasserversorgung der Rebstöcke. Diese topologischen Gegebenheiten ermöglichen es typisch steirische Weine mit intensiven Fruchtaromen und eleganter, frischer Säure zu keltern. Hier reifen in bester Lage die Trauben für hochwertige Qualitäts- und Kabinettweine bis hin zu kräftigen Prädikatsweinen heran.
Der 200 Jahre alte Weinkeller wurde im Laufe der Zeit zu einem modernen Tankkeller vergrößert. Mit Kellertechnik auf dem neuesten Stand erfolgt die Vinifizierung. Trauben und Maische werden nur im freien Fall transportiert, wodurch eine mechanische Belastung des Traubengutes weitestgehend vermieden werden kann. Die Lagen- und Rotweine (Blauer Zweigelt und Blauer Wildbacher) reifen im altehrwürdigen Gewölbekeller in großen Eichenfässern, aber teilweise auch in französischen Barriques. Weine der klassisch steirischen Linie wie Welschriesling, Rheinriesling, Muskateller, Sämling und Müller Thurgau werden in Stahltanks auch weiter ausgebaut.
Die Kellermeister Ewald und Herbert Germuth sind sehr stolz auf ihre Sortenvielfalt. Sie bieten jetzt auch einen Schilcher an, der mit seiner feine Würze in der Nase, rassig und kernig in der Säurestruktur und resch-herber Fruchtsäure im Abgang jeden Liebhaber begeistern wird.
Der landwirtschaftliche Betrieb der Familie Germuth wurde 1930 gegründet. Damals spielte der Weinbau nur eine untergeordnete Rolle. In den 60ern wurden die Zeichen der Zeit erkannt und der Weinbau gewann mehr und mehr an Bedeutung. Die damals eher kleinen Rebflächen wurden allmählich auf die heutigen 11 ha erweitert. Der gängige Fassweinverkauf wurde vom Flaschenweinverkauf Zug um Zug abgelöst. Gleichzeitig ersetzte die Qualitätsweinproduktion die Massenerzeugung. Heute werden die Weine in der eigenen Buschenschank zu selbst erzeugten Hauswürsten, Geselchtem, Rohschinken und Süßspeisen angeboten.
Eine Weinverkostung im urigen Gewölbekeller ist ein besonderes Erlebnis.

11 ha - Welschriesling, Morillon, Weißburgunder, Sauvignon blanc, Müller-Thurgau, Sämling, Muskateller, Traminer, Zweigelt, Blauer Wildbacher
Buschenschank und Ab-Hof-Verkauf: ganzjährig, Mo Ruhetag
Kellerführung und kommentierte Weinkost nach Voranmeldung
€ 4,-/8,50
Traubensaft, Fruchtsäfte

Weingut Muster-Trautenhof

A-8463, Leutschach, Pössnitz 51
Telefon: 03454/6582, Fax: -4
E-Mail: weingut.bmuster@utanet.at

Vor mehr als 40 Jahren haben die Eltern des heutigen Besitzers das Weingut gekauft und mit dem Weinbau begonnen. Moderne Kellertechnik wird von der Familie Muster schon seit Ende der 60er-Jahre praktiziert. Schon seit damals setzt man beim Weingut Muster-Trautenhof auf temperaturgeregelte Vergärung in Edelstahltanks, zur damaligen Zeit noch nicht obligat, und zählte damit zu den Pionieren in der Südsteiermark. Seit 1996 sind nun der Sohn Bernhard Muster und seine Frau Gertraud für den Wein verantwortlich. Auf 5 ha Weingärten wird eine Vielfalt an Rebsorten vom jungen Winzer kultiviert und zu edlen Weinen vinifiziert. Heute arbeitet Kellermeister Bernhard Muster mit computergesteuerter Gärführung und will nichts dem Zufall überlassen. Traditionelles Flair kann man aber dennoch im alten Weinkeller atmen und danach in einem gemütlichen Koststüberl die Weine in aller Ruhe verkosten. Der Qualitätsanspruch, den der Winzer sich selbst auferlegt, schlägt sich natürlich bei den Weinen nieder und bringt Jahr für Jahr Auszeichnungen und hohe Prämierungen bei diversen Weinbewertungen. So waren der Welschriesling und der Rheinriesling des Jahrgangs 1998 im Semifinale der steirischen

Landesweinbewertung, der Sauvignon blanc und der Sämling des Jahres 2002 waren bei der steirischen Landeskost 2003 sehr erfolgreich. Und mit dem Sauvignon blanc 2002 konnte sogar der Sieg in der Kategorie „Spargelwein" errungen werden. Die Genauigkeit, mit der die Trauben selektioniert werden, machte sich vor allem bei den Weinen des letzten Jahrganges mit seinem schönen Herbst bezahlt und brachte Weißweine, die sehr klare Frucht und ausgewogenes Säurespiel zeigen, harmonisch und elegant sind. Die Rotweine, der Blaue Zweigelt reift sowohl in großen Holzfässern als auch in Barriques, haben am Gaumen angenehme, weiche Tannine. Diese eleganten Rotweine werden zum Teil offen in Bottichen – mit händischem Unterstoßen der Maische – und zum Teil in temperaturgeregelten Stahltanks vergoren und erst nach der Gärung vor der Fassreifung verschnitten. Dadurch kommen die Vorzüge dieser unterschiedlichen Gärverfahren zu einer angenehmen Verbindung.
Obwohl Bernhard Muster alle seine Weine mag, hat er für sich selbst doch einen Favoriten auserkoren, den Gelben Muskateller. Er gilt in der Steiermark schon seit jeher als der Paradeaperitif.

5 ha - Pößnitzberg: Welschriesling, Rheinriesling, Grauer Burgunder, Rivaner, Weißburgunder, Sauvignon blanc, Blauer Zweigelt, Wildbacher Muskateller, Sämling 88
Buschenschank in Bau
Ab-Hof-Verkauf ab September
€ 4,20/11,-
Fruchtsäfte
Liköre, Kernöl, Honig

Weinhof Narat-Zitz

A-8463 Leutschach, Pössnitz 67
Tel/Fax: 03454/351
E-Mail: narat-zitz@rebenland.at
www.rebenland.at/narat.zitz

Seit 1916 im Besitz der Familie Narat-Zitz, führen jetzt Roswitha und Albin ihren Betrieb auf neuen Wegen, nach der Devise „klein, aber fein". Albin, der hauptberuflich bei der Grenzgendarmerie am Grenzübergang Langegg tätig ist, unterstützt seine Gattin, die den Betrieb managt, tatkräftig. Roswitha Narat-Zitz bekennt sich bedingungslos zum Begriff „Qualitätswein". Das ist ihr allerdings etwas zu wenig: „Wein ist Kultur, und eben das ist unsere Linie. Wir organisieren exklusive Weinverkostungen, bieten komfortable Zimmer an, veranstalten Vernissagen. Mit anderen Worten: Der Rahmen rund um den Wein muss passen, und dementsprechend ist auch das Publikum."
Während der Lieblingweins von Albin Narat-Zitz der Sauvignon blanc ist („Wein ist meine Leidenschaft, den Sauvignon mache ich zu meinem Lebenselixier"), bevorzugt Roswitha den Blauen Zweigelt: „Er ist fruchtbetont, weich und samtig. Der 2002er ist sehr sortentypisch, fruchtig voll, mit rundem Säurespiel".
Nach dem Motto: „Kleine Geheimnisse behalten wir für uns, große teilen wir mit Ihnen", sind sie bereit, ihre Kunden mit dem Besten zu verwöhnen. Doch so viel sei zur Vinifizierung der Weine verraten, dass hier die Weißweine sowohl in Stahltanks (Welschriesling, Sauvignon blanc und Sämling für 6 Monate) als auch zwischen 10 und 20 Monaten in Holzfässern (Burgunder und Morillon) und die Zweigelt-Blaue Wildbacher-Cuvée für 17 Monate in Barriques ausgebaut werden.
„Unersättlich suchend nach kostbarer

Harmonie veredeln wir unsere auf schönen Streuobstwiesen reifenden Früchte zu hochwertigen Edelbränden. Maschansker, Kriecherl und Altsteirische Winterbirne sind typisch südsteirische Kostbarkeiten!" schwärmt Albin von den Spezialitäten des Hauses.
„Berauscht vom Blütenduft, alle Sorgen vergessend, erleben Sie ein Paradies." Diese gut gemeinte Versprechung gilt es zu überprüfen. Gemeinsam mit anderen Betrieben der Region haben sich Albin und Roswitha Narat-Zitz zu einem Erlebnisprojekt zusammengeschlossen. Die Betriebe der „Glanzer Hoftour" bieten den Gästen ein gemütliches Quartier in einer traumhaften Landschaft. Und neben den kulinarischen Gaumenfreuden gibt es auch ausreichend Gelegenheit, Stunden der Muße zu genießen.

3 ha – Welschriesling, Morillon, Weißburgunder, Sauvignon blanc, Sämling, Zweigelt, Blauer Wildbacher
Ab-Hof-Verkauf: Mo–Sa, 9–18 Uhr
Kommentierte Weinkost nach Voranmeldung
€ 4,50/8,50
Fruchtsäfte
Obstbrände, Destillate, Weinbrände
4 Gästezimmer, 8 Betten.

Weingut Renner

A-8463 Leutschach, Pössnitz 79
Telefon: 03454/6483, Fax: -4
E-Mail: renner-wine@netway.at

Mit seinem „Zweigelt Reserve 2000" konnte Karl Renner bei der Landesweinbewertung 2003 den ersten Platz erreichen und mit dem Sauvignon blanc unter die Finalisten kommen. Trotzdem meint er, „dass nach jedem Jahrgang eine Steigerung drin ist. Und man muss neue Wege gehen, um von Jahr zu Jahr besser zu werden." 1999 legten die Eltern die Verantwortung für den Betrieb in seine Hände. Auf einer Rebfläche von 6 ha in 400 m Seehöhe an der slowenischen Grenze liegen die Weingärten der Familie Renner, mit Hangneigungen von 25–70%. „Die Verbindung von Mittelmeerklima und dem Klima des pannonischen Raumes beeinflusst die starke Bukett- und Aromabildung unserer Weine entscheidend."
Neue Wege gehen – das ist zum Beispiel eine in Barrique ausgebaute Cuvée aus einem Drittel Chardonnay und zwei Drittel Sauvignon blanc. Das bedeutet auch, dass beim Weinausbau unterschiedliche Gärsysteme Anwendung finden und für die Reifung der Weine eine Kombination der Lagerung im Stahltank, Holzfass und Barriques genützt wird. Karl Renner selbst bevorzugt kräftige Weine mit viel

Potenzial, „denn leichte Ausgangsweine eignen sich nicht für die Barrique-Lagerung. Die Grundweine müssen eine kräftige Struktur mitbringen. Während Weißweine nur dezent mit einer Eichenholznote unterlegt werden, dürfen Rotweine ruhig einen kräftigen Gerbstoffton aufweisen."
Auch in Zukunft wird Karl Renner seine Betriebsphilosophie, „ eine möglichst naturnahe Bewirtschaftung der Weingärten, und charaktervolle und langlebige Weine zu produzieren", weiterverfolgen. Der Weinbaubetrieb kostet den Winzer viel Kraft, daher ist sich Karl Renner sicher: „Es ist notwendig, dass einige Arbeiten delegiert werden. Denn wenn der Winzer zu sehr unter Stress leidet, wirkt sich das auch auf die Qualität des Weines aus. Leichten Stress sollen nur die Rebstöcke haben, dann werden die Trauben bukettintensiver."

6 ha – Welschriesling, Morillon,
Weißburgunder, Sauvignon blanc,
Gelber Muskateller, Chardonnay,
Zweigelt, Blaufränkisch
Ab-Hof-Verkauf: täglich 12–18 Uhr
Kellerführung und kommentierte
Weinkost nach Voranmeldung
€ 4,50/14,30

Weinbau Sternat-Lenz

A-8463 Leutschach, Remschnigg 17
Tel/Fax: 03454/7693
E-Mail: sternat-lenz@rebenland.at
www.rebenland.at/sternat-lenz

Am Remschnigg auf 480 m Seehöhe in der Nähe von Leutschach liegt der 200 Jahre alte Bauernhof von Rupert und Erika Sternat. Sohn Herbert ist als Kellermeister für die Vinifizierung zuständig. Er arbeitet mit stark reduzierten Traubenerträgen und erntet dafür höchste Traubenqualität, was sich eindrucksvoll in der Qualität der Weine niederschlägt. Weißburgunder, Morillon, Welschriesling, Schilcher und Blauer Wildbacher (im Barrique ausgebaut) sind die wichtigsten Rebsorten des Weingutes Sternat, wobei Morillon, Weißburgunder und Schilcher bei der Landesweinbewertung 2002 ausgezeichnet wurden.
Neben den ausgezeichneten Weinen, die man hier offeriert bekommt, erwarten den Besucher im Buschenschank noch selbst gebackenes Bauernbrot und Fleischspezialitäten aus eigener Produktion. Und wenn man das Essen mit einem Edelbrand abschließt und nach einer Wanderung durch die von Obstbäumen und Reben umsäumte Landschaft die Seele ein wenig baumeln lassen möchte, kann man hier auch längere Zeit verweilen.

2ha – Welschriesling, Weißburgunder,
Morillon, Schilcher,
Blauer Wildbacher
Buschenschank: 15.01. – 20.12.,
Mi Ruhetag
€ 4,- / 5,20
Obstbrände, Destillate, Liköre
Weichseln
Urlaub am Weinbauernhof
5 Gästezimmer, 10 Betten

Weingut Peitler

8463 Leutschach, Schlossberg 127
Tel/Fax: 03454/6644
E-Mail: office@weingut-peitler.at
www.weingut-peitler.at

Der Schlossberger Mühlenrundwanderweg durch die Heiligen-Geist-Klamm bis zur Spitzmühle ist wahrscheinlich eines der schönsten und unberührtesten Stückchen Natur der Südsteiermark. Vorbei an alten Mühlen, die ihre Betriebsamkeit früherer Zeiten erahnen lassen, kann man sich vom Müllermeister der wasserbetriebenen Getreidemühle Krennmüller in sein Handwerk einweisen lassen. In dieser besuchenswerten Umgebung des Leutschacher Rebenlandes, zwischen Weingärten, Wiesen und Wäldern auf einem Hügel über dem Schloss Trautenburg liegt das Weingut Peitler. Seit gut 100 Jahren im Familienbesitz, war das Gut einem stetigen Wachstum unterworfen. Ing. Johannes Peitler, der Chef des Betriebes, absolvierte seine Ausbildung in Klosterneuburg und trägt die Verantwortung im Weingarten und als Kellermeister. Sohn Adolf, Absolvent von Silberberg, unterstützt die Weingartenarbeit und ist für die Erzeugung bester Edelbrände zuständig. Die Betreuung der Gäste der Winzerzimmer und den Verkauf der Weine haben die Frauen des Hauses übernommen und mit Charme und weiblicher Raffinesse sind sie dabei sehr erfolgreich. Zufriedene Kunden und begeisterte Gäste kommen gerne öfter auf das Weingut Peitler.

„Der Einsatz eines solaren Kühlsystems bei Gärung und Lagerung zeigt unsere Offenheit für Innovation und Schutz der Umwelt", stellt der Kellermeister die Verbundenheit mit der Umwelt unter Beweis. Diese Kühlanlage stellt ein Versuchsprojekt dar und soll für eine große Anzahl ähnlicher Unternehmen konzipiert

werden. Der Beweis, dass die neue Technologie keinen Qualitätsverlust bei den Produkten bringt, wird gelingen.

Prinzipiell werden die Weine in temperaturgeregelten Edelstahltanks vergoren und ausgebaut. Nur beim Grauburgunder kommen schon bei der Gärung Barriques zum Einsatz. Anschließend reifen die Weine zwischen 8 und 12 Monate in den kleinen Eichenfässern, bevor sie in Flaschen gefüllt werden.

Fünf Komfortzimmer laden zum Verweilen in einer ruhigen, unberührten Natur ein. Kraft tanken für Körper, Geist und Seele und den Alltagsstress hinter sich lassen, wird in dieser schönen Umgebung des Weinhofes erleichtert.

Das Gütesiegel „4 Blumenbetrieb" ist Ausdruck der guten Betreuung und des angenehmen Ambientes.

6 ha - Welschriesling, Weißburgunder, Sauvignon blanc, Chardonnay, Grauburgunder, Muskateller, Zweigelt
Ab-Hof-Verkauf: Mo-Sa, 9-12 und 14-18 Uhr, Sa, 9-12 Uhr
Kommentierte Weinkost nach Voranmeldung
€ 4,60/16,-
Traubensaft, Fruchtsäfte, Obstbrände
5 Gästezimmer, 10 Betten

Weingut Familie Stelzl

A-8463 Leutschach, Schlossberg 87
Tel/Fax: 03454/441
E-Mail: alfred.stelzl@utanet.at

Der Klosterneuburg-Absolvent Alfred Stelzl übernahm den Weinbaubetrieb im Jahr 1995. Ing. Stelzl ist ein typischer Vertreter jener jungen Winzergeneration, die sich die konstante Steigerung der Qualität des steirischen Weines zur Aufgabe gemacht hat, und das gelingt ihm durch den Einsatz von moderner Kellertechnik und der Önologie. Das Ausgangsprodukt, die Reben, gedeiht auf 5 ha Weingartenflächen, deren Untergründe aus Schiefer und Lehm bestehen und stellenweise Hangneigungen bis zu 60% aufweisen. Die absoluten Stärken von Stelzls Weinen sind ihre Fruchtigkeit und Eleganz. Besonders anschaulich zeigen das die Weine des Jahres 2002, das mit seinem schönen Sommer und dem wechselhaften Wetter im Herbst so manchen Winzer vor eine schwierige Aufgabe stellte. Alfred Stelzls Weine präsentieren sich feingliedrig, mit schöner Frucht und ausgewogenem Säurespiel. Ein Grund für Weinliebhaber, das Weingut Stelzl mit seinen ausgezeichneten Weinen, allen voran die Burgunder und Rotweine, zu einem Fixpunkt bei jedem Besuch in der Südsteiermark werden zu lassen.

5 ha – Ried Sonnegg und Mariengarten: Welschriesling, Morillon, Weißburgunder, Sauvignon blanc, Ruländer, Blauburgunder
Ab-Hof-Verkauf: Mi-So, 9-18 Uhr
€ 4,-/9,-
Kellerführung und kommentierte Weinkost nach Voranmeldung

Weingut Tauss

A-8463 Leutschach, Schlossberg 80
Telefon: 03454/6715, Fax: 70050
E-Mail: weingut-tauss@gmx.at
www.weingut-tauss.at

„Wir wollen nicht expandieren, sondern ein Insidertipp bleiben und einfach immer für unsere Kunden da sein." Das ist die Philosophie von Alice und Roland Tauss, die mit Sortenvielfalt überzeugen.

Wenn man Alice Tauss nach ihrem Lieblingswein fragt, kommt die Antwort wie aus der Pistole geschossen: „Das ist der Sauvignon blanc." Bei den Roten ist es die „Cuvée Hohenegg", eine in Barriques perfektionierte Vermählung von Blaufränkisch und Cabernet-Sauvignon. Der aktuelle Jahrgang bietet fruchtige, sehr trinkfreudige Weine, die etwas kräftiger im Alkohol sind.

Das Liebkind von Roland Tauss sind die Süßweine, „denn wir Steirer haben auf dem Gebiet auch etwas zu bieten. In sehr guten Jahren produzieren wir Auslesen, Beerenauslesen und manchmal sogar Trockenbeerenauslesen."

„Durch Zusammenarbeit mit der Natur wollen wir etwas schaffen, das die Lebensfreude in den Produkten widerspiegelt. Gleichzeitig wollen wir die Individualität der Weine in den Vordergrund stellen."

6 ha - Welschriesling, Morillon, Weißburgunder, Sauvignon blanc, Traminer, Blaufränkisch, Cabernet Sauvignon, Merlot
Ab-Hof-Verkauf: Mo–Sa, 10–18 Uhr, So, 10–12 Uhr
€ 5,-/17,-
Fruchtsäfte
Obstbrände, Destillate, Weinbrände
5 Gästezimmer, 12 Betten

Weingut Menhard

A-8463 Leutschach, Pössnitz 70
Telefon: 03454/6584, Fax: 59984

Die Familie Menhard bewirtschaftet ihre Weingärten nach den Prinzipien des biologischen Weinbaus, obwohl das in der Steiermark besonders schwierig ist.

Durch regen Wissensaustausch mit Bio-Weinbauern aus dem Burgenland, Deutschland, Frankreich und viele Jahre eigener Erfahrung werden heute ausgezeichnete steirische Bio-Weine ausgebaut. Kellermeister Thomas Menhard ist überzeugt, dass nur ein biologisch aktiver Boden die beste „Grundlage" für gesundes, natürliches Wachstum in sich birgt und auch langfristig gesunde Trauben von höchster Qualität hervorbringt. Durch das Ausbringen geringer Mengen organischen Mists (Kompost, Ernterückstände etc.) werden die Nährstoffe, die in Form von Trauben bei der Ernte dem Weingarten entnommen werden, diesem wieder zugeführt. Die weitere Arbeit übernehmen Pflanzen in Kooperation mit den anderen Bewohnern des Bodens – vom Regenwurm bis zum Mikroorganismus. Ein Beitrag zur natürlichen Bodenfruchtbarkeit wird auch durch bewusstes Reduzieren der Erntemenge (Ausbrechen der Trauben) erreicht. Ständige Beobachtung und intensive Pflege der Weinstöcke begleiten die Arbeit im Bio-Weingarten. Natürliche Pflanzenpflegemittel wie Gesteinsmehle, Kräutertees und Algen unterstützen die Widerstandskraft und die Gesunderhaltung.

Das Weingut Menhard bietet trotz der sehr aufwändigen Bioarbeit in den Weingärten durch großen Fleiß und unermüdlichen Einsatz eine breite Palette von Bio-Weinen. An Weißweinen werden Welschriesling, Muskateller, Sauvignon

blanc, Grauburgunder und ein Morillon gekeltert, die Rotweinabteilung wird mit einer Zweigelt-Cuvée abgedeckt. Bioweinbauern haben auch bei der Kellerwirtschaft ihre eigenen Regeln und Richtlinien. So darf ein Biowinzer, wenn ein Jahr einmal zuwenig Sonnenstunden für die Traubenreife hatte, auch nur mit biologisch gewachsenem Zucker seine Weine bei der Gärung etwas aufbessern. Das war aber in den letzten Jahren nicht nötig, die Sonne meinte es mit allen steirischen Winzern gut.

Nicht zuletzt brauchen die meisten dieser Weine auch mehr Zeit zum Heranreifen. Neben dem Weinausbau hat sich die Familie Menhard auf die Produktion von Edelbränden aus Quitte, Himbeere, Trester usw. spezialisiert.

Drei Gästezimmer im, mit viel Liebe und Gefühl renovierten Kellerstöckl, mit Kochgelegenheit ausgestattet, erfüllen die geheimen Wünsche vieler Gäste.

5 ha – Welschriesling, Muskateller, Sauvignon blanc, Grauburgunder, Morillon, Zweigelt-Cuvée
Ab-Hof-Verkauf: täglich nach telefonische Voranmeldung
€ 4,20/11,-
Obstbrände
3 Gästezimmer, 6 Betten

Weingut Kwas

A-8463 Leutschach, Krannach 28
Telefon: 0676-5214352, Fax: 03454/59904
E-Mail: weinbau-kwas@aon.at
www.weinbau-kwas.at

Peter Kwas übernahm den Betrieb 1998 von seinen Eltern. Seitdem hat er das Weingut konsequent auf Qualitätsweinbau umgestellt. Sein größtes Bestreben ist es, die Qualität, welche die Natur vorgibt, auch adäquat in die Flaschen zu bringen. Auf 4,5 ha Rebfläche kultiviert er Trauben für hervorragende Weißweine. Der Winzer Kwas kann mit einer großen Rebsortenvielfalt aufwarten. Auf den unterschiedlichsten Böden reifen Sauvignon blanc, Morillon, Weißburgunder, Rheinriesling, Welschriesling und Zweigelt. Vergoren wird wahlweise in Stahltanks, großen Holzfässern oder Barriques. Welche Sorten in welchen Gebinden vinifiziert werden, möchte Peter Kwas aber nicht verraten. Von den Trauben der 2003er-Ernte sind, so der Winzer, vornehmlich fruchtige und säurebetonte Qualitätsweine gekeltert worden. Prämierungen gab es mit dem Sauvignon blanc 2001 im „Salon des Gusto 2002" (2. Platz). Rheinriesling 2001, Ruländer Spätlese 2001 und Sauvignon blanc 2001 wurden auch bei der steirischen Landesweinkost 2002 ausgezeichnet.

4,5 ha – Welschriesling, Morillon, Sauvignon blanc, Weißburgunder, Rheinriesling, Blauer Zweigelt
Ab-Hof-Verkauf: Fr und Sa, 14-18 Uhr
Kellerführung und kommentierte Weinkost nach Voranmeldung
€ 4,-/6,-

Weingut Masser

A-8463 Leutschach, Fötschach 41
Telefon und Fax: 03454/467
E-Mail: weingut@masser.cc
www.masser.cc

Vier Generationen leben derzeit auf dem Weingut, das seit 1937 im Familienbesitz ist. Peter Masser jun. ist als Weinbau- und Kellermeister für den Keller und die Vermarktung zuständig.
Zu den Rieden Fötschach und Sernauberg kam erst in den letzten Jahren die Ried Glanzberg hinzu. „Unsere Anbauflächen liegen durchwegs auf Südhängen mit Hangneigungen bis zu 50%. Genauigkeit im Weingarten, um ein perfektes Traubenmaterial als Ausgangsprodukt zur Erzeugung guter Qualitätsweine zu erreichen, ist mein oberstes Gebot", betont Masser. Bei der Vinifizierung seiner Weine setzt er einerseits auf Edelstahltanks und andererseits auf Holzfässer.
Beim Ausbau in Barriques reifen die Weine bis zu 24 Monate in den Fässern. „Nicht nur in der heimischen Gastronomie werden unsere Weine hoch geschätzt, auch die österreichischen Konsulate in China, Jordanien und Kuba sind Stammkunden des Betriebes", berichtet Peter Masser. Die gekelterten Rebsorten sind zu 70% Weißweine, Welschriesling, Müller-Thurgau (wird für den Junker verwendet), Morillon/Chardonnay, Sauvignon blanc und auch ein trocken ausgebauter Gewürztraminer. Neben dem klassisch-steirischen Weinausbau erfolgt er auch international in Barriques, sowohl bei Weißweinen (die „Burgunder Selektion" ist eine Cuvée aus Chardonnay- und Grauburgundertrauben) als auch bei Rotweinen (Zweigelt und Wildbacher). Ein leichter, sehr fruchtiger Weißwein ist der „Blaue Wildbacher gleich gepresst", der wegen seiner Frische ein idealer Sommerwein ist.
Zusätzlich enthält das Angebot Marbella- und Muskateller-Sekt. Nicht zuletzt sind der Graue-Burgunder-Eiswein, gelesen am 30. Oktober 1997, und der Schilcher Eiswein, gelesen am 23. Dezember 2000, außergewöhnliche Kostbarkeiten des Betriebes. Zahlreiche Prämierungen, vor allem der „Selektion Spargelwein" und des Sauvignon blanc, bestätigen die gediegene Arbeit im Weingarten und im Weinkeller.
Als besten Rotwein bezeichnet der Kellermeister den Reserve-2000-Barrique „pm1", eine Cuvée aus Zweigelt und Wildbacher. Dieser Wein reifte zwei Jahre in den Barriques und wurde zu einem dichten Wein mit vanilligen Beerenaromen und samtigem Abgang.
Stolz ist Familie Masser auch auf die ausgezeichneten, selbst erzeugten Produkte vom Schottischen Hochlandrind, die man sich keinesfalls entgehen lassen sollte.

7,2 ha – Welschriesling, Morillon, Sauvignon blanc, Muskateller, Grauburgunder, Blauer Wildbacher, Zweigelt, Eiswein
Ab-Hof-Verkauf: täglich
€ 4,50/25,30
Sektproduktion, Obstbrände
Produkte vom Schottischen Hochlandrind

Weingut Lieschnegg Otto

A-8463 Leutschach, Fötschach 22
Tel/Fax: 03454/307
E-Mail: weingut.lieschnegg@utanet.at
www.rebenland.at/betriebe/lieschnegg

Otto Lieschnegg, dessen Betrieb bis 1965 von der Rinder- und Schweinezucht sowie dem Obstbau zur Erzeugung von Obstbränden lebte, stellte auf Weinbau um. Bei Kursen in den Weinbaufachschulen Silberberg und Klosterneuburg erhielt er den notwendigen Einblick in die Vinifikation. Aus seinen Obstgärten, vorwiegend mit Apfel- und Birnbäumen, wurden Weingärten. Auf sandig-lehmigem Boden auf mittleren bis steilen Hängen reifen die Trauben in einer Süd- bis Südwestlage. Heute führen Otto und Friederike Lieschnegg den Betrieb, in dem auch Sohn Hubert als Weinbau- und Kellermeister tätig ist. Durch eine selbst auferlegte Mengenbeschränkung trägt die Familie ihrer Weinbauphilosophie Rechnung. „Die Ansprüche unserer Kunden werden immer höher. Daher ist beste Qualität gefragt, und das bedeutet für uns: Weniger ist mehr."
Im Weinkeller Lieschnegg werden traditioneller und moderner Weinausbau in wunderbarer Art und Weise vereint. Die frische Spritzigkeit erhalten die Weine in den Edelstahltanks, während das elegante

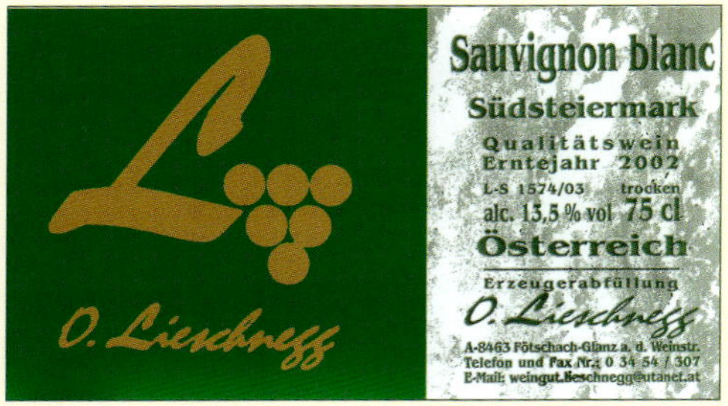

„Runde" aus dem Eichenholzfass kommt. Otto Lieschnegg beschreibt seine prämierten Weine: „Der Sauvignon blanc ist sehr würzig mit weichen, grasigen Aromen, leichten Anflügen von Exotik mit klarer, dichter Frucht, lang anhaltend am Gaumen, und das harmonische Verhältnis von Fruchtsäuren macht den Wein animierend. Der Zweigelt Barrique ist purpurrubinrot mit vollem, dicht satten, mit kleinem Holz unterlegten, rauchigen Duft. Im Geschmack konzentrierte Frucht von Beerenaroma und Tannin, unterlegt mit weichem Gerbstoff."
In der hauseigenen Buschenschank werden neben den großen Weinen hausgemachte Wurst- und Fleischwaren, Weinstrauben und Buchteln angeboten. Im Herbst gibt es selbstverständlich Sturm und Kastanien. Knusprige, geröstete Kürbiskerne und das „schwarze Gold der Steiermark", frisch gepresstes Kernöl, fehlen nicht im Angebot.

3,5 ha – Welschriesling, Morillon, Weißburgunder, Grauburgunder, Sauvignon blanc, Blauer Zweigelt
Buschenschank: April–November, Mi–So, 14–22 Uhr
Ab-Hof-Verkauf: täglich
€ 4,80/10,-
Kürbiskernöl, Kürbiskernprodukte
5 Gästezimmer, 10 Betten

Weingut Muster-Poschgan

A-8463 Leutschach, Pössnitz 46
Telefon: 03454/255, Fax: -4
E-Mail: musterweine@gmx.at
www.musterweine.at

Die hohe Qualität der Weine des Weingutes Muster-Poschgan wurde bei der Landesweinbewertung mit dem Finale für den Rheinriesling sowie dem Semifinale für Weißburgunder und Grauburgunder bestätigt. Vater Rudolf Muster sen. hat den Grundstock für den heutigen Betrieb gelegt. Er hat die Rebflächen kultiviert, den Weinkeller gebaut und seinen Sohn Rudolf jun., heute Diplom-Sommelier, behutsam in die Arbeit als Winzer eingeführt. Jetzt ist Rudolf jun. der Verantwortliche im Weinkeller, während sich der Vater intensiv der Produktion erlesener Edelbrände widmet. Die ganze Erfahrung und Fachkenntnis der beiden Generationen spiegeln sich in den Produkten wider. „Das Aufeinandertreffen von feuchtwarmem und trockenheißem Klima schafft günstige Voraussetzungen für besonders fruchtig-duftige Weine. Im 2002 neu gebauten Gewölbekeller werden ausgesuchte Weine in Barriques ausgebaut, um ihnen eine spezielle Holznote zu verleihen."

3 ha – Welschriesling, Morillon, Weißburgunder, Grauburgunder, Gelber Muskateller, Zweigelt
Ab-Hof-Verkauf: ganzjährig, 8–18 Uhr
€ 4,35/9,20
Traubensaft
Obstbrände, Weinbrände
Kürbiskernöl, Traubenmarmelade
2 Gästezimmer, 4 Betten

Weingut Tscheppe Andreas

A-8463 Leutschach, Glanz 75
Tel/Fax: 03454/391
E-Mail: andreas.tscheppe@utanet.at
www.at-weine.at

„Eine unverwechselbare Note wollen wir in unseren Weinen hervorbringen, die von unseren Böden, Lagen und der Hand des Winzers geprägt ist." Das ist die Philosophie von Kellermeister Andreas Tscheppe jun. Bereits seit dem 16. Jahrhundert baut die Familie Tscheppe Wein in Glanz an, und heute bewirtschaften die Brüder Andreas und Ewald die Rebflächen des Weingutes.
Die Weine der beiden Anbaugebiete, einerseits der Riegersburg mit Vulkangestein, Basalt und Tuff und andererseits die Weingärten in Glanz mit den steinigen, tiefgründigen Böden, lassen sich bei Vertikalverkostungen sehr gut unterscheiden. Experimentierfreudigkeit und unkonventionelle Methoden zeichnen diesen Betrieb besonders aus. Seit dem Jahre 2002 wird ein Teil der Weine im sogenannten Römerbruch (einem Bergbaustollen) bei einer Temperatur von 6°-8°C gelagert, um dort langsam zu reifen. Weißweine mit feiner Frucht, starker Mineralik, besonderer Eleganz und großer Haltbarkeit sind die Spitzenprodukte des Hauses.

12 ha – Lage Riegersburg und Glanz:
Sauvignon blanc, Morillon, Burgunder, Muskateller, Welschriesling.
Ab-Hof-Verkauf: Mo–Fr, 9–18 Uhr
Kellerführung und kommentierte Weinkost nach Voranmeldung
€ 5,-/23,-
Sektproduktion
Fruchtsäfte
Destillate

Südsteirische Qualitätsweine
Reinhold Schwarzl

A-8463 Leutschach, Arnfelserstraße 12
Telefon: 03454/238, Fax: -4
E-Mail: familie@schwarzl-weine.com
www.schwarzl-weine.com

In der einzigartigen Naturlandschaft des südsteirischen Weinlandes um Leutschach wachsen die Trauben, die von Reinhold Schwarzl zu Spitzenweinen verarbeitet werden. Mit dem Zukauf von Trauben steht ihm eine Produktionsfläche von insgesamt 15 ha zur Verfügung. Seit mehreren Generationen wird eine möglichst breite Sortenpalette qualitätsbewusst ausgebaut. Reinhold Schwarzl, tatkräftig unterstützt von seiner Gattin Dorothea und den Töchtern Eva und Verena, setzt diese Tradition seit über zwei Jahrzehnten nahtlos fort. Nicht umsonst zählt das Weingut zu den arrivierten Weinproduzenten und -lieferanten der Steiermark. Die große Liebe und Freude zum Beruf und den Arbeitseinsatz der Familie merkt man in jedem ihrer Weine. In stimmungsvoller Umgebung kann man sich am Weingut beim Verkosten und Erleben des Sortimentes davon überzeugen.
Auf den Lagen Eichberg und Schlossberg liegen die nach Süden ausgerichteten, bis 48% steilen Hänge. Leichte mineralische Sand- und Schotterböden verleihen den Trauben Feinheit, Finesse, eine angenehm harmonische Säure und damit besonderen Sortenausdruck. Im Weingarten wird sehr darauf geachtet, durch Rebschnitt und Stockpflege die Erträge niedrig zu halten und so bessere Qualität zu erhalten. Die tägliche Kontrolle im Weingarten während der Vegetationsperiode, um zum optimalen Zeitpunkt die Trauben ausschließlich von Hand zu lesen, ist neben dem schonenden Pressen und sorgfältigen Verarbeiten im Keller ein wichtiges Kriterium bei der Weinproduktion. Durch

mehrmaliges Vorlesen kommt nur das beste Traubenmaterial zur weiteren Verarbeitung in den Keller. Fruchtige, sortentypische Weine und im gesamten ein qualitativ hochwertiger Jahrgang waren der verdiente Erfolg. Der Ausbau in der steirisch-klassischen Linie mit traditionell fruchtbetonten Weißweinen hat für Reinhold Schwarzl Vorrang. Dies bedeutet aber nicht, dass daneben nicht auch international, in französischen Barriques, ausgebaut wird. Die Rotweine des Weingutes lagern für mindestens 12 Monate in großen und kleinen Eichenfässern. Die hervorragende Qualität der Schwarzl-Weine drückt sich in wiederholten Spitzenplätzen bei der steirischen Landesweinbewertung, aber auch bei nationalen und internationalen Prämierungen aus. Der „World Wine Champion", der zweimalige Gewinn des steirischen Weinoskars und die Nominierung in den Österreichischen Weinsalon ragen dabei besonders hervor.

15 ha - Pinot blanc, Morillon, Welschriesling, Weißburgunder, Sauvignon blanc, Muskateller, Schilcher, Zweigelt, Blaufränkisch
Ab-Hof-Verkauf: Mo-Sa, 9-18 Uhr, So nach Voranmeldung
Kellerführung und kommentierte Weinkost nach Voranmeldung
€ 4,-/7,-

Weingut Erwin Sabathi

A-8463 Leutschach, Pössnitz 48
Telefon: 03454/265, Fax: -6
E-Mail: weingut@sabathi.com
www.sabathi.com

„Ich will das Beste vom Besten produzieren", ist ein Ausspruch von Erwin Sabathi. Wollen und Können sind aber zweierlei. Erwin Sabathi ist einer derjenigen, die für diesen Anspruch sehr hart arbeiten und dadurch den Erfolgsweg Schritt für Schritt weiter beschreiten.

Beim Wein stellt sich jedes Jahr die Frage der besten Qualität, und das bei vielen Rebsorten. Ein guter Wein ist das Ergebnis vieler Einzelkomponeten, beginnend bei der Lage, der Rebsorte, der Arbeit im Weingarten, dem Wetter, der Erntequalität der Trauben, der Kellerwirtschaft, der Erfahrung des Kellermeisters und der Kellertechnologie bis hin zur Flaschenfüllanlage. Um einen sehr guten Wein zu machen, bedarf es mehr, als nur die Arbeiten durchzuführen, jeder dieser einzelnen Schritte muss optimiert werden, überall muss viel mehr gemacht werden. Letztendlich ist es dann noch eine Frage der Sympathie des Winzers und wie er mit seinen Kunden, die den Wein trinken, und den Medien, die über die Erfolge und Bewertungen schreiben, umgeht.

Der junge Winzer Erwin Sabathi bewirtschaftet zehn Hektar eigener Weingärten mit der Paraderied Pößnitzberg, die hauptsächlich aus Urgestein besteht, und dem Jägerberg mit seinem Lehm- und Muscheluntergrund. Die Trauben von Reben, die auf dem Urgesteinsboden wachsen, sind geprägt von mineralischen Geschmacksnoten und ergeben fruchtbetonte Weine mit feingliedriger Struktur und zarter Säure, während die Trauben von den Lehm- und Muschelböden im Wein sich durch konzentrierte Fruchtnoten auszeichnen.

Drei im Stil unterschiedliche Weinlinien werden angeboten: Die „Klassik" (Welschriesling, Weißburgunder, Morillon, Sauvignon blanc, Gelber Muskateller, Sämling 88 und Blauer Zweigelt Klassik und eine Zweigelt Cuvée).

Die Lagenweine sind Weiß- und Grauburgunder vom Jägerberg, Morillon und Sauvignon blanc vom Pößnitzberg und der Sauvignon blanc vom Poharnig, der zu den besten Weinen dieser Rebsorte in Österreich zählt.

Den höchsten Stellenwert haben bei Erwin Sabathi die „Merveilleux-Weine". Diese Weinlinie wird schon seit den 60er-Jahren gekeltert, nur das beste Traubenmaterial wird dafür verwendet. Der Hektarertrag ist auf 3.000 kg beschränkt. Morillon, Grauburgunder und Sauvignon blanc sind die Vertreter dieser Klasse. Neun Monate lang werden die kräftig-voluminösen Weine in französischen Eichenholzfässern ausgebaut. Mit diesen Weinen gewinnt der junge Winzer bei nationalen und internationalen Bewerben die höchsten Preise. Erwin Sabathi konnte mit seinen Weinen eine beachtliche Reihe an Auszeichnungen erringen. Erstmals wurde er 1996 mit dem Grauburgunder steirischer Landessieger. 1999 erreichte er mit seinem „Sauvignon blanc Pössnitzberg" gleich in zwei Kategorien diese begehrte Auszeichnung. Mit demselben Wein und dem „Gelben Muskateller Klassik" war er auch im Österreichischen Weinsalon der Jahre 1999, 2000 und 2001 vertreten.

Mit seinem Welschriesling wurde Erwin Sabathi Sortensieger bei der Steirischen Landesweinkost 2000, ist wieder im Österreichischen Weinsalon vertreten und wurde noch zusätzlich als „Salon-Auserwählter" geadelt.

Das „Beverage Testing Institute" in Chicago bewertete „Sauvignon blanc Poharnig" und „Sauvignon blanc Klassik 2001" als „Exceptional", der „Sauvignon blanc Pößnitzberg 2001" wurde „Highly Recommended".

Eine andere Spezialität des Weingutes sind die reinen Destillate aus Früchten, Trauben und Trester. Bei einer derartigen Fülle an hervorragenden Weinen und Bränden, im Leutschacher Buschenschank der Familie genossen, umrahmt von einer Landschaft, die ihresgleichen sucht, bekommt Zeit eine andere Bedeutung.

10 ha - Lagen Pößnitzberg, Poharnig, Jägerberg: Welschriesling, Morillon, Weißburgunder, Sauvignon blanc, Muskateller, Grauburgunder, Zweigelt
Buschenschank: 19.3.–15.11., Mi–Sa, 14–22 Uhr, Ab-Hof-Verkauf: Di–Sa, 8–12 Uhr, 13–18 Uhr, So, 9–12 Uhr
€ 6,–/21,–
Traubensaft, Destillate
5 Gästezimmer, 10 Betten

Vin'o Tscheppe

Weingut Eduard und Stefan Tscheppe
A-8463 Leutschach, Pössnitz 168
Telefon: 03454/205-0, Fax: -77
E-Mail: weingut@tscheppe.com
www.tscheppe.com

Von Kindesbeinen an haben Eduard und Stefan Tscheppe viel Zeit im Weingarten verbracht. Dabei wuchs ihre Begeisterung für den Weinbau. Mit dem Jahrgang 2002 haben die Brüder erstmals die volle Verantwortung vom Weingarten bis in den Keller übernommen. Damit erwischten sie gleich einen der anspruchsvollsten Jahrgänge der letzten Zeit. Eduard und Stefan sind bereits die sechste Generation der von Innovation und Tradition geleiteten Familie. Mit ihren beiden Rieden Pößnitzberg und Czamillonberg besitzen sie zwei der besten Lagen der Südsteiermark. Dennoch wollen sie das Sortiment neu ordnen, und bald soll auf jeder Lage jene Sorte stehen, für die sie vom Terroir und Mikroklima her am besten geeignet ist. Dies ist nur ein Mosaikstein auf dem Weg, die Qualität ihrer „Edeltröpferl" stetig zu steigern. Das mehrmalige Erreichen des steirischen Landessieges bzw. von Finalplätzen bei der Landesweinbewertung und die Aufnahme in den „Salon Österreichischer Wein" lassen keinen Zweifel an der Güte der Produkte zu. Das „Gasthaus Tscheppe an der Weinstraße" bietet das ganze Sortiment des Weingutes und Degustationen auch älterer und reiferer Jahrgänge an.

35 ha - Welschriesling, Morillon, Sauvignon blanc, Muskateller, Grüner Sylvaner, Gewürztraminer, Zweigelt, St. Laurent
Gasthaus: Mi-So, 11-22 Uhr
Ab-Hof-Verkauf: Mo-Sa, 10-17 Uhr, So, 10-12 Uhr
€ 5,-/22,-
Destillate, Weinbrände

Weingut Weiss-Welle

8463 Leutschach, Glanz 28
Tel/Fax: 03454/243
E-Mail: weiss-welle@aon.at
www.Rebenland.at/weiss-welle

Die zweitgrößte Weinbaugemeinde der Steiermark, Glanz, ist die Heimat des Weingutes Weiss-Welle. Nur einen Kilometer vom Grenzübergang Langegg entfernt bewirtschaften Edith und Roland Weiss-Welle 2,6 Hektar Weinbaufläche. Auf den zum Teil direkt an den Hof angrenzenden Weingärten haben sie ausschließlich Weißweinreben ausgepflanzt. Das Weingut mit dem angeschlossenen Buschenschank liegt auf einem der sanften Hügel des südsteirischen Weinlandes zwischen Weingärten, Wiesen und Wäldern. Von der Terrasse der Buschenschank blickt man Richtung Süden weit nach Slowenien hinein. Das milde Klima und die sandigen Lehmböden sind ideale Grundlagen für den Anbau des südsteirischen Weinsortiments. „Besondere Sorgfalt wird von unserer Familie auf die mengengeregelte Anbauweise gelegt. Die gewissenhafte Überwachung der Traubenreifung ist dabei unerlässlich", unterstreicht der Weinbauer seine Philosophie, durch verantwortungsbewusste Arbeit das Beste für den Kunden zu erzeugen. Mit einem sortentypischen Ausbau in steirisch klassischer Stilistik setzt Roland Weiss-Welle im Keller den qualitätsorientierten Weg fort. In den temperaturgeregelten Edelstahltanks werden die Trauben vergoren und reifen dann zu duftig-frischen Spitzenweißweinen.

Der Buschenschank, liebevoll von Edith Weiss-Welle geführt, bietet hausgemachte steirische Fleischspezialitäten wie Geselchtes und Würstel, verschiedene Aufstriche, selbstgebackenes Brot und ausgezeichnete Mehlspeisen zu den hauseigenen Weinen.

Wenn die Trauben Ende Juli allmählich süß werden, bauen die Weinbauern ihre „Musikinstrumente" entlang der Klapotetzstraße auf, um die gefiederten „Traubendiebe" zu vertreiben. Oft wird dieser Aufbau im Buschenschank mit einem kleinen Fest wie in alten Zeiten gefeiert. Gemütlichkeit und Lebensfreude der ländlichen Bevölkerung werden bei diesen traditionellen Feiern spürbar und sind bei den Besuchern sehr beliebt.

2,5 ha - Welschriesling, Scheurebe, Weißburgunder, Chardonnay, Sauvignon blanc, Rivaner, Muskateller, Traminer
Buschenschank: 12-22 Uhr, Mo, Di Ruhetag
Kellerführung und kommentierte Weinkost nach Voranmeldung
Traubensaft

Glanzer Weingärten bei Leutschach

Weingut Fellner

A-8463 Leutschach, Glanz 57
Tel/Fax: : 03454/288
E-Mail: weingut.fellner@mcnon.com
www.weingut-fellner.at

„Das Leben ist viel zu kurz, um schlechten Wein zu trinken", meint Andreas Fellner. Als zweitjüngster der vier Söhne von Eva-Maria und Franz, die den Betrieb führen, ist er für die Vinifizierung am Gut zuständig. Vor vier Generationen begann man neben der Viehzucht, Gäste in der großen Küche zu bewirten. So verlagerte sich mit der Zeit die Arbeit mehr in den Buschenschank und den Weinbau. Auf 6,5 Hektar Rebfläche wird eine breite Palette von Rebsorten angepflanzt. Im Keller werden die Trauben zu fruchtigen, finessenreichen Weißweinen und kräftigen, intensiven Rotweinen gekeltert und ausgebaut. Sortentypisch werden für die Vergärung und Reifung Stahltanks und Holzfässer eingesetzt, manchmal auch in unterschiedlicher Kombination. Für einen längeren Besuch der wunderschönen Landschaft stehen rustikal eingerichtete Gästezimmer zur Verfügung.

6,5 ha - Welschriesling, Chardonnay, Weißburgunder, Grauburgunder, Sauvignon blanc, Muskateller, Sämling, Gewürztraminer, Grüner Veltliner
Buschenschank und Ab-Hof-Verkauf: Feb-Dez
€ 3,30/5,-
Traubensaft, Fruchtsäfte, Obstbrände
5 Gästezimmer, 10 Betten

Weingut Zirngast

A-8464 Leutschach, Glanz 23
Tel/Fax: 03454/393
E-Mail: grenzweinkeller@aon.at

Der Grenzstein aus dem Jahr 1918 ist eines der beliebtesten Fotomotive unserer Gäste. Die österreichisch-slowenische Grenze verläuft ja direkt hinter unserem Haus", berichten Johanna und Josef Zirngast, die Betriebsführer des Familienbetriebes, nicht ohne Stolz. Als Raststation und Wendepunkt für Radfahrer, Biker und Autofahrer, die sich entlang der Glanzer Kellerstraße und Glanzer Hoftour oder dem südsteirischen Panorama-Radweg der Grenzregion nähern, liegt der Buschenschank am Ende der Kellerstraße. Die Fahrt durch diese reizvolle Landschaft kann keinem besseren Höhepunkt zusteuern als einer zünftigen steirischen Jause, harmonisch ergänzt durch den dazu passenden Wein im „Grenzweinkeller". Wer sich vor der Weiterreise oder Rückfahrt erholen möchte, kann dies auf der sonnigen Liegewiese oder auf der gemütlichen Terrasse tun. Sollte einem die Zeit davonlaufen, kann man in einem der Gästezimmer übernachten. Die ruhige, erholsame Landschaft bietet sich aber auch für einen Urlaub mit Wanderungen und zum Kennenlernen der Menschen dieser Region an.
Das Motorradmuseum mit 50 alten Puch-Maschinen am Schantlhof ist Anziehungspunkt für Motorradfreaks und liegt in unmittelbarer Nähe des Grenzweinkellers.
Josef Zirngast jun. wurde von seinem Vater in die Geheimnisse des Kellers eingewiesen und ist ebenfalls ein Winzer mit Leib und Seele geworden. Auch die beste Ausbildung kann die jahrzehntelange praktische Erfahrung nie ersetzten, ist der Senior überzeugt. „ Wir sind ein qualitäts-

orientierter Betrieb und dürfen uns vom Weingarten über die Arbeiten im Keller bis zur Flaschenfüllung keinerlei Nachlässigkeiten leisten. Der durch harte Arbeit errungene gute Ruf wäre viel zu leicht auf lange Zeit ruiniert. Prämierungen der Landeskammer für unsere Spitzenweine geben mir recht."
Schon im Weingarten wird der Grundstein für die Qualität der Endprodukte gelegt. Schonender Umgang mit den Trauben, konsequente Arbeit an den Rebstöcken und eine gewissenhafte Selektion ist für die Winzer selbstverständlich. Von Hand gelesen, gerebelt und je nach Sorte unterschiedlicher Maischestandzeit werden die Trauben vergoren. Bei der Vergärung und Reifung der Weißweine geht die Familie Zirngast den Weg der steirischen Klassik und baut alle ihre Weine in Edelstahltanks aus.

4 ha - Welschriesling, Weißburgunder, Sauvignon blanc, Sämling, Muskateller, Schilcher, Zweigelt
Buschenschank und Ab-Hof-Verkauf: täglich, 8-23 Uhr, Mi Ruhetag
€ 4,-/5,-
Traubensaft
2 Gästezimmer, 4 Betten

Weingut Teltscher

A-8463 Leutschach, Fötschach 118
Telefon: 03454/356, Fax: -4
E-Mail: teltscher@utanet.at
www.teltscher.at

Der Grundstein wurde 1979 mit dem Ankauf von 4,5 ha Rebflächen gelegt. Die Weingärten auf den Rieden des Oberglanzberges bieten ideale Möglichkeiten für den Traubenanbau. Lehmige Mergelböden und sandige Schieferböden auf den Südwesthängen sind Garanten für vollreifes, gesundes Traubenmaterial.
Bernhard Teltscher bemüht sich mit seiner Gattin Marlies, den Töchtern Andrea und Melanie sowie Schwiegersohn Andreas für die Steiermark typische Qualitätsweine zu erzeugen. Durch sorgfältige Laubarbeit verbunden mit moderner Kellertechnik erzeugt die Familie Qualitätsweine, die die Gaumen der Weinkenner erfreuen. Durch den Winzer werden Gedanken in Wein verwandelt, wobei er mit Klarheit und Präzision seine Ansichten über den Rebensaft darzulegen weiß.

4,5 ha - Welschriesling, Morillon, Sauvignon blanc, Muskateller, Traminer, Grauburgunder, Weißburgunder, Blauer Portugieser, Blauer Zweigelt, Cabernet Sauvignon

Ab-Hof-Verkauf: ganzjährig
€ 4,40/5,90

Weingärten zwischen Kranach und Eichberg-Trautenburg

Weingut Lieleg-Kollerhof

A-8463 Leutschach, Eichberg-Trautenburg 39
Telefon: 03454/439, Fax: -12
E-Mail: weinbau@kollerhof.com
www.kollerhof.com

Ursprünglich zur Herrschaft Laubegg (Wagna) gehörend, ging das Weingut Kollerhof 1828 in den Besitz der Familie Lieleg über. Der jetzige Besitzer, Franz Lieleg, führt den Betrieb zusammen mit seiner Frau Irmgard und den Kindern Harald und Anita. Sohn Harald ist nach der Absolvierung der Weinbauschule Silberberg seit 1999 für den Wein und auch dessen Vermarktung verantwortlich. Als Herr über 10 ha Weingärten mit den Lagen „Trautenburg", „Reiteregg" und „Smaragdhang", die mit einer Vielzahl von Rebsorten bestockt sind, hat Harald Lieleg schon einige große Erfolge bei diversen Verkostungen errungen. Ein kleiner Auszug daraus: Spitzenplatz bei der „Vinaria"-Verkostung mit Sauvignon blanc, 3. Platz

2001 bei der Landesweinbewertung mit „Blauburger Barrique 2000", „Muskateller Grand Cru" Sieger, sowie Top-Platzierungen bei Verkostungen, die von diversen Zeitschriften veranstaltet wurden.
Garant für die Erfolge der Weine sind neben der peniblen Pflege der Weingärten und Ertragsreduktion auch die Begabung des Winzers, aus dem Ausgangsprodukt dann auch wirklich das Beste zu machen, und die hat er schon einige Male eindrucksvoll bewiesen. Wenn dann auch noch ein Weinjahr kommt, wie es 2003 mit seinen vielen Sonnentagen und dem immer zum richtigen Zeitpunkt einsetzenden Niederschlag war, ist von der Natur der optimale Grundstock gelegt. Hochreifes und gesundes Traubenmaterial war das Ergebnis und brachte bei der Vinifizierung Weine mit ausgewogenem Säure- und Zuckerverhältnis, die harmonisch und charaktervoll sind. Interessierte Weinfreunde können alle Weine hier bei einem „Weinurlaub" genießen, die Familie Lieleg hält zwei Ferienwohnungen und fünf Komfortzimmer für sie bereit.

10 ha – Welschriesling, Muskateller, Weißburgunder, Sämling 88, Morillon, Grauburgunder, Schilcher, Blauer Zweigelt, Blauburger, Blauer Wildbacher
Buschenschank: geöffnet April–Ende November von 10–23 Uhr
€ 4,- / 8,70
Traubensaft, Fruchtsäfte
Destillate, Weinbrände, Obstbrände
7 Zimmer, 14 Betten

Blumenhof Marko

A - 8463 Leutschach, Pößnitz 8
Tel/Fax: 03454/6339
E-Mail: blumenhof-marko@aon.at
www.rebenland.at/betriebe/marko

An der südsteirischen Panoramastraße in Glanz befindet sich der Blumenhof Marko. 1994 haben Raimund und Christine Marko den elterlichen Betrieb übernommen und von 0,3 ha kontinuierlich auf 2 ha Weingartenfläche erweitert. Sie sind die erste Generation, die auf dem Blumenhof Wein vermarktet. Wie der Name nicht anders erwarten lässt: Blumen, wohin man schaut. Da verwundert es dann auch nicht, dass die Winzerfamilie Marko den ersten wichtigen Qualitätsansatz bereits in der Auspflanzung der Weingärten verwirklicht. Das erklärte Ziel ist es, Weine mit Charakter und voll Harmonie zu erhalten. Es werden fruchtige und frische Weine gekeltert, die wichtigsten Rebsorten sind Weißburgunder, Morillon, Welschriesling, Rivaner und Muskateller, Zweigelt und Blauer Wildbacher. Bei den Weißweinen präsentiert sich 2003 als interessanter Jahrgang und brachte elegante Weine.
Für Erholung suchende Gäste, die sich nach Entspannung vom täglichen Stress sehnen, hält die Familie komfortable Gästezimmer und Ferienwohnungen bereit.

2ha – Welschriesling, Weißburgunder, Morillon, Rivaner, Muskateller, Zweigelt, Schilcher
Ab-Hof-Verkauf: täglich, Di Ruhetag
Kellerführung nach Voranmeldung
€ 4,-/4,50
Traubensaft
3 Gästezimmer, 6 Betten
1 Ferienwohnung
Mitgliedsbetrieb „Glanzer Hoftour"

Weingut Rothschädl

A-8463 Leutschach, Eichberg-Trautenburg 20
Telefon: 03454/6363, Fax: -4
E-Mail: weingut@rothschaedl.com
www.rothschaedl.com

Die steinigen Konglomeratböden der Lagen Trautenburg und Kreuzberg sind die Grundlage für die Qualitätsweinherstellung am Kreuzungspunkt der südsteirischen Weinstraße mit der Rebenland-Weinstraße. Die Trauben des Weingutes Rothschädl reifen auf den sonnenverwöhnten Hängen dieser Rieden. Hervorragende Traubenqualität, zusätzlich verbessert durch gezielte Mengenreduktion und Selektion der Trauben bei der Lese von Hand, sind die Voraussetzungen für die Erzeugung edler Spitzenweine. „Optimale Bedingungen in der Vegetationszeit brachten uns letztes Jahr eine hochwertige Reife der Trauben. Die Weine zeigen sich zum Teil etwas leichter im Alkohol bei sehr schönen und tiefen Sortenmerkmalen. Ich freue mich über die vollmundigen, aromareichen und fruchtigen Tröpferln", lobt Anton Rothschädl den letzten Jahrgang.
Sohn Thomas besucht derzeit die Weinbaufachschule Silberberg, die steirische Edelwinzer-Schmiede.
Mutter Margit ist die Seele der Familie. Sie kümmert sich um die Gästezimmer, leitet den Buschenschank und trägt die Verantwortung für das köstliche Bauernbrot und die schmackhaften Aufstriche, Fleisch- und Wurstwaren. Die überschaubare Größe des Buschenschanks lässt die Ruhe und Stille der

Landschaft auch hier spüren. Die Gäste der gemütlichen und geschmackvoll eingerichteten Gästezimmer kommen hierher, um dem Alltagsstress zu entfliehen und bei ausgedehnten Wanderungen durch den Naturpark „Südsteirisches Weinland" Entspannung und Erholung zu finden.
In der Kellerarbeit wird bei Familie Rothschädl bei den Weißweinen zwischen drei Linien unterschieden: „Klassik" – traditionell steirischer Ausbau, mit ausgeprägten Fruchtaromen; „Trautenburg" – Weine aus extrareifem Traubengut mit besonderer Fülle und markanten Aromen; und nicht zuletzt „Kreuzberg" – hochqualitative Weine aus selektierten Trauben aus den besten Lagen, die in kleinen Eichenfässern bis zu 12 Monate reifen. Als Rotweine werden eine Zweigelt-Cuvée, Zweigelt-Barrique und ein Blauer-Wildbacher-Barrique angeboten.

5 ha – Welschriesling, Morillon, Weißburgunder, Gelber Muskateller, Sauvignon blanc, Zweigelt, Blauer Wildbacher
Buschenschank und Ab-Hof-Verkauf: Ostern-November, 14-22 Uhr
So Nachmittag, Mo Ruhetag
€ 4,70/12,-
Destillate
5 Gästezimmer, 10 Betten

Weinbau Oswald

A - 8452 Großklein, Kleinklein 6
Tel/Fax: 03456/2513
E-Mail: willi.oswald@utanet.at
www.hausoswald.at

Neben der Schweinezucht ist der Weinbau Schwerpunkt der Familie Oswald. Willi Oswald, der Eigentümer dieses jungen Weingutes, ist ein Vertreter der strikten Qualitätsphilosophie. „Im Weingarten wird der Grundstock für großartige Weine gelegt, im Keller werden sie vollendet." Der junge, dynamische Winzer nennt ein kleines Weingut mit einer Rebfläche von 1 ha sein Eigen. Wegen der besonders steilen Lagen muss im Weingarten alles händisch erledigt werden. Die Reben wachsen auf nach Südost bis Südwest geneigten Hängen mit sandigen Lehmuntergründen und ergeben fruchtige und vollmundige Weine, die ausschließlich im Stahltank vergoren werden. Hauptsorten sind Welschriesling, Müller-Thurgau und Blauer Wildbacher, der Jahrgang brachte die Charakteristik der Weine voll zur Geltung und besticht mit typischem Sortenbukett. Dass Gäste hier die Möglichkeit haben, in einem Winzerhaus ein paar Tage Urlaub zu machen, ist eine weitere Annehmlichkeit, die sich besonders Genießer nicht entgehen lassen dürfen.

1 ha – Welschriesling, Sämling 88, Müller-Thurgau, Grauburgunder, Blauer Wildbacher
Ab-Hof-Flaschenweinverkauf: täglich
Kommentierte Weinkost nach telefonischer Voranmeldung
€ 4,-/7,-
Traubensaft, Kernöl
1 Winzerhaus mit 4 Betten

Die 6 ha große Ried Kaiseregg mit dem Sauvignon-blanc -und Muskateller-weingarten von Franz Strablegg

Weingut Strablegg-Leitner
A-8463 Leutschach, Eichberg-Trautenburg 54
Tel/Fax: 03455/429
www.rebenland.at/strablegg-leitner

Wenn man nach dem besten steirischen Sauvignon blanc fragt, ist es immer wieder ein Name, der genannt wird: Franz Strablegg-Leitner. Er wurde heuer mit seinem Sauvignon blanc bereits das dritte Jahr in Serie steirischer Landessieger, wobei er mit dem Muskateller fast ebenso erfolgreich ist. Wie ist es möglich, dass in den letzten Jahren die steirischen Landessieger in diesen beiden Rebsorten immer aus der Region Eichberg-Trautenburg und Kranach kommen? Die Lagen, die Böden, das Kleinklima und die Kunstfertigkeit der Winzer sind die Antwort. Oder ist es doch nicht so einfach? Ich habe Franz Strablegg nach seiner speziellen Art der Weinbereitung befragt, von der Lese bis zum Wein, und wie er dabei vorgeht.
Ein Teil seiner Trauben wächst in den 6 ha großen Weingärten der Lage „Kaiseregg", die 1989 gekauft wurde. Diese Lage hat eine sehr steinige Bodenstruktur, und es gibt dort noch sehr alte Sauvignon-blanc-Rebstöcke, die von Franz Strablegg weiter selektioniert wurden.
Im Herbst wird die Ernte genau koordiniert, nur an kühlen Tagen werden die Trauben gelesen, und dann nur vormittags bis 11 Uhr. Die Lesebehälter haben ein Fassungsvermögen von 600 kg. Alle Trauben werden sofort, wenn sie in den Keller kommen, verarbeitet. Das Wohnhaus ist steirisch, das neue Kellergebäude archtikonisch schön und vor allem funktionell. Die Trauben werden gerebelt und verbleiben gekühlt für 3–4 Stunden in den Maischetanks. Dann wird ganz langsam gepresst, ein Durchgang dauert 2,5 bis 3 Stunden. Der Seihmost und der Most des ersten Pressdruckes kommen zusammen. Der Most der weiteren Pressungen wird vermischt, die erste Charge wird nicht entschleimt, die zweite wird teilweise entschleimt. Dieser 2. Teil kommt so lange in Entschleimungstanks, bis beim Klarablauf nur sauberer Most herausrinnt.
„Ich rieche und koste den Trub, er schmeckt mir, und ich denke mir immer dabei, was ist am Fruchtfleisch so schlecht, dass ich das wegschütten soll?"
Die Erntemengen eines Tages werden getrennt in vielen Kleintanks vergoren und ausgebaut. „Ein Spiel ist das schon, man muss vor allem viel Gefühl dabei haben."
Durch die Lese in der kühleren Zeit kann

man die natürliche Säure der Trauben besser erhalten, als wenn man die Trauben so lange wie möglich am Stock belässt. Der Duft des Sauvignon blanc von Franz Strablegg spricht für diese Vinifizierungsmethode: intensives, süßes Holunderblütensiruparoma, nach Johannis- und Stachelbeeren, manchmal auch nach exotischen Früchten, vor allem sehr intensiv. Im Bukett sind erbsige und Gemüsetöne vorherrschend, gelber Paprika, Stachelbeere, auch Johannisbeer ist manchmal vorhanden.
Die Muskatellertrauben müssen so lange wie möglich am Stock belassen werden, erst in den letzten 14 Tagen des Oktobers beginnt die geschmackliche Veränderung. Die Zuckergradation nimmt nicht mehr zu, dafür wird die Aromenvielfalt stärker. Getragen vom Duft nach Zitrus bis zu Rosen- und Muskatblüte entwickelt sich dann, der Geschmack nach zarter Melisse, Zitrus, Rosenaromen bis hin zu Steinobst und Weingartenpfirsich.

13 ha - Lagen Eichberg und Kaiseregg:
Sauvignon blanc, Muskateller, Welschriesling, Grauburgunder, Morillon, Rheinriesling, Sämling, Blauer Zweigelt, Blauer Wildbacher
Buschenschank und Ab-Hof-Verkauf:
März–Juni, August–Oktober,
Fr, Sa, So und Feiertag ab 14 Uhr
€ 4,30/11,-
Traubensaft, Apfelsaft

Weingut Klug

A-8463 Leutschach, Eichberg-Trautenburg 18
Telefon: 03454/6163, Fax: 59831
E-Mail: weingut.klug@aon.at
www.weingut.klug.at

„Nicht allein der natürliche Zuckergehalt der Trauben bestimmt die Qualität eines Weines. Ausschlaggebend ist vor allem das Terroir, der Gleichklang von Klima, Boden und Topografie einer Lage", klärt Josef Klug auf. Der leicht erwärmbare, gut durchlüftete, nicht zu feuchte und wasserdurchlässige Boden, verbunden mit dem dazu passenden Klima mit großen Temperaturschwankungen zwischen Tag und Nacht, dem ausreichenden Regen zur rechten Zeit, ein sonnenreicher Herbst und nicht zuletzt die Hangausrichtung und Hangneigungen sind beste Voraussetzungen für den Qualiätsweinanbau. Begonnen mit dem Weinbau wurde am Hof in den 70er-Jahren von den Eltern. „Meine Eltern hatten eine bescheidene Fläche von 0,8 ha Rebfläche und produzierten Weine, wie man sie damals so machte. Mit hohem Alkoholgehalt und Restzucker, dieser Wein wurde in der Buschenschank verkauft", erfährt man von Josef Klug aus der Familienchronik. Er selbst wollte alles anders, besser machen. Die Rebflächen wurden erweitert und die Qualität laufend verbessert. Inmitten der schönen Region Eichberg-Trautenburg bewirtschaften heute Josef und Gerti Klug mit ihren Kindern, René, der derzeit die Weinbaufachschule Silberberg besucht, und Petra das Gut. Die Familie setzt ganz auf die typisch steirische Weinlinie, einzigartig in Frucht und Säure, weshalb nur klassisch ausgebaut wird. Vergärung und Reifung der Weißweine wie Welschriesling, Weißburgunder, Klevner, Grauburgunder, Sämling, Chardonnay, Gelber Muskateller und Sauvignon blanc erfolgen ausschließlich temperaturgeregelt in Edelstahltanks. Der Blaue Zweigelt wird mittels einer offenen Maischegärung vinifiziert und anschließend sowohl in großen Holzfässern als auch in Barriques ausgebaut. Der 2001er Zweigelt ist dicht und kraftvoll, im Bukett verfügt er über Kirscharomen, er hat eine elegante Struktur und einen weichen Abgang. Sein in Barriques ausgebauter Bruder ist deutlich dichter und noch etwas gerbstofflastig, er hat aber ein gutes Potenzial für die Zukunft.
Ausdruck des hohen Qualitätsanspruches dieses Gutes ist das Erreichen des Finales bei der Landesweinbewertung.
Der gemütliche Buschenschank, die herrliche Terrasse, deftiges Verhackert, Kürbisaufstrich und Brettljause zu den hauseigenen Weinen und die einladenden Komfortzimmer machen hier einen Aufenthalt zum unvergesslichen Erlebnis.

6 ha – Welschriesling, Klevner, Weißburgunder, Grauburgunder, Sämling, Chardonnay, Gelber Muskateller, Sauvignon blanc, Blauer Zweigelt, Blauer Wildbacher
Buschenschank und Ab-Hof-Verkauf: ganzjährig geöffnet, Mi Ruhetag
€ 4,50/6,50
Traubensaft, Fruchtsäfte, Destillate
4 Gästezimmer, 8 Betten

Biobauernhof Wurzschuster Familie Adam

A-8452 Großklein, Oberfahrenbach 44
Tel/Fax: 03454/401
E-Mail: biohofadam@msn.com

Seit 1984 betreiben Maria und Franz Adam ihren biologischen landwirtschaftlichen Betrieb am Kreuzberg. Unter der Devise „Mit gutem Gewissen Bio-Wein genießen", produzieren sie auf ihrer Weinbaufläche nur 15 hl Wein. Das Ehepaar versucht durch Kultivieren und Keltern weniger krankheitsanfälliger Rebsorten, wie Regent und Phönix, ihr Weinsortiment zu erweitern. Der angeschlossene Bioladen, das mit natürlichen Baustoffen errichtete Ferienhaus und die Kräuterwanderungen zum Kennenlernen der vielfältigen Heilkräuter gehören genauso zum Angebot des Hauses wie das Erleben der Natur und die Verkostung der unzähligen Produkte. Die Palette reicht von Erdäpfeln über Getreide, Obst und Honig, Edelbränden bis zu Kosmetikerzeugnissen. Der grenzenlose Idealismus und die Lebensfreude der Eigentümer wirken auf die Gäste wie ein Jungbrunnen. Nicht verzichten sollte man auch auf eine Partie „Bauerngolf," eine Sportart, ausgeübt mit einem Gummistiefel.

0,7 ha – Müller-Thurgau, Schlagerblut, Blauer Zweigelt
Buschenschank: Frühling–Herbst, Di, Mi Ruhetag
Ab-Hof-Verkauf: täglich
€ 3,-/5,50
Erdäpfel, Speisegetreide, Obst, Honig, Teekräuter, Topinambur, Kernöl, Hausmittel, Kosmetik, Eingelegtes
Ferienhaus, 3 Gästezimmer, 7 Betten

Wirtshäuser, Restaurants und Sehenswürdigkeiten

Mausoleum

Buschenschank

Weingärten bei Schloss Spielfeld

Traubenernte

8461 Ehrenhausen

Mausoleum der Eggenberger

Stuckdekor in der Kuppel, entworfen von Johann Bernhard Fischer von Erlach im Jahre 1690.
Info Tel: +43 (0) 34 53-43 43

Ehrenhausener „G'wölb"

Angelika Wagner hat in ihrem Feinkostladen „die Steiermark zum Mitnehmen". Weine aus der Region, Kernöle von verschiedenen Produzenten, Essige, Marmeladen, Schnäpse und Edelbrände, Nudeln, Wein- und Kochbücher, handgeschöpfte Schokoladen von Josef Zotter, Fruchtsäfte, Geschenkskörbe, Keramik, Geschenks- und Dekorationsartikel.
Geöffnet: Mo, Di von 9-12 Uhr, Mittwoch, Donnerstag, Freitag 9-12 und 15-18 Uhr, Samstag 8-12 Uhr.
Tel: +43 (0) 34 53-20 2 40

Steinberghof

Weingut Dieter Firmenich
Ein Auszug aus der Speisekarte zeigt, dass hier eine verfeinerte steirische Buschenschankküche gepflegt wird: Räucherforellenmousse mit Quittenkäse, feines Leberparfait mit Waldbeerengelee oder Wildschweinsalami mit Kürbiskernbutter werden auch verwöhnten Gaumen gerecht. Kellerführung nach telefonischer Voranmeldung.
Buschenschank Jänner bis November täglich von 12-22 Uhr geöffnet, Mittwoch Ruhetag.
A-8461 Ehrenhausen, Berghausen 62.
Tel: +43 (0)34 53/24 35, Fax: 44 17

8471 Spielfeld

Eisenbahnmuseum

Anfragen im Gasthaus Bernhard
Tel: +43 (0) 3453-2738

Meierei am Graßnitzberg

Martha Kaemmer und Werner Dolin
Geöffnet: Nach telefonischer Tischreservierung, mindestens 2 Wochen vorher anrufen. Die Wartefrist zahlt sich aber aus.
A-8471 Spielfeld, Graßnitzberg 74
Tel/Fax: +43 (0) 34 53-48 77

Polz-Buschenschank

Johanna Kohlenberger, die charmante Schwester der Brüder Polz, führt gemeinsam mit ihrem Gatten den Buschenschank.
8471 Spielfeld 54
Tel: +43 (0)34 53/27 30, Fax: 2 73 09
e-mail: buschenschank.polz@utanet.at
www.polz-buschenschank.at

8462 Gamlitz

Weinmuseum im Schloss Gamlitz

Museum steirischer Weinkultur mit der Ausstellung „Erzherzog Johann und der steirische Weinbau".
Tel: +43 (0) 34 53-23 63, ganzjährig geöffnet, für Gruppen Voranmeldung erbeten.
Edelbrandpräsentation im Weinmuseum: „Trilogie der Früchte".
Telefon: +43 (0)34 53- 48 48

Landgasthof Wratschko

„Gute Steirische Gaststätte", rustikal, gemütliche Atmosphäre, abwechslungsreiche Küche, die Weine stammen aus den eigenen Weingärten.
A-8462 Gamlitz, Marktplatz 9
Geöffnet: ganzjährig, Küche: 9–22 Uhr.
Tel: +43 (0) 3453-267 47, Fax Dw: -4.
e-mail: lg.wratschko@aon.at
www.wratschko.at

Altes Winzerhaus

„Gute Steirische Gaststätte". Das Motto der Familie Schwaiger „sehr Gutes aus dem Gamlitzer Grenz-Land" findet im „Weinrefugium" seine Umsetzung: Die Weine von 46 Winzern der Umgebung finden sich darin und warten darauf, von Liebhabern entdeckt zu werden. Steirisch-bodenständige Schmankerln in feiner Qualität finden sich auf der Karte genauso wie frische, saisonale Gerichte, die von Küchenchef Thomas Schwaiger zubereitet werden.
A-8462 Gamlitz, Eckberg 11.
Geöffnet: Do–Di, 11.30–14 Uhr, 18–21Uhr
Tel: +43 (0) 34 53-24 92, Fax: 61 11
e-mail: alteswinzerhaus@aon.at

Heinrich Meisl

Der Gamlitzer Künstler Heinrich Meisl kann nach telefonischer Voranmeldung in seinem Atelier besucht werden.
Tel: +43 (0) 34 55-73 22-33

Restaurant Sattlerhof

Ausgewählte regionale Produkte, ob nun Fleisch, Fisch, Wild oder Gemüse, die mit viel Gefühl, Kreativität und harmonischem Geschmacksempfinden von Küchenchef Hannes Sattler zubereitet werden. Die dazu passenden Weine stammen aus dem Keller von Bruder Willi Sattler.
Sommelière: Gabriela Sattler
Spezialitäten: Krensuppe mit gefüllten Klachl und Rote-Rüben-Kren, Kaninchensulz mit Muskatellergelee, gebratene Entenstopfleber mit glasierten roten Rüben, gebratenes Saiblingsfilet mit grünem Spargel und Nudelfleckerln, zweierlei vom Schwein mit mitgebratenen Erdäpfeln, Kalbsrücken mit Gemüse und Kräutern, Gebackene Apfelpalatschinken mit Kürbiskernen.
Einige der Rezepte von Hannes Sattler finden sie von Seite 134 bis 143.
Restaurant Sattlerhof
Hannes und Gabriela Sattler
A-8462 Gamlitz, Sernau 2a
Tel: +43 (0) 34 53-44 54, Fax: -44
Geöffnet: Mi–Sa, 12–14 Uhr und 18–21 Uhr, So 12–14 Uhr
e-mail: restaurant@sattlerhof.at
www.sattlerhof.at

Erika's Buschenschank

Gemeinsam führen Erika Breineder, als Gastgeberin, und Heinz Kratochwill, der für den Wein verantwortlich ist, den oberhalb von Gamlitz gelegenen Buschenschank. Zweierlei ist hier bemerkenswert: Die Aussicht und die Jause. An Weinen gibt es Weißburgunder, Sauvignon blanc, Welschriesling, Muskateller und einen Blauen Zweigelt. Als oenologischer Berater fungiert der „Elvis vom Jagerberg", Willi Schilhan.
Spezialitäten: Feine Schinken, Brüstl und Co.
Geöffnet: Feb–Nov, Mo–So, 12.30–23 Uhr.
A-8462 Gamlitz, Kranach
Tel: +43 (0) 34 53–55 65

Jaglhof Weinbauernstöckl

Auf der Weinkarte des Jaglhofs von Herbert Hirtner finden sich viele der großen steirischen Weißweine der letzten Jahre. Die „Steirische Klassik-Winzer" Sattler, Tement, Polz, Prünte, Lackner-Tinnacher, Winkler-Hermaden und Neumeister sind hier mit vielen normalerweise nicht mehr erhältlichen Weinen vertreten. Hier hat man die

Weingärten in Sulztal

Leutschacher Hopfen

Renners Hofladen

Möglichkeit diese großen Gewächse gemeinsam mit den Kreationen von Küchenchef Stephan Zuber zu genießen.
Spezialitäten: Pochiertes Forellenfilet mit Safranfenchel, Schweinsfilet mit Balsamico-Melanzani und Polenta, Lammrücken mit Erdäpfel-Selleriegemüse, Gebackener Kalbskopf mit Sauerrahm-Mousse, Perlhuhnbrust mit Zitronen-Thymian, Topfen-Nougat-Knödel mit Kürbiskernkrokant oder Suppe vom Holunder mit Sekt und Joghurtmousse.
A-8462 Gamlitz, Sernau 25
Geöffnet: März-Mitte Dezember,
Di-Sa, 12-21.30 Uhr, So, 12-16 Uhr
Tel: +43 (0) 34 54-66 75, Fax: -12

8461 Sulztal

Gasthaus Tscheppe

Immer wenn die Sonne lacht, ist ein Picknick im Weingarten mit dem gut gefüllten Picknick-Korb von Katharina Tscheppe eine Besonderheit. Die kulinarische Saison bietet ein reichhaltiges Programm: „Grillen im Garten" im August, „Wild, Schwammerl und Rotweine" im September, „Kastanien, Kürbis, Sterz und Sturm" zur Weinlesezeit im Oktober. Der kulinarische Abschluss ist dann „Gansl und Junker" im November.
A-8461 Sulztal an der Weinstraße 18
Geöffnet: Mi–So, 11–22 Uhr
Tel: +43 (0) 34 53-75 75-0, Fax: -77
e-mail: gasthaus@tscheppe.com
www.tscheppe.com

8463 Glanz

Gasthof Mahorko

Steirische Backhendel und saisonale kulinarische Spezialitäten kombiniert mit den hauseigenen Weinkeller erwarten die Gäste. Spezialität des Hauses: Hühnerbrüstl mit Eierschwammerlfülle.
A-8463 Glanz an der Weinstraße
Tel: +43 (0) 34 54-70 90, Fax: -70
e-mail: gasthof@mahorko.at
www.mahorko.at

8463 Leutschach

Vinothek im Rathaus

In der Vinothek im alten Rathaus können Weine aus der Region verkostet und gekauft werden.
A-8463 Leutschach, Hauptplatz 8

Trojan Willibald - Glaskünstler

A-8463 Leutschach, Pössnitz 27
Tel/Fax: +43 (0) 34 54-276

Schloßberg-Leutschach

Zuerst eine Wanderung durch die Heiligen-Geist-Klamm, und dann besteht die Möglichkeit, neben Großwalz die auf slowenische Staatsgebiet liegende Kirche „Heiliger Geist - Sveti Duh" zu besuchen.

Schloßbergwarte am Montikogel

Von Leutschach in Richtung Hohenegg gelegen; von dieser Aussichtsplattform hat man einen wunderbaren Rundblick über das gesamte südsteirische und slowenische Weinland.

Abel's Wirtshaus am Käsehof

Gabi Abel kocht eine verfeinerte regionale Küche, mit südsteirischen Schafkäsespezialitäten wie: Gemüse mit Schafkäse gefüllt und Schnittlauchsoße, Schafskäse mit einer Kürbiskernkruste, Geschmorte Lammhaxn auf Gemüsebett, Huftsteak vom Lamm mit gefülltem Erdäpfelpuffer und Thymiansafterl, Lammkronen auf jungem Gemüse mit Kürbiskernsterz.
Für uns hat Gabi Abel einige ihrer Rezepte niedergeschrieben, zu finden sind sie von Seite 176 bis 181.
Geöffnet: Fr–Di, 11.30–14 Uhr, 18–21.30 Uhr
A-8463 Leutschach, Fötschach 9
Tel/Fax: +43(0) 3454-6384
e-mail: info@kaesehof-abel.com
www.kaesehof-abel.com

Renners Hofladen

Der kleine Familienbetrieb findet sich in der Gemeinde Glanz nahe dem Grenzübergang Langegg. Valentin und Margret Renner sind bemüht, nur Lebensmittel bester Qualität zu erzeugen. Wein, Himbeerwein, Liköre, Essig (Sauvignonessig mit Johannisbeer, Himbeer-Essig), spezielle Marmeladen und Gelees wie ein Apfel-Kürbiskern-Gelee, Schilcher- oder Traminer-Weingelee oder die Kürbis-Vanille-Konfitüre, Kürbis-Ingwer-Konfitüre und Himbeer-Konfitüre finden sich ebenso wie Kürbisprodukte, Kürbiskernöl, Knabberkerne und eingelegte Früchte, Gestecke und Bücher. Das ist nur ein kleiner Teil des überaus großen Angebotes an Köstlichkeiten des Hofladens der Familie Renner.
Ganzjährig geöffnet, 9–17 Uhr, Do, is zua
A-8463 Leutschach, Langegg 24
Tel/Fax: +43 (0)34 54-448,
www.rebenland.at/betriebe/renner

Am „Eorykogel" wurde vom südsteirischen Glaskünstler Willibald Trojan die größte Weintraube der Welt errichtet. Mit einer Höhe von 5 Metern und einer Breite von 4 Metern symbolisiert sie mit ihren 365 Traubenbeeren und den 12 Blättern einen Jahreslauf.
Diese Riesentraube ist auch ein Ausgangspunkt der Hofwanderweges.

Glanzer Hoftour

22 km langer Rundwanderweg auf Wald- und Wiesenwegen von Leutschach bis zur Slowenischen Grenze in Langegg. Einige der Stationen sind der Landgasthof Lamprecht, der Brothof, der Reiterhof („Rund ums Pferd"), der Apfel-Kürbishof, der Himbeerhof, der Lindenhof, der Weinhof Narat-Zitz und Abels Wirtshaus, wo überall Spezialitäten verkostet werden können.
Der Schloßberger Mühlen-Erlebnis-Wanderweg führt durch die Heiligen-Geist-Klamm und zu mehreren Schaumühlen und auch einigen bäuerlichen Direktvermarktern.

Eichberg -Trautenburg

Kulturweinlehrpfad

Die Kreuzbergwarte, ein herrlicher Rundblick von der Koralm im Westen bis wenn das Wetter mitspielt bis in die ungarische Tiefebene im Osten.

8454 Arnfels

Gerald Brettschuh

Der Maler Gerald Brettschuh kann in seinem Atelier in Arnfels 11 nach telefonischer Voranmeldung besucht werden.
Tel: +43 (0) 34 55-61 34

8472 Straß

Attemsmoor

Das Attemsmoor, das über einen Moorlehrpfad erschlossen wurde, ist ein für die Südsteiermark einzigartiges Naturereignis. Auf 15 ha Fläche erstreckt sich das Flachmoor das über gesicherte Moorpfade besichtigt werden kann.
Tel: +43 (0) 34 53-2243, Frau Sauer

Abels Wirtshaus am Käsehof – Die Schafe, der Käse und die Köchin

Lammstelzen geschmort mit mitgebratenem Gemüse

Sommer in Fötschach bei Leutschach. Flirrendes Licht und harte Feldarbeit für die Wein- und Hopfenbauern. In der Küche des Wirtshauses am Käsehof von Gabriela und Andreas Abel findet man jede Menge Kräuter und viel Gemüse. Die Abels begannen schon in den 80er-Jahren mit Milchschafhaltung und Käseerzeugung und führen heute eines der gemütlichsten Lokale der Südsteiermark.

Gabriela und Andreas Abel

Huftsteak vom Lamm
mit gefülltem Erdäpfelpuffer und Thymiansafterl

Zutaten für 4 Portionen
4 Huftsteaks à 200 g, 4 Scheiben Speck, Salz, Pfeffer, ¼ ℓ Lammfond, Thymian, ein Schuss Rotwein, Butter
Zubereitung: Die Huftsteaks salzen, pfeffern und in Speck wickeln. Beidseitig in einer Pfanne anbraten. Die Steaks aus der Pfanne nehmen und im vorgeheizten Rohr ca. 15 Minuten garen.

Erdäpfelpuffer

Zubereitung: Die Erdäpfel grob reiben, fein gewürfelten Zwiebel, Ei und Mehl untermischen, mit Salz, Pfeffer, Muskatnuss und Thymian würzen.
In einer beschichteten Pfanne die Puffer beidseitig knusprig braten (pro Seite ca. 5 Minuten). Herausnehmen und auf Küchenpapier abtropfen lassen. Das Gemüse in Olivenöl braten und die Erdäpfelpuffer damit füllen.

Thymiansafterl

Den Bratenrückstand mit Lammfond aufgießen, reduzieren, mit Thymian und einem Schuss Rotwein abschmecken und mit kalter Butter montieren.
Huftsteak mit Erdäpfelpuffer und dem Thymiansafterl anrichten

Zutaten Erdäpfelpuffer für 4 Personen
je 1 roter, grüner und gelber Paprika in feine Streifen geschnitten, 2 Zucchini nudelig geschnitten, 700 g mehlige Erdäpfel, 1 Zwiebel, 1 EL frisch gerebelter Thymian, 1 Ei, 2 EL Mehl, Salz Pfeffer, Muskatnuss, Öl zum Braten.

Nährwert pro Portion:
867 kcal; 53,7 g Fett; 40,3 g KH; 54,1 g EW; 237 mg Chol; 3,35 BE.

Huftsteak vom Lamm

Geschmorte Lammhaxn auf Gemüsebett

Zutaten für 4 Portionen
4 hintere Lammstelzen,
400 g kleine heurige Erdäpfel,
2 ganze Knoblauchhäuptel,
8 Jungzwiebel, 8 Paradeiser,
Lavendel, Salz, Pfeffer

Zubereitung: Die Lammhaxn salzen und pfeffern und kurz beidseitig in der Pfanne anbraten. Im vorgeheizten Rohr bei ca. 160°C ca. 2 Stunden schmoren. Die Haxerln von Zeit zu Zeit mit dem eigenen Saft übergießen und wenden. Eine halbe Stunde vor Ende der Garzeit gibt man die gut gewaschenen Erdapferln, halbierte Knoblauchhäuptel, den Jungzwiebel, die Paradeiser und den Lavendel in die Bratpfanne dazu. Das Ganze wird am besten im Bräter serviert.
Tipp: *Die Stelze kann im Rohr auch auf dem Grillrost gebraten werden, wenn Sie eine Bratpfanne mit etwas Wasser unterstellen. Durch Vorkochen der Stelze (ca. ½ Stunde) kann die Bratzeit um ca. 1 Stunde verkürzt werden.*

Nährwert pro Portion:
398 kcal; 21,8 g Fett; 24,2 g KH; 25,7 g EW; 78,1 mg Chol; 2 BE.

Weintipp
Die Lammhaxn mit Lavendel werden in Begleitung eines kräftigen Rotweines besonders gut schmecken. Etwa dem Polz-„Urbani", einer Cuvée aus Cabernet Sauvignon und Blaufränkischem, oder dem „MC" (Merlot/Cabernet) vom Georgischlössl Wagner aus Ehrenhausen.

Schafskäse mit Kürbiskernherzerln

Schafskäse im Speckmantel

Ausstechen der Schafskäse-herzerln

Die ausgestochenen Schafskäseherzerln werden in geschroteten Kürbiskernen gedreht

Weintipp

Zum warmen Schafskäse im Speckmantel wird ein kräftiger und hochwertiger Weißburgunder, wie der „Hochstermetzberg" von Wolfgang Maitz oder der „Ried Trautenburg" von Johann Skringer, viel Freude bereiten. Wobei ein Sauvignon blanc, wie der „Classique" von Erwin Tschermonegg oder der „Woleschnigg" von Herbert Hernach, auch nicht zu verachten ist.

Schafskäse mit Herzerln
und Kürbiskernkruste

Zutaten für 4 Portionen
400 g schnittfester Schafskäse,
100 g geröstete, feingehackte Kürbiskerne, Kernöl

Zur Garnitur
Jungzwiebeln, 4 Paradeiser, Johannisbeeressig, Kernöl,
geröstete Kürbiskerne im Ganzen

Zubereitung: Schafskäse in ca. 1 cm dicke Scheiben schneiden und mit einer Keksform pro Scheibe 2 Herzen ausstechen. Die Herzen in den gehackten Kürbiskernen wälzen.
Zu den gehackten Kernen Kernöl geben und gut durchrühren. Diese Masse in die ausgestochenen Herzformen füllen.
Den Käse nun mit Paradeisern, Jungzwiebeln, Johannisbeeressig, Kernöl und gehackten Kürbiskernen anrichten.

Nährwert pro Portion:
458 kcal; 37,8 g Fett; 5,88 g KH; 23,9 g EW; 45 mg Chol; 0,5 BE.

Schafskäse im Speckmantel
auf Basilikumparadeisern

Zutaten für 4 Portionen
500 g Schafskäse schnittfest, 20 Scheiben durchwachsener Speck, 8 Paradeiser, Salz, Basilikum, Olivenöl zum Anbraten

Zubereitung: Den Schafskäse in 4 Scheiben schneiden und jede Scheibe in 5 gleiche Stücke teilen. Die Schafskäsestücke in Speck wickeln.
In einer Pfanne Olivenöl erhitzen und die Paradeiser kurz anbraten, salzen und mit Basilikum würzen.
Die gewickelten Käsestücke in einer Pfanne beidseitig anbraten und auf den Basilikumparadeisern anrichten.

Nährwert pro Portion:
532 kcal; 45,5 g Fett; 1,58 g KH; 29,8 g EW; 86,3 mg Chol; 0,13 BE.

Schnittlauchsoße

$\frac{1}{4}$ ℓ Sauerrahm, 1 Bund Schnittlauch fein gehackt, 1 Zehe Knoblauch, Salz
Zubereitung: Zutaten miteinander verrühren und zum Gemüse servieren.

Frische Schafskäse-Terrine
mit Basilikum und Kürbiskernen

Zubereitung: Die Paradeiser kurz blanchieren, mit kaltem Wasser abschrecken, Haut abziehen, entkernen und fein würfeln.
Gelatine einweichen, ausdrücken und in der warmen Suppe auflösen.
Schaffrischkäse glatt rühren, lauwarme Suppe einrühren, Paradeiser und gehacktes Basilikum dazugeben. Mit Salz abschmecken.
Die Masse in eine geölte, mit Frischhaltefolie ausgelegte Form füllen und mindestens 12 Stunden kaltstellen.
Mit Sägemesser schneiden und mit Himbeeressig, Olivenöl, Kirschparadeisern und Basilikum anrichten.

Zutaten für 4–5 Portionen
250 g Schaffrischkäse,
⅛ ℓ Suppe,1 Paradeiser,
3 Blatt Gelatine, Salz,
Öl zum Einstreichen der Form
Zur Garnitur
12 Kirschparadeiser, Basilikum,
Himbeeressig, Olivenöl

Schafskäse-Terrine mit Bärlauch und Kürbiskernen

Weintipp
Gute Begleiter zur Schafskäseterrine sind leichte, fruchtige Weißweine, wie der Welschriesling von Reinhold Schwarzl (Leutschach) oder der vom Dreisiebner Stammhaus.
Zum warmen, mit Schafskäse gefüllten Gemüse empfiehlt sich ein reifer und kraftvoller Sauvignon blanc, wie es die „Selection" von Peter Skoff (Kranachberg) ist.

Mit Schafskäse gefülltes Gemüse
und Schnittlauchsoße

Gefüllte Zucchini und Paradeiser

Zutaten für 4 Portionen
250 g Schafskäse in kleine Würfel geschnitten, von 4 Paradeisern die Deckel abschneiden und entkernen, 2 Zucchini, halbiert und ausgehöhlt, 1 Zucchini, fein gewürfelt, je 1 roter, gelber und grüner Paprika, fein gehackt, Basilikum, Salz

Melanzanepackerl

1 große Melanzane, 100 g Schafskäse in 4 Scheiben geschnitten, Saft von einer Zitrone, Basilikum, Salz, Olivenöl zum Anbraten.
Zubereitung: Melanzane der Länge nach halbieren und mit einer Aufschnittmaschine 8 dünne Scheiben schneiden. In kochendes Wasser den Zitronensaft geben und die Melanzane kurz darin eintauchen. Die Scheiben auf Küchenpapier abtropfen lassen.
Das klein geschnittene Gemüse in einer Pfanne kurz anbraten, mit Salz und Basilikum abschmecken und den Käse dazugeben.
Die Paradeiser und Zucchini mit dieser Masse füllen und im vorgeheizten Rohr bei 180°C garen.
Die Melanzanescheiben übers Kreuz auflegen und mit je einer Scheibe Schafskäse und einem Basilikumblatt füllen, zu einem Packerl falten und in einer Pfanne beidseitig anbraten.
Die gebratenen Melanzanepackerln mit einer Scheibe Paradeiser und etwas Schafskäse belegen und noch 5 Minuten mit dem anderen Gemüse im Rohr mitbacken.
Das Gemüse auf einen Teller anrichten und dazu eine Schnittlauchsoße reichen.

Mit Schafskäse gefülltes Gemüse und Auberginentascherl

Lammkoteletts mit Kürbiskernsterz und jungem Gemüse

Gebratener Schafskäse
auf karamellisiertem Radicchio

Zubereitung: Schafskäse in gleichmäßige Stücke schneiden und in Mehl wenden. In einer Pfanne beidseitig anbraten.
In einer Pfanne den Zucker karamellisieren, den Radicchio kurz darin anbraten, mit Balsamico ablöschen und mit einer Prise Salz abschmecken.

Den Schafskäse auf dem karamellisierten Radicchio sofort anrichten und servieren.

Zutaten für 4 Portionen
400 g Schafskäse, schnittfest, Mehl, 4 kleine Häuptel Radicchio, 2 EL Zucker zum Karamellisieren, 1 EL Balsamico, Salz, Paprikawürfel für die Garnitur

Weintipp
Der würzige, gebratene Schafskäse braucht einen Begleiter mit feinen, aber doch intensiven Aromen, wie den Morillon „Merveilleux" von Erwin Sabathi.

Gebratener Schafskäse und karamellisierter Radicchio

Lammkronen auf jungem Gemüse
mit Kürbiskernsterz

Zubereitung: Fleisch von Häuten, Sehnen und Fettstellen befreien. Gemüse putzen, schneiden, Knoblauch schälen.
In einer Pfanne Olivenöl erhitzen, Lammkarree auf allen Seiten anbraten und im vorgeheizten Rohr (180°C) 10 Minuten lang braten.
Das Fleisch aus der Pfanne heben. Die geschälten Knoblauchzehen und das geschnittene Gemüse kurz sautieren, mit Salz, Pfeffer und den Kräutern würzen und in den Fleischbräter geben. Ebenso das Fleisch salzen und pfeffern und mit den Kräutern würzen und anschließend auf das Gemüse setzen. Das Ganze wird im Rohr bei 180°C fertig geschmort. Die Lammkronen sollen in dieser Zeit öfters mit dem eigenen Saft übergossen werden.
Das fertig gebratene Fleisch in Alufolie wickeln und ziehen lassen.
Das Gemüse auf einen Teller anrichten, vier Koteletts pro Portion schneiden und auf das Gemüse setzen.

Nährwert pro Portion:
516 kcal; 33,4 g Fett; 11,3 g KH; 42,4 g EW; 122 mg Chol; 0,9 BE.

Zutaten für 4 Portionen
2 ganze Lammkronen, ca. 950 g (je 8 Koteletts) zugeputzt im Ganzen, 2 Zucchini,
12 Kirschtomaten halbiert,
8 Frühlingszwiebel geviertelt,
1 Melanzane in Würfel geschnitten, 1 Zweig Rosmarin,
4 Minikürbisse im Ganzen,
1 kleiner Bund Thymian,
1 Häuptel Knoblauch geschält,
4 Minikarotten im Ganzen

Weintipp
Zu den Lammkoteletts wählt man als Begleiter einen kräftigen, nicht zu gerbstoffreichen Rotwein wie einen Blauburger von Koller-Lieleg oder einen reifen Blaufränkischen von Taus („Kapun") oder den von Karl Renner.

Abels Wirtshaus am Käsehof
Gabi und Andreas Abel
Geöffnet: Fr–Di, 11.30–14 Uhr, 18–21.30 Uhr
A-8463 Leutschach, Fötschach 9
Tel/Fax: +43(0)3454-6384
E-Mail: info@kaesehof-abel.com
www.kaesehof-abel.com

Der schmucke Gastraum des Käsehofes in Leutschach

Die Südoststeiermark – von Klöch bis Hartberg

Das Weinbaugebiet der Südoststeiermark reicht vom südlichsten Zipfel der Steiermark, dem Thermenort Bad Radkersburg, bis hinauf nach Hartberg. Mit 1.190 Hektar Rebfläche ist es die zweitgrößte Weinbauregion der Steiermark, nach Weinbaubetrieben gerechnet die größte. Die reizvolle Hügellandschaft ist ein Paradies für Wanderer und Radfahrer. Die Ortschaften sind klein, weit verstreut und die Natur bietet genügend Freiräume, um sich in aller Ruhe, und das im Sinne des Wortes, zu erholen. Diese Grenzregion ist zum Teil bereits vom pannonischen Klima beeinflusst. Besonders Rotweinsorten wie Blauer Zweigelt, Blauburger

oder St. Laurent finden sehr gute Wachstumsbedingungen vor.
In der Gesamtentwicklung des steirischen Weinbaues hat die Südoststeiermark in den vergangenen Jahren wohl die steilste mitgemacht. Bedeutende südoststeirische Weinbauregionen finden sich in den Orten St. Peter am Ottersbach, Klöch, Pichla, St. Anna am Aigen, Straden, Riegersburg, Feldbach, Fehring und Hartberg.
Gleich vier Weinstraßen führen durch das weite oststeirische Weinland. Nahezu parallel zum südoststeirischen Grenzlandwanderweg führt die Klöcher Weinstraße ebenfalls von Bad Radkersburg in den oststeirischen Garnisonsort Fehring. Daran angeschlossen ist die Südoststeirische Hügellandweinstraße, die in Frutten-Gießelsdorf beginnt. Der Weg führt durch die Weingegend vom „Rosenberg" über Neusetz und Hof nach Straden. Weit hinein ins Land sichtbar sind die Wahrzeichen dieses Weinbauortes, die drei Türme der vier Stradener Kirchen. Der Weg führt wieder bergab nach Wieden. Vorbei an Obst- und Weinkulturen kommt man nach Perbersdorf und weiter auf den Bierbaumberg. Über Steinriegel und Kalvarienberg kommt man nach St. Peter am Ottersbach. Von hier aus führen gut markierte Wanderwege durch die schön angelegten Weinberge dieser Region. Eine besondere Attraktion ist eine alte Mühle in Wittmannsdorf. Die Besitzer, die Familie Frauwallner, sind gerne bereit, Besucher durch dieses mächtige alte südoststeirische Kulturgut zu führen.
An die Klöcher Weinstraße schließt die Thermenland Weinstraße an, die eine in sich geschlossene Fahrtstrecke ist. Von Brunn geht es über Oberhatzendorf nach Riegersburg. Hier steht Österreichs größte Festungsanlage, die Riegersburg. Tief in das Land reicht der Blick von dieser Burg. Nur wenige Kilometer abseits liegt das Schloss Kornberg, ein sehenswertes architektonisches Baujuwel vergangener Zeiten. Von Riegersburg durch die Region um Lembach kommt man nach Breitenfeld. Über idyllische Straßen geht es dann nach Markt Hartmannsdorf, weiter über Eichberg nach Stein. Von hier ist es nur ein Abstecher zur Therme Loipersdorf.
Rund 130 Weinbaubetriebe mit Buschenschenken liegen an der Römerweinstraße, die in Gleisdorf ihren Ausgangspunkt hat und über Hohenberg nach Gamling führt. Bei Obernitschaberg teilt sich diese Weinstraße. Auf der einen Seite gibt es eine „Abkürzung" nach Großpesendorf, doch lohnt sich der kleine Umweg über Nitscha nach Prebensdorf. Das Symbol der oststeirischen Römerweinstraße, den „Gersdorfer Krug", kann man im Museum in Pischelsdorf besichtigen. Unweit dieser Gemeinde erreicht man St. Johann bei Herberstein. Stumme Zeugen einer alten Weinbaukultur finden sich in diesem Ort in Form von Römersteinen mit Ornamenten von Weinreben.

Weingärten auf der Riegersburg

Weingärten am Klöchberg

Weingärten in Straden, Weingut Neumeister, Ried Saziani

Weinbau Dorner

A-8480 Mureck, Grazerstraße 14
Telefon: 03472/3750, Fax: -4
E-Mail: office@weingut-dorner.at
www.weingut-dorner.at

Als Pionier unter den steirischen Bio-Weinbauern kann man das Weingut Dorner bezeichnen, denn seit 1976 betreibt die Familie Dorner biologischen Weinbau auf einem Gut, das bereits seit 1865 im Familienbesitz ist. Diese Art des Weinbaues nimmt Rücksicht auf die Natur und lässt ihr ausreichend Zeit und Raum, um gesunde, stabile Reben hervorzubringen. Das alles geschieht ohne chemische und gentechnisch veränderte Hilfsmittel. Der Bio-Winzer verzichtet bewusst auf Kunstdünger und setzt stattdessen auf mineralischen und organischen Kompost. Schonung des wertvollen Bodens und des Wassers, das im Naturkreislauf weiterläuft, ist oberstes Prinzip. Biologischer Weinbau heißt also: Ausbau im Einklang mit der Natur ohne Gentechnik oder Chemie bei größtmöglichem Schutz der lebenswichtigen Ressourcen, der Böden und des Wassers. Das Naturprodukt Wein bringt diese idealen Wachstumsumstände authentisch in die Flaschen.

Während das Weingut direkt an der Grenze südlich von Mureck liegt, findet man die Weingärten in den Windischen Büheln, Slovenske Gorice, bis zirka 2 km auf slowenischem Hoheitsgebiet. Die Hangneigungen zwischen 25 und 40% begünstigen eine optimale Sonneneinstrahlung und fördern die Traubenreife. Die schweren Lehm-Sandböden der Ried Neuberg sind großteils Westlagen und liefern ganz charakteristische Weine. Dieter Dorner, der die Bewirtschaftung des Betriebes mit biologischem Weinbau begonnen hat, kann sich heute auf die Unterstützung seines Sohnes Jakob, Absolvent der Fachschule Silberberg, verlassen. Bisher wurden von ihnen ausschließlich Weißweine gekeltert. Nach der Erweiterung des Betriebes auf eine Rebfläche von 3 ha und der Neuanpflanzung auch roter Rebsorten werden sie in Zukunft auch Rotweine ausbauen können.

Dass sowohl bei der Kelterung als auch dem Ausbau strenge Grundsätze der organisch-biologischen Landwirtschaft eingehalten werden, ist für Familie Dorner keine Frage. Regelmäßige Überprüfungen durch unabhängige Organisationen wie „Austria Bio Garantie" und „Ernte - für das Leben" und das persönliche Engagement der Winzer garantieren Wein aus intakter Natur. Der schöne Herbst des letzten Jahres hat zu einer ausgezeichneten Ernte geführt, deshalb sind auch einige der Weine im Spätlesebereich anzusiedeln. Obwohl der biologische Weinbau untrennbar mit vielen naturgegebenen Schwierigkeiten und Hindernissen verbunden ist, bieten die Winzer Spitzenqualität mit dem Bonus einer intakten Natur und bleiben auch in Zukunft ihrer Linie treu.

3 ha - Ruländer, Weißburgunder, Traminer, Sauvignon blanc, Chardonnay, Blauer Burgunder
Ab-Hof-Verkauf: nach telefonischer Voranmeldung
€ 5,50/8,-

Weingut Scheucher

A-8423 Labuttendorf 20
Telefon: 03184/4080, Fax: -12
E-Mail: scheucher.wein@netway.at

Die kalkhaltigen, ausgeglichenen Böden und steilen Hänge der südsteirischen Lagen am Pößnitzberg bei Leutschach, auf denen die Reben ein Maximum an Energie aufnehmen, sind der Stolz des Weingutes von Johanna und Gottfried Scheucher. Sie selbst bewirtschaften 5 Hektar Rebfläche auf bis zu 42% steilen Süd- bis Südosthängen und kaufen hochwertige Trauben von anderen Betrieben in gleicher Größenordnung zu. Verarbeitet werden die Trauben in Labuttendorf, wobei größter Wert darauf gelegt wird, aus jeder Rebsorte ein Maximum an Individualität und Charakter herauszuarbeiten. „Wir produzieren nur Weine, die uns selber schmecken," erklärt Johanna Scheucher die Philosophie der Familie.

Bei den Weinen der klassisch steirischen Linie stehen Frische, Leichtigkeit, Duft und die animierende Art im Mittelpunkt. Ein Vertreter der internationalen Stilistik ist neben Sauvignon blanc und Traminer eine Grauburgunder-Trockenbeerenauslese, gelesen am 11. November 2002 mit einer Reife von 36° KMW. Das Risiko einer sehr späten Lese hat sich wieder ausgezahlt, das Ergebnis: Konzentration in den Beeren.

Die Rotweine des Winzers zählen inzwischen zu den besten Rotweinen der Steiermark. Die Cuvées „Otter" und „Otter Plus" sind Weine auf Zweigeltbasis, die in kleinen Eichenholzfässern ausgebaut

werden. Sie sind voll, dicht und geschmeidig, Rotweine, die immer mehr Liebhaber gewinnen. Neu im Rotweinangebot ist ein im großen Holzfass ausgebauter reinsortiger Blaufränkisch, der am Gaumen eine unheimliche Fruchtkonzentration hat.
Der „Scheucher brut", ein flaschenvergorener Sekt aus Welschriesling, Weißburgunder und Morillon, rundet das Sortiment ab. „Kein Jahr gleicht im Ablauf einem anderen. Dieser Herausforderung muss der Weinbauer mit Gefühl und Wissen, mit Herz und Kopf begegnen", erklärt der Kellermeister seine Reaktion auf das schwierige und abwechslungsreiche letzte Jahr. Der frühsommerlichen Hitzewelle folgten einige leichte Regenfälle im August. Mit einer aufwändigen-selektiven Handlese war es möglich, hochwertiges Lesegut zu ernten. Zahlreiche Prämierungen bei der Landesweinbewertung und die Aufnahme in den „Salon Österreichischer Wein" sind Ausdruck der konstanten Qualität des Hauses Scheucher.
Hochwertige Produkte vom Weideschwein und Traubensaft vom Heckenwein werden neben anderen landwirtschaftlichen Erzeugnissen am Hof verkauft und auch bei Weinverkostungen angeboten.

10 ha - Lage Pößnitzberg:
Welschriesling, Riesling-Sylvaner, Weißburgunder, Scheurebe, Muskateller, Morillon, Grauburgunder, Sauvignon blanc, Traminer, Zweigelt, Blaufränkisch
Ab-Hof-Verkauf: Mo–Sa, 8–18 Uhr
€ 4,30/17,50
Traubensaft, Apfelsaft
Traminerbrand, Tresterbrand

Weingut List

A-8481 Siebing 17
Telefon: 03472/8279, Fax: -4
E-Mail: listwein@aon.at
www.listwein.at

Der Weinbaubetrieb der Familie List liegt in Siebing, geografisch in der Südoststeiermark, die Reben wurzeln und reifen aber einige Kilometer weit vom Weinkeller entfernt in südsteirischer Erde, am Graßnitzberg bei Spielfeld und in der Lage Wielitsch in Berghausen. Dort bewirtschaftet die Familie List einige Hektar Weingärten in prominenter Nachbarschaft. Auf der einen Seite kultivieren Günther Wagner, auf der anderen Manfred Tement ihre kostbaren Trauben. Die Lehm- und Muschelkalkböden dieser ausgezeichneten Rieden mit Hangneigungen von 20–50% sind die Voraussetzung für bestes Traubenmaterial, aus dem besonders vielschichtige und charakteristische Weine gekeltert werden. So wie seine Nachbarn und Freunde legt Anton List größten Wert auf Qualität. „Weniger ist mehr", lautet seine Devise, und damit meint er unter anderem einen konsequenten Rebschnitt. Ausgesprochen reintönig und fruchtbetont sind alle List-Weine, Welschriesling, Weißburgunder, Sauvignon blanc, Morillon und der alle Jahre herausragende Muskateller. „Gerade diese Rebsorte gelingt uns immer besonders", freut sich der Winzer, „unser Muskateller hat immer einen erfrischenden, intensiven Limettenduft, eine unvergleichliche Frucht und eine frische Säure." Die Gärung der Weine erfolgt in Siebing ausschließlich in temperaturgesteuerten Edelstahltanks. Um

mehr Frucht und Extrakt auslaugen zu können, bleiben die Bukettsorten bis zu sechs Stunden auf der Maische, bevor die angequetschten Trauben gepresst werden. Ausgebaut werden die Weine dann für weitere zehn Monate in großen Eichenholzfässern und bei besonderen Jahrgängen auch in Allier-Barriques.
Anton List hat sich auch intensiv mit der Geschichte seines Betriebes beschäftigt. Er ist stolz darauf, „dass es den Namen bereits seit dem Jahr 1638 gibt; seit 1714, das bestätigt ein entsprechender Übergabevertrag, wird Weinbau betrieben". Am Hof in Siebing wurde das alte Stallgebäude mit besonders viel Liebe und Traditionsbewusstsein als Raum für Präsentationen renoviert.

9 ha - Lagen Graßnitzberg und Wielitsch:
Welschriesling, Weißburgunder, Morillon, Sauvignon blanc, Muskateller, Scheurebe, Zweigelt
Ab-Hof-Verkauf: täglich
€ 5,–/11,–
„Cicero"-Sektgemeinschaft
Traubensaft, Fruchtsäfte
Obstbrände, Destillate
4 Gästezimmer, 8 Betten am Graßnitzberg

Weinbau Trummer

A-8422 St.Nikolai/Dr., Pessaberg 26
Telefon: 03184/2426, Fax: 40612
E-Mail: trummer@wein.st
www.trummer.wein.st

1981 – der Sohn Matthias war gerade ein Jahr alt - standen Johann und Adelheid Trummer vor der schwierigsten Entscheidung ihres Lebens. Bisher hatten sie sich mit der Schweinemast beschäftigt, nun stand plötzlich die Idee im Raum, den Betrieb auf Weinbau umzustellen. Johann Trummer, der damals noch als Verkäufer arbeitete, war von dem Gedanken einfach fasziniert. Ein Widerstand seiner Ehefrau wäre wohl zwecklos gewesen, also stimmte Adelheid Trummer zu: „Naja, und dann haben wir eben den Sprung ins kalte Wasser gewagt. 1984 haben wir dann erstmals unseren Wein verkauft - und gewusst, dass die Entscheidung richtig war. Die Weine haben den Kunden geschmeckt, bald waren wir ausverkauft."

Heute umfasst die Rebfläche drei Hektar. Johann Trummer wird von seinem Sohn tatkräftig unterstützt, der die Weinbauschule Silberberg absolviert hat und nun als Kellermeister sein Können unter Beweis stellt. Der Junior brachte und bringt neue Ideen ein, baut zugleich aber auf bekannte Prinzipien: „Im Keller schwören wir auf eine rasche und schonende Verarbeitung der Trauben, denn unser Ziel ist es, höchste Qualität zu produzieren. Nur gesundes und gut ausgereiftes Traubenmaterial kann ausgezeichnete Weine hervorbringen."

In Südwestlage, auf sandigen Lehmböden, betreut er liebevoll seine Sorten: Welschriesling, Morillon, Weißburgunder, Müller-Thurgau (aus dem der Junker gemacht wird), Zweigelt und Blauer Wildbacher. Der Zweigelt wird in französischer Eiche ausgebaut, bleibt zehn Monate im Fass. „Die Kunden mögen diesen Wein", sagt Adelheid Trummer voller Stolz, „und wer zu spät kommt, der kriegt leider nichts mehr. Der Zweigelt ist stets rasch ausverkauft." Zum Jahrgang sagte Matthias Trummer: „Er ist einer der komplexesten, die es bisher gegeben hat. Bei den Weißen gab es frische, fruchtige Weine mit stark ausgeprägten Sortenaromen. Beim Roten war der Ertrag niedrig, dafür ist die Qualität hoch." In dem südoststeirischen Betrieb wird auch Schilcher angeboten. Er ist extraktreich mit einer gut eingebundenen Säure und duftet nach Erdbeeren und Himbeeren duftet.

3 ha - Welschriesling, Morillon, Weißburgunder, Müller-Thurgau, Schilcher, Zweigelt
Buschenschank: Do–So, 15–23 Uhr,
Ab-Hof-Verkauf: Mo–Sa, 10–18 Uhr
Kellerführung und kommentierte Weinkost nach Voranmeldung
€ 4,60/8,–
Traubensaft, Fruchtsäfte

Frauwallner Weine

A-8093 St. Peter am Ottersbach,
Wittmannsdorf 3
Tel/Fax: 03477/2174
E-Mail: alois@frauwallner-weine.at
www.frauwallner-weine.at

Alois und Rosa Maria Frauwallner aus Wittmannsdorf, Gemeinde St. Peter am Ottersbach, betreiben, wie sie sagen, Weinbau aus Leidenschaft. Gekeltert werden die edlen Rebsäfte in einem alten Mühlenhof, und die Qualität stimmt. Das erklärt auch das Selbstbewusstsein von Alois Frauwallner, wenn er für seine Produkte wirbt: „ Überzeugen Sie sich doch einmal selbst und lassen Sie Ihr Leben immer öfter zum Fest werden!"

Mit viel Liebe werden drei Hektar Rebfläche bearbeitet, wobei der Winzer größten Wert auf die alten steirischen Sorten legt und darauf, die Weine klassisch-steirisch auszubauen. So war es auch beim letzten Jahrgang. Alois Frauwallner: „Selten gab es Jahrgänge mit einer so großen Vielfalt. Es wurden sehr fruchtige, frische, sortenbetonte Jungweine sowie blumige, würzige Burgunder und Traminer, aber auch hochwertige Prädikatsweine eingebracht. Die Roten zeichnen sich durch Farbdichte, Fülle und einen intensiven Charakter aus." Hauptsorten sind der fruchtige Welschriesling, der elegante Weißburgunder, der duftige Sämling, der würzige Ruländer und der zartherbe Blaue Zweigelt. Und da wäre auch noch der zartblumige Grüne Sylvaner. Er wurde 2001 beim Internationalen Sylvaner-Forum in Würzburg mit einem Preis ausgezeichnet.

Das neue Ploder-Kellergebäude

Ein Sekt, der „Cicero“, ergänzt das Angebot.
Nicht nur für seine Weine macht das Ehepaar Frauwallner Werbung, sondern auch für den Weinort St. Peter am Ottersbach, der vom Tourismus noch nicht überlaufen ist. Wer im alten Mühlenhof einkehrt, der sollte zuvor die idyllischen Wanderwege kennengelernt haben – durch Weinberge, sanfte Hügellandschaften, auf den Rosen- und Kalvarienberg oder in die Gegend von Khünegg, wo der leider allzu früh verstorbene Schriftsteller Fred Strohmeier gelebt hat. Der Wanderer lernt ein Gebiet kennen, das vom milden pannonischen Klima beeinflusst wird und in dem bereits 400 vor Christus die Kelten Weinbau betrieben haben.

3 ha - Welschriesling, Weißburgunder, Grüner Sylvaner, Sämling 88, Ruländer, Zweigelt
Ab-Hof-Verkauf: täglich 8–20 Uhr
Kellerführung und kommentierte Weinkost nach Voranmeldung
€ 4,70/9,-
„Cicero“-Sektgemeinschaft

Weingut Ploder-Rosenberg

A-8093 St. Peter am Ottersberg
Telefon: 03477/3234, Fax: -4
E-Mail: office@ploder-rosenberg.at
www.ploder-rosenberg.at

Leicht ist es nicht zu finden, das Weingut Ploder-Rosenberg in St. Peter am Ottersbach. Wenn man sich durchgefragt hat und vor der schmucken, durchgestylten Kellerei steht, wird man für seine Hartnäckigkeit mit der Verkostung erstklassiger Weißweine belohnt. Architektur und bildende Kunst haben hier Einzug gehalten. Das neue Gebäude vereint Formschönheit und Funktionalität. Es ist so konzipiert, dass die Verarbeitung der Trauben ohne großen maschinellen Einsatz möglich ist. In der Falllinie werden, einfach gesagt, oben die Trauben in den Rebler geschüttet und unten kommt, nach einer gekühlten Maischestandzeit, die Maische zur weiteren Gärung in den Stahltanks wieder heraus. Die Kaltauslaugung ist eines der „Geheimnisse“ der Ploder-Weißweine. Im Laufe der letzten Ernten hat Fredi Ploder diese Technik immer weiter perfektioniert, sodass er heute genau weiß, welche Rebsorte wie lange gekühlt mazerieren soll, um dadurch eine optimale Bukettauslaugung zu erzielen. Man kann anhand seiner Weine die Vorzüge dieser Methode schmecken.
Fredi und Maria Ploder verarbeiten die Trauben von 17 Hektar Rebflächen, die wichtigsten Rieden sind Rosenberg, Buchberg und Scheming. Gekeltert werden fruchtige, klassische Qualitätsweine, Lagenweine – Morillon, Grauburgunder, Sauvignon blanc – und unter dem Namen „Linea“ die besonders dichte und körperreichen Selektionsweine Chardonnay, Pinot gris und Sauvignon blanc.

Fredi Ploder im Weinkeller

17 ha - Welschriesling, Morillon, Weißburgunder, Grauburgunder, Sauvignon blanc, Zweigelt
Ab-Hof-Verkauf: Mo–Sa, 10–19 Uhr, So, Feiertag nach telefonischer Vereinbarung
€ 5,40/20,-
„Vision“-Winzersekt
Traubensaft, Fruchtsäfte
Trebernbrände

Weinhof Reichmann

A-8093 St. Peter am Ottersbach, Kühnegg 54
Telefon: 03477/2435, Fax: 29905
E-Mail: weinhof.reichmann@aon.at
www.tiscover.com/krotmoar.at

Auf 380 Metern Seehöhe befindet sich im Ortsteil Khünegg der Gemeinde St. Peter am Ottersbach der Weinhof der Familie Reichmann. In dieser wunderschönen Gegend, die einst den leider allzu früh verstorbenen Schriftsteller Fred Strohmayer inspiriert hatte, bearbeiten Eduard und Helga Reichmann etwa drei Hektar Rebfläche. Als Eduard Reichmann den Betrieb, der schon seit dem 19. Jahrhundert in Familienbesitz ist, im Jahre 1986 übernahm, war es gerade einmal ein halber Hektar. Mit viel Fleiß haben er und seine Frau das Weingut erweitert, in dem ausschließlich klassisch-steirische Weine gekeltert werden. Auf besten Südlagen (mit einer Hangneigung von 35 bis 40 Prozent) – die wichtigste Ried trägt den Namen „Desa" – gedeihen auf mittelschweren bis schweren Lehmböden Welschriesling, Weißburgunder, Ruländer, Sämling sowie ein Blauer Zweigelt. Dazu kommt noch etwas Rivaner, der als Cuvèe mit einem kleinen Anteil von Weißburgunder zum Junker, dem Vorboten des neuen Jahrganges, gekeltert wird.
Geerntet wird im Einklang mit der Natur, nur bestes Traubenmaterial kommt zur Vergärung. Mit dem letzten Jahrgang ist Eduard Reichmann sehr zufrieden: „Es gab eine problemlose Blütezeit und einen heißen Sommer mit kurzen Regenperioden. Unsere Weißweine haben feine, fruchtige, prägnante Aromen und eine angenehme Säure. Der Zweigelt wiederum präsentiert sich dicht und komplex." Apropos Zweigelt: Auf den Ausbau in Barriques wird verzichtet, Eduard Reichmann will einfach nur die typische Frucht in die Flasche bringen. Bei seiner Arbeit unterstützt ihn sein 1987 geborener Sohn Stefan, der die Weinbauschule Silberberg besucht. Seine Eltern sind mit Recht stolz auf ihn - immerhin zählt er zu den Besten seiner Klasse und bringt nur sehr gute Noten mit nach Hause.
Dass es in einem Weingut stets viel Arbeit gibt, versteht sich von selbst. Trotzdem nehmen sich Eduard und Helga Reichmann auch einmal die Zeit für einen gemütlichen Abend. Dazu gehört ein guter Wein, klarerweise einer aus dem eigenen Betrieb. „Am liebsten", so Eduard Reichmann, „sind uns der Weißburgunder und der Ruländer. Sie haben einfach eine tolle Frucht!"
Mit dem Sämling 88 des Jahrgang 2002 konnte Eduard Reichmann bei der L"andesbewertung Steirischer Wein 2003" den Sortensieger in der Kategorie „Weißwein-Vielfalt" (Cuvée) stellen.

3 ha - Welschriesling, Ruländer, Weißburgunder, Sämling 88, Blauer Zweigelt
Ab-Hof-Verkauf: Mo–Sa
Kellerführung und kommentierte Weinkost nach Voranmeldung
€ 4,40/11,–
Gästezimmer, 6 Betten

Weinhof Rossmann

A-8093 St. Peter am Ottersbach, Bierbaum 37
Tel/Fax: 03477/2664
E-Mail: weinhofrossmann@.at

Wer die Ergebnisse der steirischen Landesweinbewertungen der vergangenen Jahre verfolgt hat, muss zwangsläufig über den Namen Rossmann gestolpert sein. Der Weinhof scheint Spitzenplätze bei nationalen und internationalen Wettbewerben abonniert zu haben. Weinkenner wissen jedoch, dass der Weg bis zur Prämierung steinig und mit konsequenter Arbeit verbunden ist. Helmut Rossmann, der Eigentümer und Kellermeister, ist sich dessen sowieso bewusst.
Auf dem Hof verschrieb man sich schon 1939 ganz dem Weinbau. Nach erfolgreicher Ablegung der Weinbau- und Kellermeisterprüfung wurde von Helmut Rossmann verstärkt auf Qualitätsweinerzeugung umgestellt. Im Weingarten legt er großen Wert auf gezielte Ertragsreduktion. Die Trauben werden von Hand gelesen und im Weinkeller schonend weiter verarbeitet. Als Verfechter der frischen, fruchtbetonten Weißweinlinie hat das Weingut viele Freunde gewonnen. Die Weißen werden ausschließlich in der steirischen Klassik-Linie ausgebaut. Er versucht die Erfahrung mehrerer Generationen mit neuesten Technologien zu verbinden, um das Optimum aus den Trauben zu holen. Wen wundert es daher, dass seine Weine durch den „richtigen Zeitpunkt" genau jenen vollen Duft und jene steirisch-pikante Säure besitzen, die bei

Weinliebhabern so beliebt sind. Die österreichische Spitzengastronomie weiß die edlen Rossmann-Weine zu schätzen. Die zum Teil schwierigen Voraussetzungen der Vegetationsperiode des Jahres 2003 konnten vom ehrgeizigen Winzer durch gediegene Arbeit ausgeglichen werden. So gab er diesem Jahrgang die gewohnte Ausgewogenheit und Harmonie.
Nach telefonischer Voranmeldung kann man bei einer Kellerführung oder einer kommentierten Weinverkostung viel Interessantes und Wissenswertes über den Weinanbau, die einzelnen Rebsorten und ihren Ausbau erfahren und sich von der Qualität, dem sortenspezifischen Geschmack und den unterschiedlichen Aromen überzeugen. Helmut Rossmann kann auch mit besonderen Angeboten aufwarten: Einer Ruländer-Beerenauslese 2000 und dem Weißburgundersekt „Cicero".

5 ha - Welschriesling, Weißburgunder, Chardonnay, Sämling, Ruländer, Blauer Zweigelt
Ab-Hof-Verkauf: täglich, So nach telefonischer Voranmeldung
Kellerführung und kommentierte Weinkost nach Voranmeldung
€ 4,70/6,50
„Cicero"-Sektgemeinschaft

Weinhof Rauch

A-8093 St. Peter am Ottersbach, Perbersdorf 30
Telefon: 03477/2510, Fax: 3267
E-Mail: rauch@weinhof-rauch.at
www.weinhof-rauch.at

Auf 360 m Seehöhe bewirtschaftet Günther Rauch 8 ha Rebflächen. In der reizvollen Landschaft, die sich eine heute selten gewordene Ursprünglichkeit bewahrt hat, gedeihen auf Süd- und Südostlagen Rebsorten, aus denen überwiegend fruchtige und trockene Weißweine gekeltert werden. Hauptsorte ist der Welschriesling, dem große Sorgfalt zuteil wird und dessen Jahrgang 2002 ins Finale der Ausscheidung der steirischen Landesweinkost 2003 kam. Prämierungen für Sauvignon blanc, Zweigelt und „unico" beweisen das hohe Niveau der Weine dieses Weingutes. Weißburgunder, Chardonnay, Rivaner und Sämling 88 runden die Weißweinpalette ab. Zweigelt und Blauburger werden zum „unico", dem „Einzigen", vermählt, einer Cuvée, die in französischen Barriques gereift ist. Nach dem römischen Staatsmann Cicero ist ein Weißburgundersekt benannt, Edelbrände wie der Tresterbrand, der Traminer Traubenfruchtbrand, Williamsbirne und Zwetschke sind die gebrannten Schätze des Günther Rauch.

8 ha, Welschriesling, Rivaner, Weißburgunder, Chardonnay, Sämling 88, Sauvignon blanc, Zweigelt, Blauburger
Ab-Hof-Verkauf: Mo-Sa, 9-18 Uhr
Verkostungen nach Voranmeldung
€ 4,70/9,-
Sektproduktion
Apfelsaft, Kernöl
Obstbrände, Edelbrände

Weingärten in Klöch, Deutsch-Haseldorf

Weingärten am Klöchberg

Anbinden der jungen Reben am Klöchberg

Weingut Walter Müller

A-8493 Klöch 51
Tel/Fax: 03475/7160
E-Mail: mail@weingut-mueller.at
www.weingut-mueller.at

„Wir erzeugen aus gesunden, schönen Trauben einfach sehr gute Weine!" Das ist die Philosophie von Walter und Elisabeth Müller, die mit Sitz in Klöch eine Rebfläche von zehn Hektar bearbeiten und durch ihren Fleiß ein ansehnliches Gut aufgebaut haben. Die Hauptrieden heißen Hochwarth und Seindl; die Hänge weisen eine Neigung von bis zu 35 Prozent auf. Die Böden bestehen vorwiegend aus Löss, der mit Lavagestein erloschener Vulkane vermischt ist. „Dadurch", so Walter Müller, „wird Wärme tagsüber gespeichert und in der Nacht abgegeben."

Der Winzer arbeitet sehr umweltbewusst; die Weingärten werden mit der Sense oder einer Haue unkrautfrei gehalten, die Rebstöcke händisch ausgedünnt, um die Qualität des Weines zu steigern. Hauptsorte ist der Welschriesling, außerdem werden Rheinriesling, Müller-Thurgau, Weißburgunder, Sämling, Chardonnay, Schilcher,

Zweigelt und Blauburgunder angeboten. Die Spezialitäten des Betriebes sind zweifelsohne der Traminer und der Gewürztaminer. Letzterer brachte Walter Müller im Jahr 2000 den steirischen Landessieger ein, den er damals auch für seinen hervorragenden Müller-Thurgau erreichte. Ein weiteres Top-Produkt ist der Sauvignon blanc, der typischer gar nicht sein könnte. Riesling („elegantes Duftspiel von Pfirsisch und Marille"), Sämling („feines Muskataroma, angenehme Frische"), Weißburgunder („Duft nach gerösteten Mandeln"), und Chardonnay („komplexe, füllige Aromatik") ergänzen das Angebot. Zudem keltert Walter Müller auch den Blauen Wildbacher. Sein Schilcher präsentiert sich am Gaumen mit einem rassigkernigen Säurespiel.

Zum aktuellen Weinjahr sagt Walter Müller: „Die Weine verfügen über eine hohe Reife, sind extraktreich und fruchtbetont und mit einer feinen Säure ausgestattet."

10 ha - Welschriesling, Riesling, Weißburgunder, Chardonnay, Gewürztraminer, Sauvignon blanc, Müller-Thurgau, Schilcher, Zweigelt
Ab-Hof-Verkauf: täglich
€ 4,50/25,-
Sektproduktion
Destillate

Weingut Wonisch

A-8493 Klöch 65
Tel/Fax: 03475/2347
E-Mail: wonisch-weine@aon.at
www.weinbau-wonisch.at

Mit herrlichem Blick auf die Gleinalm, die Koralm und weit nach Slowenien hinein kann man, eingebettet in die Klöcher Weinberge, auf der Terrasse des Weingutes Wonisch Spezialitäten wie geselchte Stelze, Leberaufstriche und steirische Jause zu den erlesenen Spitzenweinen, hauseigenen Edelbränden oder Trauben- und Fruchtsäften zu sich nehmen. Auch die gemütlichen Räume der Buschenschank bieten ihren Gästen eine heimelige Atmosphäre.

Das Vulkangestein der sonnenbegünstigten Weingärten um Klöch ermöglicht es dem Herrn des Hauses, Josef Wonisch, auf einer Rebfläche von 8 ha eine breite Palette steirischer Spitzenweine zu produzieren. „Unsere Spezialität sind Klöcher Traminer und Gewürztraminer, sowie Spät- und Auslesen davon. Mit diesen beiden Sorten konnten wir bei der Landesweinbewertung 2003 einen Landessieger und einen Finalplatz erreichen." So sieht er sich in seiner Arbeit bestätigt. „Diesem Wein mit dem Duft der Rose verleihen der Einfluss des pannonischen Klimas und unser vulkanischer Boden eine ganz besondere Note."

8 ha - Traminer, Gewürztraminer, Welschriesling, Weißburgunder, Riesling, Müller Thurgau, Sämling, Blauer Zweigelt
Buschenschank: ganzjährig, Do Ruhetag
€ 4,40/14,-
Traubensaft, Fruchtsäfte
Weinbrände

Weingut Rudolf Schuster

A-8493 Klöch, Klöchberg 96
Tel/Fax: 03475/2296
E-Mail: info@schuster-wein.at
www.schuster-wein.at

Der Eigentümer des Weingutes, Rudolf Schuster, betreibt seit dem Jahr 1960 Weinbau. Beste klimatische Bedingungen lassen hier auf seinen südwestlich geneigten Hängen hochreife Trauben sowohl für die fruchtigen Sorten wie Welschriesling, Rheinriesling und Weißburgunder als auch für vollmundige und geschliffene Spätlesen reifen. Gute Lagen und bevorzugtes Klima allein machen aber noch keinen perfekten Wein. Daran hat der Winzer Schuster durch genaue Weingartenarbeit, Auslese und Kellertechnik einen großen Anteil. Ein großer Wurf gelang ihm mit dem „Gewürztraminer Spätlese 2000", mit ihm wurde das Weingut Schuster 2001, für viele Weinliebhaber nicht überraschend, Landessieger. Rudolf Schuster und sein Sohn Rudolf jun. setzen bei der Vinifizierung Stahltanks und teilweise auch Holzfässer als Gärbehälter ein. Die Weine des letzten Jahrganges sind sehr fruchtig und duftig, mit angenehmer Säure. In der großen Sortenpalette finden sich auch eine Gewürztraminer-Spätlese und eine Schilcher-Spätlese.

3,5 ha – Welschriesling, Rheinriesling, Morillon, Sämling 88, Traminer, Gewürztraminer, Blauer Zweigelt
Ab-Hof-Verkauf: Mo-Sa, 8-19 Uhr
€ 4,70/9,90
Klöcher Traminer
Traubensaft
Kürbiskernöl
5 Gästezimmer, 10 Betten

Weingut Frühwirth

A-8493 Klöch, Deutsch-Haseldorf 46
Tel/Fax: 03475/2338
E-Mail: weingut@fruehwirth.at
www.fruehwirth.at

Der junge Fritz Frühwirth, 1976 geboren, weiß, wovon er spricht. Er hat 1996 den elterlichen Betrieb übernommen, in dem bereits seit 1934 Wein produziert wird. Als Absolvent der Weinbauschule Klosterneuburg und nach einer drei Monate dauernden Praxis im Elsass hat er zu Hause in Klöch viele neue Ideen eingebracht.
Auf einer Rebfläche von zehn Hektar werden auch Welschriesling, Morillon und Blauer Zweigelt angebaut. Die beiden Letzteren baut Fritz Frühwirth in Barriques aus, wobei er die Allier-Eiche bevorzugt.
Mit einer „Doublette", gleich mit zwei Weinen, Welschriesling und Riesling, wurde Fritz Frühwirth im Jahre 2001 steirischer Landessieger. Dieses Kunststück ist noch nicht vielen Betrieben gelungen.
Was den letzten Jahrgang betrifft, so gibt es einen hervorragenden Sauvignon blanc „Sunnleitn", der sich hochreif, mit dem typischen Duft nach Paprikaschoten, präsentiert. Wunderschön zu trinken ist auch der trockene Traminer mit dem Duft nach Wildrosen, sehr lebendig, fast exotisch. Fritz Frühwirth: „Von unserem 2002er Gewürztraminer ‚Koasasteffl' gibt es leider nur eine geringe Menge. Das gleiche gilt auch für den Gewürztraminer ‚Extrem'."
Der Buschenschank wurde verkleinert und dafür ein ausgesprochen schöner Degustationsraum gebaut. Diese stilvolle Umgebung eignet sich vorzüglich für Verkostungen im kleinen Rahmen.

Fritz Frühwirth junior und senior

Der Frühwirth-Barriquekeller

10 ha - Welschriesling, Riesling, Scheurebe, Weißburgunder, Morillon, Sauvignon blanc, Traminer, Gewürztraminer, Zweigelt
Buschenschank: Mär–Nov, Di Ruhetag
Ab-Hof-Verkauf: Mi–Mo, ab 9 Uhr
€ 5,–/12,–
Traubensaft, Fruchtsäfte
Klöcher Traminer
„Eruption" – Kraft-der-Erde-Morillon

Weinbau Karl Puff

A-8355 Tieschen, Pichla 38
Tel/Fax: 03475/2290
E-Mail: karl.puff@direkt.at
www.weinregion.at

Der Ausblick über das Steintal und den Königsberg bis Slowenien lädt zum Verweilen ein, und bei rechtzeitiger Reservierung kann man in einem der zwei Komfortzimmer des familien- und kinderfreundlichen Weinhofes wohnen und genießen. Seit 1939 betrieb man hier Weinbau und gemischte Landwirtschaft. Karl und Marianne Puff konzentrieren sich aber seit 1992 ausschließlich auf den Weinbau. Trotz der kleinen Struktur (1 ha) seines Weinbaubetriebes bietet Karl Puff ein Angebot von Weinen, wie man es von weitaus größeren Weingütern gewohnt ist. Hier werden Welschriesling, Riesling, Weißburgunder, Müller-Thurgau, Traminer und Zweigelt mit teilweise internationaler Stilistik angeboten. Ermöglicht wird dies durch eine qualitätsorientierte Auslese und eine ausgefeilte Vinifikationstechnik. Der trockene Sommer brachte den Trauben eine gute Reife und ergab Weine mit hoher Sortentypizität und schöner Frucht. Hervorzuheben sind Welschriesling, Weißburgunder, Traminer und Riesling, sowie „Blauer Zweigelt Klassik" und „Auenberg" (Barrique).

1 ha – Welschriesling, Riesling, Weißburgunder, Traminer, Blauer Zweigelt.
Ab-Hof-Verkauf: täglich
€ 4,50/9,-
Traubensaft
Destillate
Kürbiskernöl
2 Gästezimmer, 6 Betten

Weinbau Domittner

A-8493 Klöch 102
Telefon: 0664-4055755, Fax: 03475-2910
E-Mail: domittner@aon.at

Der Traminer „Tradition" und der Zweigelt „Selektion" des Weingutes Domittner errangen bei der Landesweinbewertung 2003 den Siegertitel. Günther Domittner ist einer jener Winzer, die an sich höchste Qualitätsansprüche stellen. „Wer aufhört, besser zu werden, hat aufgehört, gut zu sei." Diese Weinbauphilosophie vertraten schon sein Großvater und sein Vater seit 1906. Engagiert und kreativ steht der Winzer der ständigen Weiterentwicklung gegenüber. Der vulkanische Boden der Klöcher Lagen verleiht den Weinen ihre typische Struktur. Das Sortiment umfasst Weißweine mit frischfruchtigem Charakter und als klassischen Rotwein den Blauen Zweigelt. In der eigenen Koststube des Weingutes sind Weingenießer herzlich willkommen, jedoch können sie die Weine auch im vom Bruder geführten Familien- und Radhotel „Klöcherhof" beziehen. Der Traminer „Xero" ist eine weitere Spezialität des Hauses.

4,5 ha - Welschriesling, Weißburgunder, Morillon, Sauvignon blanc, Traminer, Blauer Zweigelt
Ab-Hof-Verkauf: täglich
Kellerführung und kommentierte Weinkost nach Voranmeldung
€ 4,50/7,50

Günther Domittner

Gräflich Stürgkh'sches Weingut

A-8493 Klöch 29
Telefon: 03475/2223, Fax: -4
E-Mail: gsw@gsw.at
www.gsw.at

Seit dem Jahre 1978 verwaltet Cari Seyffertitz das Gräflich Stürgkh'sche Weingut. Er hatte in führenden österreichischen Betrieben, aber auch in Deutschland und Frankreich, mehrjährige Praxis gesammelt. Seit 1996 ist er auch Eigentümer des Weingutes. Die Weingärten des Gutes liegen am „Klöcher Berg" auch „Ölberg" genannt. Das vor allem vulkanische Lavaverwitterungsgestein ist eine hervorragende Basis für den Weinbau. Ein ausgeglichenes Verhältnis zwischen ausreichendem Niederschlag und intensiver Sonnenbestrahlung ist mit der Bodenstruktur Voraussetzung für das Bukett der typischen Klöcher Traminer. Das Aushängeschild des Gutes ist der Gewürztraminer, mit dem internationaler Ruf erworben werden konnte. Cari Seyffertitz achtet sehr auf genaue Weingartenarbeit

Cari Seyffertitz

und Ertragsminderung: „Je nach Jahrgang werden nicht mehr als 4.000 Liter pro Hektar geerntet. Die wenigen Trauben auf einem Stock können bis zur Lese physiologisch voll ausreifen und erreichen dadurch ein optimales Zucker-Säure-Verhältnis."
In der Kellerwirtschaft geht das Weingut neue Wege. Eine Kooperation mit Georg Winkler-Hermaden bezüglich der gemeinsamen Nutzung der Kellerinfrastruktur bringt beiden Vorteile. Die Verantwortung für die Verarbeitung und den Ausbau der Weine liegt voll und ganz in den Händen von Cari Seyffertitz.

Der Stürgkh'sche Fasskeller in Klöch

12 ha - Welschriesling, Weißburgunder, Sauvignon blanc, Gewürztraminer
Ab-Hof-Verkauf: Mo-Fr, 9-12, 14-18 Uhr, Sa, 10-12, 15-18 Uhr
€ 5,50/12,20
Kellerführung und kommentierte Weinkost nach Voranmeldung
Sliwowitz, Quittenbrand

Weingut Platzer

A-8355 Tieschen, Pichla 25
Telefon: 03475/2331, Fax: -4
E-Mail: platzer@weinhofplatzer.at
www.weinhofplatzer.at

Einer der echten Pioniere der Neuzeit im oststeirischen Weinland ist Manfred Platzer aus Pichla bei Tieschen. Damit es zu keinen Verwechslungen mit anderen gleichnamigen Orten kommt, findet man an der Ortstafel auch noch den Zusatz „bei Bad Radkersburg". Der innovative Schaffensgeist von Manfred Platzer hat im Laufe der letzten Jahrzehnte einige der heute für viele Weinbauern selbstverständlichen Geräte erdacht, konstruiert und zur Seriennutzung weitergegeben. Bescheiden und ruhig, wie er einmal ist, macht er deshalb kein großes Aufheben. Doch sind es einige für den Weinbau wesentliche Entwicklungen, die auf seine Überlegungen zurückgehen:

- Der Spritztunnel für den Pflanzenschutz mit der Rückgewinnung des ablaufenden Wassers (1986),
- Die Maistrockenanlage mit Wärmerückgewinnung (1987),
- Ein Stockräumgerät mit einem hydraulisch-pneumatisch gesteuerten Feintaster (1988),
- Ein Peronospora-Mess- und Warngerät: ein Computer erfasst dabei die Messdaten von Luftfeuchtigkeit, Temperatur, Blattnässe, die Intensität der Sonnenstrahlen und die Niederschlagsmenge (1986),
- eine Weiterentwicklung des Spritztunnel mit Luftunterstützung, dabei wird eine Spritznebelverteilung für die Durchdringung der Laubfläche erreicht und eine Rückgewinnung des Abtrifts (2003).

Zusätzlich ist der Weinhof Platzer in den

letzten Jahren jener Betrieb, der mit gleich mehreren Rebsorten am häufigsten den Titel des besten steirischen Weines gewinnen konnte. Sein Welschriesling war gleich 5x bei der steirischen Landesweinkost der Beste, sein Blauer Zweigelt auch schon 2x. Ein Zufall? Wohl kaum, denn Manfred Platzer kennt seine Reben und die Böden, in denen sie wurzeln, als ob sie ein Stück von ihm selbst wären. Zudem betrachtet er seine Arbeit als „Lebenswerk". Er weiß genau, wann, wo und wie die Trauben gelesen, wann und wie gerebelt, schonend gepresst, sauber verarbeitet werden muss.

Erfolg im Weinbau ist auch eine Frage des familiären Zusammenspiels, jedem erfolgreichen Winzer steht eine Frau zur Seite, die genauso ihren „Mann" steht. Bei Manfred Platzer ist es seine kompetente und charmante Gattin Maria, die sich um die administrativen Tätigkeiten und den Verkauf kümmert. Sohn Robert, ein Silberberg- Absolvent arbeitet sehr engagiert im Familienbetrieb mit.

Die Sandstein- und Lehmböden am Aunberg verleihen Welschriesling und Weißburgunder ein zartes Bukett, bringen den Weinen jene Frucht und Spritzigkeit, für die Manfred Platzer weit über die Grenzen Österreichs berühmt ist.

Neben seinen überragenden Weißweinen widerlegt der Weinbauer auch die Behauptung, es könne in der Steiermark schon auf Grund des Klimas keine kräftigen Rotweine geben.

Am Königs- und am Klöchberg auf vulkanische Boden gedeihen die Trauben, die dann zu herrlich trinkbarem, und lagerfähigem Zweigelt, St. Laurent, Rheinriesling und Traminer werden.

Manfred Platzers Zweigelt erhält nach der Gärung eine leichte Holzunterstützung, der St. Laurent hingegen reift 12 bis 14 Monate in den kleinen Holzfässern aus steirischer Eiche. Die Bäume für die Fässer sind am Klöchberg gewachsen. Die „Cuvée Königsberg 2001", aus vollreifen Zweigelt- und St. Laurenttrauben wurde 14 Monate in Barriques gepflegt, bevor der Wein in Flaschen gefüllt wurde. Er hat schon jetzt eine perfekte Balance zwischen fein eingebundenen Tanninen und dem schönen Beerenfruchtbukett.

Zum Spitzenrotwein hat sich der „Laudatio" entwickelt, eine Cuvée aus Syrah und St. Laurent vom Klöchberg, die im Jahre 2002 erstmals vinifiziert wurde.

Beim Verkauf legt Manfred Platzer großen Wert auf ein gesundes Preis-Leistungs-Verhältnis. Rechtzeitig bestellen heißt die Devise, denn bei Manfred Platzer gibt es ein Problem – er ist immer sehr früh im Jahr ausverkauft.

16 ha - Lagen Aunberg, Klöchberg:
Welschriesling, Rivaner, Sämling, Rheinriesling, Muskateller, Sauvignon blanc, Pinot blanc, Chardonnay, Pinot gris, Gewürztraminer,
Zweigelt, St. Laurent, Syrah
Ab-Hof-Verkauf: Mo-Sa, 14–18 Uhr,
€ 4,70/19,–
Traubenbrände

Weingut Gollmann

8355 Tieschen
Telefon: 03475/2415, Fax: -4
E-Mail: weinhof-gollmann@aon.at

Lange war am Hof der Familie Gollmann der Weinbau nur ein zweites Standbein. Hauptsächlich beschäftigte man sich mit der Traubenvermarktung und produzierte nur geringe Mengen an Wein. Leo Gollmann übernahm 1981 den Betrieb und stellte auf Qualitätsweinerzeugung um. Schritt für Schritt begann er andere Rebsorten auszupflanzen, die Vergärung und die Reifung der Weine erfolgte in Edelstahltanks. Heute verwendet der Kellermeister auch Barriques für den Ausbau seines Rotweines. Die Ried Aunberg ist für den Winzer der wichtigste Weingarten. Im Keller versteht er es, die vom Rebstock gewonnene Qualität zu erhalten und in die Flaschen zu bringen. Im Jahr 2000 pflanzte Leo Gollmann in einem Weingarten Traminer an. Diese Rebe stellt hohe Ansprüche an Lage und Boden. Der Ertrag ist eher klein, doch werden daraus würzige, nach Wildrosen duftende Weine gewonnen. Neben der Weinproduktion hat er sich ein Steckenpferd erhalten. Er führt den Obstbau weiter und beschäftigt sich mit dem Brennen von Obstbränden.

3 ha - Ried Aunberg: Welschriesling, Chardonnay, Weißburgunder, Sämling 88,
Blauer Zweigelt
Ab-Hof-Verkauf: täglich
Kellerführung und kommentierte Weinkost bei Voranmeldung
Traubensaft, Fruchtsäfte

Weinhof Scharl

A-8354 St. Anna am Aigen, Plesch 1
Telefon: 03158/2314, Fax: -33
E-Mail: weinhof-scharl@utanet.at
www.weinhof-scharl.at

Die steilen Südhänge des Annaberges und des Schämingkogels sind das Kernstück des Weinhofes Scharl. Am Bergrücken liegt der Weinbauort St. Anna am Aigen. Weitere Weingärten des Gutes liegen in den Rieden Hausweingarten, Bruchriegel und Gruaschneider. Die Gesamtrebfläche beträgt 5,4 Hektar. Teilweise auf sehr steilen Hängen, deren Bodenstruktur von sandigen Lehmböden bis zu lehmigen Sandböden mit vulkanischem Untergrund reicht, liegen die Weingärten. Die ganze steirische Rebsortenpalette wird auf den Rieden kultiviert.
Obwohl die Familie schon seit 1930 Weinbau betreibt, hat Josef Scharl sen. erst 1982 sein Hobby zum Beruf gemacht und begonnen, die Erzeugung von Qualitätsweinen zu intensivieren. In der Zwischenzeit hat Josef Scharl jun. die Verantwortung im Weinkeller übernommen und setzt die Tradition, dass ein Winzer die Qualität des Weines spüren muss, um sie produzieren zu können, nahtlos fort. Dieses Fingerspitzengefühl der Familie Scharl bringt jährlich Spitzenprodukte hervor. „Alte Weinbautradition, verbunden mit neuem Fachwissen, und den Beruf als Berufung sehen", definiert Josef Scharl seine Betriebsphilosophie.
Das Keltern zarter, duftiger, aber auch vollmundiger, kräftigerer Weine gelingt dem Winzer. Die gerebelten Trauben vergären in gekühlten Stahltanks, nur Chardonnay und Sauvignon blanc auch in Barriques. Josef Scharl verwendet für jedes seiner Produkte ausschließlich Trauben der entsprechenden Ried und fügt den jeweiligen Flurnamen der Bezeichnung an. Dadurch erhält der Kunde einen guten Überblick über das breite Angebot. Das letzte Jahr war ein gutes Weinjahr, es brachte volle Weine mit hoher Fruchtkonzentration. „Eruption", „Travertin" und „Urbanius" heißen die Schmankerln aus dem Weinsortiment.
Die Auszeichnung „Steirischer Qualitätsbuschenschank" erhielt Familie Scharl für ihre vorzüglichen Speisen und Getränke, die sie in angenehmer Atmosphäre ihren Gästen freundlich anbietet. Gustoteller, Vulkanjause, hausgemachtes Bauerngeselchtes und Schafkäse bilden nur eine kleine Auswahl der Köstlichkeiten.

5,4 ha - Welschriesling, Morillon, Weißburgunder, Chardonnay, Sauvignon blanc, Sämling, Blauburger, Zweigelt
Buschenschank: März-Juni und Sept-Nov, täglich, Mo, Di Ruhetag
€ 4,50/11,90
Traubensaft
Kürbiskernöl, Geselchtes
„Eruption" - Markengemeinschaft

Winzerhof Triebl

A-8354 St. Anna/Aigen, Giesselsdorf 42
Tel/Fax: 03158/2530
E-Mail: franz.triebl@utanet.at
www.triebl.com

Sturheit kann durchaus auch eine positive Eigenschaft sein. Auf Franz Triebl, der in Giesselsdorf (Gemeinde St. Anna am Aigen) in der besten Lage, der Ried Stradenberg, sieben Hektar Rebfläche bewirtschaftet, trifft das sicher zu. Denn eines hat sich der Oststeirer geschworen: „Wir sind fest entschlossen, südoststeirische Weine auf höchstem Niveau zu vinifizieren. Einerseits nutzen wir die klimatischen Bedingungen der Weinberge und andererseits die moderne Kellertechnogie."

Warum „seine" Lage nur Top-Qualität hervorbringt, kann der engagierte Winzer genau erklären: „Das Vulkangestein ist porös; es nimmt Wasser auf und speichert Wärme. Wenn abends die Temperaturen sinken, strahlt das Gestein diese Wärme auf die Weinstöcke ab, was der Qualität der Trauben zugute kommt." Zum Jahrgang sagt er: „Er bietet uns eine große Auswahl - von leichten, fruchtigen Weinen der Klassik-Linie bis hin zu ausgeprägten, kräftigen Typen und den Lagenweinen."

Das Angebot ist vielfältig und befriedigt sicherlich jeden Geschmack. Der Welschriesling animiert durch sein fruchtiges Duftspiel und feine Apfelanklänge. Der Rheinriesling verfügt über eine klare Steinobstnase; er ist trocken und würzig im Abgang. Der Sauvignon blanc wiederum besticht durch ein Fruchtspiel zwischen Johannisbeeren und Holunderblüten. Der Weißburgunder erinnert im Duft an Südfrüchte, der Morillon ist komplex, körperreich und exotisch in der Nase. Bei den Roten werden der Blaue Zweigelt (Duft nach Weichseln), der Zweigelt Barrique (Vanillearoma, charmante Fruchtnase) und ein Blauer Wildbacher, „Vielmut" genannt, angeboten. Letzteren vergleicht Franz Triebl sogar ein wenig mit dem Cabernet Sauvignon. Die Aushängeschilder des Betriebes sind aber zweifelsohne die Lagenweine. Da gibt es den „Eruption", eine Cuvée aus Grauem Burgunder, Weißburgunder und Morillon, er duftet nach Aprikosen und Orangen. Die „Stradenberg Selektion" wiederum ist eine gelungene, in Barriques gereifte Vermählung zwischen Zweigelt und Blauem Wildbacher. Für einen steirischen Rotwein verfügt er über eine große Fruchttiefe.

7 ha - Ried Stradenberg:
Welschriesling, Rheinriesling,
Weißburgunder, Morillon,
Grauburgunder, Sauvignon blanc,
Zweigelt, Blauer Wildbacher
Ab-Hof-Verkauf: täglich, 11-19 Uhr,
€ 4,50/16,35
Traubensaft, Traubenmarmelade,
Weinbrände
1 Gästezimmer, 2 Betten

Weinbau Palz

A-8354 St. Anna/Aigen, Plesch 24
Tel/Fax: 03158/2409
E-Mail: weinbau.palz@direkt.at
www.weinbau.palz.com

Inmitten des Thermenlandes befindet sich am Südhang des Stradnerkogels das Weingut der Familie Palz. Die Rebfläche umfasst nur 0,9 Hektar, doch Josef Palz, der Kellermeister, kann eines stolz behaupten: „Qualität zeigt im Kleinen die Größe." Die Weine des letzten Jahrganges beurteilt er als fruchtig und ausdrucksvoll.

Die Traubenernte erfolgt im Einklang mit der Natur, die Verarbeitung im Keller nach den modernsten Methoden. Im Weingut Palz werden folgende Sorten angeboten: ein feinwürziger Welschriesling mit Zitrusnoten, ein vollmundig und nussiger Weißburgunder, ein Morillon (reifer Aprikosenduft, kompakter Körper) sowie eine Morillon-Auslese. Bei den Roten dominieren der Blauburger und der Blaue Zweigelt sowie eine Cuvée, „Tamberg-Crescere" genannt. Dieser Wein wurde im Jahr 2000 auf der Weinmesse in Laibach mit einer Goldmedaille prämiert!

0,9 ha - Welschriesling, Morillon,
Weißburgunder,
Zweigelt, Blauburger
Ab-Hof-Verkauf: täglich
€ 4,10/10,60
Apfelsaft, Fruchtsäfte
Obstbrände, Destillate, Tresterbrand
Kürbiskernöl

Weinhof Ulrich Rupert

A-8354 St. Anna/Aigen, Plesch 26
Telefon: 03158/2290, Fax: -4
E-Mail: wein@weinhof-ulrich.at
www.weinhof-ulrich.at

Der Betrieb besteht schon seit 110 Jahren. Die heutigen Besitzer, Ulrich und Karin Maria Rupert, keltern klassisch-steirische Weine von hoher Qualität. Kellermeister Ulrich Rupert legt höchste Qualitätsmaßstäbe an, um das, was die Natur gibt, auch zu adäquater Vollendung zu bringen. Seine Prinzipien sind eine lagengerechte Rebauswahl, Ausdünnung und händische Lese, wobei immer darauf geachtet wird, die Rebstöcke nicht zu überfordern. Die Frucht dieser Philosophie war der Sieg bei der steirischen Landesweinkost 2002 mit dem Welschriesling. Dieser Welschriesling ist wieder von außergewöhnlicher Qualität, zeigt zart exotische Fruchtansätze und hat eine frische, lebendige Säure. Der Weißburgunder besticht durch seine Vielschichtigkeit, beim Sauvignon blanc dominieren Stachelbeeraromen. Traminer und „Zweigelt Tamberg" zeigen durch ihre feinen Geschmacksnuancen eindrucksvoll, dass der Wein hier mehr als nur ein Sache ist und es Ulrich Rupert gelingt, mit seiner Qualitätsphilosophie jedes Jahr wieder Weine von herausragender Qualität zu präsentieren.

4 ha – Welschriesling, Weißburgunder, Chardonnay, Sauvignon blanc, Traminer, Zweigelt
Vermarktungsgemeinschaft „Eruption"
Ab -Hof-Verkauf: Mo–Sa, 9–18 Uhr
Kellerführung und kommentierte Weinkost bei Voranmeldung
€ 4,30/10,–
Obstbrände, Tresterbrand

Weinbau Pock

A-8354 Straden, Karla 1
Tel/Fax: 03473/8390
E-Mail: weinbau.pock@utanet.at

„Mama, schau, die lieben Ziegen!" kann man immer wieder von Kindern hören, wenn man sich mit der Familie zum Besuch des Weinbauernhofes von Michaela und Franz Pock entschließt. Der Kinderspielplatz und die vielen Haustiere machen diesen Ausflug besonders für die Kleinen kurzweilig und zu einem unvergesslichen Erlebnis. Für die Großen bietet sich in der Zwischenzeit schon eher eine Kellerführung oder eine kommentierte Weinverkostung an. Man erfährt vom Kellermeister viel Wissenswertes über den Anbau, die Arbeit im Weingarten, die Traubenernte und das Keltern steirischer Weine, wobei auf sorten- und jahrgangsspezifische Besonderheiten eingegangen wird. Die großen Edelstahltanks der fruchtig-spritzigen Weine und die kleinen, aneinander gereihten Barriquefässer für die gehaltvollen Weine ergänzen einander im Weinkeller sehr gut. Die Ziege ist auch hier immer gegenwärtig, denn sie hat es als Markenzeichen der Familie Pock auf die Etiketten Weinflaschen geschafft. Entlang des Kammes des Karlaberges, unweit von Straden in der Oststeiermark, liegen die Weingärten des Weinbauernhofes. Auf den steilen, sonnigen Südosthängen mit ihren tiefgründigen Schwemmlandböden erreichen die Trauben eine hochwertige Reife. Kellermeister Franz Pock sieht es als oberstes Prinzip an: „Die beste Traubenqualität in die Flaschen bringen. Die Zeit zum Ver-

kosten und Genießen muss man sich nehmen!" Eine reichhaltige Sortenpalette wird bei den Degustationen am Weinhof angeboten. Bei den Weißen, die in den Stahltanks vergoren werden und reifen, gibt es nahezu das gesamte steirische Angebot. Die Auswahl des Weißburgunders zum „Österreichischen Spargelwein" ist eine Bestätigung der qualitätsorientierten Kellerarbeit von Franz Pock. Bei den Rotweinen hat der Winzer auch einen Zweigelt, der 12 Monate in den kleinen Eichenfässern reifte. Neu ist der Merlot.

6 ha – Welschriesling, Morillon, Weißburgunder, Pinot gris, Rivaner, Zweigelt, Merlot
Ab-Hof-Verkauf: nach telefonischer Vereinbarung
€ 4,-/6,50
Traubensaft
Kürbiskernöl

Weinhof Johann Tauchmann

A-8362 Söchau, Tautendorf 37
Tel/Fax: 03387/2486
E-Mail: info@weinhof-tauchmann.at
www.weinhof-tauchmann.at

Sauberkeit und persönlicher Einsatz - das ist das Motto, unter dem Johann und Christine Tauchmann in Söchau ihre Weine produzieren. Seit dem Jahr 1988 beschäftigen sich die Tauchmanns intensiv mit Weinbau, zwei Hektar Rebfläche gilt es zu bearbeiten. Konsequente Laubarbeit und eine moderne Kellerwirtschaft sind die Basis für feinfruchtige Weißweine. Der Welschriesling besticht durch viel Frucht, der Weißburgunder ist gehaltvoll. Der Chardonnay verführt durch seinen edlen Duft; er ist dezent und fein in der Nase. Der Muskateller wiederum verführt den Gaumen durch sein unvergleichliches Traubenaroma. Die Rotweine, Blauer Zweigelt und Blauburger, werden auch in Barriques ausgebaut; sie sind gehaltvoll und kräftig.
Alle diese Weine können im Rahmen einer kommentierten Degustation in dem Buschenschank ausprobiert werden.

2 ha - Welschriesling, Chardonnay, Weißburgunder, Muskateller, Blauburger, Zweigelt
Buschenschank: Jän–März, Juli–Aug, Nov–Dez, Do–So geöffnet
Ab-Hof-Verkauf: täglich, 9–18 Uhr
€ 4,50/6,-
Sektproduktion
Traubensaft, Fruchtsäfte
Obstbrände, Weinbrände, Liköre

Weingut Krispel

A-8345 Straden, Neusetz 29
Telefon: 03473/7862, Fax: -4
E-Mail: wein@krispel.at
www.krispel.at

Den elterlichen Betrieb übernahm Anton Domaschitz, ein gelernter Schlosser, im Jahr 1988. Der Quereinsteiger begann sich mehr und mehr für den Weinbau zu interessieren. Als Autodidakt erwarb er sich das notwendige Know-how für den Qualitätsweinbau. Daneben zeichnen den dynamischen Winzer Innovation und Kreativität aus. Durch konsequente Laubarbeit und Düngung ausschließlich mit Hühnermist wird die Traubenqualität positiv beeinflusst. Umgesetzt wird dieser Geist auch im hochmodernen neuen Weinkeller. Vom Architekten wurde bei der Gestaltung des Presshauses auf größtmöglichen Kontrast zum Bestand wert gelegt. Im Inneren ist es mit ausgeklügelter Technik möglich, das Umpumpen des Traubenmaterials gänzlich auszuschließen und damit den Transport noch schonender durchzuführen. Auf drei Ebenen werden die Tanks nach jedem Befüllen durch ein spezielles Kransystem für den nächsten Arbeitsschritt eine Ebene höher gehoben. Die neue Kellertechnik kam beim letzten Jahrgang erstmals voll zum Tragen. Toni Domaschitz weiß, „dass Weinbau nicht bloß Handwerk ist, sondern eine Kunstform". Und seine Kunstwerke können sich sehen lassen.
Sohn Stefan hat das Weinbau-Gen von den Eltern geerbt und besucht die Weinbauschule Silberberg.

Dass außer den gängigen Produkten im Weinsortiment einige Raritäten und besondere Kreationen angeboten werden, ist Freunden und Kennern des Weingutes nichts Neues. Die Rotwein-Cuvées „Magma", „Filius" und „Damischer Hundianer" sind darunter. Im Juni 2003 wurde die Ex-Vinierung eines Cabernet Sauvignon 1997 mit einem Fest zelebriert. Dieser vornehme, bukettreiche, harmonische Wein besticht durch erlesene Qualität und lange Haltbarkeit. Er erreichte durch die lange Lagerzeit seine bestechende Art.
Daniela Domaschitz trägt die Verantwortung für das gesamte Buschenschankteam und das „Siebenschläferhaus".
Spezialitäten vom Wollschwein wie Schinken, Specksalami, Selchwürstel und Verhackert sind neben dem weißen Kräuterspeck, dem „Neusetzer", nur einige der angebotenen Leckerbissen.

12 ha - Welschriesling, Morillon, Weißburgunder, Sauvignon blanc, Muskateller, Sämling, Zweigelt, Blauburger, Cabernet Sauvignon
Buschenschank und Ab-Hof-Verkauf: März–Nov, Do–So 15–23 Uhr
€ 4,50/11,90
Traubensaft
Neusetzer, Produkte vom Wollschwein
5 Gästezimmer, 10 Betten

Weingut Neumeister

A-8345 Straden 42
Telefon: 03473/8308, Fax: -4
E-Mail: weingut@neumeister.cc
www.neumeister.cc

„Für mich entstehen große Weine ausschließlich im Kopf und im Herzen des Winzers", meint Albert Neumeister, wenn er über Wein sinniert. Grundsätzlich hat er Recht, aber ein wenig Handarbeit und Hirnschmalz ist schon auch noch dabei. Ja, und gerade diese Betätigung der Muskeln hat zum neuen Weinkeller des Weingutes geführt. All seine Erfahrungen und Verbesserungsmöglichkeiten bei der Kellerwirtschaft sind hier eingebracht worden, um optimale Arbeitsbedingungen zu haben. Der neue Keller ist in mehreren Ebenen angeordnet, die Trauben und die Maischen werden mittels Schwerkraft bewegt, alles so schonend wie nur möglich. Von der Traubenübernahme bis zu den Gärständern ist alles in einem direkten Gefälle angeordnet, sodass in dieser Phase keine Pumpen notwendig sind. Albert Neumeister ist überzeugt, dass das sensible Wesen des Weines die innere Ruhe des Winzers, seine Erfahrung und Zuneigung braucht, um Persönlichkeit zu entwickeln und zu einem harmonischen Ganzen zu werden. Und das beweist er mit jedem neuen Jahrgang.

Im Weingut ist die ganze Familie beschäftigt, Anna Neumeister betreut die Kunden, ihr Sohn Christoph ist gemeinsam mit seinem Vater für Keller, Labor und Computer zuständig. Matthias, der Jüngere, führt mit Küchenchef Gerhard Fuchs das familieneigene Dreihauben-Restaurant „Saziani Stub'n".

Die Wurzeln des Erfolges liegen in der kleinen Gemeinde Straden. Dort bewirtschaften die Neumeisters am Fuß des Saziani-Berges 23 Hektar Weingärten in besten Lagen. Die Ried „Saziani", die schönste Südlage Stradens, mit ihrem vulkanischen Humusboden eignet sich bestens für die Sorten Welsch- und Rheinriesling sowie Pinot Gris.

Eine von einem schützenden Wald umgebene Lage ist die Ried „Moarfeitl", auf ihr gedeihen auf schweren Lehmböden würziger Sauvignon blanc und hochleganter Morillon. Die Ried „Klausen" ist eine Kessellage mit Lehm- und Lößboden, die den Sorten Sauvignon blanc, Muskateller, Weißburgunder und Blauer Zweigelt den optimalen Ausdruck verleiht.

Das Weingut Neumeister produziert zwei Linien: Etwa 85% der Weine, Welschriesling, Weißburgunder, Muskateller, Morillon und Sauvignon blanc werden als „Steirische Klassik" vinifiziert. Ihr Charakter ist frischfruchtig bei einem harmonischen Frucht-Säure-Spiel. Die Premium-Weine mit fülliger Struktur und höherem Alkoholgehalt – die Trauben werden in diesem Fall einer besonders strengen Auslese unterzogen – tragen die Bezeichung der Herkunft/Ried und Selektion. Die berühmtesten sind die „Moarfeitl"-Weine Sauvignon blanc und Morillon. Mit diesen Weinen schaffte Albert Neumeister den Sprung in die internationale Weinszene. Weißburgunder und Sauvignon blanc aus der Ried „Klausen", und der Grauburgunder „Saziani" zählen ebenfalls zu den Lagen-„Highlights".

Das außergewöhnliche Ergebnis der Vermählung dreier Rebsortenklassiker der Region (Weißburgunder, Sauvignon blanc

und Riesling) ist die Cuvée „PussPuss", ein Wein wie eine Katze, von lebhafter Natur, sehr charaktervoll, mit elegantem, kraftvollem Körper und geschmeidigem Abgang. Josef Zotter nimmt diesen Wein auch als Basis für ein außergewöhnlich verführerisches Schokoladeerlebnis.

Die „Cuvée de Merin" aus Zweigelt, Cabernet und Merlot ist alle Jahre wieder einer der besten Rotweine der Steiermark.

Die Qualität aller dieser Weine ist beeindruckend, die produzierten Mengen sind klein, die Nachfrage groß, sodass nur eine Reservierung im Ernteherbst zum Erwerb einiger Flaschen im nächsten Frühsommer führen kann.

23 ha - Lagen Klausen, Moarfeitl und Saziani: Welschriesling, Muskateller, Weißburgunder, Grauburgunder, Morillon, Traminer, Sauvignon blanc, Zweigelt, Cabernet Sauvignon, Merlot
Ab-Hof-Verkauf: Mo–Sa, 13–18 Uhr
Restaurant „Saziani Stub'n"
€ 5,45/25,55
Destillate
Zotter-Schokolade „PussPuss"

Das Schloss: dominant in der Landschaft, sichtbar von weitem, von oben den Blick freigebend auf die Kirche, Gehöfte, sonnige Weingärten, die südoststeirische Landschaft. Das Schloss: nicht kafkaesk Furcht einflößend und auf ewig verschlossen: hier offen für den Gast, den Durstigen und Hungrigen, denjenigen, der Schönheit und Freude sucht.

Weingut Winkler-Hermaden

A-8353 Kapfenstein 105
Telefon 03157/2322, Fax: -4
E-Mail: weingut@winkler-hermaden.at
www.winkler-hermaden.at

Nur wenige Kilometer von der slowenischen und ungarischen Grenze entfernt, thront das Schloss Kapfenstein über der Landschaft. Dazu gehört das Weingut von Georg Winkler-Hermaden. Dem engagierten Winzer gelingt es, jedes Jahr bei jeder Rebsorte durch einen qualitätsorientierten Rebschnitt, intensive Laubarbeit und zusätzlich noch eine rigorose Traubenausdünnung einen optimalen Reifegrad der Trauben zu erreichen.
Auf einer zum Großteil aus vulkanischem Gestein bestehenden Fläche von insgesamt 21 Hektar wachsen zehn verschiedene Rebsorten; etwa drei Fünftel ergeben herrliche Weißweine, der Rest entfällt auf die roten Rebsorten. Sowohl die Weißen als auch die Roten – in beiden Fällen natürlich nur die beste Qualität – werden auch in Barriques vergoren, wobei die Eiche aus dem hauseigenen Wald am Kapfensteiner Kogel stammt.
Das Weingut Winkler-Hermaden besteht aus zehn Rieden, wovon der Winzerkogel mit 4,8 ha die größte geschlossene Fläche ist. Die Rieden Kirchleiten, Schlosskogel, Rosenleiten, Hinteregg und die Ried an der Kapelle liegen alle auf dem steckengebliebenen Vulkankegel. Neu wurde eine Terrassenanlage unterhalb des Schlosses aufgebaut und mit Merlotstöcken bepflanzt.
Der letzte Jahrgang ergab herrliche Weine: Einen frischen Welschriesling und einen vollmundigen Weißburgunder, die beide als „Steirische Klassik" geführt werden. Der Morillon hat einen komplex-würzigen Duft und einen langen Abgang, Grauburgunder und „Sauvignon blanc Kirchleiten" bestechen durch ihre großartigen fruchtigen Duftkomponenten und gehaltvollen Aromen.
Der Blauburger und der „Caphenstein rot", ein Blauer Zweigelt, der feinfruchtig und mit viel Würze ausgestattet ist, sind die „normalen" Rotweine. Das Aushängeschild ist zweifelsohne der „Olivin". Für diesen Wein werden nur die allerbesten Zweigelttrauben verwendet. Nach einer Maischegärung im Tank wird der Wein noch für 18 Monate in oststeirischen Barriques ausgebaut. Erst fünf Jahre nach der Abfüllung erreicht der „Olivin" seine erste Trinkreife. Olivin ist die Bezeichnung für ein olivgrünes Kristallgestein, das sich im Boden der Weingärten findet. Auf diesem Boden gedeihen sowohl die Reben als auch die Eichen für die Fässer, und daraus leitet Georg Winkler-Hermaden sein Motto ab: „Grüner Kristall im Vulkangestein vereint Rebe und Eiche im Wein."
Die Liebe geht bekanntlich durch den Magen, aber auch der passende Wein tut das Seine dazu ... Im Restaurant von Schloss Kapfenstein verwöhnt Martin Winkler-Hermaden seine Gäste mit feinen steirischen Gerichten, Hühnerbrüstchen mit Blattspinat und Räucherschafskäse oder Kalbsschlögl und Rindsfilet auf Weinbrandsoße mit Polentaauflauf. Und mit dem schönsten Blick über die Oststeiermark von der Terrasse des Schlossgartens .

21 ha - Welschriesling, Morillon, Weißburgunder, Sauvignon blanc, Grauburgunder, Traminer, Zweigelt, Cabernet Sauvignon, Pinot noir, Merlot
Ab-Hof-Verkauf: Mo–Fr, 14–18 Uhr, Sa, 10–12 Uhr, 14–18 Uhr,
€ 5,–/15,–
Sektproduktion,
Traubensaft, Apfelsaft, Obstbrände
14 Zimmer, 28 Betten

Margot und Georg Winkler-Hermaden

Steirisches Fischgulasch von Karpfen und Waller

Weinhof Wippel

A-8333 Riegersburg 67
Telefon: 03153/7360, Fax: 20060
E-Mail: weinhof-wippel@utanet.at
www.weinhof-wippel.at

Gleichsam im Schatten der Riegersburg liegt der Weinhof Wippel. Im hauseigenen Buschenschank ist Bodenständigkeit „Trumpf". Gediegen eingerichtete Räume, ein Wintergarten und eine Terrasse mit einem sehnenswerten Ausblick auf einen farbenfrohen Sonnenuntergang bilden einen verzaubernden Rahmen für die Köstlichkeiten der Familie Wippel. Seit 1976 wird von ihr Weinbau betrieben, und eine Fülle an Preisen belegt die Richtigkeit des Qualitätsgedankens. Zum Beispiel: Landessieger 2001 mit Welschriesling und Landessieger 2002 mit Burgunder-Auslese. Die Grundlage für die ausgezeichneten Weine bilden die hervorragenden Lagen der Weingärten mit ihren schweren Lehm- und Sandböden. Die passenden Begleiter zu den Weinen bilden neben traditionellen Buschenschankspeisen Salat- und Sulzvariationen und diverse Käsespezialitäten.

6 ha – Welschriesling, Morillon,
Weißburgunder, Sauvignon blanc,
Muskateller, Sämling,
Blauer Zweigelt, Blauburger,
St. Laurent, Blauer Wildbacher
Buschenschank: Mai–Oktober,
Mi, Do Ruhetag
Ab-Hof-Verkauf: täglich ab 8 Uhr
€ 4,50/14,60
Sekt, Traubensaft, Fruchtsäfte

Weinhof Franz Kohl

A-8263 Groß Wilfersdorf 17
Telefon: 03385/427, Fax: 24599
E-Mail: weinhof.kohl@utanet.at
www.f-kohl.at

„Im Rebensaft liegt Zauberkraft", ist der Sinnspruch der Familie Kohl, die in Großwilfersdorf eine Rebfläche von zehn Hektar bearbeitet. Das Gut ist bereits seit Generationen im Familienbesitz. Die Philosophie von Franz Kohl klingt einfach: „Weniger ist mehr." Nur bestes Traubenmaterial wird eingebracht und in dem modernst eingerichteten Keller verarbeitet. Auf den besten Lagen (der Boden ist lehmig, die Hangneigung beträgt bis zu 50 Prozent), begünstigt durch das pannonische Klima, reift eine breite Sortenvielfalt: Welschriesling, Weißburgunder, Chardonnay, Sauvignon blanc, Zweigelt, Merlot und Blauer Wildbacher. Die Roten werden zum Teil in Barriques ausgebaut.

Zum Weingut gehört auch eine Vinothek, in der kommentierte Verkostungen abgehalten werden.

10 ha – Welschriesling, Chardonnay,
Weißburgunder, Sauvignon blanc,
Uhudler, Schilcher
Zweigelt, Merlot, Blauburger
Ab-Hof-Verkauf: täglich, 9–19 Uhr,
€ 4,50/15,–
Sektproduktion
Traubensaft, Fruchtsäfte
Destillate, Liköre

Weinhof Krachler

A-8262 Ilz, Hochenegg 13
Telefon: 03385/558, Fax: -4
E-Mail: weinhof-krachler@surfen.at

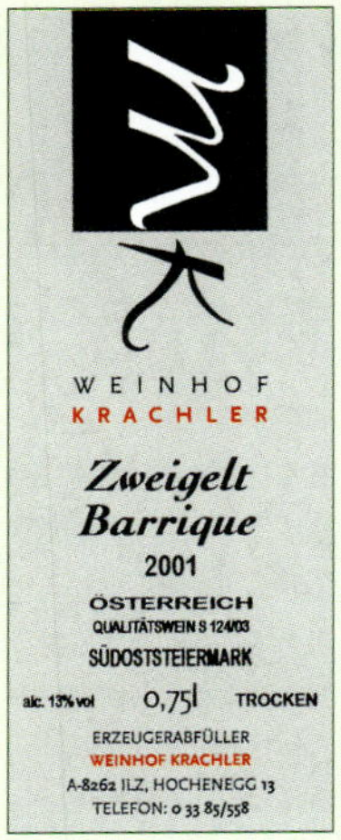

Den Weinhof Krachler – die Betonung liegt auf Wein – in Nestelbach im Ilztal, Ortsteil Hochenegg, gibt es erst seit 1981. Dort, wo früher nur Landwirtschaft betrieben worden war, setzten Max und Josefa Krachler zu Beginn 1.000 Rebstöcke aus. 1998 waren es bereits 4.000, heute bearbeitet der 1980 geborene Sohn Markus eine Fläche von fünf Hektar, hauptsächlich Südlagen. In Silberberg hat er die Prüfung zum Weinbaumeister abgelegt, zudem zahlreiche Kurse besucht – jetzt gibt der engagierte Oststeirer auf allen Linien Gas. Sein Ziel ist es, sortentypische Weine zu keltern, wobei er – je nach Jahrgang – Rote wie auch Weiße in Barriques ausbaut. Zum letzten Jahrgang meint er: „Dieser Jahrgang überrascht mit seiner Ausdruckskraft, die ein perfekter Herbst ermöglicht hat. Die Palette der Weißweine reicht von leicht bis kräftig. Die Rotweine sind intensiv in der Farbe; sie sind dicht, mit einer wunderbar eingebundenen Tanninstruktur."

Noch eines ist dem Winzer, der auch eine Buschenschenk betreibt, besonders wichtig: „Ob es um die Ernte der Trauben oder die Kellerwirtschaft geht, alles soll in einem harmonischen, familiären Rahmen passieren. Wenn ein Kunde zu uns kommt, wird er stets wie ein guter Bekannter behandelt, damit er sich wohlfühlt."

Angeboten werden Welschriesling, Rivaner, Pinot blanc (aus dem auch der Junker gekeltert wird), Chardonnay, Sauvignon blanc sowie Blauer Zweigelt, Blauer Wildbacher und, seit dem Jahrgang 2001, eine Sorte, die Markus Krachler als Herausforderung einfach gebraucht hat: Cabernet Sauvignon. Als Aushängeschild des Betriebes hat Markus Krachler sein ganzes Know-how in zwei ganz besondere Weine gelegt. Der eine heißt „Image", ein in Allier-Eiche ausgebauter Pinot blanc. Den anderen hat der Winzer einfach, aber unmissverständlich „Prestige" getauft: „Das ist eine, wie ich meine, gelungene Cuvée aus 50 Prozent Blauem Zweigelt, 25 Prozent Blauem Wildbacher und 25 Prozent Cabernet Sauvignon." Verkosten kann man alles das in der Buschenschenke. Markus Krachler: „Wir bieten zu den Weinen natürlich auch steirische Spezialitäten an. Zudem gibt es bei uns auch eine leichte Küche, die der Fitnesswelle entspricht."

5 ha - Welschriesling, Rivaner, Pinot blanc, Chardonnay, Sauvignon blanc, Muskateller, Zweigelt, Blauer Wildbacher, Cabernet Sauvignon
Buschenschank: März–Mai, August–Dez, Di, Mi Ruhetag
Ab-Hof-Verkauf: 8–19 Uhr
€ 4,40/7,20
Traubensaft, Fruchtsäfte

Weingut Hutter

A-8330 Feldbach, Reiting 2
Telefon: 03152/4422, Fax:-4
E-Mail: franz@hutter-wein.at
www.hutter-wein.at

Ehrgeizig, zielstrebig und dynamisch – diese Eigenschaften beschreiben den Weinbauern Franz Hutter, der in Reiting bei Feldbach rund 7 Hektar eigener Rebflächen bewirtschaftet. Es gedeiht eine Vielfalt von Rebsorten. Welschriesling, Weißburgunder, Morillon, Muskateller und Sauvignon blanc stehen im Ertrag. Die unterschiedlichen Bodenstrukturen sind auch für den Anbau von Rotweintrauben bestens geeignet. Von Sand bis Schotter und lehmigen Gemischen ist alles vorhanden. Zweigelt, Blauburger, Cabernet Sauvignon und auch ein Shiraz sind ausgepflanzt. Für die Rotweine hat Franz Hutter eine besondere Hand, die Palette reicht von einem fruchtbetonten Zweigelt bis zum kräftigen Cabernet Sauvignon, der auch in Barriques ausgebaut wurde. An Feinbränden wird eine überaus gediegene und reichhaltige Auswahl angeboten.

7 ha - Welschriesling, Rivaner, Weißburgunder, Morillon, Traminer, Sauvignon blanc, Muskateller, Schilcher, Blauburger, Zweigelt, Cabernet Sauvignon, Shiraz
Buschenschank: Mitte März–Mitte Juni, Mitte Aug–Mitte Nov, Do–Sa
Ab-Hof-Verkauf: ganzjährig, täglich
€ 4,20/10,50
Traubensaft, Apfelsaft, Obstbrände

Weingut Stocker Johann

A-8280 Fürstenfeld, Übersbach 64
Tel/Fax: 03382/53600

Seit über 100 Jahren hat der Weinbau im Hause Stocker bereits Tradition. 1897 erwarb der Großvater des heutigen Besitzers, Franz Stocker seine ersten Weingärten. Aus dieser Zeit stammt auch die Vorliebe für den steirischsten aller Weine, den Blauen Wildbacher, der auch heute noch hier auf dem Weingut kultiviert wird. Der Großvater legte aber nicht nur den Grundstein für die heutigen Weingärten, er baute auch die ehemalige Handwerkerkeusche im Lauf der Zeit zu einem imposanten Vierseithof um, der im Jahre 1983 vollständig renoviert wurde und sogar einen Preis dafür bekam. Der Vater des heutigen Besitzers vertiefte das Wissen um den Weinbau und wurde 1955 zum Obmann der oststeirischen Weinbaugemeinde Fehring gewählt und war in dieser Funktion lange und erfolgreich tätig. Nach seinem Ableben übernahmen Johann

und Theresia Stocker den Weinbaubetrieb und führten die Weine des Weingutes Stocker seitdem bei vielen Weinbewertungen zu Spitzenplatzierungen. Tatkräftig in ihrer Arbeit unterstützt werden sie dabei von Sohn Hans und Schwiegertochter Helga. Die Weinbauphilosophie von Johann Stocker ist es, die sortentypischen Geschmackskomponenten der Weine voll zur Geltung zu bringen und damit charakterstarke Weine zu produzieren. Die Voraussetzung dafür liegt natürlich im Weingarten bei den Trauben. Optimaler Reifegrad und damit auch gesundes Traubengut sind Grundstock für hervorragende Weine. Das Jahr 2002 brachte dies, war aber fast eine Spur zu trocken, was besonders die jungen Rebstöcke zu spüren bekamen. Im grossen und ganzen zeigt sich Johann Stocker aber mit der Qualität sehr zufrieden und der Weinfreund, der sich bei einer kommentierten Verkostung davon überzeugen möchte, kann das nach Voranmeldung ganzjährig tun.

2 ha – Welschriesling, Ruländer, Weißburgunder, Sauvignon blanc, Morillon,
Blauer Zweigelt, Blauer Wildbacher

Ab-Hof-Verkauf: ganztägig
€ 4,-/7,-

Weinbau Frühwirth

A-8354 St. Anna /Aigen, Klapping
Tel/Fax: 03158/2255
E-Mail: weinbau.fruehwirth@utanet.at
www.weinbau-fruehwirth.com

Im Südosten der Steiermark mit ihren für diese Gegend charakteristischen Hügeln liegt der Weinbauernhof Frühwirth. Die steilen Hänge mit ihren geometrisch gezogenen Rebstockzeilen strömen auf den Besucher wie Meereswellen ein und rufen nicht zuletzt auch durch das fast schon mediterrane Klima und die Vegetation ganz bewusst Assoziationen zur Toskana hervor. Der Winzer baut hier auf 5 ha Weingartenfläche die klassischen weißen Sorten und den für diesen Teil der Steiermark typischen Traminer, der hier, auf den Vulkanhügeln, sein unverwechselbares Rosenbukett erreicht, an. Blauer Zweigelt und Blauburger erlangen hier sehr gute Qualitäten. Dass die exzellenten Weine dieser Region die Inspiration fördern können, haben Manfred Frühwirth und drei weitere Winzer mit der Gründung der „St. Annarer" gezeigt. Diese Vereinigung hat sich Gastlichkeit, Unternehmungslust und für die Gäste die Möglichkeit, Urlaub in familiengerechtem Sinn zu bieten, zum Ziel gesetzt.
Also kommen, genießen und sich wohlfühlen.

5 ha –Ried Aunberg, Ried Annaberg:
Welschriesling, Weißburgunder, Sauvignon blanc, Chardonnay,
Blauburger, Blauer Zweigelt
Urlaub am Weinbauernhof (UaB)
Ab -Hof-Verkauf nach Voranmeldung
€ 4,-/11,-
Süßweine, Traubensaft
Destillate, Obstbrände
5 Gästezimmer, 10 Betten

Buschenschank Familie Gölles

A-8361 Hatzendorf, Kirchenegg 44a
Tel/Fax: 03155/3823
E-Mail: goelles@buschenschank.at

In der Nähe der Riegersburg liegt das Weingut der Familie Gölles. Franz Gölles übernahm den Betrieb 1990 und hat die Weingärten auf 6 ha Rebfläche vergrößert. Das Credo des Franz Gölles erscheint einfach: „Nur aus besten Trauben können sehr gute Weine gekeltert werden." Was so unkompliziert klingt, braucht viel Erfahrung und Wissen, hat aber auch mit viel Weingartenarbeit und Rebpflege zu tun. Und das ist bei den steilen Hängen mit Neigungen bis zu 52% keine leichte Aufgabe. Dass diese Weinbauphilosophie Früchte trägt und viel Qualität in die Flasche bringt, beweisen diverse Prämierungen (Gold) bei Landesweinbewertungen. Auf die zukünftigen Weine, deren Rebstöcke heute erst als Junganlage bestehen, darf man sicher gespannt sein. Die Weine des letzten Jahrganges sind für Gölles schon sehr reif, insbesondere die Weißweine sind fruchtbetont, zeigen Frische und ein angenehmes Säurespiel. Überzeugen kann man sich davon im Buschenschank, besonders beliebt sind die kommentierten Verkostungen im großen und kühlen Gewölbekeller der Familie Gölles.

6 ha – Welschriesling, Chardonnay, Weißburgunder, Sauvignon blanc, Rivaner, Rheinriesling, Blauer Zweigelt, St. Laurent
Buschenschank: geöffnet März-April, Juni, August-September
Ab-Hof-Verkauf: 9–18 Uhr
€ 4,-/7,30
Traubensaft, Fruchtsäfte
Obstbrände

Weinbau Harald Stocker

A-8352 Unterlamm, Oberlamm 43
Telefon: 03155/8180, Fax: 8600

Mehrere Generationen der Familie Stocker haben auf dem Frauenberg in Unterlamm schon Weinbau betrieben. Unmittelbar südöstlich des Hofareals befinden sich die Weingärten an der Thermenland-Weinstraße. Das vulkanische Gestein bietet einen idealen Boden für edle Weine. Durch den Zukauf von Trauben steht eine Gesamtertragsfläche von 5 ha zur Verfügung.
Harald Stocker hat den Betrieb nach fundierter Ausbildung von den Eltern übernommen. Da sein Wissensdurst mit dem Abschluss von Silberberg noch nicht gestillt war, maturierte er in Klosterneuburg, bevor er sich in die Praxis stürzte. Bei mehreren Betrieben sammelte er praktische Erfahrung und war im Bezirk Leibnitz auch als Weinbauberater tätig. Nun kehrte er in den Familienbetrieb zurück und begann sein umfangreiches Fachwissen im eigenen Weinhof umzusetzen. Hochwertige Weine sind das Ergebnis. Mit allen regional gängigen Weinsorten kann das Weingut aufwarten. 2001 konnte ein extraktreicher und sehr aromatischer Welschriesling-Eiswein gelesen werden.

5 ha - Welschriesling, Weißburgunder, Morillon, Sauvignon blanc, Muskateller, Müller-Thurgau, Sämling
Buschenschank: Mai-Ende August Do-Sa geöffnet
€ 5,-/20,-
Sektproduktion
Traubensaft, Fruchtsäfte
Rotweinessig

Weingut Schmallegger

8230 Hartberg, Ring 178
Tel/Fax: 03332/61856
E-Mail: weinbau.schmallegger@gmx.at
www.weinbau-schmallegger.at

In der Oststeiermark hatte fast jeder Hof aus Tradition seinen eigenen kleinen Weingarten. Hier liegt das Weingut von Wolfgang Schmallegger. Ab 1989 begann er mit dem Aufbau eines Weinbaubetriebes und entschloss sich 1995, auf biologischen Weinbau umzustellen. Seine Weingärten erstrecken sich über den Südhang des Ringkogels, der weithin sichtbar die Umgebung der Stadt Hartberg prägt. Lehmiger Sandboden und Hangneigungen bis 50% schaffen günstige Bedingungen für den Weinbau. Mit seiner Weinbauphilosophie: „Weniger Trauben am Stock ist mehr Sonne im Wein", verfolgt Wolfgang Schmallegger konsequent seine Linie. Trotz der relativ geringen Mengen finden im Weinkeller Stahltanks und Holzfässer, aber auch Barriques Verwendung. Harmonische Weine mit schöner Frucht und fein eingebundener Säure sind das wesentliche Merkmal seiner Linie.
Der angeschlossene Buschenschank überzeugt seine Gäste mit den hausgemachten Speisen und vor allem durch ein reichhaltiges Käseangebot zu den Weinen.

2,2 ha – Welschriesling, Weißburgunder, Zweigelt
Buschenschank: im Mai und September täglich,
Ab-Hof-Verkauf: nach telefonischer Voranmeldung

€ 4,70/7,-
Destillate

Die älteste Eiche Mitteleuropas wächst bei Fürstenfeld. Ihr Alter wird auf über 1.000 Jahre geschätzt

Weingut Pilz

A-8265 Großsteinbach, Gschmaier 112
Tel/Fax: 03386/8280

Das Anwesen Pilz im Ortsteil Gschmaier der Gemeinde Gersdorf an der Feistritz ist bereits seit dem Jahre 1796 im Familienbesitz. Doch bis zur Mitte der 80er-Jahre wurde hier nur Obstbau betrieben. Das sollte sich ändern. Heribert Pilz, der seinen Eltern half, zudem als Lehrling im Hotel „Steirerhof" in Graz arbeitete, beschäftigte sich von Tag zu Tag immer mehr mit dem Weinbau. Er besuchte die Weinbauschule in Klosterneuburg und abends zahlreiche Kurse. Ein Obstbauberater unterstützte ihn, indem er empfahl, auf einem bestimmten Hang Reben zu pflanzen. Heute umfasst die Anbaufläche sechs Hektar. Heribert Pilz ist der Kellermeister, wobei er tatkräftig von seinem 1981 geborenen Neffen Georg unterstützt wird. Beide betreuen die aus sandigem Lehm und Schotter bestehenden Rieden Antlaberg und Lichtenegg (die Hangneigung beträgt zwischen zehn und 25 Prozent), wo, begünstigt durch pannonisches Klima, die Trauben prächtig gedeihen. Ziel der Winzer ist es, trocken und fruchtig auszubauen. Der Jahrgang 2003 war für sie ideal - die Weißweine sind fruchtig und weisen eine pikante Säure auf. Die Roten präsentieren sich dunkel und gehaltvoll.

Als Hauptsorten werden angeboten: Ein fruchtiger Welschriesling, der im Abgang eine zarte Zitrusnote hat; ein extraktvoller Morillon, ein „nussiger" Weißburgunder und ein Sauvignon blanc. Die Rotweine – Blauer Zweigelt und Merlot – werden in Barriques ausgebaut, ein Aushängeschild des Betriebes ist die Cuvée „Antlaberg".

Zwei weitere Produkte sollen die Sinne anregen und die Stimmung in Schwung bringen. Zum einen machen Onkel und Neffe einen frischen, fruchtigen, prickelnden Sekt sowie auch einen Frizzante, zum anderen keltern sie aus der Müller-Thurgau-Rebe einen schmackhaften Junker, der im November erstmals den neuen Jahrgang am Gaumen widerspiegelt.

6 ha - Welschriesling, Weißburgunder, Morillon, Sauvignon blanc, Zweigelt, Merlot
Ab-Hof-Verkauf: Mo–Sa, 9–19 Uhr,
€ 4,-/7,50
Winzersekt, Frizzante
Traubensaft, Apfelsaft
Weinbrände

Weinhof Johann Lang

A-8222 St. Johann b. Herberstein,
Hoferberg 27
Telefon: 03113/8560, Fax: -4
E-Mail: lang.johann@aon.at
www.langwein.at

Seit der Römerzeit wird hier bereits Weinbau betrieben und urkundlich wurden im 14. Jh. die ersten Weinbauern erwähnt. Seit 1850 wird der Name Lang auf dem Weinhof geführt. Johann und Irmtraud Lang bewirtschaften 4 ha Rebfläche, die überwiegend Urgesteinsverwitterungsböden aufweisen. Der Qualitätsansatz liegt für Johann Lang im Weingarten bei Laubarbeit und Mengenreduzierung, bei der Vinifizierung ist Sauberkeit oberstes Gebot. Vergoren wird temperaturgeregelt im Stahltank, die Rotweine reifen in Barriques weiter. Diese konsequente Weinbauphilosophie bringt jedes Jahr feinfruchtige Weine mit gut eingebundener und milder Säure. Bei den 2003er Weinen kommt die Frucht besonders schön zur Geltung, Besonderheiten sind Weißburgunder und Morillon und die Cuvée „Harmonie" aus Rivaner, Morillon und Weißburgunder. Nicht nur die Weine, sondern auch die hochwertigen Essige lohnen einen Besuch bei der Familie Lang, und für das leibliche Wohl ist mit einer urtypischen Jause allemal gesorgt.

4 ha – Welschriesling, Morillon, Weißburgunder, Rivaner, Sämling, Zweigelt, Blauer Wildbacher, Merlot
Buschenschank: 1.1.-27.2.,10.3-30.8. und 20.9.-31.12.,
Sonn- Feiertag ab 14 Uhr, Mi Ruhetag
€ 5,-/10,-
Traubensaft, Fruchtsäfte, Essig
Obstbrände, Weinbrände, Liköre
2 Gästezimmer, 4 Betten, 4 FW

Weingut Wolfgang Lang

A-8222 St. Johann b. Herberstein,
Hoferberg 27
Telefon: 0664-1135156, Fax: 03113/8560-4
E-Mail: lang.wolfgang@aon.at

Unweit des Schlosses Herberstein mit dem reizvollen Tierpark liegt das Weingut der Familie Lang. Der Eigentümer des Weinbaubetriebes, Wolfgang Lang, war 8 Jahre Kellermeister im Schloss Herberstein, bevor er und seine Gattin Andrea im Jahre 2001 diese Weingärten gepachtet haben. Sie bewirtschaften seitdem 6 ha Rebfläche und bieten ein breites Spektrum an Weiß- und Rotweinen. Auf den steilen Hängen mit den Lagen Buchberg und Kaibingberg gedeihen die Trauben. Wolfgang Lang verwendet zum Gären Edelstahltanks und zur Reifung der Weine teilweise auch Barriques. Das letzte Weinjahr brachte vor allem fruchtige, gehaltvolle Weißweine mit ausreichendem Körper. Bei den Rotweinen sticht die Schlosscuvée hervor. Der Blauburger erreichte bei der Landesweinbewertung 2002 einen ausgezeichneten Platz, und es wird Wolfgang Lang sicher gelingen, an die internationalen Erfolge, welche die Herberstein'schen Weine in der Vergangenheit erzielt haben, anzuschließen.

6 ha – Welschriesling, Rheinriesling, Müller-Thurgau, Weißburgunder, Sauvignon blanc, Zweigelt, Blauer Wildbacher, Blauburger.
Buschenschank und Ab-Hof-Verkauf: täglich, Mi Ruhetag
€ 4,80/10,50
Sektproduktion
Fruchtsäfte
Obstbrände, Weinbrände

Weinbaumeister
Karl Breitenberger

A-8221 Kaibing 71
Tel/Fax: 03113/8771
E-Mail: karl@breitenbergerwein.at
www.breitenbergerwein.at

Ein Besucher im Weingut Breitenberger in Kaibing traf mit einem Satz den Nagel auf den Kopf: „Ein Winzer, der keinen guten Welschriesling zusammen bringt, hat auch sonst keine guten Weine." „Da hat er vollkommen Recht", meint Karl Breitenberger, der sich selbst einer kompromisslosen Qualitätsproduktion verschrieben hat: „Ich mache saubere und typisch oststeirische, also etwas festere und kräftigere Weine."
Die „Weißen" sind Karls Stärke. Der Einstiegswein, sozusagen, ist die „Steirerleitn": eine Cuvée aus Sauvignon blanc und Weißburgunder; wesentlich kräftiger ist dann schon die „Sunnseitn" - ein Verschnitt der Rebsorten Sauvignon blanc, Weißburgunder und Ruländer; ein duftig-frischer Mischsatz, passt als Essensbegleiter hervorragend zu einem mehrgängigen Menü. Die drei „KB"-Weine (kann als Kaibingberg oder Karl Breitenberger gedeutet werden) Sauvignon blanc, Ruländer und Gewürztraminer zeigen sich hochreif, dicht und fruchtbetont. Vom Sauvignon blanc gibt es auch zwei Ausbauarten, der „KB" präsentiert sich würzig, grasig und lebendig. Ein besonderes Gustostückerl stellt zweifelsohne der

„Gewürztraminer KB" dar, der mit seiner Jungfernernte fruchtbetont und körperreich durch seine würzige Säure lange am Gaumen bleibt.
Der „normale" Riesling wiederum verfügt über eine rassige und elegante Struktur.
Zu seinen Rotweinen hat Karl eine spezielle Beziehung. Schon vor einigen Jahren begann er als oststeirischer Patriot für seinen Zweigelt regionales Eichenholz zu Kleinfässern binden zu lassen. Erst war es nur ein Versuch, doch nach einigen Jahrgängen stand fest, dass sich unsere Eiche sehr wohl für den Rotweinausbau eignet. Der Zweigelt Barrique 2001 – er wurde 13 Monate in den kleinen Fässern ausgebaut, ist vollmundig, kräftig und samtig.
Wer diese und andere Weine verkosten will, dem steht dafür auch die urig eingerichtete Buschenschenke mit vielen Hausspezialitäten zur Verfügung.

3 ha – Welschriesling, Sämling, Weißburgunder, Sauvignon blanc, Riesling, Morillon, Gewürztraminer, Zweigelt
Buschenschank: Ostersonntag–Ende Nov, Di Ruhetag
€ 3,50/10,–
Fruchtsäfte,
Obstbrände, Destillate, Weinbrände
Honig, Kernöl, Dinkel

Gsellmanns Weltmaschine in Edelsbach bei Feldbach

Weinhof Deutsch

A-8160 Weiz, Untergreith 46
Telefon: 03172/38266, Fax: -4
E-Mail: weinhof-deutsch@utanet.at

Engelbert Deutsch aus Weiz-Untergreith, Jahrgang 1960, ist gelernter Schlosser und zugleich ein Quereinsteiger. Als seine Ehefrau Ingrid 1985 die elterliche Landwirtschaft übernahm, beschlossen beide, mit dem Weinbau zu beginnen. Am Anfang wurden an die 300 Rebstöcke angepflanzt, heute umfasst die Anbaufläche drei Hektar .
Engelbert Deutsch hat zahlreiche Seminare besucht und, wie er sagt, mit vielen erfahrenen Weinbauern gesprochen. So bekam er das Know-how, ehrliche, sortentypische Weine zu keltern. Hauptsorten sind Weißburgunder, Welschriesling, Morillon und Blauer Zweigelt, aber da gibt es noch eine in der Steiermark einzigartige Besonderheit. In Zusammenarbeit mit der Fachschule Haidegg wurden im Rahmen einer Versuchsanlage 350 Rebstöcke der Weißweinsorte Johanniter ausgepflanzt. Besagte Rebsorte, für die man keinen Pflanzenschutz benötigt, stammt aus Deutschland, ist eine Kreuzung aus Rheinriesling und Grauem Burgunder. Im Geschmack ist sie sehr fruchtig, weshalb sie auch zu den Lieblingssorten von Ingrid Deutsch gehört: „Daneben mag ich natürlich auch unseren Weißburgunder sehr gerne, den Chardonnay und die Scheurebe. Wichtig in jedem Fall ist nur, dass der Wein sauber und fruchtbetont vinifiziert wurde." Auf diesem Gebiet kennt sich ihr Ehemann Engelbert, der Kellermeister, mittlerweile sehr gut aus. Den Schlosserberuf kann er klarerweise nicht mehr ausüben, zu intensiv ist die Arbeit im heimischen Betrieb. Als Belohnung für seine Mühe hat er nur zufriedene Kunden und zudem die Bestätigung, einen Beitrag zu leisten, um den Bezirk Weiz in Sachen Weinbau bekannt zu machen. Gute Bewertungen bei der Landesweinkost verstärken die Zufriedenheit. Dem Betrieb ist eine Buschenschenke angeschlossen, in der unter anderem Käse- und Kürbisspezialitäten angeboten werden.

3 ha - Welschriesling, Morillon, Weißburgunder, Johanniter, Blauer Zweigelt
Buschenschank: Do, Fr, Sa geöffnet
Ab-Hof-Verkauf: Mo–Sa
Kellerführungen und kommentierte Weinkost bei Voranmeldung
€ 4,40/12,–
Obstbrände, Weinbrände

Weingut Maurer am Hohenberg

A-8200 Gleisdorf, Hohenberg 34
Telefon: 03112/2005, Fax: -4
E-Mail: maurer-am-hohenberg@netway.at

Die Spezialisierung zu einem reinen Weinbaubetrieb wurde von der Familie am Hohenberg vor 100 Jahren vollzogen. Aus einem gemischten landwirtschaftlichen Betrieb entwickelte sich das Weingut. Schon der Urgroßvater des heutigen Eigentümers, Franz Maurer, bewirtete Gäste in einer Gutsausschank auf dem sanften Hügel mit schöner Aussicht in der Nähe von Gleisdorf. Der in Klosterneuburg ausgebildete Önologe Ing. Josef Maurer bewirtschaftet mit seiner Gattin Erna das Gut. Hoffnungsträger für die Zukunft sind die beiden Söhne: Raphael, der schon mitten in der Ausbildung zum Winzer steht, und David.
In den Lagen Hohenberg und Kirchweg besitzt die Familie nach kontinuierlicher Erweiterung der Rebflächen jetzt 8,5 ha Gesamtanbaufläche. Auf dem leichten, warmen und sandigen, von Lehm durchsetzten Boden gedeiht ein Sortenspiegel aus 70% Weißweinen und 30% Rotweinen. Das Terroir ermöglicht in diesem Gebiet eine große Zahl unterschiedlicher Spitzenweine anzupflanzen. Der kulturelle und historische Bezug der Rebsorten zu dem Weinberg bzw. zu den Lagen ist dabei ein mitentscheidender Faktor, wie auch die dadurch bedingten Traditionen des Ausbaues. Dem Winzer gelingt es zwischen den verschiedenen Faktoren die notwendige Harmonie herzustellen und in seinem Wein auszubauen und zu erhalten. Beim Ausbau der Weine wird bei einer derart reichen Sortenvielfalt mit unterschiedlichen Gärsystemen gearbeitet, wobei die Kombinationen von Stahltank und Holzfass auf den einzelnen Weintyp optimal

abgestimmt werden. Eine Cuvée, „Donatus Barrique“, aus Blauem Zweigelt, Blauburger und Blauem Wildbacher, die in französischen Eichenfässern ausgebaut wurde, zählt zu den Köstlichkeiten des Weingutes und ragt aus der Sortenpalette heraus. Der aus der Mitte des 17. Jahrhunderts stammende Gewölbekeller wurde als Verkostungs- und Schaukeller ausgebaut.

Erna Maurer, die Chefin des Hauses, betreut die Kunden im Verkauf und die Gäste des Buschenschanks, wo man von der rustikalen Jause bis zu ländlichen Schmankerln hauseigene Produkte bekommt. „Zu jedem Happen den passenden Schluck“ ist die Philosophie, nach der man in der Gaststube und in der Laube Gäste verwöhnen möchte.

Eine Auswahl an Fruchtsäften, Schnäpsen und Likören gehört zum Angebot des Hauses und kann im Buschenschank mit den Weinen verkostet werden.

8,5 ha - Welschriesling, Chardonnay, Weißburgunder, Sauvignon blanc, Scheurebe, Müller-Thurgau, Gewürztraminer, Schilcher Blauer Zweigelt, Blauburger
Buschenschank und Ab-Hof-Verkauf: täglich 8-19 Uhr, So, Mo Ruhetag
€ 4,-/9,50
Traubensaft, Fruchtsäfte
Obstbrände, Liköre

Weingut Pregartner

A-8200 Gleisdorf, Wolfgruben 73
Telefon: 03112/3597-0, Fax: -22
E-Mail: weinhof@pregartner.com
www.pregartner.com

Die oststeirische Römerweinstraße zeugt von der viele Jahrhunderte alten Geschichte des Weinbaues entlang der Linie Gleisdorf-Hartberg-Bad Waltersdorf. Gemeinsam mit den Römern hielt die Weinkultur Einzug in diesem Gebiet. Heute gedeiht der Wein in oasenartigen Bergrieden des abwechslungsreichen Hügellandes.

Nach dem 2. Weltkrieg erstanden Maria und Alois Pregartner sen. die Landwirtschaft. Vorerst versuchten sie es mit Obstbau. Äpfel, Pfirsiche und schwarze Ribisel sollten den Lebensunterhalt sichern, bevor sie vor 35 Jahren die ersten Rebstöcke anpflanzten. Ehe sie den Hof an ihren Neffen Alois übergaben, war der Grundstein für den heutigen Weinbaubetrieb gelegt.

Marianne und Alois Pregartner bewirtschaften nun mit Sohn Andreas in einer Südwest-Kessellage rund 4 Hektar Weingärten. Für die Familie ist edler Wein Muße und Genuss. Der Konsument spürt bei jedem Schluck, wie die Winzer ihre Weinbauphilosophie in ihren Produkten umsetzen. Während sich der Vater mit Weißweinen beschäftigt, vinifiziert Andreas, der die Fachschule Silberberg mit Erfolg absolvierte, die Rotweine des Weinhofes. Sein Blauer Zweigelt brachte ihm die Auszeichnung „Jungwinzer 2003“ ein. Das Marketing und die Präsentationen des Weingutes fallen ebenfalls in sein Aufgabengebiet.

Alois Pregartners Liebkind ist der Weißburgunder. Er, der sich selbst als Praktiker bezeichnet, baut ihn, wie alle seine Weißweine, klassisch-steirisch aus. Prämierungen bei der steirischen Landesweinbewertung und im „Salon österreichischer Wein“ sind Ausdruck der hohen Qualität der Weine. Im neu gestalteten, mehr als 200 Jahre alten Gewölbekeller sollte man sich eine Verkostung und Führung nicht entgehen lassen. Der 2003er wurde wieder ein ganz ausgezeichneter Jahrgang und wird den hohen Ansprüchen des Kellermeisters gerecht.

Marianne Pregartner, die ihr Hobby, die kunstvolle Bemalung von Flaschen für Weine, Edelbrände, Liköre und Weinessig im Verkauf gut nutzen kann, liefert damit nette Geschenkideen für verschiedene Anlässe und diverse Einladungen. Zusätzlich ist sie Ansprechpartnerin der Gäste ihres Angebotes „Urlaub am Bauernhof“. Mit der Bezeichnung „Haus Weißburgunder“ für die Ferienwohnungen wird die Bedeutung dieser Weinsorte am Hof zusätzlich unterstrichen, obwohl sich die Sortenpalette durchaus sehen lassen kann. Von fruchtig-frischen bis zu gehaltvollen, körperreichen Weinen spannt sich der Bogen des Angebots.

4 ha - Welschriesling, Morillon, Weißburgunder, Ruländer, Traminer,Müller-Thurgau, Blauburger, Zweigelt
Ab-Hof-Verkauf: täglich, So Ruhetag
Kellerführung und kommentierte Weinkost nach Voranmeldung
€ 4,-/9,50
Fruchtsäfte, Weinessig
Obstbrände, Weinbrände, Liköre

Wirtshäuser, Restaurants und Sehenswürdigkeiten

Gsellmanns Weltmaschine *Die Reifekammer der Vulcano-Schinkenmanufaktur* *Josef Zotters Schokoladen* *Neusetzer Speck*

Edelsbach bei Feldbach

Gsellmanns Weltmaschine

ist mittlerweile weltweit bekannt. Der Edelsbacher Bauer arbeitete über 23 Jahre unermüdlich an seiner Weltmaschine. Alles dreht sich, alles bewegt sich, alles leuchtet und blinkt. Es klingelt und rasselt, läutet und pfeift. Die Maschine lebt.
Öffnungszeiten: ganzjährig,
täglich 9–18 Uhr. Di Ruhetag
8332 Edelsbach, Kaag
Tel: +43 (0)31 15-29 83
www.weltmaschine.at
E-Mail: office@weltmaschine.at

8330 Feldbach

Vulcano-Schinkenmanufaktur

Die Bauern Herbert Ehrenhöfer, Markus Fuchs, Franz Habel, Hannes Stocker und der Fleischermeister Josef Lafer haben sich zur „Vulcano" Fleischwarenmanufaktur zusammengeschlossen. „So sanft wie die oststeirischen Hügel sind, so sanft würzen wir unsere Produkte." Die Schweine werden speziell gefüttert, die weitere individuelle Veredelung in Manufakturarbeit und die sanfte Würzung – das macht die herausragende Qualität des Vulcano - Schinkens oder der berühmten Kürbiskernwurst aus.
A-8330 Feldbach, Auersbach 26
Tel: +43 (0) 3114-21 51, Fax: -21
www.vulcano.at
E-Mail: mail@vulcano.at

8333 Riegersburg

Die Riegersburg

steht als eindrucksvolles Wahrzeichen auf einem 482 Meter hohen Vulkanberg mit steilen Abbrüchen. Die Anlage umfasst 15 Hektar, besteht aus 11 Basteien, 5 Torgebäuden und ungefähr 3 Kilometern Wehrmauern. Die Burg selbst birgt 108 Räume. Die Prunksäle, das Hexenmuseum im Kellergeschoss und eine Sonderausstellung über „Legendäre Frauen" laden ein.
Öffnungszeiten: April bis Ende Oktober, tägl. 9–17 Uhr, Lift tägl. 9–18 Uhr.
Prinz Liechtenstein'sche Gutsverwaltung,
A-8333 Riegersburg
Tel: +43 (0)31 53-83 46, Fax: 74 38
www.veste-riegersburg.at
E-Mail: veste-riegersburg@aon.at

Restaurant Fink

Im Restaurant Fink wird sowohl eine kreativ-steirische als auch österreichische Küche mit internationalen Zutaten kombiniert. Eine ausgewählt breite Weinkarte erwartet die Gäste.
Spezialitäten: Erdäpfelstrudel mit Schwammerlsauce, Wiesenlammrücken mit grünen Bohnen, Paprikapolenta und Rosmarinsafterl, Zanderfilet auf Erdäpfel-Bohnen-Pilzgröstl, Saiblingstrudel mit Blattsalaten, Mostrostbraten.
Geöffnet: Fr–Mi, 11–14.30 Uhr, 18–21 Uhr, So, 11–20 Uhr.
A-8333 Riegersburg 29
Tel: +43 (0)31 53-82 16, Fax: 73 57

Alois Gölles – Schnapsbrennerei und Essigmanufaktur

Was in den Gärten an Früchten reift, das erfährt in der Schnapsbrennerei und Essigmanufaktur von Alois Gölles eine Verdichtung bis zur Quintessenz. Nach traditioneller Art wird das Obst destilliert. Elegante Fruchtessige lagern in hunderten Eichenfässern bis zur optimalen Reife – vom Apfelessig bis zum Balsamessig, der so gut zu herbstlichen Salaten passt.
A-8333 Riegersburg, Stang 52
Tel: +43 (0)31 53-75 55, Fax: -30
Öffnungszeiten: Mo–Sa, 10–12 Uhr und 13–17 Uhr
www.goelles.at, E-Mail: obst@goelles.at

Zotter Schokoladen-Manufaktur

Handgeschöpft und in kleinen Serien gefertigt sind die köstlichen Schokoladen von Sepp Zotter, Österreichs renommiertestem Chocolatier. Das ganze Spektrum betörender Schokoladenaromen wird in der Manufaktur fachgerecht in Form gegossen, von schmelzend-süß bis kraftvoll-bitter. Von einer unüberschaubaren Vielfalt ist die Kollektion kreativer Schokoladen und vielfach mit dem Bezug zum Steirischen ausgestattet. Schilcher-, Trester- oder Kürbiskernschokolade beispielsweise – das ist gelebte Liebe zu den heimischen Produkten.
Öffnungszeiten SchokoLaden:
Ende August bis Mitte Juni
Mo–Fr, 8–12 Uhr und 13–18 Uhr.
A-8333 Riegersburg, Bergl 56
Tel: +43 (0)3152–55 54, Fax: -4
www.zotter.at
E-Mail: schokolade@zotter.at

8350 Fehring

Berghofer Getreide- und Ölmühle

Besichtigung und Führung durch die Ölmühle. Jeden Mittwoch Pressen und Mahlen von Kürbiskernen bis zum Kürbiskernöl sowie Verkostung von Kürbiskernöl.
Öffnungszeiten Mühlenladen: Mo–Fr, 7.30–12 Uhr, 13–17 Uhr. Sa, 7.30–12 Uhr
A-8350 Fehring, Bahnhofstraße 25
Tel: +43 (0)31 55- 22 22 22, Fax: -20
www.berghofer-muehle.at
E-Mail: office@berghofer-muehle.at

Restaurant Malerwink'l

„Essen-Trinken-Kunst" lautet das Motto von Küchenchef und Künstler Peter Troißinger. Die Küche ist leicht und geschmackvoll, gekocht wird mit frischen Produkten aus der Umgebung, abgerundet durch die guten Tropfen aus dem gut sortierten Weinkeller.
Geöffnet: Mo–Fr, 14–24 Uhr, Sa, So und Feiertags ganztägig geöffnet
A-8361 Hatzendorf 152
Tel/Fax: +43 (0)31 55-22 53
www.malerwinkl.com
E-Mail: gasthof@malerwinkl.com

Neuhaus am Klausenbach

Gasthof Sampl

Im südlichsten Zipfel des Dreiländer-Naturparks Raab-Örség-Goricko gelegen, ist das „Gasthaus zur Burgruine" von Katharina und Richard Sampl ein wahrer, etwas versteckter, kulinarischer Schatz. Küchenchef Richard Sampl ist außerordentlich bemüht, seinen Gästen eine kaum überschaubare Auswahl an köstlichen Gerichten zu bieten. Die kulinarischen Höhepunkte wechseln nach den Angeboten des Jahres: Von März bis April sind es die Fischwochen, im April und Mai sind es Schmankerln vom Lamm, Kitz, Kaninchen und Fisch, die das Herz erfreuen. Heimische Spargelbauern liefern die Grundprodukte der Köstlichkeiten im Mai und Juni, bis Anfang August gibt es ausgewählte Gerichte aus mehreren EU-Ländern. Ab August sind die Kürbisse die Stars in der Küche. Schwammerln und Pilze, auf Salat, in Suppen, zu Fleisch ge-

Vinothek St. Anna

Klöcher Traminer

Vinothek Klöch

Der Styrassic-Park in Bad Gleichenberg

reicht oder als eigenes Gericht gibt es im September. Im Oktober und November sind die Wildwochen. Reh, Hirsch, Hase, Fasan, Wildschwein, Perlhuhn, Wachtel und Co, verfeinert und ergänzt mit den Früchten aus den Wäldern, füllen die Teller.
Geöffnet: Di–So, 11–14 Uhr, 17–22 Uhr
A-8385 Neuhaus am Klausenbach, Hauptstraße 12
Tel: +43 (0)33 29-24 03, Fax: 30 0 62
www.gasthaus-sampl.at
E-Mail: gasthaus.sampl@utanet.at

8353 Schloss Kapfenstein

Der Ausblick vom hoch gelegenen Schlossgarten ist wirklich sehenswert, man überblickt bei einem Glas Traminer des eigenen Weingutes die halbe Südoststeiermark. Im Restaurant des Schlosses Kapfenstein wird von Martin Winkler-Hermaden gekocht. Die Karte spiegelt den Jahreslauf wider. Saisonale Produkte werden frisch zubereitet.
Spezialitäten: Beiried auf Schwammerlsauce mit Polentaauflauf; Kapfensteiner Kürbiskernknödel auf Hollersauce.
Geöffnet: Di–Sa, 11.30–14 Uhr, 18–20.30 Uhr, So, 11.30–14 Uhr
A-8353 Kapfenstein 1
Tel: +43 (0)31 57-300 30-0, Fax: -30
www.kulinarischerherbst.at
www.schloss-kapfenstein.at
E-Mail: hotel@schloss-kapfenstein.at

8354 St. Anna am Aigen

Gesamtsteirische Vinothek

Die Weine stammen von über 90 steirischen Betrieben. Ab Mai können auch alle Siegerweine der steirischen Landesweinbewertung verkostet werden.
Öffnungszeiten: März bis Ende August Di–So, 11–18.30 Uhr. September bis Mitte Dezember: täglich 10–17.30 Uhr
A-8354 St. Anna am Aigen, Marktstraße 6
Tel: +43 (0)3158-28 01
www.gesamtsteirische-vinothek.at
E-Mail: wein@gesamtsteirische-vinothek.at

8355 Tieschen

Königsberghof

Wirtshaus und Restaurant, Küchenchef ist Hans Peter Heck, seine Gerichte wechseln nach Saison: Fasanenbrust mit Junkerkraut und Preiselbeercroutons, Rehrücken mit Portweinkraut und Hagebuttengermknödel, gratinierter Maibock mit Selleriecreme und Powidltascherln oder auch Traditionelles wie ein Rieslingbeuscherl, ein Zwiebelrostbraten, eine Klachlsuppe mit Heidensterz oder eine Flecksuppe mit Blutwurstravioli.
Geöffnet: Di–So, ab 8 Uhr, Küche bis 22 Uhr
A-8355 Tieschen 72
Tel: +43 (0)34 75-22 15, Fax: 300 06
www.koenigsberghof.at
E-Mail: koenigsberghof@weinregion.at

8493 Klöch

Klöcher Vinothek und Weinbaumuseum

Lust aufs Weinkosten? In der Klöcher Vinothek können die Weine aller regionalen Winzer verkostet und auch gekauft werden.
Der Stolz der Klöcher Weinbauern, der Traminer, der Wein mit dem Duft der Rose, ist hier in einer besonders großen Auswahl zu verkosten. Jeden Freitag ab 18 Uhr gibt es eine kommentierte Weinverkostung.
Gleich über und neben der Vinothek kann man sehen, wie früher Wein produziert wurde. Ein Schauweingarten demonstriert verschiedene Rebsorten und Erziehungskulturen.
Geöffnet: April–November, täglich von 15 bis 19 Uhr, sonntags von 10 bis 12 Uhr
Tel/Fax: +43 (0)3475-20 97 (Vinothek) oder 72 63, Frau Klöckl

8345 Straden

Neumeisters Saziani Stub'n

Die „Saziani Stub'n" der Familie Neumeister hat sich mit der 3-Hauben-Küche von Gerhard Fuchs und Yvonne Schwarzinger weiter entwickelt, eine überaus kreative Küche hat Einzug gehalten. Einiges aus der Tageskarte: Gekochter weißer Spargel mit altem Aceto und Frühlingskräutern; Gröstl vom weißen Spargel mit Kräuteremulsion und Lardo di Collonata; Frikasse von Flusskrebsen mit Eisenkraut und Eierschwammerln; Wildsaiblingfilet gebraten mit Krenbutter und Radieschen; Steinbutt mit Fenchel und Kalbskopf; Spanferkel: Goder mit Radicchiomarmelade, Keule gebraten mit Eierschwammerln und Lavendel; als Süßes: Tarte von der Bitterschokolade mit Kirschen und Tonkabohneneis; überbackene Topfenpalatschinke mit Lavendelblüteneis und Rhabarber.
Dazu gibt es immer die passenden Weine aus dem Weingut der Familie Neumeister.
Geöffnet: Mi und Do, 17-23 Uhr,
Fr und Sa, 11.30–15 Uhr, So, 11.30–15 Uhr.
Winterpause 24.12. bis Anfang Februar.
A-8345 Straden 42
Tel: +43 (0)34 73-86 51, Fax: -4
E-Mail: saziani@neumeister.cc
www.neumeister.cc

Stöcklwirt

Ein Bauer und Wirt bittet zu Tisch.
Am Fuße des Rosenbergs, in Hof bei Straden (gleich hinter dem Weinhof Krispel nach rechts abbiegen), wird beim Stöcklwirt von Erika und Hans Schwarzl steirisches mit mediterranen Gerichten harmonisch verbunden. Abgerundet durch hauseigene Weißweine und Edelbrände aus der eigenen Produktion.
Spezialitäten: Dill-Gnocchi auf Kürbisgemüse, Knödel-Knusperscheiben mit Reh-Carpaccio, Steirisches Wurzelfleisch vom Wollschweinschopf mit Erdäpfeln und Kren, Perlhuhnbrust mit Kalbsbries gefüllt, Zwetschkenfleck mit Zwetschkeneis, Sterzpudding mit Marillenröster.
Geöffnet: Mi–Fr, 12–14.30 Uhr, 18–21.30 Uhr, Sa, 12–21.30 Uhr; So, April-Okt: 12–20 Uhr. So, Nov-März: 12–15 Uhr
A-8345 Hof bei Straden, Neusetz 44
Tel: +43 (0)34 73-7046, Fax: 70 04
E-Mail: office@stoecklwirt.at

8344 Bad Gleichenberg

Styrassic-Park

Mitten im Vulkanland sind die Dinosaurier wieder zum Leben erwacht. Im Styrassic Park tummeln sich die Giganten der Urzeit im Wald. Sie erzählen ihre Geschichte von ihrem ersten Auftreten bis zum rätselhaften Aussterben in der Kreidezeit. Über 60 Dinosaurier wie Triceratops, Stegosaurus, Velociraptor und Tyrannosaurus Rex sind alle Urzeitriesen im Wald bei Bad Gleichenberg versammelt.
Geöffnet: März bis November von 9–17 Uhr.
A-8344 Bad Gleichenberg, Dinoplatz 1
Tel: +43 (0)31 59/28 75-0, Fax: -16
E-Mail: office@styrassicpark.at
www.styrassicpark.at

Willi Haider – Die steirische Küche

Die Koch- und Essgewohnheiten der Steirer sind von der Vielfalt der in der Steiermark geernteten Früchte geprägt. In dem scheinbar ausgereizten Bereich der traditionellen Küche lässt sich aber immer wieder Neues finden. Die Wurzeln der heimischen Kochkunst lassen sich viele Jahrhunderte zurückverfolgen. Die steirische Küche spiegelt die Einflüsse des ehemaligen österreichischen Vielvölkerstaates einerseits und die Koch- und Essgewohnheiten durchziehender Völker andererseits in ihrem Variantenreichtum wider.

Im Detail verfeinert, um Nuancen verändert, bringt man auch bei uns heute noch viele Speisen auf den Tisch, an denen schon unsere Vorfahren Gefallen fanden. Von der Küche lässt sich immer darauf schließen, was das Land an Vieh und Früchten hervorbringt. Im Großen und Ganzen spiegelt sich aber in der steirischen Küche die geographische Lage dieses Landes wider. So wurde schon immer in der Obersteiermark mit ihren tiefen Tälern, massiven Bergen und Almen vorwiegend Viehzucht und Milchwirtschaft betrieben. Im auslaufenden Gebirgs- und Hügelland der Süd-, West- und Oststeiermark mit iseinem begünstigten Klima fand die regionale Entwicklung der heimischen Kost im Ackerbau, Obst- und Weinbau im Sinne des Wortes ihre Nahrung. Schon im Altertum waren Verkehrswege vorhanden. In nord-südlicher Richtung waren es die Salz- und Eisenstraßen, die der wirtschaftliche Nährboden unseres Landes waren, der Ost-West-Verbindung hingegen kam nur zweitrangige Bedeutung zu, und diese hielt sich vor allem an die natürlichen Talschaften. Ein reger Warenverkehr, wie auch der Transport von Nahrungsmitteln, fand allerdings meist zwischen den Ballungszentren statt. Die entlegenen Gebiete der Steiermark waren bis Anfang der sechziger Jahre fast ausschließlich auf sich selbst angewiesen. Erst als die letzten Gräben und Hochregionen dem Verkehr erschlossen wurden, gab es eine intensivere gesamtsteirische Wirtschaftsentwicklung, die sich auch auf die Nahrung der Bevölkerung auswirkte. Bis zu diesem Zeitpunkt war man über Jahrhunderte auf die Selbstversorgerwirtschaft angewiesen, und die Grundnahrungsmittel kamen fast ausschließlich aus der eigenen Produktion. Das regionale Versorgungssystem galt für diese Regionen für alle Gesellschaftsschichten – Bauern, Adel und Bürger – gleichermaßen. In kleineren Städten und Märkten gab es viele alteingesessene „Ackerbürger“, die ihren Nahrungsbedarf zum guten Teil aus der eigenen Landwirtschaft abdeckten. Aber selbst frühe Industriearbeiter und Bergleute waren nicht landlos und konnten sich in bescheidenem Rahmen mit den wichtigsten Grundnahrungsmitteln selbst versorgen. Dazu gehörten im Sommer vor allem grünes Gemüse, für den Winter wurden Erbsen, Bohnen und Linsen eingelagert. Für diese Bevölkerungsschicht war das Essen in jener Zeit sehr einfach. Mehr Abwechslung auf dem Speiseplan gab es nur für den verschwindend kleinen Teil wohlhabenderer Bevölkerungsschichten.

Ein Zukaufen von Nahrungsmitteln war lange Zeit die Ausnahme von der Regel. Nur für besondere Anlässe war man damals dazu in der Lage. Regelmäßig zugekauft wurden in beschränktem Ausmaß nur jene Grundnahrungsmittel, die man selbst nicht ausreichend produzieren konnte wie etwa Getreide in der Obersteiermark, eine Art Urkost in Form von Brei, Sterz und Brot.

Hirse, Gerste, Roggen und Weizen – damals in Form von Spelzweizen – standen in der Steiermark schon früh im Ertrag. Lediglich der Hafer wurde erst viel später als Einzelgetreide kultiviert und gedieh vorher meist als Unkraut auf Gersten- und Weizenfeldern. Erst im 15. Jahrhundert hat man den Buchweizen, auch als Heiden bekannt, auf mageren, kargen Böden als Zweitfrucht angebaut. Durch die klimatisch günstige Lage der Steiermark gediehen schon früh wildes „Kraut“ und Pflanzen, die als Gemüse, Salate und Würzen verwendet wurden. Im Hochmittelalter zogen vor allem die zahlreichen Klöster und Stifte spezielle Würz- und Heilkräuter, die dann auch in unseren Hausgärten angepflanzt wurden. Kraut und Rüben waren zu dieser Zeit aber die häufigsten Vertreter der selbst produzierten Nahrungsmittel. Doch darf das damalige Kraut nicht mit jenen Krautköpfen unserer Zeit verglichen werden. Man nimmt an, dass das „alte Kraut“ blättrig und nicht in Köpfen wuchs. Es wurde meist gesäuert und als eigenes Gericht oder Zuspeise zu Getreidegerichten auf den Tisch gebracht, seltener hingegen zu Fleisch. Gab es von alters her auf jedem Hof schon immer Geflügel und damit auch Eier, war die Zucht von Schweinen, Rindern, Schafen und Ziegen sehr bescheiden. Durch die strengen Fastengebote im Mittelalter widmeten sich in dieser Zeit vor allem die kirchlichen Einrichtungen wie die Klöster besonders der Fischzucht und errichteten dazu unzählige künstliche Teiche. Pilze und Schwammerln wurden vor allem in Klosterküchen verwendet. Neben Kräutern und Wurzeln wurden einzelne Pilze auch zu Heilmitteln weiterverarbeitet.

Als Ende des 15. Jahrhunderts Christoph Kolumbus Amerika entdeckte, kamen im Laufe der Jahrzehnte und Jahrhunderte neue

Feldfrüchte nach Europa. Die wohl bedeutendste Einführung dieser Zeit war der Mais. In der Steiermark wurde er in geringen Mengen und erst ab dem 17. Jahrhundert als „Türkischer Weizen“ bekannt.

In allen Jahrhunderten der Entwicklung der steirischen Kochtradition sind die direkten Einflüsse des habsburgischen Kaiserreiches allgegenwärtig. Durch die intensiven Handelsbeziehungen kamen seltene „Zutaten“ in unsere Küchen. Auch die mordend und brandschatzend durch unser Land ziehenden Kuruzzen und Türken hinterließen ihre Spuren nicht nur in kriegerischer Weise. Viele Gewürze und auch der Kaffee stammen von ihnen.

Ein wichtiger Bestandteil der täglichen Kost – unabhängig von der Standeszugehörigkeit – waren schon immer die Suppen, die je nach Region aus verschiedenen Nahrungsmitteln zubereitet wurden. Für die Bauern war die Suppe von frühmorgens bis spätabends dreimal täglich Kraftnahrung für das schwere Tagwerk. Vor der Entdeckung des Kaffees gab es für die Bürger die Morgensuppe, reisenden Kaufleuten und Handwerkern war die Suppe Vor- und Hauptspeise in einem, dem Adel wiederum war die Suppe ein willkommener Teil eines mehrgängigen Menüs. Verwendet wurden hauptsächlich in Milchgebieten abgerahmte Milch, Sauermilch, Buttermilch, saurer Rahm, Schotten oder Topfen. In Ackerbaugebieten mit Schweinezucht und Obstbau gab es Suppen mit Grammeln und Mostessig, dazu verschiedene Zutaten. Verwendet wurde auch der Sud von Rindfleisch oder Geselchtem mit Hülsenfrüchten und Gemüse. Gebunden wurde alles mit dem dunkelsten Mehl. Sehr dick eingekochte Suppen waren oft Hauptmahlzeit allein.

Die Beschaffenheit der Feuer- bzw. Kochstellen war ausschlaggebend für die Art und Zubereitung der steirischen Kost. So gab es in Teilen der Oststeiermark häufig Gebackenes und Gedünstetes, Strudel und Tommerl, Ofensterze und dergleichen, die im Ofen zubereitet wurden. In Nordwestgebieten wie etwa dem oberen Ennstal kochte man am offenen Herdfeuer. In diesen Regionen gab es häufig gekochte Speisen und Pfannengerichte. Im größten Teil der Steiermark gab es vorwiegend Rauchstuben mit einer Doppelfeuerstätte. Diese Feuerstätte bestand aus einem Backofen und einem offenen Herd und wurde sowohl zum Backen als auch zum Kochen benützt. Rauchstuben waren der Mittelpunkt des Hauses, sie waren zugleich Koch-, Wohn- und Schlafstätte der Bauern. Erst ab dem 19. Jahrhundert verdrängte der geschlossene Sparherd nach und nach die traditionellen Kochstellen, zuerst in den Adels- und Bürgerhäusern, dann auch in den Bauernstuben. Gleichzeitig mit dieser Entwicklung setzte auch der Eroberungszug neuer Feldfrüchte ein. Erdäpfel, Paradeiser, Paprika und andere Neuzüchtungen kamen vermehrt in die steirischen Küchen.
Fette als wichtige Brat- und Backmittel waren schon von alters her in Verwendung. Regional gab es aber große Unterschiede in der Art der Fette, und im Groben wurde die Steiermark in eine Butterfett- und in eine Schweinefettgegend unterteilt.
Schweinefett oder Schmalz fand fast ausschließlich im Ackerbaugebiet des steirischen Hügellandes Verwendung, Butter in den Rinderzuchtgebieten der Obersteiermark. Speiseöl wurde bis zur Einführung des Ackerkürbisses nur in geringen Mengen gepresst. Die Basis für die verschiedenen Öle waren Mohn, Leinsamen und für besondere Anlässe Nüsse. Im Laufe des 19. Jahrhunderts kamen weitere Produkte hinzu. So verarbeitete man im Frühjahr Rips und im Herbst Raps zu Speiseöl. In dieser Zeit entdeckte man auch das schwarze Gold der Steiermark, das aus getrockneten und gerösteten Kürbiskernen gepresste Kernöl.
Das Wort „Jause" hatte früher zweierlei Bedeutung: Jause als Proviant, den man Reisenden oder arbeitenden Menschen mitgab, und Jause als Zwischenmahlzeit vor und nach dem Mittagessen. Diese Jausen waren meist nur während des Sommerhalbjahres an langen Tagen und bei schwerer Arbeit üblich und bestanden häufig aus trockenem, aber schmackhaften Brot und einem Getränk wie Milch, saurer Milch, Buttermilch oder auch Most. Zur Jause gehörten auch Obst und Dörrobst. Butter, Fleisch, Speck oder Wurst gab es nur bei schwerer körperlicher Arbeit.
Durch den steigenden Wohlstand quer durch alle Bevölkerungsschichten in den letzten Jahrzehnten änderten sich auch die Essgewohnheiten der Steirer. Fleischgerichte sind heute alltäglich. In großen Mengen wird Schweinefleisch angeboten. Schweinsbraten, Schnitzel, Kotelett, geräucherter und geselchter Schinken und Speck, Sulz, Innereien, Verhackert und Schmalz sowie viele Arten von Würsten sind nur ein kleiner Auszug aus dem Angebot. Eine bodenständige Entwicklung machten dabei vor allem die unzähligen Buschenschenken in den Weingebieten mit, die ihren Gästen eine große Palette unterschiedlicher und selbstproduzierter Nahrungsmittel anbieten, aus denen die Brettljause hervorging, eine neuzeitliche Erfindung.
Der Herbst bringt vor allem in der Steiermark viel Abwechslung in den Kochtopf – und die Jäger decken mit ihrem Wildbret die Tische. Wildenten, Hasen, Kaninchen, Rebhühner, Fasane, Hirsche, Rehe und Wildschweine sind die Ernten der Weidmänner. Eine Vielzahl von Zutaten wie Räucherspeck, Karotten, klare Suppe, Petersilienwurzeln, Zwiebeln, Bratensaft, Schweineschmalz, Tomatenmark, ein Schuss Rotwein findet bei der Bereitung von Wild regelmäßige Verwendung.

Vom Schlachten und Wursten

Seit jeher spielte in Schlössern, Bürger- und Bauernhäusern in allen steirischen Regionen das Schlachten eine ganz besondere Rolle. Bei großen Teilen der Bevölkerung war die Haltung von Hausschweinen verbreitet. Auf den großen Höfen wurde hin und wieder ein Rind, auf solchen mit größeren Schafherden ein Teil der Schafe geschlachtet. Auf Grund der Hygiene und damit zusammenhängend der Haltbarkeit des Fleisches fand das Schlachten meist in der kalten Jahreszeit statt. Traditionelle

Termine waren die Zeit vor Weihnachten und im Fasching. Je nach Bedarf wurde das Schlachtgut weiterverarbeitet. Nur ein kleiner Teil wurde sofort zubereitet, Innereien wie Leber, Herz und Niere oder das Blut für Bluttommerln. Die Zubereitung von Bluttommerln war und ist denkbar einfach. Aus Mehl, Milch, Wasser, Blut, Zwiebeln und Ei wurde ein Teig hergestellt, gewürzt mit Knoblauch, Salz, Pfeffer und Majoran und in einer hinreichend großen Pfanne im Backrohr gebacken.
Die Gedärme wurden gereinigt, gesalzen und so für das Wursten vorbereitet. Ausgelöste, zugeputzte Fleischstücke wurden früher nur eingesalzen, später auch gepökelt und in einer Beize gelagert. Zur längeren Haltbarkeit wurde das Fleisch geselcht.
Anfallender Speck wurde ursprünglich zu Schweineschmalz und Grammeln ausgelassen, gemeinsam ergab das Grammelschmalz. Speck wurde auch geselcht oder luftgetrocknet.
Verhackert hat besonders in der West- und Südsteiermark eine lange Tradition. Zur Zubereitung wird der Rohspeck gesalzen und den Winter über – oft auf dem Dachboden – luftgetrocknet, später zerkleinert und mit Salz luftdicht zur Fermentierung eingestampft. Es galt früher als sehr schmackhaftes Kochfett, das heißgemacht über Salat, Erdäpfel und über Ähnliches gegossen wurde. Ins Verhackert stampft man auch beste, leicht angebratene Fleischstückchen mit ein oder verwendet es zur Konservierung von Hauswürsten. Dies wird dann als Kübelfleisch angeboten.
Für die Wurstverarbeitung wurde ein Teil des Specks zurückbehalten. Aus Kopf- und Restfleisch, Innereien und Blut wurden Blut-, Leber-, Brein-, Brat- oder Presswürste gemacht. Breinwürste wurden gekocht und nur über die Frostperiode aufbewahrt und auch gerne an Nachbarn und Freunde verschenkt. Haltbarwürste wurden geselcht oder luftgetrocknet.
Außerhalb der traditionellen winterlichen Schlachtzeiten wurden meist nur Kleintiere wie Ziegen, Lämmer, Kaninchen und Geflügel, geschlachtet.

Getreide

Wie bei anderen sesshaften Völkern hoher Kultur war auch in der Steiermark Getreide eine Art Grundkost. Früh gab es Gerste, Hirse, Weizen, Roggen und Hafer. Der Buchweizen, auch Heiden genannt, kam ab dem 14. bis 15. Jahrhundert aus Kleinasien in unsere Regionen, ab dem 17. Jahrhundert aus Amerika langsam der Mais, im Volksmund auch Türken, Kukuruz oder heute Woaz genannt. Getreideprodukte wurden meist ohne Teig direkt in Wasser eingekocht. Aus enthülsten Körnern bereitete man „Breine", vergleichbar mit heutigen Reisgerichten.

Eine sehr ursprüngliche Haferspeise war „Talggn", einst im oberen Murtal, auf der Koralpe und unter dem Namen „Habaner Grieß" vereinzelt auch im steirischen Wechselgebiet gegen das Joglland hin bekannt. Dazu ließ man Hafer über Nacht in Heißwasser ganz aufquellen, am folgenden Morgen wurde das Wasser abgelassen. Dann musste dieser Hafer im Backofen ein bis drei Tage lang dörren, bis er „knackte". Zwischen Mühlsteinen oder durch Stampfen, aber auch mit dem Nudelwalker am Brett wurde er zerkleinert, damit sich die Hüllen lösten und abgeblasen wurden. Diese Talggn wurden dann entweder mit heißem Wasser aufgegossen und kurz quellen gelassen oder in Butter bzw. Schweineschmalz mit Eiern abgeschmalzen. Diese Art Urspeise wurde auch mit anderen Getreiden zubereitet.
Aus Schroten und Mehlen machte man Koche, woraus sich viele verschiedene Sterzspeisen entwickelten. Zuerst die gekochten, dann die „abgebrannten" und später die „Pfannensterze".
Um das Jahr 1400 wurde der „Beutelkasten" erfunden, mit dem man in Wasser gesottene Teigspeisen zubereitete. So entstanden Knödel, Nocken, Nudeln, Spatzen und gekochte Strudeln, sogenannte „Strukkel". In der Steiermark entwickelten sich weiters je nach Region Spezialitäten, oft nur gekocht oder dann weiter abgeschmalzen, mit Zutaten wie Kraut, Rüben, Kürbis, Schwämmen, Rahm, Topfen, Obst, Beeren oder Früchten. Man mischte sie aber auch in den Teig oder füllte damit größere Formen wie Knödel oder „Strukkel". Es entwickelten sich weiters Schmalzgebäcke als Festtagsspeisen, die in butterreichen Gebieten wie der Obersteiermark auch im Alltag üblich waren.

Erdäpfel

Es war Erzherzog Johann vorbehalten, die „Kartoffel" in der Steiermark salonfähig zu machen. Dieses amerikanische Nachtschattengewächs hatte viele Namen, wie Erdäpfel, Erdbirnen, Erdbohnen (Eschbon), Erdkastanien (Erdkästen) oder Krumbirnen (Krumbirn aus der Erdkrume). Gegessen wurden sie hauptsächlich als „Erdäpfel in der Montur", das heißt in der Schale gekocht, oder als „Gröste", gekocht, in feine Scheiben geschnitten und mit Zwiebel in Schmalz geröstet.

Vom steirischen Federvieh

Hühner gehörten in der Steiermark früher zu jedem großen und kleinen Hof, zu jedem Keuschler und kleinsten Häuserl, wo immer Platz für Auslauf vorhanden war. Gehalten wurden auch Zwerghühner und wo es Wasser gab, Enten und Gänse. Die Entdeckung Amerikas brachte Truthühner zu uns. In Schlössern und Herrschaftshäusern hielt man die wegen ihres bunten Federkleides beliebten Pfaue.
Unter all dem Federvieh galt den Hühnern die größte Aufmerksamkeit. Die Verantwortung für deren Aufzucht lag in den Händen der Hausfrau. Das Eiergeld, eine willkommene Einnahme, war das sogenannte „Schürzengeld" der Bäuerin. Dieses konnte sie selbständig verwenden, ohne jemandem – weder ihrem Mann noch der Hofgemeinschaft – Rechenschaft darüber ablegen zu müssen. In Regionen, wo reichlich Getreide vorhanden war, hatte man mehr Geflügel. Da gehörte das Huhn in kurzen Abständen zur sonntäglichen Volkskost.

Seinen guten Ruf weit über die steirischen Landesgrenzen hinaus trug das Sulmtaler Huhn, das mit den Poularden (Hennen) aus der „Bresse" in Frankreich und den Brüsseler Poularden weltberühmt war. Dabei nahmen die steirischen bzw. Sulmtaler Poularden seit jeher eine besondere Stelle ein. Daneben waren die kastrierten Masthähne, die Kapaune, international als Spezialität beliebt.

Salate

Die Zubereitung roher, kalter „Gemüseblätter" mit Öl, Essig, Salz und Würzen wurde in der Steiermark erst im Spätmittelalter bekannt und im 15. Jahrhundert gebräuchlich. Diese erste Art von Salat kam aus Italien, das Wort selbst stammt vom italienischen „insalata". Olivenöl konnten sich damals nur die Oberschichten leisten. Die steirischen Bauern bereiteten ihre Rohsalate, wie gesammelte Wildkräuter, Gartensalate oder Kraut, zu Salat durch Überbrühen mit zerlassenem, heißen Speck, heißer Butter oder Butterschmalz, Grammelfett oder heißem Verhackert zu. Abgeschmeckt wurde mit mildem, selbst erzeugten Essig aus Molke, Obst (Holzäpfel, Most), Weintrauben (Wein) oder verschiedentlich aus Beeren (Essigbeeren und andere). Ebenfalls wurden saure Milch oder Rahm verwendet, insbesondere für Rettich und Gurken. Es gab damals hauptsächlich Leinöl. Dieses wurde ausschließlich in der Fastenzeit, da tierisches Fett verboten war, für Salate und zur Speisenbereitung verwendet. Man presste aber auch Mohnöl, für Festtage auch Walnuss- oder Haselnussöl. Erzeugt wurden viele Heil- und Kräuteröle, wie Leindotter.
Kürbisse wurden erst spät zu Kernöl gepresst. Dieses gewann ab dem beginnenden 19. Jahrhundert zunehmend an Bedeutung. Vor der Jahrhundertwende wurde es von Kürbiskernen mit Schalen, danach auch von solchen ohne Schalen sorgsam gepresst.
In Gärten züchtete man immer mehr Salatpflanzen. Etwa Vogerlsalat – Rapinsel oder Rapunzel –, Häuptelsalat, Krauthäuptel, Endivie und viele mehr.

Willi Haider – Der Koch und die Rezepte

Der neuen steirischen Küche in allen ihren Varianten hat sich der Haubenkoch Willi Haider verschrieben. In Kalsdorf bei Graz gibt er seine große Erfahrung als Meisterkoch mit vielen kleinen hilfreichen Tipps in seiner Kochschule nicht nur an Hausfrauen und Hausmänner weiter, auch professionelle Kochkünstler lassen sich von ihm praxisgerecht beraten. „Denn es ist nicht jeder ein Koch, der einen Kochlöffel in der Hand hält." Die vorliegende Rezeptsammlung soll einen Streifzug durch die Koch- und Speisetradition der Steiermark in zum Teil „neuem Gewand" darstellen. Sie ist leicht nachkochbar und eine Bereicherung für den Mittags- oder Abendtisch.

Gar-Methoden
Die Fleischzubereitungsmethoden

Beim Garen von Fleischstücken werden wohl die meisten Fehler bei der Zubereitung von Speisen begangen.

Kurzbraten, Grillen (Sautieren)

Dabei werden Steaks, Koteletts, Schnitzel oder Medaillons nach dem Würzen in heißem Fett (keine kaltgepressten Öle verwenden) gut angebraten, sodass sich die Oberfläche schließen und die Farbe bzw. Bräunung entstehen kann. Nach dem Wenden werden die Fleischstücke, je nach Größe, fertig gegart. Je größer bzw. dicker die Fleischstücke sind, umso langsamer werden sie auf der zweiten Seite fertig gegart.

Beim „Sautieren" wird geschnetzeltes bzw. gewürfeltes Fleisch in heißem Fett in kleinen Mengen rasch schwingend angeröstet, damit sich sofort eine Kruste bilden kann.

Wichtig! Eine zu große Menge Fleisch (womöglich noch sehr kalt) und eine nicht zu heiße Pfanne (oder eine Pfanne mit dünnem Boden) bewirken einen Temperaturabfall, wodurch sich die Oberfläche nicht schließen kann und somit einen starken Saftaustritt (Wasser bzw. Fleischsaft in der Pfanne) verursacht. Dabei wird das Fleisch weiß, und es schäumt in der Pfanne (Zubereitungsfehler).

Braten, Schmoren, Dünsten

Dabei werden große Fleischstücke nach dem Würzen rundum kurz angebraten, Fettseite zuerst, und je nach Fettgehalt bei niederer (mageres Fleisch) oder höherer (fettes Fleisch, eventuell mit Schwarte) Temperatur gebraten, im eigenen Saft geschmort oder mit Wein bzw. Suppe aufgegossen und zugedeckt langsam weich gedünstet.

Fleisch kochen, sieden

heißt, Rind-, Kalb-, Schweinefleisch oder Lamm in mäßig heißer Suppe (80°-90°C) mit Gemüse, Kräutern und wenig Salz weich kochen (keine Streuwürze oder Suppenpulver verwenden - dadurch könnte sich das Fleisch rötlich färben!). Während des Kochens laufend abschäumen und abfetten (degraissieren). Will man eine gute Suppe, werden die Fleischstücke mit kaltem Wasser und Wurzelgemüse, Kräutern und Salz zugestellt. Dieses Kochfleisch wird für Salate, Sulzen oder Fleischstrudel weiterverwendet. Wenn die Suppe mit Knochen zubereitet wird, sollten diese vor dem Zustellen heiß überbrüht und kalt abgeschwemmt werden (verhindert Trübung der Suppe und beseitigt auch unangenehme Geruchs- und Geschmacksstoffe).
Zum Aufgießen nur kaltes Wasser verwenden, dadurch steigen Fett- und Trübstoffe sofort nach oben und können so leichter abgeschöpft werden.
Saftiges, gekochtes Rindfleisch entsteht durch Einlegen der nicht zu mageren Stücke (Tafelspitz, Schulterscherzl, Meisel, Beinfleisch) in die mäßig heiße Suppe.

Fleisch backen

heißt, Fleisch- oder Geflügelstücke nach dem Panieren in Mehl, Ei (kurz verschlagenes Ei - wichtig für die lockere Panier - ohne Zugabe von Wasser oder Öl) und Bröseln (am besten frisch gerieben oder vom entrindeten Weißbrot) je nach Größe der Fleischstücke bei 130°-180°C schwimmend herausbacken. Zum Backen müssen Fettstoffe verwendet werden, die zum Erhitzen geeignet sind: Schweineschmalz, Kokosfett, Sonnenblumenöl oder im Handel erhältliche Öle zum Frittieren.
Achtung! Keine kaltgepressten Öle zum Frittieren verwenden. Durch das Erhitzen entstehen gesundheitsschädliche Stoffe.

Kleine Fleischstücke müssen heiß (ca. 180°C), große Stücke, z. B. Backhuhn, bei mäßiger Hitze (ca. 130°C) gebacken werden.
Beim Backen von größeren Stücken (z. B. Hühner- oder Kaninchenkeulen) sollte man die Anfangstemperatur eher niedrig wählen (110°-130°C), gegen Ende der Backzeit sollte die Temperatur erhöht werden (170°-180°C), um knuspriges und fettarmes Gebackenes zu erhalten.
Nach Pariser Art wird mit Mehl und Ei paniert. Backteig wird entweder mit Milch, Wein oder Bier hergestellt.
Anstelle von Bröseln können Fleischstücke auch in Kokosflocken, Cornflakes, Nüssen oder Käse paniert werden. Nach dem Backen auf Küchenpapier abtropfen lassen.

Fleischzubereitung

Die Wahl der richtigen Temperatur zählt zu den wichtigsten Bereichen bei der Fleischzubereitung. Bei großen Bratenstücken wäre die einfachste und sicherste Methode, die Kerntemperatur zu messen. Dafür geeignete Geräte sind im Handel relativ günstig erhältlich. Für Schweins-, Kalbs- oder Rinderbraten wäre ein Kerntemperaturbereich von ca. 75°C ausreichend. Je langsamer diese Temperaturbereiche erreicht werden, umso saftiger und mürber sind die Braten. Wichtig! Bratenthermometer bleiben während des Bratens im Fleisch!

Früher hatten Öfen durchschnittliche Backrohrtemperaturen von ca. 130°-160°C, wodurch es eine sanfte, langsame Garung gab. Die heutigen, technisch ausgereiften Geräte erreichen 200°-250°C Backrohrtemperatur, wodurch die Bratenstücke wohl schneller durch sind, bedingt durch die große Hitze jedoch sehr viel Fleischsaft verdunstet (bis zu 35% Saftverlust). Dadurch das Endprodukt ein gelegentlich wohl rescher, jedoch trockener und stark geschrumpfter Braten, vor allem bei mageren Fleischstücken.

Allgemeine Tipps zur Fleischzubereitung

* Pfanne mit dickem Boden erhitzen; erst kurz vor dem Braten mäßig Öl oder Fett in die Pfanne geben.

* Nur Fettstoffe verwenden, die zum Erhitzen geeignet sind (keine hochwertigen kaltgepressten Öle erhitzen). Fette nicht überhitzen, rauchendes Fett ist gesundheitsschädlich.

* Temperiertes, gewürztes Fleisch immer zuerst auf der fettreichen Seite anbraten (Hautseite bei Geflügel oder Fett- bzw. Schwartenseite bei Fleisch). Fettränder erst nach dem Braten oder Kochen wegschneiden (schützt vor dem Austrocknen).

* Fleischstücke (Steaks, Schnitzel oder Braten) niemals beim Wenden mit der Gabel anstechen (ausgenommen Siede- bzw. Kochfleisch beim Prüfen, ob es weich ist); Saftaustritt bzw. Saftverlust durch das Anstechen.

* Steaks oder Rumpsteaks sollten nach dem Wenden, sobald sich Saft auf der Oberseite bildet, auf kleiner Flamme bei oftmaligem Wenden (alle 2 Minuten) langsam zum gewünschten Garungspunkt fertig gebraten werden.

* Je trockener bzw. je magerer das Fleisch ist, umso weniger Hitze sollte beim Braten verwendet werden, bzw. umso langsamer sollte man es garen.

* Kernige, bzw. feste oder schlecht gelagerte große Fleischstücke (Roastbeef, Rostbraten) können bei einer Kerntemperatur von ca. 40°C mehrere Stunden im Rohr mürb gemacht werden. Backrohr auf ca. 60° bis 70°C einstellen.
Anschließend können die noch rohen, aber mürben Fleischstücke, im Ganzen oder aufgeschnitten, wie üblich zubereitet werden.

* Leber kann unmittelbar vor dem Braten gesalzen werden, jedoch soll sie bei geringer Hitze langsam gebraten werden, da sie durch zu hohe Temperatur sowie zu lange Bratzeit hart wird und leicht verbrennt.

* Nach dem Braten sollen Fleischstücke vor dem Anschneiden, je nach Größe, kurz oder länger rasten, damit sich der Fleischsaft verteilen kann und beim Anschneiden nicht aus dem Braten rinnt. Steaks und Koteletts 5 Minuten rasten, Braten, je nach Größe, 15-20 Minuten rasten lassen (eventuell auf einem Gitter, wodurch weniger Saft austritt).

* Werden Filet- oder Karreestücke kurz gebraten, müssen sie von Sehnen befreit oder diese eingeschnitten werden, da das Fleisch schneller gar wird, die Sehnen hart bleiben und so das Fleisch verformen bzw. aufbiegen können.

* Wenn Fleischstücke geklopft werden (Schnitzel, Rouladen), sollten sie zwischen einer starken Plastikfolie mit der glatten Seite eines Schnitzelklopfers oder einem schweren Pfannenboden geklopft (plattiert) werden.

* Fleischstücke (wie Steaks, Koteletts oder Schnitzel), die nicht zu dünn geschnitten, nicht geklopft und langsam zart rosa

gebraten werden, sind merkbar saftiger und zarter als dünn geschnittene bzw. dünn geklopfte Fleischstücke, da diese beim Braten viel rascher den Fleischsaft verlieren bzw. der Saft verdunstet und das Fleisch daher schrumpft und trocken wird. (Ein großes, dünn geklopftes Schnitzel ist selten auch ein schweres Schnitzel - optische Täuschung.)

✻ Knusprige Schwartenbraten sollten gegen Ende nicht mehr übergossen werden. Dadurch würde die Kruste zäh werden.

✻ Gekochtes Fleisch (Rindfleisch, Schwein, Kalb, Lamm, Beuschel oder Selchfleisch) nach dem Kochen mit eiskaltem Wasser abschrecken bzw. abkühlen lassen, damit es sich nicht verfärben kann. Lässt man die Fleischstücke nach dem Kochen offen auskühlen, verliert das Fleisch durch den aufsteigenden Dampf Flüssigkeit, wodurch die Oberfläche nach dem Abkühlen sehr dunkel und trocken wird. Beim Weiterverarbeiten (Beuschel) oder Wiedererwärmen (Rindfleisch) erhalten die gekochten und abgeschreckten Fleischgerichte ihre appetitliche Farbe.

Tipp: *Diese Verarbeitungsmethode gilt auch für Knödel, Leberknödel, Nockerln, Nudeln oder Reis. Wenn sie nach dem Kochen nicht sofort serviert werden, sollten sie in kaltem Wasser abgeschreckt bzw. abgekühlt werden.*

Garungstemperatur und Zeit

Grundsätzlich ist es sehr schwer, genaue Zeit- und Temperaturangaben bei der Fleischzubereitung zu machen. Einerseits besitzen viele Öfen, je nach Bauart und Alter, unterschiedliche Temperatur- bzw. Thermostatbereiche bei gleicher Schalterstellung, andererseits sorgt auch die Fleischqualität bzw. Lagerung für unterschiedliche Garungszeiten. Daher können diverse Angaben nur als Durchschnittswerte bzw. Anhaltspunkte gelten. Die Bezeichnung „blutig", z. B. bei Steaks, möchte ich nicht gebrauchen, da es sich nicht um „Blut", sondern um „Fleischsaft" handelt. Daher wäre ein „Steak englisch" nicht blutig, sondern saftig und stark rot. Halb durchgebraten bzw. „medium" wäre zart rot bzw. rosa und saftig. „Gut durch" wäre grau ohne Fleischsaft und daher trocken.
Es eignen sich natürlich nicht alle Fleischteile zum Zart-rosa-Braten. Daher werden solche Stücke entsprechend länger und „auf den Punkt" gebraten. „Auf den Punkt" heißt genau richtig durchgebraten. Ein Weiterbraten der Fleischstücke trocknet nur mehr aus (großer Saftverlust = großer Gewichtsverlust = trocken). Wichtig ist vor allem bei „englischen" Steaks, diese vor dem Braten bereits gut zu temperieren (rechtzeitig aus dem Kühlschrank zu nehmen) und nach dem scharfen Anbraten und öfteren Wenden ganz langsam fertig zu garen. Dann ist das Fleisch gegart, das Steak im Kern lauwarm, schnittfest und saftig. Bei schnellem Braten und Wenden sind die Steaks im Kern noch kalt, roh bzw. nicht gegart und schwer zu schneiden.
(Gefahr durch Parasiten!)

Kerntemperaturmesser

Kerntemperaturmesser sind bei neueren Backöfen oft integriert, ansonsten sind entsprechende Fleisch- bzw. Bratenthermometer im Fachhandel erhältlich. Die Spitze des Thermometers muss im Mittelpunkt (Kern) des Fleischstückes stecken.

Wichtig! Fett bzw. Sehnen und Knochen können die Temperatur verändern bzw. die Angaben verfälschen.

Daher das Bratenthermometer bei Bratenstücken mit Knochen, Sehnen oder Fettadern zur sicheren Kontrolle vor Erreichen der gewünschten Temperatur nochmals 1-2 cm weiter in das Fleisch drücken:

✻ Fällt die Temperatur, so war die Spitze vorher in einer Fett- oder Gallertader; es wird nun die tatsächliche Fleischtemperatur angezeigt.

✻ Steigt die Temperatur, so wurde eine Fett- oder Gallertader angestochen; es wurde vorher die tatsächliche Fleischtemperatur angezeigt.
Es können Temperaturschwankungen bis zu 5°C auftreten.
Die folgenden Angaben zu Garzeiten bzw. Kerntemperaturen sollen Ihnen behilflich sein, saftiges Fleisch zubereiten zu können.

Gekochte Fleischstücke

werden bei etwa 80°-90°C Temperatur mehrere Stunden langsam gegart, bis sie weich sind (Nadelprobe).

Tipp: *Da die Garungszeit bei gekochten Fleischstücken sehr unterschiedlich sein kann, empfehle ich, die Fleischstücke rechtzeitig oder schon am Vortag weichzukochen, um nicht aus Zeitmangel ein hartes Stück Fleisch servieren zu müssen.*
Sollte das gekochte Fleisch nicht sofort serviert werden, am besten gleich in kaltem Wasser abschrecken bzw. abkühlen lassen, im kalten Zustand aufschneiden bzw. portionieren und bei Bedarf in der heißen Suppe wärmen.

Englisches Roastbeef

Für Roastbeef verwendet man die niedere oder auch hohe Beiried (Rostbratenteil, nicht zu mager). Nach dem Temperieren und kräftigen Würzen mit Salz, frisch gemahlenem schwarzen Pfeffer und scharfem Senf (Dijonsenf) das Fleisch zuerst auf der Fettseite und dann rundum in heißem Fett gut anbraten. Im Rohr bei 100°-120°C mindestens 2-3 Stunden, je nach Durchmesser, garen.

Kerntemperatur

58°-60°C: stark rot - englisch/roh
60°-63°C: hellrot - halb durch
65°-68°C: zart rosa - ¾ durch - medium, zart und saftig
68°-70°C: auf den Punkt - zart - rosa bis grau, kaum saftig
ab 70°C: durchgebraten, grau, trocken

Je langsamer die Kerntemperatur erreicht wird, umso besser, zarter und saftiger schmeckt das Roastbeef. Bei einer Kerntemperatur von 50°-55°C könnte das Roastbeef stundenlang (4-6 Stunden) auf Wartestufe gehalten werden, ohne durchzugaren bzw. auszutrocknen oder anzubrennen (das Rohr auf ca. 70°-80°C einstellen).

Rinder- oder Schmorbraten

Vorbereiten wie Roastbeef, im Rohr bei 130°-150°C mindestens 2½ - 3½ Stunden, je nach Durchmesser, garen und öfters begießen.

Kerntemperatur

73°-75°C: hellrot, nur für gut gelagerte, mürbe, sehnenfreie Stücke.
75°-80°C: zart rosa, saftig, nur für gut gelagerte, sehnenfreie Stücke
80°-85°C: auf den Punkt, saftig mürb
Ideal für alle gallert- und fettreichen Stücke (Schulter, Haxen, Brustspitz)
85°-90°C: durchgebraten, grau, magere Stücke sehr trocken (Weißscherzel), fette, durchzogene Stücke wohlschmeckend (Schulterscherzel, Rinderhaxe)

Filetsteak ca. 3 cm hoch

Nach dem Würzen in heißem Fett ca. 1½ Minuten gut anbraten, wenden und auf der zweiten Seite bei niedriger Temperatur langsam zum gewünschten Punkt fertig garen (öfters umdrehen), nicht anstechen!

Kerntemperatur

55°-58°C: 5-6 Minuten, englisch roh, lauwarm im Kern
58°-60°C: 7-8 Minuten, stark rot
60°-62°C: 10 Minuten, halb durch, rosa gebraten
63°-65°C: 13 Minuten, ¾ durch, medium, zart-rosa und saftig
70°C: 18-20 Minuten, gut durch, grau, trocken

Filetspitzen

Filetspitzen mit Salz, Pfeffer und etwas Dijonsenf würzen, in heißem Fett kurz anbraten (kleine Fleischmengen), Fleisch aus der Pfanne nehmen und z.B. mit angeröstetem Zwiebel, Paradeismark und Rotwein (gut durchrösten) eine Sauce bereiten, Fleisch kurz vor dem Anrichten mit Champignons und gekochten Paprikastreifen in der Sauce erwärmen. Nicht mehr aufkochen, das Fleisch wird dadurch hart, durchgebraten und trocken.

Schwartenbraten

Schweinsbrüstl oder Jungschweinsbraten (Karree oder Schulter mit Schwarte) sowie Schweinsstelzen vorher in Salzwasser mit Kümmel ca. ½ Stunde vorkochen. Mit scharfem Messer einschneiden (schröpfen) und mit Salz und weißem Pfeffer würzen. In einer Bratenpfanne mit Kochwasser im Rohr bei etwa 220°C ungefähr eine Stunde knusprig braten - nicht übergießen!

Die Schwarte müsste aufbrechen bzw. Blasen werfen, und es sollte eine Kerntemperatur von ca. 75°-80°C erreicht werden. Hitze auf 120°-130°C zurückschalten und je nach Größe ca. ½ Stunde fertig braten.

Nicht übergießen, sonst erhält man keine knusprige Schwarte.

Kümmel und Knoblauch erst kurz vor Ende der Garzeit in den Natursaft geben, da sie sonst verbrennen und bitter schmecken.

Kerntemperatur bei Brüstl und Stelze ca. 80°C, Bratenverlust ca. 30%.

Schweine- oder Kalbsbraten

Karree, Schlögel oder Schulter, eher mit leichtem Fettrand, nach dem Temperieren und Würzen mit Salz und frischem weißen Pfeffer in heißem Fett rundum gut anbraten. Im Rohr bei ca. 140°-150°C mindestens 1½-2 Stunden braten. Für Hals oder Haxe bzw. Vogerl die Hitze auf etwa 130°C verringern und die Zeit auf ca. 2½-3 Stunden verlängern.

Kerntemperatur

70°C: zart rosa

73°C: auf den Punkt gebraten, besonders zart und saftig

ab 75°C: durchgebraten, je höher die Kerntemperatur, desto trockener der Braten, vor allem magere Teilstücke (Karree)

Schweinskoteletts

Nach dem Würzen und scharfen Anbraten (ca. 2 Minuten) wenden und auf zweiter Seite langsam fertigbraten.

1 cm dick geschnitten:
2-3 Minuten braten und dann 1-2 Minuten rasten lassen.

2 cm dick geschnitten:
4-5 Minuten braten und dann 1-2 Minuten rasten lassen.

Werden die Koteletts mit Knochen gebraten, verlängert sich die Zubereitungszeit um 50% (2-3 Minuten)

Kerntemperatur

70°-73°C: rosa Koteletts, besonders zart und saftig

75°C: zart rosa bis durch

75°-80°C: durchgebraten, grau und trocken

Schweinsfischerl - Medaillons

3 cm dick geschnitten und etwas flachgedrückt (plattiert).

Nach dem Würzen scharf anbraten (1½ Minuten), wenden und auf der zweiten Seite langsam fertiggaren.

Kerntemperatur

63°C: 4-5 Minuten, rosa

65°C: 5-6 Minuten, zart rosa, saftig

67°C: 8 Minuten, auf den Punkt, zart, saftig

Lamm

Kerntemperatur

65°C: stark rot

67°C: halb durch, rosa

67-70°C: durchgebraten, noch saftig.

ab 72°C: gut durch, eher trocken

Leberscheiben

(vom Kalb oder Schwein)
ca. ½ cm dick geschnitten

Nach dem Würzen in schwach heißer Butter ca. 2-3 Minuten langsam braten, wenden und nochmals 1-2 Minuten braten.

Kerntemperatur

60°-62°C: zartrosa, auf den Punkt

65°C: durch

65°-70°C: durch, grau, sehr trocken und hart

Die Suppe

Es gibt wohl kaum ein Gericht, das in so vielfältiger Weise auftritt wie die Suppe. Sie erweckt die verschiedensten Assoziationen: Manch einer denkt an Deftiges aus Großmutters Küche oder an Klassisches aus der Kaiserzeit, ein anderer an Feuriges aus den diversen ethnischen Küchen oder an Feines aus der sogenannten „großen Küche". Suppen haben immer eine große Rolle gespielt und werden dies auch weiterhin tun.
Suppenliebhaber denken dabei allerdings niemals an irgendwelche gekörnten Fertigsuppen, die nur mehr in Wasser aufgelöst werden müssen, sondern vielmehr an eine wohlschmeckende, kräftige Brühe, die den Geschmack von reichlich guten Grundprodukten durch langsames Köcheln erhält.
Den Vorgang der traditionellen Suppenzubereitung könnte man fast als Ritual bezeichnen, und deshalb sollte die Suppe auch mit der nötigen Andacht gekocht und genossen werden. Nicht umsonst wurde die Herstellung einer guten Suppe als eine Wissenschaft bezeichnet, benötigt sie doch neben hervorragenden Grundprodukten und viel Zeit auch das nötige Gespür für Geschmack und Harmonie. Bei der Zubereitung von Suppen spielt die Persönlichkeit der Köchin oder des Kochs eine weit größere Rolle als das Rezept.

Tipps und Tricks beim Kochen von Suppen

☞ Bei der Herstellung von Grundsuppen bzw. Suppen zum Aufgießen für andere Speisen kein Salz verwenden. Durch das Köcheln bzw. Einkochen reduziert sich die Flüssigkeit, wodurch die Suppe wohl kräftig, aber auch versalzen wäre.

☞ Je mehr Grundprodukte (Fleisch, Fisch, Gemüse usw.) bzw. je weniger Flüssigkeit verwendet werden, umso kräftiger werden die Suppen (Von nichts wird nichts - Sprichwort).

☞ Grundprodukte wie Knochen, Fleisch oder Gemüse gut vorreinigen oder auch überbrühen, d.h. kurz kochen, und anschließend kalt abschrecken oder kalt durchwaschen (blanchieren).

☞ Fleischsuppen von Rind, Kalb oder Geflügel erhalten ihren guten Geschmack durch langsames Köcheln (3-4 Stunden).
Klare Suppen bei der Herstellung nicht zudecken und nicht kochen lassen, dadurch würde die Suppe trüb werden.

☞ Für klare Gemüse- oder Fischfonds bzw. -suppen die Zutaten nicht überbrühen, nach dem Vorreinigen kalt zustellen und nach dem ersten Aufkochen nur höchstens 30 Minuten köcheln lassen, abseihen und bis zur gewünschten Stärke bzw. Kraft einkochen.

☞ Zu viel Karotte macht die Suppe süßlich, zu viel Porree oder Selleriegrün färbt die Suppe grün. Durch zu viel Sellerie, aber auch durch Streuwürze, könnte sich mitgekochtes Fleisch rötlich färben.

☞ Beim Kochen entstehenden Schaum und das Fett vorsichtig abschöpfen.

☞ Mit Mehl gebundene Suppen gut durchkochen lassen und, wenn möglich, mit einem Stabmixer aufmixen, wodurch eine leichte und schaumige Konsistenz entsteht. Anstelle von Mehl können auch viele Suppen mit gekochten mehligen Erdäpfeln gebunden werden.

☞ Legierte Suppen (mit Obers und Eidotter) nicht mehr aufkochen lassen, der Eidotter würde ausflocken.

☞ Kräutersuppen erst kurz vor dem Anrichten mit frischen Kräutern vollenden.

Rindsuppe - Fleischbrühe

Man unterscheidet folgende Arten von klaren Suppen:

Knochensuppe (Bouillon blanc)

Rinds-, Kalbs-, Lamm-, Wild- oder Geflügelknochen, am besten für eine kräftige Suppe sind Fleischknochen, Abschnitte und Sehnen (Parüren). Diese überbrühen bzw. blanchieren, mit Wurzelgemüse, Zwiebeln bzw. Zwiebelschalen, Kräutern und Gewürzen wie Lorbeer, Liebstöckel, Pfefferkörnern, Muskatnuss und kaltem Wasser zustellen und etwa 3 Stunden köcheln lassen. Früher wurden der schöneren Farbe wegen die Abschnitte und Knochen vorher angeröstet oder eine halbierte und angebräunte Zwiebel zugegeben.

Fleischsuppe (Bouillon)

Abgeseihte Knochensuppe wird zusätzlich mit Suppenfleisch kalt angesetzt. Wurzelgemüse, Kräuter und Gewürze nach Bedarf zugeben.

Tafelspitz und Beinfleisch

Kraftsuppe (Consommé)

Abgeseihte Fleischsuppe wird mit Klärfleisch* vermischt und kalt zugestellt, langsam bis zum Siedepunkt erhitzt. Nicht aufkochen lassen und noch 1 Stunde langsam köcheln. Vorsichtig durch ein Etamin (Passiertuch) abseihen.

* Klärfleisch (faschiertes mageres, rohes Rindfleisch und Wurzelgemüse, mitfaschiert) mit Eiweiß, etwas Salz und Wasser zu einem dicken Brei verrühren.

Doppelte Kraftbrühe (Essenz)

(Consommé double): Kraftsuppe auf die halbe Menge einkochen. Achtung! Kein Salz verwenden. Consommé wird durch das Einkochen sonst zu salzig.

Tellerfleisch

Eine Wiener Spezialität, die oft als Gabelfrühstück schon am Vormittag genossen wird. Es handelt sich dabei um eine kräftige Rindfleischsuppe, die mit Rindfleischstücken, Suppengemüse und feinen Suppennudeln oder Markknochen und mit geröstetem Schwarzbrot serviert wird.

Neben der Rindsuppe mit Einlage steht die Einmachsuppe von Kalb, Geflügel oder Gemüse ganz oben in der Beliebtheitsskala der Österreicher. Leider wird sie immer seltener angeboten, daher haben wir hier ein Rezept zum Gustoholen.

Einmachsuppe

Zutaten für ca. 10 Portionen

1 Suppenhuhn und eventuell Hühnerklein sowie Innereien,
3 ℓ Wasser, wenig Wurzelgemüse, Salz, 2–3 Lorbeerblätter,
120 g Butter, 80 g Mehl, etwas Weißwein,
ca. 2 ℓ Hühnersuppe (vom Huhn auskochen), eventuell etwas Milch, Salz, Pfeffer, Lorbeer, eventuell Zitronenschale, Muskat

Gemüseeinlage

z.B. Erbsen, Karotten, gelbe Rüben-, Selleriewürfel und Maiskörner
Kräuter: Schnittlauch, Kerbel oder Petersilie,
eventuell 1/16 ℓ Obers und 2–3 Eidotter zum Legieren.

Zubereitung: Suppenhuhn zerteilen und eventuell mit Hühnerklein sowie Innereien in kochendes Wasser geben, kurz aufkochen lassen und das Wasser abgießen (blanchieren), Suppenhuhn und Hühnerklein mit kaltem Wasser gut durchwaschen und mit ca. 3 ℓ Wasser kalt zustellen, mit wenig Wurzelgemüse und Gewürzen etwa 2–3 Stunden ohne Deckel gemütlich weich kochen.
Abseihen, Hühnerfleisch kalt abschrecken, ablösen und klein schneiden.

Einmach

Butter leicht bräunen, Mehl einrühren (cremige Konsistenz!) und mit etwas Weißwein ablöschen. Mit etwa 2 ℓ guter und eher kalter Hühnersuppe und eventuell etwas Milch aufgießen. Durchkochen lassen und eventuell mit etwas Obers verfeinern. Nochmals kurz durchkochen, mit Salz, Pfeffer, Lorbeer, eventuell Zitronenschale und Muskat abschmecken.
Bei Bedarf aufmixen und mit gekochtem, abgelöstem und kleinwürfelig geschnittenem Geflügelfleisch sowie mit Gemüseeinlage und Kräutern vollenden.
Eventuell mit Obers und Eidotter legieren, nicht mehr aufkochen lassen!
Meine Empfehlung: Die Einmachsuppen serviert man auch gerne mit Bröselknödel (Rezept Seite 224).
Tipp: *Gleiche Herstellung für Kalb-, Gemüse-, Spargel-, Karfiol- oder Fischeinmachsuppe sowie auch Knoblauch- oder Käsesuppe (mit Schmelz- oder Edelschimmelkäse).*

Grießnockerln

Zutaten für 10-12 Nockerln

50 g Butter, 1 Ei ca. 50 g, 100 g grober Grieß (Nockerlgrieß), Salz, Muskat

Zubereitung: Küchenwarme Butter schaumig rühren, Ei verschlagen und langsam unter ständigem Rühren mit der Butter vermischen. Grieß einrühren und mit Salz und Muskat würzen. Etwa ¼ Stunde rasten lassen, mit einem in warmes Wasser getauchten Löffel in der Handfläche beliebig große glatte Nockerln formen.

In die kochende Suppe oder leichtes Salzwasser einlegen und 10 Minuten köcheln lassen, mit kaltem Wasser etwas abschrecken und zugedeckt noch 10 Minuten ziehen lassen.

Tipp: *Die Grießnockerlmasse kann 2 bis 3 Tage im Kühlschrank aufbewahrt werden. Sie kann auch zu Knödeln geformt, mit Kräutern oder Parmesan abgeschmeckt und als Beilage serviert werden.*

Werden die Grießnockerln erst am nächsten Tag serviert, sollten sie nach dem Kochen sofort in kaltem Wasser 10 Minuten abgeschreckt werden, damit sie an der Oberfläche nicht austrocknen.

Lungenstrudel

Zutaten für ca. 10 Portionen

1-2 EL Öl oder Schmalz, ½ Zwiebel fein geschnitten, 150 g-200 g gekochtes Beuschel, grob faschiert, 1 Ei, eventuell etwas Semmelbrösel, Salz, Pfeffer, Majoran, Knoblauch, Strudelblätter oder gezogener Strudelteig.

Zubereitung: Zwiebel in Öl leicht anrösten, Beuschel zugeben und kurz mitrösten. Etwas abkühlen lassen und das Ei einrühren. Sollte die Masse zu weich sein, etwas Semmelbrösel zugeben. Mit Salz, Pfeffer, Majoran und Knoblauch abschmecken. Auf mit Butter bestrichenem, gezogenen Strudelteig oder auf fertigen Strudelblättern im ersten Drittel der Teigfläche verteilen. Strudel mit Hilfe des Strudeltuches einrollen und mit dem Handrücken in Portionen teilen, Ränder festdrücken und in kochendes Salzwasser einlegen, ¼ Stunde ziehen lassen oder den Strudel mit Eigelb bestreichen und im Ganzen im vorgeheizten Rohr bei 200°C 15 Minuten backen, abkühlen lassen und in beliebig große Stücke schneiden.

Vorbereitung der Lunge (Beuschel) siehe Seite 236.

Schöberln

Zutaten für 10 Portionen

Zubereitung: 3 Eiklar zu Schnee schlagen, 3 Dotter und 100 g Mehl vorsichtig einrühren, Salz und Kräuter (sowie eventuell Schinken- oder Gemüsewürfel) zugeben. Fingerdick auf Backtrennpapier streichen, im vorgeheizten Rohr bei 220°C etwa 8 Minuten wie Biskuit backen, erkalten lassen, Papier abziehen und in Würfel oder Karos schneiden.

Frittaten

Palatschinkenteig für ca. 6 Stück

Zubereitung: ¼ ℓ Milch, 2 Eier, 3 EL glattes Mehl (80-100 g), Salz, kurz verrühren und etwa ½-1 Stunde stehen lassen. In mittelheißer Pfanne backen.

Gut auskühlen lassen und in feine Streifen (Frittaten) schneiden.

Variation: Kräutergehack im Teig für Kräuterfrittaten oder mit Spinat gefüllt, gekocht, abgekühlt, geschnitten für Spinat-Palatschinkenrolle.

Bröselknödel

100 g Butter schaumig rühren, mit 1 Eidotter und 1 Ei verrühren. Etwa 200 g Semmelbrösel mit ⅛ ℓ Milch anfeuchten, einrühren.

Mit Salz, Pfeffer, Muskat und gehackter Petersilie abschmecken. Etwa ½ Std. rasten lassen und ca. 10 Minuten köcheln bzw. ziehen lassen.

Eintropfsuppe

Zutaten für 4 Portionen

2 Eier, Salz, Mehl

Zubereitung: Eier mit einer Prise Salz würzen und mit so viel Mehl verrühren, dass ein dickflüssiger Teig entsteht. Etwa ¼ Stunde rasten lassen. Diesen Teig am besten aus einem Schnabelhäferl über eine Schneerute direkt in die kochende Suppe oder in kochendes Salzwasser tropfen und etwa 5 Minuten kochen lassen.

Tipp: *Diese Suppeneinlage ist sehr schnell hergestellt und kann, mit etwas mehr Mehl durch ein Spätzlesieb gedrückt, als Beilage (Spätzle) serviert werden.*

Leberknödel

Zutaten für 8-10 Stück

1 Semmel, 1 Ei,
2 EL Schmalz oder Nierenfett,
½ Zwiebel, grob geschnitten,
½ EL Petersilie, grob gehackt,
200 g Rindsleber, klein geschnitten, Salz, Pfeffer, Majoran, eventuell etwas Knoblauch, Semmelbrösel

Zubereitung: Die Semmel in Wasser oder Milch einweichen und ausdrücken. Zwiebel in Schmalz kurz anrösten und abkühlen lassen. Leber und Semmel sowie Petersilie zugeben und alles fein faschieren. Ei einrühren und mit Salz, Pfeffer, Majoran und eventuell mit etwas Knoblauch kräftig abschmecken.
Zum Schluss so viel Semmelbrösel zugeben, dass eine mittelfeste Masse entsteht, diese ½ Stunde rasten lassen.
Mit nassen Händen gleichmäßige Knödel formen und in kochende Suppe oder leichtes Salzwasser einlegen und 10 Minuten kochen, anschließend 5 Minuten ziehen lassen.
In manchen Gegenden werden die Leberknödel in Fett herausgebacken.
Aus derselben Masse können auch Lebernockerln hergestellt werden. Werden die Leberknödel größer geformt, können sie auch als Beilage mit Kraut serviert werden.

Tipp: *Wenn keine Faschiermaschine vorhanden ist, muss die Leber bereits faschiert bzw. geschabt eingekauft werden. Die Semmel nach dem Einweichen passieren oder in einem Küchencutter (Moulinette) zerkleinern. Werden die Leberknödel erst später oder am nächsten Tag serviert, sollten sie nach dem Kochen sofort in kaltem Wasser 5-10 Minuten abgeschreckt werden, damit sie nicht austrocknen und sich nicht dunkel verfärben können.*

Leberreis

Zutaten für 10 Portionen

2 EL Schmalz oder Nierenfett,
½ Zwiebel, grob geschnitten,
½ EL Petersilie, grob gehackt,
200 g Rindsleber, fein faschiert,
2 Eier, 160 g glattes Mehl,
Salz, Pfeffer, Majoran, etwas Knoblauch

Zubereitung: Zwiebel in Schmalz kurz anrösten und abkühlen lassen. Faschierte Leber, Petersilie und Eier einrühren, mit Salz, Pfeffer, Majoran und fein geschnittenem Knoblauch kräftig abschmecken. Zum Schluss das Mehl einrühren. Die eher feste Masse durch ein Spätzlesieb oder durch ein umgedrehtes grobes Reibeisen mit Hilfe einer Teigkarte in die kochende Suppe oder leichtes Salzwasser streichen und 10 Minuten kochen.
Der Leberreis kann mit fein geschnittenen Zwiebeln und Petersilie auch als Beilage zu deftigen Speisen serviert werden. Aus derselben Masse können auch nach Zugabe von etwas Semmelbröseln mit zwei Suppenlöffeln Lebernockerln geformt werden.

Tipp: *Wird der Leberreis erst später oder am nächsten Tag serviert, sollte er nach dem Kochen sofort in kaltem Wasser 5-10 Minuten abgeschreckt werden, damit er nicht austrocknen und sich nicht dunkel verfärben kann.*

Im Frühling wächst der Bärlauch

Der Bärlauch oder wilde Knoblauch besitzt eine längliche, bis zu sieben Zentimeter große Zwiebel, die von durchsichtigen Häuten umgeben ist. Aus ihr wachsen, sobald die Schneeglöckchen verblüht sind, 20 bis 25 Zentimeter hohe grundständige Blätter von Lanzettform. Zumeist sind es nur zwei Blätter pro Pflanze. Zwischen ihnen entspringt ein aufrechter und etwas kantiger Stiel mit weißen, sternförmigen und in einer Scheindolde angeordneten Blüten. Im späteren Frühling zieht der Bärlauch ein und verschwindet, um im nächsten Jahr wieder an der selben Stelle zu erscheinen.

Gesammelt werden die jungen Blätter zwischen März und Mai, noch vor der Blüte.

Legierte Grießsuppe

Bärlauchsuppe

Zutaten für 4 Portionen
10 bis 15 Bärlauchblätter,
1 kleiner Erdapfel, mehlige Sorte,
½ ℓ Rinds- oder Geflügelsuppe,
¼ ℓ Schlagobers, Salz.

Zubereitung: Den Erdapfel kochen und schälen. Bärlauch waschen und feinnudelig schneiden.
Rindsuppe mit Schlagobers aufkochen. Bärlauch und gekochten Erdapfel zufügen. Mit dem Pürierstab oder am besten mit einem Turmmixer durchmixen. Suppe mit Salz abschmecken.
Als Einlage passen frittierte Erdäpfelwürfel, geröstetes Weißbrot, pochierte Eier (5 Minuten) oder Wachteleier (3 Minuten gekocht).

Legierte Grießsuppe

Zutaten für 4 Portionen
40 g Butter, 40 g Grieß,
2 EL fein geschnittene Zwiebeln,
1 ℓ Selchsuppe oder Rindsuppe,
⅛ ℓ Schlagobers, 2 Eidotter, Salz, weißer Pfeffer aus der Mühle, Muskatnuss, Schnittlauch

Zubereitung: Zwiebeln in Butter glasig anschwitzen, Grieß dazugeben und kurz mitrösten. Mit der heißen Suppe unter ständigem Rühren aufgießen. Etwa ¼ Stunde durchkochen lassen, gut abschmecken, Eidotter mit Obers verrühren (Legierung) und rasch in die heiße Suppe einrühren. Nicht mehr kochen lassen (Legierung würde ausflocken!). Mit viel Schnittlauch bestreuen und servieren. Zusätzlich kann die Suppe noch mit gerösteten Brotwürfeln bestreut werden.

Bärlauch

Krautsuppe mit Debrezinern

Zutaten für 4 Portionen
400 g Weißkraut (nicht zu fein geschnitten), 100 g Schmalz,
150 g Zwiebel (fein geschnitten),
2 ℓ Suppe,
Salz, Pfeffer aus der Mühle, Kümmel, Schnittlauch,
1 EL Paprika, Sauerrahm,
2 Paar Debreziner als Einlage

Zubereitung: Das nicht zu fein geschnittene Kraut einsalzen, mit ganzem Kümmel würzen, durchmischen und andrücken.
Ungefähr 1 Stunde marinieren. Schmalz erhitzen und Zwiebeln anrösten, Kraut zugeben und leicht andünsten. Paprika hinzufügen und gut durchrühren. Mit Suppe aufgießen und auf kleiner Flamme 1 Stunde köcheln lassen. Debreziner klein schneiden und kurz mitköcheln. Mit Salz und Pfeffer abschmecken.
Die Suppe in tiefen Tellern anrichten, mit etwas Sauerrahm und Schnittlauch garnieren.

Erdäpfelsuppe mit Steinpilzen

Zubereitung: Die Erdäpfel schälen, waschen und in kleine Würfel oder Stücke schneiden. Die Zwiebel mit Kümmel fein schneiden. In ¾ ℓ Salzwasser alles zusammen weich kochen. Die Suppe pürieren und noch einige Minuten verkochen lassen. Zum Schluss Obers und Crème fraîche einrühren, mit Kräutern abschmecken. Mit dem Mixen der Zutaten regelt man die Dicke der Suppe. Je länger man mixt, desto dicker wird die Suppe.
Die Pilze in Scheiben schneiden und in etwas Knoblauchbutter anbrutzeln (anschwitzen). Die Pilze in die Suppe einstreuen.

Mit einem Sahnehäubchen und eventuell gerösteten Weißbrotwürfeln garnieren.

Zutaten für 4 Portionen
300 g mehlige Erdäpfel,
1 Zwiebel, 100 g Pilze,
1 EL gehackte Petersilie, etwas Salz, Pfeffer, Majoran,
¾ ℓ Wasser, ¼ ℓ Obers,
3 EL Crème fraîche,
1 Zehe Knoblauch,
Kümmel ganz oder gehackt

Erdäpfelsuppe mit Steinpilzen

Mostschaumsuppe oder Weinsuppe
mit Sternanis

Zubereitung: Most oder Weißwein mit Lorbeerblättern, Sternanis, grob zerdrückt, und Zwiebelringen auf ¼ ℓ einkochen und abseihen. Kräftige Suppe und Obers zugießen, mit Paradeismark leicht rosa färben. Mit Mehlbutter binden, aufkochen und einige Minuten gut durchkochen lassen. Mit Salz, Sternanis und etwas weißem Pfeffer abschmecken. Im Turmmixer oder mit Stabmixer eventuell mit etwas kalter Butter schaumig aufmixen.
Mit dünn geschnittenen schwarzen Nüssen oder eventuell gebackenen Blätterteigstangerln (mit Anis) servieren.
Sollten keine schwarzen Nüsse vorhanden sein, kann die Suppe auch mit gerösteten Brotwürfeln angerichtet werden.

Zutaten für 10 Portionen
¾ ℓ Most, eher säuerlich oder
½ ℓ trockener Weißwein,
2 Lorbeerblätter,
einige Zwiebelringe, 1-2 Stück Sternanis, grob zerdrückt,
1 ℓ kräftige Rind-, Kalb-, oder Geflügelsuppe, 0,4 ℓ Schlagobers,
1 KL Paradeismark (zum leichtrosa färben der Suppe),
Salz, weißer Pfeffer, Sternanis, gemahlen, oder auch Zimt, gemahlen, Mehlbutter (60 g flüssige Butter und 40 g glattes Mehl verrührt), eventuell etwas kalte Butter, schwarze Nüsse oder geröstete Brotwürfel

Mostschaumsuppe

Petersiliensuppe

Zubereitung: Petersilienwurzen und -stengel klein schneiden, in Butter andünsten, mit Suppe aufgießen und weich kochen, mit Obers aufgießen, im Turmmixer pürieren, abseihen. Mit Salz und Pfeffer abschmecken. Kurz vor dem Servieren nochmals mit frischer grüner Petersilie mixen, eventuell mit Erdäpfeln binden.
Mit frittierten Petersilienwurzenstreifen und frittierter Blattpetersilie anrichten.

Zutaten für 5 Portionen
1 bis 2 Petersilienwurzen mit Grün,
1 kleiner Bund Petersiliengrün,
30 g Butter, ¾ ℓ Suppe,
¼ ℓ Schlagobers,
Salz, weißer Pfeffer aus der Mühle, eventuell ein gekochter Erdapfel zum Binden

Kaltes, als Vorspeis´ oder zur Jause

Pastete mit Preiselbeeren und Vogerlsalat

Pasteten und Pastetenteig

Als Pastete werden verschiedene Fleischmusfüllen in einem Teigmantel bezeichnet, die auch in diesem Mantel gegart werden. Die Hülle für eine Pastete ist meist ein Mürbteig, der natürlich keinen Zucker enthält und ein wenig gesalzen ist. Es kann aber auch Germ- oder Blätterteig als Hülle für eine Pastete verwendet werden.
Beim Teig soll darauf geachtet werden, dass die Fett- und Wasseranteile der Masse ausgewogen sind. Zu viel Fett und wenig Flüssigkeit lassen den Teig zu mürb und damit brüchig werden. Wenn der Wasseranteil erhöht wird, wird der Teig geschmeidiger und ist leichter zu verarbeiten.
Bei der Zubereitung sind einige grundsätzliche Dinge zu beachten: Die Farce, welche die Fülle der Pastete bildet, kann aus Fleisch oder Fisch bestehen. Das Fleisch (der Fisch) wird zuerst gut gekühlt und anschließend sehr fein faschiert. Damit die Farce nicht trocken wird, gibt man Fett in Form von Butter, Obers oder Speck dazu.
Der beim Garen entstehende Dampf im Inneren der Pastete wird durch kleine „Kamine" (etwa 10 cm hohe Papier- oder Alufolienrollen) am Deckel der Pastete abgeleitet. Damit verhindert man auch, dass die Teighülle einreißt.
Nach dem Garen wird durch diese „Kamine" Gelee in die Pastete gegossen; dadurch werden alle Hohlräume gefüllt, die durch entwichenen Dampf entstanden sind, und die Pastete bleibt auch länger frisch. Den genauen Garzustand der Pastete kann man mit einem Bratenthermometer messen; es soll eine Temperatur zwischen 68°C und 70°C erreicht werden. Die ausgekühlte Pastete soll mit einem scharfen Sägemesser oder einem Elektromesser aufgeschnitten werden.

Pastetenteig

Zutaten für 2 Pasteten

1 kg glattes Mehl (Type 700), 350 g Butter, ¼ ℓ Wasser oder Milch, 1 Ei, 1 Eidotter, 20 g Salz

Zubereitung: Für eine Pastete wird zwar nur die Hälfte des Teiges benötigt, er lässt sich aber aus der doppelten Menge der Zutaten besser herstellen.
Den Rest des Teiges friert man, in ein Tiefkühlsackerl gewickelt, ein und kann ihn zu einem späteren Zeitpunkt verarbeiten (hält ca. 3 Monate).
Für den Teig Mehl auf eine Arbeitsfläche sieben, Butter in kleine Stücke teilen und mit dem Mehl verbröseln. Eier, Wasser oder Milch und Salz einarbeiten und rasch zu einem glatten Teig verkneten. Teig in Folie wickeln und mindestens 1 Stunde, besser über Nacht, an einem kühlen Ort rasten lassen.

Wildpastete oder Terrine
mit Vogerlsalat und Preiselbeeren

Wildfarce (oder Brät)

Eine schnelle Grundmasse für Wildterrine (mit Speckmantel, im Wasserbad gekocht) oder Pastete (mit Teigmantel im Rohr gebacken) wäre das Grundrezept der Rehnockerln (Rezept Seite 268).

Zutaten für 4 Portionen

180 g Wildfleisch mager (Hirsch, Gams, Reh, Hase, Fasan u.a.), 100 g Schweinsschulter, 100 g Speck roh (grüner Speck), Salz, Pfeffer, Wacholder, eventuell Preiselbeeren, Orangenschale, Rosmarin u.a., 1 cl Cognac und je nach Geschmack 1 cl Gin, Cassis oder Grand Marnier, 0,2 ℓ Schlagobers

Zubereitung: Wild- und Schweinefleisch sowie den Speck kleinwürfelig schneiden und über Nacht im Kühlschrank mit Gewürzen und Alkohol marinieren. Am nächsten Tag das Fleisch etwas anfrieren, sehr fein faschieren und im Küchencutter (Moulinette) mit kaltem Obers zu einer feinen, glatten Masse cuttern bzw. pürieren und kalt stellen.
Vor der Weiterverarbeitung gut abschmecken (eventuell Probenockerl in Salzwasser einkochen) und durchrühren. Für die Einlage können neben einem rohen Filet noch Pistazien, Schwammerln, Dörrzwetschken, rohe Speckwürfel u.a. verwendet werden.

Terrinen

Terrinen sind Pasteten ohne Teigmantel. Bei Terrinen wird die vorbereitete Farce in eine feuerfeste Terrinenform gefüllt, die vorher mit Scheiben von grünem Speck ausgelegt wurde. Der Speck soll möglichst glatt und fugenlos an der Terrinenwand anliegen. Gemüseterrinen, die kalt zubereitet werden, sollen anstelle von Speck mit einer Klarsichtfolie ausgelegt werden. Dadurch kann man die fertige Terrine leichter aus der Form stürzen.
Im Wasserbad lässt man die Terrine unter dem Siedepunkt garziehen. Dabei stellt man die Terrinenform in ein großes Gefäß (Bratpfanne), das mit siedendem Wasser gefüllt ist. Beide Gefäße kommen in ein auf 130°C vorgeheiztes Backrohr. Die richtige Temperatur kann wieder mittels eines Bratenthermometers abgelesen werden.
Vor dem Stürzen soll die Terrine unbedingt vollkommen abgekühlt sein (es empfiehlt sich, diese eine Nacht in den Kühlschrank zu stellen).
Zum Schneiden der Terrine verwendet man ein scharfes Messer, das vor jedem Schnitt in heißes Wasser getaucht wird (oder ein Elektromesser).

Frisches Gemüse für eine Terrine

Sauce Cumberland

Zutaten für 1 ℓ Sauce
½ kg Preiselbeerkompott,
½ kg Ribiselmarmelade,
⅛ ℓ Rotwein, 8 cl Portwein,
Saft und Schale von
2 Orangen und ½ Zitrone,
1 TL Senf (englischer Senf),
10 g frischer Ingwer, eine
Prise Cayennepfeffer, Salz

Zubereitung: Den Ingwer schälen, fein hacken oder auf einer Küchenreibe fein raspeln. Sämtliche Zutaten für die Sauce in einem Topf gut verrühren und aufkochen. Sauce anschließend durch ein Haarsieb streichen. Passierrückstände hacken und wieder in die Sauce einrühren. Sauce in sterile Einkochgläser füllen, gut verschließen und noch etwa 3 Tage ziehen lassen. Die Sauce hält, kühl und dunkel gelagert, mindestens ein halbes Jahr.

Grundrezept Gemüseterrine

Etwa 800 g Gemüsepüree,
8-10 Blatt Gelatine und
ca. 0,6 ℓ Obers

Nährwert pro Portion:
283 kcal; 26 g Fett; 6,95 g KH; 5,96 g EW; 67,5 mg Chol; 0,6 BE.

Grundrezept Fischterrine

400 g faschiertes Fischfilet (Hecht, Forelle, Saibling, Karpfen), ¼ ℓ Obers,
4 Eiweiß oder 2 Eier (für Fisch wegen der Farbe besser mit Eiweiß), weich gekochtes Gemüse als Einlage

Nährwert pro Portion:
226 kcal; 17 g Fett; 1,47 g KH; 17,3 g EW; 154 mg Chol; 0,12 BE.

Gemüseterrine

Zubereitung: Für eine kalte Gemüseterrine (Mousse) wird das entsprechende Gemüse weich gekocht, fein püriert und bei Bedarf durch ein feines Haarsieb gestrichen. Das noch lauwarme Gemüsepüree gut abschmecken und mit aufgelöster, flüssiger Gelatine verrühren. Kurz vor dem Stocken geschlagenes Obers einrühren und kräftig abschmecken. In eine mit Klarsichtfolie ausgelegte Form füllen und kalt stellen.

Gemüse: Kohlrabi, Karfiol, Spargel, Paprika, Karotten, Petersilwurzen, Sellerie, Kürbis, Brokkoli usw.

Fischterrine

Zubereitung: Faschierten oder fein gehackten Fisch zu zwei Laibchen formen und ca. 1½ Stunden tiefkühlen, klein schneiden und in der Moulinette mit Eiweiß und nach und nach mit Obers zu einer glatten Masse cuttern. Mit Salz und Pfeffer sowie etwas Zitronensaft würzen.
Fischfarce wegen eventuell vorhandener Gräten durch ein Haarsieb streichen.
Das Haarsieb nach dem Durchpassieren der Fischfarce umdrehen, zuerst mit einem kräftigen, kalten Wasserstrahl vorreinigen und erst dann heiß abwaschen, da durch heißes Wasser das Eiweiß im Haarsieb stocken bzw. verkleben würde.
Passierte Fischfarce kalt stellen und mit Kräutern und Einlage verrühren. In eine geölte, mit Klarsichtfolie ausgelegte Form füllen und zugedeckt im Rohr im Wasserbad bei 120°C (70°–80°C Wassertemperatur) etwa 1 Stunde pochieren, abkühlen lassen.

Für die Einlage

Grob faschiertes, gewürfeltes oder ganzes Fischfilet sowie gekochtes Gemüse und Kräuter. Zum Würzen können folgende Kräuter einzeln verwendet werden: Dille, Basilikum, Estragon oder Kerbel.

Wichtig! *Bei der Zubereitung von Terrinen ist darauf zu achten, dass die Zutaten für die Farce gut gekühlt verarbeitet werden, dass sie kräftig gewürzt werden und beim Pochieren das Wasser nicht aufkocht.*

Grundrezept für Sulz (Sülze)

Zutaten für 10–12 Portionen

1½-2 kg Schweineschwarten mit Wurzelgemüse und ca. 4-5 ℓ Wasser bedeckt etwa 2-3 Stunden auskochen, abseihen und auf ½ ℓ Flüssigkeit einkochen.
Eine schnellere Variante:
in ½ ℓ kräftiger, gut gewürzter, warmer Suppe etwa 14 Blatt Gelatine auflösen

Zubereitung: Als Grundprodukt für Sulzen eignet sich eine Vielzahl von Produkten, wie z.B. Fleisch (Rind-, Schweine- oder Lammfleisch, Ochsenschlepp), Geflügel, Wild, Kaninchen, Fisch (Karpfen, Lachsforelle, Forelle uvm.), Pilze und Gemüse. Mit Knochen oder Gräten 1½-1¾ kg oder Reingewicht etwa ¾ kg berechnen.

Tipp: *Alle Zutaten für die Sulz sollten gut gewürzt und sehr weich gekocht sein, tiefgekühlte Sulz für bessere Konsistenz leicht erwärmen und wieder kalt stellen. Essig bzw. Vinaigrette erst kurz vor dem Anrichten auf die Sulz geben.*

Rindfleischsulz

Zubereitung: Rindfleisch und Gemüse in der kräftigen Rindsuppe kurz köcheln lassen, abschmecken, die eingeweichte und ausgedrückte Gelatine einrühren und gut abkühlen lassen. Vor dem Stocken die frischen Kräuter dazugeben.
Eine Kastenform, Schüssel oder Portionsförmchen mit Öl ausstreichen und mit Klarsichtfolie auslegen. Die Sulz einfüllen und gleichmäßig verteilen. Mehrere Stunden kalt stellen. Aus der Form stürzen, was mit der Klarsichtfolie sehr einfach geht, mit einem Elektromesser aufschneiden und mit Salat sowie einer Vinaigrette und gehackten harten Eiern anrichten.

Nährwert pro Portion:
100 kcal; 4,57 g Fett; 2,03 g KH; 12,6 g EW; 24,9 mg Chol; 0,17 BE.

Zutaten für 10–12 Portionen
½ ℓ kräftige Rindsuppe,
12-14 Blatt Gelatine oder ½ ℓ Schwartenfond, gut gewürzt,
300 g Rindfleisch, weich gekocht, klein gewürfelt,
400 g Gemüsewürfel, weich gekocht, (z.B. Karotten, gelbe Rüben, Sellerie),
Salz, Pfeffer, Liebstöckl, Schnittlauch, Lorbeer

Rindfleischsulz

Eierschwammerlsulz

Zubereitung: Zwiebel fein schneiden und in heißem Öl leicht anschwitzen. Die Schwammerln zugeben und gut andünsten. Mit Salz, Pfeffer und Kräutern abschmecken, in die kräftige Suppe geben und kurz köcheln lassen, abschmecken, eingeweichte und ausgedrückte Gelatine einrühren und gut abkühlen lassen. Vor dem Stocken die frischen Kräuter dazugeben.
Eine Kastenform, Schüssel oder Portionsförmchen mit Öl ausstreichen und mit Klarsichtfolie auslegen. Die Sulz einfüllen und gleichmäßig verteilen. Mehrere Stunden kalt stellen. Aus der Form stürzen (geht mit der Klarsichtfolie sehr einfach).
Mit einem Elektromesser aufschneiden und mit Salat sowie eventuell Vinaigrette und Paradeiswürfeln* anrichten.

Tipp: *Um bei der Schwammerlsulz einen kräftigen Geschmack zu erhalten, sollte man etwaige Abschnitte von Schwammerln und Pilzen vorerst in der Suppe etwas auskochen, abseihen und diesen Pilzfond bzw.- diese Suppe für die Sulz verwenden.*

Zutaten für 10–12 Portionen
1 kg Eierschwammerln, geputzt und klein geschnitten,
3-4 EL Öl, 1 Zwiebel,
½ ℓ Schwartenfond, kräftig abgeschmeckt, oder
½ ℓ Kraftsuppe und etwa 14 Blatt Gelatine, Petersilie, Majoran oder Thymian, Salz, Pfeffer aus der Mühle,
2-3 Paradeiser, Blattsalat, Öl, Essig

* Paradeiswürfel (Concassé)

Feste Paradeiser an der Kuppe kreuzweise einritzen und ca. 20 Sekunden in kochendes Wasser geben. Kalt abschrecken, Haut abziehen, vierteln, entkernen und in Würfel oder Streifen schneiden. Eventuell Dosenparadeiser grob hacken und abtropfen lassen..

Eierschwammerlsulz

Eierschwammerln und Steinpilze

Zander, Hecht und Karpfen

Karpfensulz mit Kernöl und Apfelmostessig

Zutaten für 12–15 Portionen
Eine Kastenform mit 1,2 ℓ Inhalt

1 Karpfen (Spiegelkarpfen) mit ca. 1,80 kg, geschuppt und ausgenommen, Salz, Zitrone, 1,50 kg Schweinsschwarten, 5 ℓ Wasser, ½ ℓ trockener Weißwein, 1 kleine Sellerie, 2 Petersilwurzen, 2 Karotten, 2 gelbe Rüben, 2 Bund Dille (oder Stengel), 5 bis 6 Safranfäden, 3 Knoblauchzehen, weiße Pfefferkörner, Wacholderbeeren, Gemüse, Dille und Schnittlauch als Einlage

Nährwert pro Portion:
204 kcal; 6,83 g Fett; 2,64 g KH; 26,1 g EW; 92,8 mg Chol; 0,22 BE.

Zubereitung: Die Schwarten gut auswässern und mit Wasser und Weißwein kalt zustellen. Den Karpfen filetieren, die Karkassen (Kopf und Gräten) gut auswässern und zu den Schwarten geben. Die Karpfenfilets mit Salz und Zitrone gut würzen, im Rohr bei 200°C etwa 12-15 Minuten pochieren (in einer ausgebutterten Pfanne mit etwas Fischfond oder Weißwein) und auskühlen lassen. Das Wurzelwerk waschen und schälen, die Schalen und Abschnitte vom Wurzelwerk mit den Gewürzen zu den Schwarten geben. Alles auf cirka ½ ℓ Flüssigkeit einkochen, gut würzen, durch ein feines nasses Tuch abseihen, abkühlen lassen.
Anstelle der Schwarten könnten zum Binden auch etwa 12 Blatt Gelatine, mit ½ ℓ Karpfensud vermengt, verwendet werden.
Das geschälte Wurzelgemüse in kleine Würfel oder Streifen schneiden und in Salzwasser weich kochen, abseihen und am besten in kaltem Wasser mit Eiswürfeln abschrecken, abseihen bzw. abtropfen lassen.
Die Karpfenfilets mit einem Elektromesser in Würfel schneiden, Gräten vorsichtig mit einer Pinzette entfernen, mit Gemüse, Schnittlauch und Dille vorsichtig vermischen und in eine geölte und mit Klarsichtfolie ausgelegte Kastenform füllen.
Mit dem abgekühlten, gut gewürzten Schwarten-Fond begießen und mindestens 12 Stunden kalt stellen.
Mit einem scharfen Messer oder Elektromesser in Scheiben schneiden und mit Salat servieren.
Tipp: *Am besten schmeckt die Sulz mit einer Marinade aus Mostessig und Kernöl mit etwas Schnittlauch und fein geschnittener Zwiebel, die vorher kurz mit heißem Wasser überbrüht und kalt abgeschreckt wurde.*

Tellersulz mit Fisch

Tellersulz mit Fisch und Gemüse

Zutaten für 6 Portionen
ca. ¾ ℓ klarer, kräftiger Fischfond, ca. 350 g Fischfiletstücke, gemischt ohne Gräten (Forelle, Zander, Saibling usw.), ca. 350 g gekochtes Gemüse (Karfiol, Porree, Karotten, Paprikawürfel, Paradeiswürfel, Schwammerln usw.), ca. 12-14 Blatt Gelatine, Salz, etwas Pfeffer, Safran, eventuell etwas trockener Vermouth, Dillzweig, Kerbel oder Basilikum zum Dekorieren.

Zubereitung: Den Fischfond mit Safran leicht köcheln lassen und kräftig abschmecken. Fischfiletstücke gut würzen und etwa 4-5 Minuten im Fischsud leicht köcheln lassen, abkühlen. Blattgelatine 5 Minuten in kaltem Wasser quellen lassen, gut ausdrücken und in den lauwarmen Fischsud geben. Das vorgekochte und in Eiswasser abgeschreckte Gemüse sowie die Kräuter zugeben und nochmals abkühlen lassen, bis der Fischfond fast zu stocken beginnt. Vorsichtig in kalte Suppenteller füllen, mit gelierendem Fischfond begießen und zum Schluss mit Kräutern dekorieren.
Am besten über Nacht stocken lassen.

Spargel-Sauerrahmterrine

Zubereitung: Den weißen Spargel pürieren und, wenn möglich, durch ein Sieb streichen, um restliche Schalen oder Fäden zu beseitigen. Den grünen Spargel in feine Scheiben schneiden.
Die Blattgelatine für einige Minuten in kaltes Wasser einlegen.
Das weiße Spargelpüree mit dem Sauerrahm kurz verrühren, grüne Spargelstücke, Paradeiser und Kerbel zugeben. Mit Salz und Pfeffer gut abschmecken.
Die Blattgelatine gut ausdrücken und im Mikrowellengerät oder auf dem Herd in kleinem Gefäß kurz erwärmen. Die flüssige Gelatine rasch in die Spargel-Sauerrahm-Masse einrühren.
Eine kleine Schüssel oder Kastenform mit Öl ausstreichen und mit Klarsichtfolie auslegen. Die Spargelmasse einfüllen, glatt streichen und einige Stunden oder über Nacht kalt stellen. Die kalte, feste Terrine stürzen und mit einem scharfen Messer oder Elektromesser in Scheiben schneiden, mit Blattsalat anrichten.

Zutaten für 5–6 Portionen
300 g weißer Spargel (gekocht),
100 g grüner Spargel (gekocht),
¼ ℓ Sauerrahm,
100 g Paradeiswürfel (siehe Herstellung von Spargelsalat),
8-9 Blatt Gelatine,
2 EL frische Kerbelblätter,
Salz, Pfeffer

Nährwert pro Portion:
114 kcal; 8,47 g Fett; 2,96 g KH; 6,43 g EW; 27,1 mg Chol; 0,25 BE.

Spargel und Paradeiser in Kerbelgelee

Zubereitung: Paradeiser kreuzweise an der Oberseite einschneiden und für ca. 10-20 Sekunden in kochendes Salzwasser legen, anschließend sofort im Eiswasser abschrecken. Mit einem kleinen Messer die Haut abziehen, Paradeiser vierteln und entkernen, die entkernten Spalten in Längsstreifen schneiden.
Die Geflügelsuppe oder den Spargelkochsud mit Paradeisabfällen kurz aufkochen, abseihen und kräftig abschmecken; ca. 0,1 ℓ Flüssigkeit.
Gelatine einige Minuten in kaltes Wasser einlegen, gut ausdrücken und in der lauwarmen Suppe auflösen.
Eine längliche Form mit Öl ausstreichen und mit Klarsichtfolie auslegen. Den Spargel längs halbieren oder dickere Stangen vierteln, einen Teil des Spargels einlegen, Paradeisspalten und Kerbel sowie restlichen Spargel abwechselnd einschlichten. Mit dem fast abgekühlten Kochsud begießen und einige Stunden oder über Nacht kalt stellen. Die kalte, feste Terrine stürzen und mit einem scharfen Messer oder Elektromesser in Scheiben schneiden, mit Blattsalat anrichten.

Zutaten für 5–6 Portionen
400 g weißer Spargel, gekocht,
2 Paradeiser,
0,2 ℓ Geflügelsuppe oder Spargelkochsud mit etwas Streuwürze oder Geflügelsuppenwürze abrunden,
6 Blatt Gelatine,
Salz, Pfeffer, Kerbel

Nährwert pro Portion:
44,6 kcal; 1,04 g Fett; 2,55 g KH; 6 g EW; 5,67 mg Chol; 0,2 BE.

Spargel-Sauerrahmterrine

Steirische Hausmannskost

Kuttelfleck

Kutteln - Fleck - Kaldaunen - Tripes

Kuttelfleck findet man seit jeher sowohl in der „Arme-Leute-Küche" wie auch an fürstlichen Festtafeln. Unter Kutteln versteht man den Vormagen der Wiederkäuer, in dem die Pflanzennahrung bakteriell zersetzt wird. Hauptsächlich werden Rinderkutteln und Kalbskutteln verwendet.

Zubereitungsarten:
Als Eintopfgericht, Suppe, gebacken, Sulz, für Salate

Vorbereitung: 1 kg Kutteln putzen (wird meist schon vom Schlachtbetrieb durchgeführt) und gut in kaltem Wasser durchwaschen. In reichlich Wasser aufkochen, abseihen, eventuell wiederholen, gut durchwaschen und erneut mit 300 g Wurzelgemüse, Salz, Pfefferkörnern und Lorbeer langsam weich kochen (3 bis 4 Stunden). Gekochte Kutteln kalt abschrecken und auskühlen lassen, anschließend je nach Verwendung in Stücke oder feine Streifen schneiden. Kochsud zum Aufgießen für diverse Zubereitungen aufheben, das mitgekochte Gemüse fein hacken und für die Flecksuppe weiterverwenden.

Flecksuppe

Flecksuppe

Zutaten für 10 Portionen
700 bis 800 g gekochte, fein geschnittene Kuttelfleck,
80 g Schmalz, 100 g Zwiebel, fein geschnitten,
70 g Speckwürfel (gekochter Jausenspeck), gekochtes und fein gehacktes Gemüse, 4 EL Mehl, 2 KL Paprika,
2 ℓ Kochsud, einen Schuss Essig, Salz, weißer Pfeffer aus der Mühle, Majoran, Piment, Knoblauch und Lorbeer.

Zubereitung: Zwiebel und Speck in Schmalz anrösten, mit Mehl stauben und gut durchrösten, Hitze verringern, Paprika und Gemüse zugeben, mit kaltem Kochsud langsam nach und nach aufgießen. Gut durchkochen und mit den Gewürzen kräftig abschmecken.
Geschnittene Kutteln dazugeben und auf kleiner Flamme mindestens 30 Minuten köcheln lassen.
Früher wurde bei Tisch ein Schuss Wein zum Säuern in die Flecksuppe gegeben.

Nährwert pro Portion:
285 kcal; 17,3 g Fett; 7,64 g KH; 24,6 g EW; 116 mg Chol; 0,63 BE.

Weintipp

Einige Zutaten der Flecksuppe wie Speck, Paprika, Zwiebel und Essig, verlangen nach einem kräftigen, aber fruchtbetonten Wein. Ein Riesling oder Sauvignon blanc wird die geschmackliche Herausforderung bestens bestehen.

Klachelsuppe

Zutaten für 10–12 Portionen
$1\frac{1}{2}$ kg Klacheln (Schweinsfüße, vom Fleischhauer in dicke Scheiben sägen lassen), 3 ℓ Wasser, eine halbe Sellerieknolle, eine halbe Stange Lauch, 4 Karotten, 3-4 Lorbeerblätter, Pfefferkörner, $\frac{1}{16}$ ℓ Weißwein- oder Mostessig, Salz, weißer Pfeffer aus der Mühle, 3 EL Mehl, 1 EL Sauerrahm, Knoblauch, frischer Majoran und Liebstöckel

Nährwert pro Portion:
513 kcal; 41 g Fett; 4,5 g KH; 31,6 g EW; 92,1 mg Chol; 0,4 BE.

Klachelsuppe-Haxelsuppe

Zubereitung: Die in Scheiben geschnittenen Schweinshaxeln (Klacheln) in kaltem Wasser mit den Pfefferkörnern, Lorbeerblättern und der halben Menge Essig zustellen, aufkochen lassen und dann 3–4 Stunden auf kleiner Flamme langsam köcheln lassen; die Suppe während dieser Zeit mehrmals abschäumen. Nach etwa 1 Stunde das Wurzelgemüse dazugeben.
Wenn die Haxeln weich sind, können sie von den Knochen gelöst und klein geschnitten werden (vorher mit kaltem Wasser abschrecken). Suppe abseihen, Gemüse abschrecken und klein schneiden, mit den klein geschnittenen Haxeln verrühren. Restlichen Essig mit Mehl und Sauerrahm gut versprudeln und unter ständigem Rühren wieder in die Suppe einlaufen lassen. Aufkochen, mit frischem Knoblauch nach Geschmack, Majoran und Liebstöckel abschmecken.

Kalbsbeuschelsuppe

Zutaten für 10 Portionen
1 kg Kalbsbeuschel, $\frac{1}{16}$ ℓ Öl oder Schmalz, 2 EL Mehl, 1 fein geschnittene Zwiebel, 2-3 mittlere Essiggurkerln, 1 EL Kapern (je kleiner, desto besser), eventuell etwas Weißwein, $1\frac{1}{2}$ ℓ Beuschelkochsud, etwas Essig, Salz, Pfeffer, Sardellenpaste, scharfer Senf, Zitronenschale und Majoran

Nährwert pro Portion:
279 kcal; 14,6 g Fett; 8,19 g KH; 28,2 g EW; 386 mg Chol; 0,7 BE.

Kalbsbeuschelsuppe

Beuschel – Vorbereitung

1 Kalbs- oder Schweinsbeuschel mit Herz, ohne Luft- und Speiseröhre (1 kg) in kaltem Wasser gut wässern. Lunge mehrmals anstechen und in einem reichlich großen Topf mit kaltem Wasser, Wurzelgemüse, Salz, Lorbeer, Pfefferkörnern, Zwiebel und Thymian zustellen. Anfangs ($\frac{1}{2}$ Stunde) offen, später zugedeckt langsam kochen. Nach 1 Stunde die Lunge im Topf wenden und noch $\frac{1}{2}$ Stunde weichkochen lassen. Lunge in kaltem Wasser gut auskühlen lassen. Herz weiterkochen, bis es weich ist, dann ebenfalls kalt abschrecken, damit es nicht dunkel und trocken wird.
Lunge und Herz grob faschieren oder mit einer Aufschnittmaschine erst in feine Scheiben und dann von Hand in feine Streifen oder Würfel schneiden.
Zubereitung: Öl oder Schmalz erhitzen, Mehl anrösten (cremig), fein geschnittene Zwiebeln, Essiggurkerln und Kapern sehr fein gehackt dazugeben, kurz mitrösten, eventuell mit Weißwein ablöschen und mit kaltem Beuschelsud aufgießen. Das geschnittene Beuschel dazugeben. Mit einem Schuss Essig, Salz, Pfeffer, Sardellenpaste, scharfem Senf, Zitronenschale und Majoran gut abschmecken und mindestens noch 20-30 Minuten leicht köcheln lassen.
Eventuell mit etwas Sauerrahm (mit Mehl und Wasser anrühren) verfeinern.
Tipp: *Für Kalbsbeuschel nur mit 1 ℓ Beuschelsuppe aufgießen, ergibt 5 Portionen. Wenn vorhanden, kann Beuschel oder Beuschelsuppe vor dem Servieren mit etwas Gulaschsaft (Spiegel) begossen werden.*

Gröstel

Ein Gröstel wird in einer Pfanne in einem Arbeitsgang zubereitet. Es ist jedoch sowohl geschmacklich wie auch optisch besser, wenn das Gröstel in zwei Pfannen bzw. getrennt zubereitet wird.
Als Basis werden speckige Erdäpfel, die in der Schale mit Salzwasser kalt zugestellt und nicht zugedeckt kernig (fest) gekocht werden, verwendet. Nach dem Kochen kalt abschrecken und einige Stunden bzw. über Nacht stehen lassen.
Als Fettstoff sollte naturgemäß Schweineschmalz verwendet werden, nicht zu sparsam, wenn es eine schöne goldgelbe Kruste geben soll.
Als Pfanne eignet sich am besten eine Gusspfanne mit dickem Boden oder eine leichtere versiegelte Aluminium-Gusspfanne.
Gröstel können sowohl als Beilage wie auch als Zwischenspeise oder mit Salat als Hauptspeise serviert werden.

Blunzengröstel

Blunzengröstel

Zubereitung: Erdäpfel in Salzwasser halb roh kochen, schälen und blättrig schneiden, in heißem Schmalz gut anrösten, wenden und auf der zweiten Seite langsam fertig braten.
In der zweiten Pfanne die Blutwurst kurz beidseitig anbraten und gleich aus der Pfanne nehmen. Etwas Schmalz in die Pfanne geben und die Zwiebeln gut anrösten. Erdäpfel und Blutwurst beigeben, kurz durchschwenken und mit Salz, Pfeffer und frischem Majoran abschmecken und anrichten.

Nährwert pro Portion:
720 kcal; 56,7 g Fett; 32,7 g KH; 20,5 g EW; 54,5 mg Chol; 2,7 BE.

Zutaten für 4 Portionen
800 g speckige Erdäpfel,
4 Blutwürste ohne Haut, in etwa 1cm dicke Scheiben geschnitten,
2 bis 3 Zwiebeln, in Ringe geschnitten,
Salz, Pfeffer aus der Mühle und frischer Majoran

Steirisches Ritschert

Zubereitung: Zwiebel in Schmalz anrösten, Sellerie mitrösten und mit Suppe aufgießen.
Die Bohnen und Rollgerste sowie Gewürze dazugeben und auf kleiner Flamme langsam etwa 1½ bis 2 Stunden köcheln lassen. Achtung, brennt leicht an! Öfters umrühren und notfalls mit Suppe aufgießen.
Nach etwa 1 Stunde Erdäpfel dazugeben und noch etwa 1 Stunde köcheln lassen. Selchfleisch dazugeben, mit Salbei abschmecken und servieren.

Tipp: Um die Kochzeit zu verkürzen, können Bohnen und Rollgerste vorgekocht werden.

Nährwert pro Portion:
559 kcal; 26,9 g Fett; 47,6 g KH; 31,3 g EW; 79,3 mg Chol; 4 BE..

Zutaten für 4 Portionen
1 EL Schmalz oder Öl, 1 kleine Zwiebel, fein geschnitten,
2 bis 3 EL Sellerie, kleinwürfelig geschnitten, 1 ℓ Selchsuppe (oder Rindsuppe), 200 g weiße Bohnen (¼ ℓ), vorher eingeweicht, 200 g Rollgerste (¼ ℓ), vorher eingeweicht,
2 Lorbeerblätter, Liebstöckel, Salz, Pfeffer, Salbei,
1 Knoblauchzehe, geschnitten,
200 g Geselchtes (vom Hals, der Stelze oder dem Ripperl), klein gewürfelt, gekocht,
100 g Erdäpfel, gewürfelt, roh

Weintipp

Einige Weißweine wie Welschriesling, Rheinriesling oder Weißburgunder sind als Begleiter zu Erdäpfelgerichten besonders geeignet, da sie den Eigengeschmack der Knolle hervorheben.
Je nach Zubereitungsart (mit Speck, Fleisch oder mit Schweineschmalz gebraten) können auch leichte Rotweine dazu munden.

Schweinsbrüstl mit Sauerkraut und Grammelknödel

Sauerkraut

50 bis 100 g Schweineschmalz,
150 g Zwiebel, geschnitten,
1 kg Sauerkraut (eventuell mit Karotten-, Sellerie- und Apfelstreifen),
1 bis 1½ ℓ Wasser oder Suppe (Selchsuppe oder Suppe vom Fleischkochen),
Lorbeer, Wacholder, Kümmel, Knoblauch.
eventuell 1 mehliger Erdapfel, roh geschabt, zum Binden
Salz, Pfeffer

Nährwert pro Portion:
395 kcal; 17,6 g Fett; 5,01 g KH; 52,3 g EW; 166 mg Chol; 0,4 BE.

Zubereitung Sauerkraut

Zwiebeln in Schmalz hell anrösten, Kraut zugeben und mit Suppe aufgießen. Gewürze zugeben und Erdapfel dazuschaben. Anschließend mit Salz und Pfeffer abschmecken und zugedeckt langsam etwa 1½ Stunden weich dünsten.
Anstelle von Sauerkraut können auch saure Rüben auf dieselbe Art zubereitet werden.

Schweinsbrüstl
mit Sauerkraut und Grammelknödel

Zutaten für 8 Portionen

1½ kg Schweinsbrüstl ohne Knochen, Salz, Kümmel ganz, Knoblauch.

Zubereitung Schweinsbrüstl: Das Schweinsbrüstl oder den Jungschweinsbraten (Karree mit Schwarte) oder die Schweinsstelze zum Braten oder Grillen in heißes Wasser geben, mit Salz und Kümmel würzen und ca. ½ Stunde vorkochen. Mit scharfem Messer erst quer bzw. parallel zum Anschnitt und dann längs (Schachbrettmuster) einschneiden (= schröpfen).

Tipp: *Schneiden Sie die Schwarte gleich in dem Abstand, wie das Brüstl beim Servieren portioniert wird!*

Den Braten in einer Pfanne - Schwarte nach oben - mit Kochwasser im Rohr bei ca. 220°C ungefähr 1 Stunde knusprig braten, nicht übergießen! Hitze auf 120°-130°C zurückschalten und je nach Größe fertig braten. Knoblauch, grob oder fein geschnitten, und eventuell etwas Kümmel zum Schluss in den Natursaft geben.
Kerntemperatur bei Brüstl und Stelze etwa 80°C, Bratengewichtsverlust ca. 30%.
Nach dem Umdrehen im Rohr bei 160°C ca. 1 Stunde fertig braten.
Als Beilage eignen sich mitgebratene Erdäpfel, Sauerkraut, Kürbis, Semmel- oder Grammelknödel.

Tipp: *Sollte Ihr Herd keine hohe Hitze erreichen, dann könnte das Brüstl nach dem Kochen und Würzen (vorher gut abtrocknen) in einer Pfanne mit dickem Boden in reichlich Schweineschmalz langsam auf der Schwartenseite knusprig braun angebraten und dann ins Rohr gestellt werden.*

Grammelknödel Zutaten für 15 Knödel

Zubereitung Grammelmasse

In 3 EL Schmalz (100 g) 80 g Zwiebel anrösten, zu 200 g feingehackten Grammeln geben und mit 2 bis 3 EL Böseln binden. Mit Salz, Pfeffer, Majoran und Knoblauch abschmecken und kalt stellen. Kleine Kugeln formen und etwas anfrieren lassen.

Erdäpfelteig

600 g mehlige Erdäpfel in der Schale kochen, abseihen, noch heiß schälen und passieren (= ca. ½ kg), 200 g griffiges Mehl, 50 g Grieß, 2 Eier, Salz, Pfeffer, Muskat

Zubereitung: Alle Zutaten rasch verkneten, zu einer Rolle formen und etwa eine halbe Stunde rasten lassen. In 15 Teile aufteilen, flachdrücken, mit Grammelmasse füllen, gut verschließen und in Salzwasser etwa 10-15 Minuten köcheln lassen. Mit Grammelschmalz begießen und anrichten.

Steirisches Krenfleisch

Zubereitung: Das Schweinefleisch mit den Schweineknochen in leicht gesalzenes, heißes Wasser mit den Abschnitten vom Wurzelgemüse und den Gewürzen einlegen, langsam köcheln lassen, zwischendurch den sich bildenden Schaum abschöpfen. *Tipp: Verwenden Sie zum Kochen nur so viel Wasser, wie zum Bedecken des Fleisches notwendig ist. Durch zu viel Wasser würde die Suppe zu schwach bzw. geschmacksarm werden.*

Wenn das Fleisch weich wird, etwas Kochsud abseihen und darin die Wurzelgemüsestreifen der Reihe nach (gelbe Rüben, Karotten und Sellerie) in Abständen von etwa 2 Minuten nacheinander einlegen und kochen.
Den Wurzelsud mit Essig abschmecken, das Fleisch in Scheiben schneiden und mit dem Wurzelgemüse sowie etwas Suppe anrichten. Mit frisch geriebenem Kren und Schnittlauch bestreuen und sofort mit Salz- oder Kümmelerdäpfeln servieren.
In manchen Gegenden wird das Krenfleisch gewürfelt serviert und dann als Wurzelfleisch bezeichnet.

Tipp: Wird das gekochte Fleisch nicht sofort serviert oder bleibt einiges übrig, schreckt man das Fleisch sofort in kaltem Wasser ab. Es bleibt dadurch saftiger, zerkocht bzw. zerfällt nicht und trocknet nicht an bzw. verfärbt sich nicht dunkel. Es lässt sich in kaltem Zustand auch sehr gut aufschneiden.

Zutaten für 4 Portionen
900 g Schweineschulter oder Schopf, einige Schweineknochen, kurz überbrüht und kalt abgespült (blanchiert),
300 g Wurzelgemüse (Sellerie, Karotten, gelbe Rüben),
Salz, 2 Lorbeerblätter, Pfefferkörner, 2 Knoblauchzehen,
2 EL Weißweinessig,
3 EL geriebener Kren,
Schnittlauch

Nährwert pro Portion:
430 kcal; 24,7 g Fett; 5,22 g KH; 46,8 g EW; 158 mg Chol; 0,4 BE.

Steirisches Krenfleisch

Wurzelfleisch

Gleiche Zubereitung wie Krenfleisch, nur wird das Fleisch gewürfelt.

Zubereitung: Wurzelgemüse waschen, schälen und in zündholzstarke Stäbchen schneiden (Julienne), in leicht gesalzenem Wasser die Wurzelgemüsestreifen der Reihe nach in 2-Minuten-Abständen einlegen, nicht zu weich kochen und sofort kalt abschrecken.
Zwiebelringe ebenfalls kurz überkochen und abschrecken. Abschnitte und Schalen von Wurzelgemüse in das Gemüsekochwasser geben, Fleisch einlegen und Gewürze zugeben.
Wenn das Fleisch weich ist, aus der Suppe heben (bei späterem Gebrauch sofort kalt abschrecken), Suppe abseihen und mit Wurzelwerk, Zwiebelringen und gekochten Erdäpfeln vermischen. Fleisch mit Suppe, Wurzelgemüse und Erdäpfeln in tiefen Tellern anrichten. Mit Schnittlauch und geriebenem Kren bestreuen.

Zutaten für 4 Portionen
300 g Wurzelgemüse (Karotten, Sellerie und gelbe Rüben)
100 g Zwiebelringe, grob geschnitten,
800 bis 900 g Schweinefleisch ohne Knochen, gewürfelt, (Schulter, Hals oder Brüstl, Kopf, Züngerl), 2 Knoblauchzehen, 2 Lorbeerblätter,
Salz, ein Schuss Weinessig,
Kren, Schnittlauch,
gekochte Erdäpfel

Weintipp

Ein trockener, frischer und säurebetonter Weißwein wie ein Welschriesling oder ein Rheinriesling wird zum Krenfleisch eine feine Ergänzung sein.

Weintipp

Zum Zwiebelrostbraten serviert man am besten kräftige, elegante Rotweine wie Zweigelt oder St. Laurent, oder einen der neuen Syrahs die derzeit voll im Trend liegen.

Zutaten für 4 Portionen
4 Stück Rostbraten vom Ochsen à 230 g, 1-2 cm dick geschnitten, 30 g Paradeismark, 400 g Zwiebeln, fein-nudelig geschnitten,
⅛ ℓ Rotwein, ½ ℓ Suppe,
ca. 600 bis 700 g Erdäpfel, gekocht, Salz,
Pfeffer aus der Mühle, Senf,
Öl zum Braten,
Butter für die Erdäpfel

Zwiebelrostbraten

Zwiebelrostbraten

Zubereitung: Die Fleischstücke zart klopfen, Ränder bzw. Sehnen einschneiden, würzen und in heißer Pfanne mit Öl kurz anbraten, wenden und nach ca. 1 Minute aus der Pfanne nehmen, in eine kalte Kasserolle legen.
In der Pfanne die Zwiebeln in Öl goldgelb anrösten, Paradeismark einrühren und auf kleiner Flamme gut durchrösten. Nach und nach mit dem Rotwein ablöschen, wieder etwas weiterrösten, bis eine schöne dunkle Farbe entsteht, und mit Suppe langsam aufgießen. Kurz durchkochen lassen und über den Rostbraten gießen. Mit Alufolie abdecken und im Rohr bei 80°-100°C etwa 2–3 Stunden ganz langsam weich dünsten lassen. Das Fleisch kann noch ganz zart rosa sein, damit es saftig ist, und die Flachsen- bzw. Fettränder sollten weich sein. Mit Erdäpfeln in Butter oder Braterdäpfeln anrichten.

Tipp: *Besonders resche bzw. knusprige, trockene Zwiebeln zum Garnieren von Rostbraten (oder auch für Erdäpfelpüree) entstehen durch Frittieren der Zwiebelringe: Vorher mit griffigem Mehl stauben, in reichlich heißem Öl frittieren, anschließend auf Küchenpapier abtropfen lassen und leicht salzen.*

Für den Schwammerlrostbraten

200 g Zwiebeln, fein-nudelig geschnitten und gegen Ende 250 bis 300 g geschnittene Pilze oder andere Schwammerln dazugeben und kurz in der Sauce mitdünsten, mit Thymian und Petersilie verfeinern.

Wichtig! Diese langsame Zubereitung bei niedriger Temperatur ist nur für mürbes und gut abgehangenes Fleisch zu empfehlen. Wird mürber Rostbraten kurz gebraten (5–10 Minuten, je nach Stärke), müssten die Fett- und Sehnenränder bei Tisch weggeschnitten werden, da sie in dieser kurzen Zeit nicht weich werden können.
Wenn die Temperatur zu hoch wird, ist der Rostbraten durch und relativ fest. In diesem Fall muss er zugedeckt weich gedünstet werden (dauert je nach Fleischqualität 1–2 Stunden).
Sollte die Fleischqualität nicht optimal sein, so empfehle ich, den Rostbraten rechtzeitig oder bereits am Vortag zugedeckt bei nicht zu starker Hitze weich zu dünsten.
Der Rostbraten braucht dann nur mehr bei Bedarf gewärmt zu werden, wodurch man viel Zeit und Ärger sparen kann.

Nährwert pro Portion:
633 kcal; 26,8 g Fett; 29,7 g KH; 62,8 g EW; 200 mg Chol; 2,5 BE.

Rindsrouladen

Zubereitung: Rindsschnitzel mit Senf leicht bestreichen, mit Salz und Pfeffer würzen, mit Zutaten für die Füllung belegen und fest einrollen. Mit Spagat, Rouladennadel oder Schweinsnetz verschließen und rundum gut anbraten.
Im Bratrückstand mit etwas Öl die Zwiebeln anrösten, eventuell Wurzelgemüse dazugeben, Paradeismark einrühren und einige Minuten mitrösten. Mit Rotwein ablöschen und nochmals rösten bzw. einkochen, bis eine schöne dunkelbraune Farbe entsteht. Mit der Suppe aufgießen und kurz durchkochen lassen. Angebratene Rouladen einlegen, Gewürze zugeben und auf kleiner Flamme zugedeckt oder im Rohr 1½ Stunden weich schmoren. Wenn die Rouladen weich sind, aus der Kasserolle geben, die Sauce eventuell abseihen und mit etwas Rotwein und Mehl verrührt binden. Von den Rouladen den Spagat oder die Rouladennadeln entfernen, kurz in die Sauce legen, mit dem Elektromesser schräg aufschneiden und mit Sellerie-Erdäpfelpüree anrichten.
Tipp: *Für die schnelle Küche können auch Schnitzel vom Lungenbraten oder der Beiried verwendet werden. Gleiche Vorbereitung, jedoch nach dem Anbraten im Rohr bei 180°C (je nach Größe) 15-20 Minuten schmoren, etwa 5-10 Minuten rasten lassen und schräg aufschneiden.*

Zutaten für 4 Portionen
4 Rindsschnitzel à 170 g (aus der Schale, Rose oder dem Tafelstück),
Salz, schwarzer Pfeffer aus der Mühle, scharfer Senf (Dijonsenf oder englischer Senf),
Öl zum Anbraten,
1 kleine Zwiebel, fein geschnitten,
eventuell geraspeltes Wurzelgemüse,
1 EL Paradeismark,
¼ ℓ Rotwein, ½ ℓ Rindsuppe,
2 Lorbeerblätter, eventuell Rosmarin und Thymianzweig,
etwas Mehl und Rotwein zum Binden

Nährwert pro Portion:
510 kcal; 25,9 g Fett; 11,8 g KH; 44,8 g EW; 140 mg Chol; 1 BE.

Rindsrouladen

Varianten für die Füllung

Gekochter Schinken, Speckstreifen, Käsestreifen, Würstchen, Essiggurkerln, Zwiebel, Pilze, Paprikastücke, Wurzelgemüse wie Karotten, gelbe Rüben, Sellerie oder Stangensellerie, Porree, Kräuter.
Tipp: *Für einen kompakten Halt kann die Füllung auch mit einem Brät bzw. einer Farce (Rezept Kürbisblüte, Seite 251) vermischt werden. Dadurch bleiben die Rouladen auch relativ groß und saftig.*

Weintipp

Bei Rindsrouladen fällt die Auswahl des Weines als Begleitung nicht leicht, sind sie doch ein echtes kulinarisches Chamäleon, sodass die Wahl zwischen Weiß- und Rotwein offen bleibt. Als Rotwein wird ein feiner St. Laurent oder Zweigelt sicherlich die erste Wahl sein, beim Weißwein sollte man zu einem Vertreter der Burgunderfamilie wie Morillon, Weiß- oder Grauburgunder (Ruländer), greifen.

Girardischnitzel

Zubereitung: Die Schnitzel klopfen, würzen, einschneiden, eine Seite in Mehl tauchen und anschließend in heißem Öl anbraten, mit ¼ ℓ Weißwein aufgießen.
Die Zwiebel fein hacken, Champignons blättrig schneiden und in Öl hell anrösten. Das Gurkerl klein schneiden und dazugeben.
Das Ganze mit dem Fleisch weich dünsten, mit den gehackten Kapern, Senf und Ketchup würzen.
Mehl mit dem Rahm versprudeln, zum Fleisch geben und einmal aufkochen lassen.

Vor dem Anrichten mit gehackter Petersilie bestreuen.

Zutaten für 4 Portionen
4 Rindsschnitzel, 50 g Zwiebel,
150 g Champignons,
1 Essiggurkel, 1 TL Kapern,
1 TL Senf, 1 EL Ketchup,
⅛ ℓ Rahm,
¼ ℓ Weißwein, Mehl,
Salz, Pfeffer,
gehackte Petersilie, etwas Öl.

Erdäpfelsalat

Zutaten für 4–5 Portionen
500 g rohe speckige Erdäpfel mit Schale, Salz, Pfeffer, Senf, fein geschnittener Zwiebel, Weinessig, Sonnenblumen- oder Kernöl und ⅛ ℓ Rindssuppe

Zubereitung: Für den Erdäpfelsalat werden die Erdäpfel mit der Schale in Salzwasser gekocht und geschält. Etwas feingeschnittene Zwiebel mit der Rindsuppe aufkochen. Inzwischen die geschälten Erdäpfel noch heiß schneiden. Aus Senf, Essig, Öl, Salz, Pfeffer eine Marinade herstellen. Die geschnittenen Erdäpfel mit dem aufgekochten Zwiebel übergießen und mit der Marinade marinieren, nochmals abschmecken und am besten lauwarm servieren.

Krautsalat

Zutaten für 4–5 Portionen
500 g Weißkraut, Salz, Pfeffer, Kümmel, Knoblauch, Weinessig, Sonnenblumen- oder Kernöl

Zubereitung: Den Krautkopf halbieren und den Strunk herausschneiden. In feine Streifen schneiden, waschen und gut abtropfen. Mit Salz, Pfeffer, etwas Knoblauch, Kümmel, Essig und Öl marinieren und 2 Stunden ziehen lassen.

Käferbohnensalat

Zutaten für 4–5 Portionen
250 g Käferbohnen, Salz, Pfeffer, 1 bis 2 Lorbeerblätter, Knoblauch, fein geschnittener Zwiebel, Weinessig, Sonnenblumen- oder Kernöl

Zubereitung: Die Käferbohnen über Nacht in kaltem Wasser einweichen. Mit frischem Wasser und Lorbeerblättern zustellen, salzen und weich kochen. Abseihen (nicht abschrecken) und auskühlen lassen.
Mit fein geschnittenem Zwiebel, Knoblauch, Salz, Pfeffer, Essig und Öl bzw. Kernöl marinieren.

Sulmtaler Back- und Brathendl

Zutaten für 2–4 Portionen
1 Backhendl (1,2 kg), Salz, Mehl, Ei, Brösel, Öl
Zubereitung: Das Backhendl gut waschen und in 8 Stücke zerteilen. Salzen und panieren. Beim Panieren zum Ei etwas flüssiges Schlagobers geben. In heißem Öl bei 120°C etwa 18 bis 20 Minuten backen.
Mit Salat nach Wunsch servieren.

Nährwert pro Portion:
1440 kcal; 109 g Fett; 29,2 g KH; 86,3 g EW; 408 mg Chol; 2,4 BE.

Zubereitung Brathendl

1 Brathuhn (ca. 1,5 kg), Salz, Öl

Für die Fülle: 3 Semmeln vom Vortag, 50 g Hühnerleber, gehackte Petersilie, Muskat, Salz,1 Ei, 1/16 ℓ Milch, 20 g Butter, etwas Majoran, 600 g Erdäpfel, geschält und geviertelt

Zubereitung: Das Huhn gut waschen, die Brust wird untergriffen, das heißt die Haut vorsichtig vom Brustfilet lösen. Dabei wird mit den Fingern und mit Hilfe eines Messers die Haut von der Brust losgelöst, bis eine Tasche für die Fülle entsteht.
Die Semmeln in Würfel schneiden, mit Butter, Milch, Ei, Petersilie, etwas Majoran, Muskat und Salz vermischen. Mit dieser Fülle die Brust und den Bauch füllen und das Huhn mit Hilfe eines Fadens zunähen oder mit einer Rouladennadel zustecken bzw. verschließen. Das Huhn salzen und mit zerlassener Butter bestreichen. Im Rohr bei 180°C etwa 1 Stunde braten. Bei halber Bratzeit die Erdäpfel dazugeben. Mit dem austretenden Bratensaft mehrmals übergießen.

Als Beilage: Erdäpfel-, Kraut- oder Käferbohnensalat

Nährwert pro Portion:
1210 kcal; 58,2 g Fett; 57 g KH; 114 g EW; 596 mg Chol; 4,75 BE.

Gebratene Forellen in Kräuterrahm

Zutaten für 2 Portionen
2 Forellen küchenfertig (je ca. 200 g), 10 g Sonnenblumenöl, Salz, Pfeffer, Zitronensaft,
⅛ ℓ Sauerrahm, ⅛ ℓ Joghurt (1%), 1 TL Petersilie, 1 kleiner Bund Schnittlauch, 1 MSP Sardellenpaste, 2 mittelgroße Paradeiser

Zubereitung: Die Forellen unter fließendem kalten Wasser abspülen, trockentupfen, säuern, salzen und pfeffern. Fische mit etwas Öl bestreichen und am heißen Rost grillen.
In der Zwischenzeit für den Kräuterrahm alle Zutaten gut verrühren. Als Garnierung die Paradeiser halbieren, das Fruchtfleisch und Kerne mit einem Löffel entfernen, die Paradeishälften mit Kräuterrahm füllen und mit gehacktem Schnittlauch bestreuen.
Tipp: *Eine schnelle Variante wäre leicht aufgeschäumte braune Butter mit Dille, Petersile oder Salbei (siehe Foto).*

Forellenfilet mit knuspriger Haut auf Spargel

Zutaten für 2 Portionen
4 Forellenfilets mit Haut, Salz, Zitrone, Butter und Weißwein für das Blech, Öl zum Frittieren, 1 kg Spargel (eventuell weiß und grün gemischt), 2 Paradeiser, Salz, Pfeffer, Öl und Essig zum Marinieren

Zubereitung: Spargel sorgfältig schälen und am besten getrennt in Salzwasser bissfest kochen, der grüne Spargel ist rascher fertig, kurze Garprobe mit Nadel oder verkosten.
Spargel in Eiswasser kurz abschrecken bzw. abkühlen, abtropfen lassen und in gewünschte Größe schneiden.
Paradeiser an der Kuppe kreuzförmig einritzen und ca. 20 Sekunden kochen, abschrecken, schälen, vierteln, entkernen und würfelig schneiden.
Aus 2-3 Teilen Öl (Sonnenblumen- oder Nussöl) und einem Teil mildem Essig eine Marinade rühren, Paradeiswürfel zugeben und mit Salz und Pfefer gut abschmecken.
Spargel damit marinieren, auf Teller verteilen und darauf die lauwarmen Forellenfilets mit der knusprigen Haut anrichten.

Forellenfilet (oder Saibling) mit Salz und Zitrone würzen, mit Hautseite nach oben auf gefettetem Backblech mit etwas Weißwein im Rohr bei Grillschlange oder 200°C etwa 5-7 Minuten garen. Haut abziehen, in gewünschte Stücke schneiden und anschließend in heißem Öl kurz frittieren, bis die Haut knusprig ist, auf Küchenpapier abtropfen lassen und leicht salzen.

Gebratene Forelle mit Dillbutter und Petersilerdäpfeln

Forelle mit knuspriger Haut auf Spargel

Klare Fischsuppe – Fischfond

Zutaten für 2 ℓ
Grundrezept für Fischsud bzw. -fond, zum Herstellen von Suppen, Saucen oder eingemachten Fischgerichten.

Zubereitung: 30 g Butter erwärmen, 1,5 kg klein gehackte Fischkarkassen (Köpfe, Gräten) darin andünsten. 250 g Zwiebeln grob geschnitten, 100 g Wurzelgemüse, grob geschnitten, sowie einige Petersil- oder Dillstengel dazugeben. Mit ⅛ ℓ trockenen Weißwein ablöschen, kurz einkochen und mit 3 ℓ kaltem Wasser aufgießen. Mit 1 bis 2 Lorbeerblättern, Salz, Pfefferkörnern und wenig Knoblauch würzen. Kurz aufkochen lassen und auf kleiner Flamme höchstens 30 Minuten köcheln lassen, zwischendurch abschäumen. Durch ein feuchtes Etamin oder feines Sieb abseihen, bis zur gewünschten Menge oder bis zum entsprechend starken Eigengeschmack einkochen lassen.

Tipp: *Fertiger Fischsud bzw. Fischfond lässt sich gut in Eiswürfelsackerln auf Vorrat einfrieren.*

* Schröpfen eines Karpfenfilets

Um die lästigen Gräten beim Essen nicht zu spüren, empfehle ich, den Karpfen vorher zu schröpfen. Dazu werden beim ganzen Karpfen auf beiden Seiten vom Kopf in Richtung Schwanz tiefe Einschnitte im Abstand von 3 bis 4 mm in das Filet gemacht. Durch die Zitrone werden die kurzen Gräten weich und daher beim Essen nicht mehr spürbar.

Tipp: *Sollte trotzdem beim Essen eine größere Gräte in die Speiseröhre gelangen und stecken bleiben, empfiehlt es sich, stark saure Zitronenlimonade oder verdünnten Essig nachzuspülen oder damit zu gurgeln.*

Karpfen im Wurzel-Dillsud

Zutaten für 4 Portionen
600 g Karpfenfilet, Salz, Zitrone, ¼ ℓ Fischfond (Karpfensud), 100 g Butter, eisgekühlt, 250 g Wurzelgemüsestreifen, Dille

Nährwert pro Portion:
407 kcal; 29,8 g Fett; 3,31 g KH; 31,8 g EW; 171 mg Chol; 0,27 BE.

Zubereitung: Karpfenfilets tief einschneiden (schröpfen) und gut mit Salz und Zitrone würzen. Die Portionsstücke in gewünschter Größe in eine gebutterte Pfanne mit Fischfond oder Weißwein legen und im Rohr bei 180°–200°C etwa 5 bis 6 Minuten garen.
Den kräftigen Karpfensud mit eisgekühlten Butterwürfeln im Turmmixer oder mit dem Stabmixer binden. Mit Dille abschmecken, die gekochten Gemüsestreifen als Einlage dazugeben und damit den pochierten Karpfen begießen. Den Sud nach dem Binden nicht mehr aufkochen.
Mit Erdäpfeln servieren.

Tipp: *Anstelle von Butter könnte der Sud auch mit einem gekochten, mehligen Erdapfel püriert werden.*

Karpfennockerl auf Blattspinat

Zutaten für 4–5 Portionen
400 g faschiertes Karpfenfilet, ¼ ℓ Schlagobers, 4 Eiweiß, weich gekochtes Gemüse als Einlage.

Nährwert pro Portion:
353 kcal; 24,8 g Fett; 4,6 g KH; 27,8 g EW; 139 mg Chol; 0,4 BE.

Zubereitung: Den faschierten oder fein gehackten Fisch zu zwei Laibchen formen und 1½ Stunden tiefkühlen, klein schneiden und im Moulinex mit dem Eiweiß und nach und nach Obers zu einer glatten Masse cuttern. Mit Salz und Pfeffer und etwas Zitrone würzen.
Fischfarce wegen eventuell vorhandener Gräten durch ein Haarsieb streichen. (Achtung: kalt vorreinigen!)
Das Haarsieb nach dem Durchpassieren der Fischfarce umdrehen und vorher erst mit einem kräftigen, kalten Wasserstrahl vorreinigen und erst dann heiß abwaschen, da durch heißes Wasser das Eiweiß im Haarsieb stocken bzw. verkleben würde.

Passierte Fischfarce kaltstellen und mit Kräutern verrühren.

Karpfen im Ganzen gebraten
mit Zwiebeln, Paprika und Erdäpfeln

Zutaten für 4–6 Portionen
1 Spiegelkarpfen (ca. 1,8 kg), geschuppt und ausgenommen, ⅛ ℓ trockener Weißwein, 2 rote und 2 weiße Zwiebeln, 1 roter und 1 grüner Paprika, 4 Zehen Knoblauch, Thymian (am besten frisch),1 EL gehackte Petersilie, ½ kg speckige Erdäpfel, 1 Zitrone, Salz, Butter, griffiges Mehl, Lorbeerblätter, Suppe

Zubereitung: Den vorbereiteten Karpfen schröpfen*, innen und außen gut salzen und mit Zitronensaft beträufeln (Zitronensaft würzt den Fisch nicht nur, sondern weicht auch die Gräten auf). Ein paar Thymianzweige und zwei Lorbeerblätter in die Bauchhöhle des Karpfens legen und den Fisch ½ Stunde marinieren lassen.
Backrohr auf 200°C vorheizen. Karpfen beidseitig mit griffigem Mehl bestauben und in eine passende Pfanne setzen. Wenn man den Fisch auf eine umgestülpte Kaffeetasse setzt, verhindert man, dass er während des Bratens umfällt. Er wird auch durch das stehende Braten beidseitig schön gleichmäßig knusprig und kann bei Tisch auch gut portioniert werden, indem man am Rückgrat entlang schneidet und die Filets in Stücken von der Gräte heben kann.
Weißwein, Zwiebelringe und Knoblauch rund um den Fisch verteilen. Fisch ins vorgeheizte Rohr schieben und auf der unteren Schiene 40 bis 50 Minuten stehend knusprig braten. Nach Belieben mit ein wenig Suppe aufgießen.
Paprika in gleichmäßige Streifen schneiden. Restliche Zwiebeln in Spalten schneiden, Paprika und Zwiebeln nacheinander in leicht gesalzenem Wasser bissfest kochen, abseihen, kalt abschrecken und gut abtropfen lassen. Erdäpfel kochen, schälen und in gleich große Stücke schneiden. Den Bratensaft des Fisches abseihen und mit Paprikastreifen und Erdäpfeln auf kleiner Flamme erwärmen, mit Petersilie vermischen und mit einem nussgroßen Stück Butter binden.
Karpfen eventuell im Ganzen stehend auf einer Platte anrichten. Gemüse zum Karpfen geben und servieren.

Nährwert pro Portion:
576 kcal; 21,1 g Fett; 22,1 g KH; 68,6 g EW; 251 mg Chol; 1,8 BE.

Karpfen im Ganzen gebraten mit Gemüse

Weintipp
Zur geschmacklichen Vollendung braucht ein Karpfengericht, ob nun im Ganzen oder als Filet gebraten, einen kräftigen Weißwein als Begleiter, wie einen Weiß- oder Grauburgunder, der im großen Holzfass gereift ist.

Kürbisse schmecken einfach . . .

Die spanischen Eroberer brachten die ersten Kürbiskerne in ihre Heimat mit. Mit dem schnellen Wachstum dieser schmackhaften Nutzpflanze begann auch die rasante Verbreitung des Speisekürbisses „cucurbita pepo", in der bäuerlichen Küche in ganz Europa.
Der Kürbis war schon bei den mittel- und südamerikanischen Indianern, den Azteken und Mayas, ein wichtiger Bestandteil in der Küche. Mais, Kürbis, Bohnen und Wurzeln waren die pflanzlichen Hauptnahrungsmittel. Diese Feldfrüchte bestimmten dann über viele Jahrhunderte hindurch auch in Europa den Speisezettel der ländlichen Küche. Die „Cucurbitaceae"-Familie umfasst heute rund 120 Kürbisgattungen mit 800 Arten, die weltweit kultiviert werden.

Der Steirische Ölkürbis

Kugelrund und farbenprächtig liegen auf vielen steirischen Äckern im Herbst die Kürbisse. In der Steiermark waren es schon immer die Kerne des grün-gelben, weichschaligen Kürbisses „Cucurbita pepo L. subsp. Pepo var. styriaca Greb.", des steirischen Ölkürbisses, die die besondere Aufmerksamkeit der Bauern erregten. Im Sommer besitzt dieser Kürbis eine dunkelgrüne, leicht marmorierte Schale, die sich mit zunehmender Reife zu einem sonnengelb-orangeroten Streifen-Look verändert.
Aus den steirischen Ölkürbissen wird die zweite Besonderheit des Steirerlandes gewonnen: das Kürbiskernöl. Die Kerne werden meist händisch aus dem vollreifen Fruchtfleisch geerntet („ausbatzln"), ein steirischer Ölkürbis bringt rund 60 Gramm der begehrten Kerne.
Die Kerne werden für mindestens 14 Tage getrocknet, während dieser Zeit der Nachreife konzentriert sich das Öl in den Kernen. Erst danach werden die Kerne zur Ölpresse geführt. Die Kerne werden vor dem Pressvorgang zwischen zwei Steinen gemahlen. Diese Masse muss mit einer Spachtel vom Mühlstein abgezogen werden. Je feiner dieser erste Mahlvorgang durchgeführt wird, desto besser ist die spätere Ölausbeute. Für einen Liter Kürbiskernöl braucht man rund zweieinhalb Kilogramm getrocknete Kerne.
Der nächste Arbeitsschritt ist das Kneten der gemahlenen Kernmasse. Wie ein Brotteig wird die Masse mit Wasser verknetet, leicht gesalzen und anschließend geröstet. Bei der Aufbereitung der Kerne ist das Rösten die heikelste Aufgabe. Vor dem Pressen ist das langsame Erwärmen des Kernbreis mittels eines Rührwerks erforderlich. Dadurch wird der Wassergehalt langsam abgesenkt und der typische Geschmack entsteht.
Beim Rösten der Kerne wird die Verdunstungskälte ausgenützt,

Steirische Kernenergie

Der Weg vom Kern zum Öl

1 *Zuerst werden die Kerne zerkleinert*
2 *Die gemahlenen Kürbiskerne*
3 *Das Rösten der Kerne*
4 *Nach dem Rösten wird der Ölkuchen in die Presse eingefüllt*
5 *Das grüne Gold rinnt ...*

Frauen am Feld beim „Ausbatzln" der Kürbisse

Das steirische „Natur-Viagra", die Kürbiskerne

die Temperatur darf aber 80°–85°C nicht übersteigen, sonst treten beim Öl unangenehme Geschmacksveränderungen auf. In dem Moment, wenn das ganze Wasser verdampft ist, ist die Gefahr des Anbrennens am größten. Von der Stärke des Röstvorganges ist es abhängig, ob es zu mehr oder weniger starken Röstaromen im Kürbiskernöl kommt. Wenn zu heiß oder mit zu hohem Druck gepresst wird, leiden der Geschmack und die Haltbarkeit des Öles. Mit rund 300 bar Druck wird der Kuchen ausgepresst, dann beginnt das dunkelgrüne Kernöl zu rinnen. Erst nach einer Woche Lagerzeit, wenn sich die groben Schwebestoffe natürlich abgesenkt haben, entwickelt das frisch gepresste Kernöl seinen unverkennbaren Geschmack. Die Charakteristiken des steirischen Kürbiskernöls sind die tiefdunkle grüne Farbe und der nussige Geschmack.
Wegen der leichten Röstung ist das Kürbiskernöl auch kein kaltgepresstes Öl, sondern ein schonend gepresstes Pflanzenöl.
Wenn es ein echtes steirisches Kürbiskernöl sein soll, muss es aus der ersten Pressung und zu 100% von steirischen Kernen sein.

Kernöl und Gesundheit

Das Kürbiskernöl zählt wegen seiner Inhaltsstoffe zu den gesunden und bekömmlichen Ölen. Der hohe Anteil an ungesättigten Fettsäuren (über 80%) zeichnet das Kernöl aus. Die zweifach ungesättigte Linolsäure hat davon einen Anteil von 50%. Diese essentiellen Fettsäuren bestimmen den hohen ernährungsphysiologischen Wert des Kernöles, das auch cholesterinsenkend wirkt. Es sind noch viele andere Inhaltsstoffe, die dieses Öl so wertvoll machen, wie die seltenen *delta-7-Phytosterole* und der im Verhältnis zu anderen Pflanzen hohe Selen-Gehalt. Selen gilt als krebshemmendes Spurenelement. Weiters finden sich darin Magnesiumsalze und beta- und gamma-Tocopherole (Vitamin E), die für die Kräftigung des Bindegewebes und der Muskulatur mitverantwortlich sind.
Daneben haben die Kürbiskerne in der Volksmedizin noch einige andere, überaus gesunde Vorzüge. Täglich zwei bis drei Esslöffel der „Kraftkerne" soll bei Männern einer möglichen Prostatavergrößerung entgegenwirken. Bei Frauen soll die gleiche Dosis, täglich gegessen, die Bildung einer „Reizblase" verhindern. Sollte jemand trotz täglichen Kürbiskernessens eine der beschriebenen Beschwerden bekommen, sollte er doch einen Arzt aufsuchen und sich untersuchen lassen.

Kernöl in der Küche

In der Küche wird das Kürbiskernöl in erster Linie als Salatmarinade verwendet. Kernöl auf grünem Salat, Bohnen-, Kraut-

oder Erdäpfelsalat, Rindfleischsalat oder einige Tropfen davon in der Kürbissuppe runden den Geschmack besonders ab.
Zum Kochen (Erhitzen) eignet sich das Kürbiskernöl nur begrenzt. Es gibt einige Speisen, bei denen das Kürbiskernöl als Bestandteil erwärmt wird. Eine davon ist die „Eierspeis mit Kernöl", die noch manchmal in der Weststeiermark zubereitet wird. Dabei wird das Kernöl erst zum Schluss, kurz bevor die Eierspeis serviert wird, dazugegeben.
Als Speisekürbis wird der Steirische Ölkürbis im Sommer im noch unreifen, grünen Zustand verwendet. Diese Gemüsebeilage wird in erster Linie zum „Rindfleisch mit Kürbisgemüse und gerösteten Erdäpfeln" gereicht.

Erleben und Genießen in der Weststeiermark, die „Steirische Ölspur"

Zwei Säfte sind es, die die Weststeiermark in wilden Strömen durchrauschen und sie zur unverwechselbaren Weststeiermark machen, Schilcher und Kernöl." Und weiter heißt es: „Es gibt kein anderes Land auf der Welt, wo dieses unverbleite Zweitaktgemisch im Herzen brennt. Das Herz des Weststeirers ist ein Explosionsmotor, dessen Pleuelstange der Kürbis ölt."
Diese Worte des steirischen Literaten Reinhard P. Gruber bringen die wesentlichen Charakterzüge der Weststeiermark zum Ausdruck: Die Einzigartigkeit einer intakten Naturlandschaft, die von einer durch bäuerliche Kultur geprägten blühenden Tiefebene über die malerische Hügellandschaft der Weinberge bis in eine faszinierende Bergwelt führt und mit Schilcher und Kürbiskernöl weltweit einzigartige kulinarische Naturspezialitäten beheimatet. Und die Leidenschaft einer Bevölkerung, die stolz auf ihre einzigartigen Naturprodukte ist, und der es mit viel Engagement und großer Begeisterung gelungen ist, die Weststeiermark zu einer unvergleichlichen Oase der Genüsse und bodenständigen Gaumenfreuden zu machen.
Die sieben weststeirischen Gemeinden Deutschlandsberg, Preding, Rassach, St. Martin, Stainz, Schwanberg und Wies haben sich zusammengetan und unter dem Namen „Steirische Ölspur" eine Vielzahl von einzigartigen Erlebnissen rund um den Kürbis und das Kürbiskernöl geschaffen. Man kann dort historische Ölmühlen besuchen, durch die umliegenden Kürbisfelder wandern oder radeln und anschließend eine Rast bei einem der über 20 Ölspur-Wirte machen. Die malerische Landschaft, die gute und vielseitige Küche, die kulturelle Tradition - all das, kombiniert mit der Lebensfreude und Gastfreundschaft der Weststeirer –, machen diese Gegend so liebenswert.

Überall in der Steiermark sieht man im Herbst die Kürbisfelder, wie hier eines nahe der Riegersburg

Schweinsbrüstl mit Kürbisgemüse

Kürbissuppe mit Kernöl und Wachteleiern

Der Steirische Ölkürbis

Kürbissuppe

Zutaten für 4 Portionen
400 g Kürbis ❋, ½ ℓ klare Rind- oder Hühnersuppe, 3 EL Butter, ⅛ ℓ Schlagobers, Salz, Kümmel (gemahlen), Dille, Kürbiskerne

Zubereitung: Kürbis schälen, vierteln und entkernen. Kürbisfleisch würfelig schneiden und in Butter andünsten. Mit Suppe aufgießen und auf kleiner Flamme weich dünsten.
Mit Salz, Kümmel und Dille würzen. Im Mixer unter Zugabe von Schlagobers pürieren. Abschmecken.

Mit Kürbiskernen bestreuen und mit einigen Tropfen Kernöl servieren.

❋ Am besten eignen sich festfleischige Sorten wie Speisekürbis, Brotkürbis, Turbankürbis oder Hokkaido-Kürbis, die mit der Schale verarbeitet werden.

Tipp: Kürbiskerne in eine nicht zu heiße, trockene Pfanne geben, mit ganz wenig Wasser beträufeln und leicht salzen. Bei geringer Hitze und oftmaligem Durchschwenken langsam rösten, bis die Kerne zu knallen beginnen. Dabei bilden sie eine Wölbung, und die Kürbiskerne bleiben somit für längere Zeit knusprig.

Nährwert pro Portion:
289 kcal; 24,5 g Fett; 7,39 g KH; 10,4 g EW; 76,4 mg Chol; 0,6 BE.

Gebackene Kürbisblüten

Zutaten für 4 Portionen
16-20 Kürbisblüten, ¼ kg glattes Mehl, 2 Eier, ¼ ℓ Weißwein oder Bier, Salz, Öl, Staubzucker

Zubereitung: Eier in Dotter und Klar trennen. Dotter, Mehl, eine Prise Salz und Wein oder Bier zu einem festen Backteig rühren. Eiklar zu halb festem Schnee schlagen und unterheben. Teig rasten lassen.
Blüten waschen und durch den Teig ziehen. In heißem Öl kurz herausbacken und mit Staubzucker bestreut servieren. Als Beilage eignen sich Kompott oder Preiselbeeren.

Kürbisblüten gibt es von Juni bis September.

Nährwert pro Portion:
526 kcal; 29,3 g Fett; 45,1 g KH; 10,9 g EW; 119 mg Chol; 3,8 BE.

Gefüllte Kürbisblüten
mit Schwammerlfülle auf Kürbiscreme

Zutaten für 4–6 Portionen 12-15 Kürbisblüten

Kürbisblüten füllen

Zubereitung: 12-15 Kürbisblüten reinigen, eventuell die Blüten waschen, den Stempel mit einer Schere vorsichtig entfernen und mit Hilfe eines Spritzbeutels mit der Farce ¾ voll füllen, etwas zudrehen und in einem feuerfesten Geschirr mit etwas Flüssigkeit und mit einer Alu-Folie zugedeckt im Rohr bei 180°C etwa 15-20 Minuten garen. Mit Kürbiscreme anrichten.

Tipp: Wenn Sie die Kürbisblüten in der Früh nach dem Pflücken nicht sofort füllen, dann sollten die Blüten mit einer kleinen Tüte aus Alufolie vor dem Zusammenklappen bzw. Zugehen geschützt werden.

Anstelle von Kürbisblüten können auch Zucchiniblüten verwendet werden.

Grundmasse Farce

Zutaten Farce: 180–200 g rohes Faschiertes von Geflügel oder Kalbfleisch, angefroren, 2 Eiweiß oder 1 Ei (Eidotter macht die Masse gelblich), ⅛ ℓ Schlagobers, Salz und Gewürze bzw. Kräuter nach Geschmack.

Zubereitung Farce: Alle Zutaten in der Moulinette rasch zu einer glatten Masse verarbeiten, eventuell durch ein Haarsieb streichen und abschmecken. Je nach Bedarf mit kleiner Einlage und Kräutern vollenden (Zucchini- oder Kürbiswürfel, Herbsttrompeten, Pilze, usw.).

ACHTUNG: Haarsieb mit kaltem Wasserstrahl von Unterseite her abbrausen und vorreinigen, erst dann heiß reinigen. Das Eiweiß wird durch Hitze fest und würde das Sieb verkleben.

Grundmasse kalt stellen und kurz vor dem Füllen gut durchrühren. Nach dem Füllen bald pochieren (1-2 Stunden kühl stellen wäre möglich).

Kürbiscreme

Zutaten für 4 Portionen

400 g Kürbis ✻, 3 EL Butter, 0,1 ℓ klare Rind- oder Hühnersuppe, ⅛ ℓ Schlagobers, Salz, Kümmel (gemahlen), Dille, Kürbiskerne

Zubereitung: Kürbis schälen, vierteln und entkernen. Kürbisfleisch würfelig schneiden und in Butter andünsten. Mit Suppe aufgießen und auf kleiner Flamme weich dünsten.

Mit Salz, Kümmel und Dille würzen. Im Mixer unter Zugabe von Schlagobers pürieren. Abschmecken.

Mit Kürbiskernen bestreuen und einigen Tropfen Kernöl servieren.

Gefüllte Kürbisblüten mit Schwammerlfülle auf Kürbiscreme

Weintipp

Der steirische Speisekürbis verfügt über einen sehr feinen Eigengeschmack. Deshalb werden Kürbisgerichte beim Zubereiten meist intensiv gewürzt oder mit Obers oder Sauerrahm gebunden. Es empfiehlt sich daher, den Wein eher auf die Zutaten, die Gewürze und die Fleischbeilage abzustimmen als auf den Geschmack des Kürbisses. Festfleischige Kürbissorten wie der Hokkaido verfügen auch über wesentlich intensivere Geschmacksnuancen.

Gekochtes Rindfleisch mit Kürbisgemüse

Gekochter Schulterspitz oder Tafelspitz mit Kürbisgemüse

Zutaten für 4 Portionen
750-800 g Rindfleisch (Schulterscherzl),
5-6 Rindsknochen,
(1-2 Markknochen),
2 Suppenbund (Wurzelgemüse),
3 Lorbeerblätter,
Petersilstengel,
eventuell Liebstöcklblätter,
Salz

Nährwert pro Portion:
262 kcal; 10,5 g Fett; 1,56 g KH; 40,1 g EW; 117 mg Chol; 0,13 BE.

Zubereitung: Überbrühte Rindsknochen mit kaltem Wasser zustellen, Wurzelgemüse, Lorbeer, Petersilstengel und etwas Salz zugeben, ca. eine dreiviertel Stunde ziehen lassen, abschöpfen (Fett und Schaum), Fleisch einlegen und bei sanfter Hitze bei ca. 85°C 3-4 Stunden ziehen lassen.
Zwischendurch mit kaltem Wasser aufgießen, abfetten bzw. abschäumen.
Nicht aufkochen lassen, denn dadurch wird die Suppe trüb. Kein Suppenpulver verwenden, denn davon wird das Fleisch rot.
Nach dem Kochen das Rindfleisch sofort in kaltem Wasser abschrecken und bei Bedarf kalt aufschneiden.
Die geschnittenen Rindfleischscheiben in heißer Suppe erwärmen.

Tipp: Durch das Abschrecken verhindert man ein Austrocknen des Rindfleisches und vermeidet so auch die unansehnliche, dunkle Verfärbung der Fleischoberfläche.
Der Trick mit dem Abschrecken in kaltem Wasser sofort nach dem Kochen kann bei allen gekochten Speisen und Beilagen, die nicht sofort angerichtet werden, verwendet werden: Selchfleisch, Zunge, Beuschel, Würste, Knödel, Leberknödel, Nockerln und Nudeln sowie Reis.

Rindfleisch mit Kürbisgemüse und gerösteten Erdäpfeln servieren.

Kürbisgemüse

Zutaten für 4 Portionen
ca. 1 kg Erdäpfel,
½ kg Kürbis,
Salz, 3 EL Butter, 1-2 Zwiebel,
1 EL Paradeismark,
Kümmel, Dille,
¼ ℓ Sauerrahm, ½ EL Mehl.

Nährwert pro Portion:
489 kcal; 28,7 g Fett; 47,1 g KH; 9,06 g EW; 83,2 mg Chol; 3,9 BE.

Zubereitung: Kürbis schälen und nudelig schneiden. Einsalzen und stehen lassen. Zwiebeln fein schneiden und in Butter anschwitzen. Kürbis gut ausdrücken und zu den Zwiebeln geben. Einen Esslöffel Paradeismark zugeben, mit Salz, Kümmel und Dille würzen. Sauerrahm mit etwas Wasser und Mehl glattrühren und zum Kürbis geben. Auf kleiner Flamme weich dünsten. Nochmals kurz abschmecken.
Kürbis mit Rindfleisch und gerösteten Erdäpfeln servieren.

Geröstete Erdäpfel

Zubereitung: Etwa ½ kg speckige Erdäpfel, die am Vortag in der Schale halb roh gekocht wurden, schälen und grob raspeln. In heißem Schweineschmalz gut anrösten, mit fein geschnittenen Zwiebeln bestreuen, mit Salz, Pfeffer und Majoran (am besten frisch) würzen, wenden und auf kleiner Flamme weiterrösten.
Rindfleisch mit gerösteten Erdäpfeln und Kürbisgemüse anrichten. Mit etwas Suppe begießen und mit Schnittlauch bestreuen.

Kürbisgemüse

Pikanter Kürbisstrudel

Zubereitung: Den Kürbis schälen, die Kerne entfernen und das Fruchtfleisch grob raspeln, etwas salzen, anschließend ziehen lassen. Die Kürbiskerne in Öl knusprig rösten, den Kürbis in einem Küchentuch leicht ausdrücken. Den kleingeschnittenen Zwiebel und die Petersilie in Butter kurz anschwitzen, den Kürbis dazugeben und die Mischung bissfest dünsten. Mit Salz, Pfeffer, Kümmel abschmecken, in einem Sieb auskühlen. Die zwei Eidotter mit etwas Butter, Salz und Muskatnuss verrühren; Topfen, Kürbis und Kürbiskerne einrühren. Die Eiklar halbsteif schlagen, zusammen mit dem Rahm in die Kürbismasse einrühren, das Mehl unterheben.
Strudelblätter auf leicht feuchtem Tuch ausbreiten und mit etwas Butter einpinseln. Die Hälfte der Kürbismasse auf das doppelte Teigblatt geben und den Teig mit der Fülle mit Hilfe des Tuches zum Strudel einrollen. Den zweiten Strudel ebenso zubereiten, auf das Backblech legen, mit Butter bestreichen.
Im Rohr bei 220°C in 35 Minuten goldgelb backen.

Zutaten für 10–12 Portionen
4 Blatt Strudelteig (Doppelpackung),
½ kg Speisekürbis oder Hokkaido-Kürbis,
150 g Topfen (20%), 2 Eier,
1 kleine Zwiebel,
¾ Becher Sauerrahm,
2 EL Kürbiskerne, 30 g Butter,
50 g glattes Mehl,
Salz, Pfeffer,
geriebene Muskatnuss,
gemahlener Kümmel,
2 EL Petersilie

Nährwert pro Portion:
247 kcal; 12 g Fett; 27,5 g KH; 7,05 g EW; 64,9 mg Chol; 2,3 BE.

Süßer Kürbisstrudel

Zubereitung: Den Kürbis schälen und entkernen, grob raffeln, mit braunem Zucker, Vanillezucker, Zimt und 1 Messerspitze Ingwerpulver gut vermischen. Die Brösel in Butter rösten, mit 2 EL Zucker, 1 Messerspitze Zimt kurz weiterrösten.
Zwischen je zwei Teigblätter etwas zerlassene Butter streichen, dann die Butterbrösel auf ungefähr ⅔ des Teiges streuen und die Hälfte der Kürbisfülle darauf verteilen. Die Teigränder gut mit flüssiger Butter bestreichen. Den Teig mit der Fülle mit Hilfe des Tuches zum Strudel einrollen, auf das mit Backpapier belegte Blech legen, und den Teig außen mit Butter bestreichen.
Für die weiteren Strudelblätter die restlichen Brösel und die Kürbisfülle verwenden.
Im Rohr bei 220°C in 35 Minuten goldgelb backen.

Zutaten für 10–12 Portionen
4 Blatt Strudelteig (Doppelpackung),
1 kg Speisekürbis oder Hokkaido-Kürbis,
100 g Butter,
120 g Semmelbrösel,
2 bis 3 Esslöffel Kristallzucker,
150 g brauner Zucker,
½ Päckchen Vanillezucker,
Zimt, etwas Ingwerpulver

Nährwert pro Portion:
311 kcal; 9,67 g Fett; 50,2 g KH; 5,31 g EW; 21,8 mg Chol; 4,2 BE.

Eingelegter Kürbis

Zubereitung: Kürbis vierteln und entkernen. Kürbisfleisch mit der Schale würfelig schneiden. Das nicht zu saure Essigwasser mit den Gewürzen aufkochen und abschmecken. Gewürfelten Kürbis darin nicht zu weich kochen und anschließend in gut verschließbare Gläser, Rexgläser oder Gläser mit Schraubverschluss füllen. Eventuell mit Öl bis zum Rand auffüllen. Kühl und dunkel lagern. Eignet sich kalt serviert gut als Beilage zu kalten und warmen Braten sowie Wildgerichten und Terrinen.

Zutaten für 5 Gläser mit ½ ℓ Inhalt
1½ kg Hokkaido-Kürbis,
1¼ ℓ Essigwasser,
10–15 Stück Gewürznelken,
2 Zimtstangen, 3 EL Honig,
Salz, Zucker

Der „Hokkaido", ein aromatischer Speisekürbis – für Suppen, Saucen und zum Einlegen geeignet

Wildhasen-Polenta-Aufla

Heidensterz, Polenta und Türkentommerl

Mit den Lebensbedingungen heutiger Industriegesellschaften und den daraus resultierenden Ernährungsgewohnheiten verloren viele traditionelle Speisen ihre ursprüngliche Bedeutung, so auch die steirische Variante der Polenta, genannt „der Sterz". War der in Fett abgeschmalzene Sterz früher das „tägliche Brot" der schwer arbeitenden Holz- und Landarbeiter, werden heute trotz Wiederentdeckung deftiger Hausmannskost und regionaler Küche leichtere Varianten bevorzugt.
Der Sterz war aber nicht bloß wichtiges Grundnahrungsmittel der Landbevölkerung, sondern hatte auch gewichtigen sozialen Charakter: War der Sterz einmal zu dünn geraten oder strengte die Arbeit mehr als üblich an, so begannen die Knechte mit dem sogenannten „Sterzfordern", einer bäuerlichen Form des Bummelstreikes. Sie stellten „ein Vaterunser lang" die Arbeit ein und trommelten im Takt mit ihren Hacken gegen hölzerne Gegenstände, wobei sie laut jauchzten und die Bäuerin dazu zwangen, den Frieden am Hof mit einem kräftigen Heiden- oder Türkensterz wieder herzustellen.

Heidensterz

Heidensterz

Zutaten Heidensterz für 4–5 Portionen
1 ℓ Wasser,
2 TL Salz, ¼ kg Heidenmehl (Buchweizenmehl), 100 g Speckwürfel oder Grammeln

Zubereitung: Salzwasser in einem schmalen, hohen Topf aufkochen, Heidenmehl in einem Schwung dazugeben, mit einem Holzkochlöffel formen, bis ein großer Klumpen entsteht. Die Masse bei kleiner Hitze zugedeckt 20 Minuten quellen lassen. Restliches Kochwasser abgießen und auffangen.
Den Sterzklumpen (am besten mit einer zweizinkigen Sterzgabel) zerteilen. Eventuell ein wenig Kochwasser zugießen und die Masse mit der Gabel auflockern, sodass gleichmäßige Klümpchen entstehen. Schmalz erhitzen, Speck oder Grammeln darin knusprig braten und den Sterz damit „abschmalzen".

Mit Rind- oder Schwammerlsuppe servieren.
Nährwert pro Portion:
296 kcal; 7,72 g Fett; 48,9 g KH; 7,18 g EW; 15 mg Chol; 4 BE.

Heidensterz, „gelunden"

Zutaten für 4–5 Portionen
½ ℓ Wasser, 2 EL Schmalz,
¼ kg Heidenmehl, Salz,
Grammelschmalz

Zubereitung: Das Heidenmehl in heißer, trockener Pfanne leicht erwärmen (linden), bis ein angenehm nussiger Duft entsteht. Langsam bzw. nach und nach mit dem gut gesalzenen heißen Wasser aufgießen und rühren, bis kleine Klumpen entstehen. Vom Feuer nehmen und zugedeckt etwas ausdünsten lassen. Vor dem Servieren mit Schmalz oder Grammelschmalz abschmalzen.
Nährwert pro Portion:
326 kcal; 13 g Fett; 48,9 g KH; 3,2 g EW; 10,8 mg Chol; 4,1 BE.

Kukuruz

Bohnensterz

Saure Rahmsuppe

Brennsterz mit saurer Rahmsuppe

Zutaten für 4 Portionen
¼ kg Mehl (eine Mischung aus griffigem Weizen- und Roggenmehl), ¼ ℓ Wasser, 100 g Schweineschmalz

Nährwert pro Portion:
427 kcal; 25,6 g Fett; 44,4 g KH; 5,1 g EW; 21,5 mg Chol; 3,7 BE.

Zubereitung: Für den Sterz das Mehl in einer trockenen Pfanne (am besten eine aus Eisenguss oder eine mit Antihaftbeschichtung) erhitzen, bis sich ein angenehm nussartiger Duft entwickelt. Wasser mit Salz aufkochen, über das Mehl gießen und die Masse mit einer Gabel zu Klümpchen verrühren.
In einer Pfanne Schmalz erhitzen, die Mehlklümpchen zugeben und bis zu leichter Braunfärbung anrösten. Sterz mit einer Backschaufel wenden und zerkleinern.

Saure Rahmsuppe

Zutaten für 4 Portionen
¼ ℓ Wasser, Salz, Kümmel, ½ ℓ Sauerrahm oder Sauermilch, etwas Mehl

Nährwert pro Portion:
372 kcal; 37,5 g Fett; 5,66 g KH; 3,49 g EW; 113 mg Chol; 0,5 BE.

Zubereitung: ¼ ℓ Wasser mit Salz und Kümmel aufkochen, ½ ℓ Sauerrahm oder Sauermilch mit etwas Mehl glattrühren und in das Salz-Kümmel-Wasser einrühren. Kurz durchkochen und mit gerösteten Schwarzbrotscheiben bestreuen.

Bohnensterz

Zubereitung: Für Bohnensterz den Brennsterz mit ¼ kg gekochten Bohnen mit Schmalz kurz durchrösten bzw. abschmalzen.

Erdäpfelsterz mit Schwammerlsuppe

Zutaten für 4 Portionen
¾ kg mehlige Erdäpfel, 300 g Mehl, 150 g Schmalz, Salz, Pfeffer, Thymian

Nährwert pro Portion:
716 kcal; 38,3 g Fett; 80,9 g KH; 11,2 g EW; 32,3 mg Chol; 6,7 BE.

Zubereitung: Die Erdäpfel bereits am Vortag waschen und mit der Schale bissfest kochen. Erdäpfel abkühlen lassen und über Nacht kühl stellen.
Die gekochten Erdäpfel schälen und grob reißen, würzen und mit Mehl verkrümeln. In einer schweren Eisenpfanne Schmalz erhitzen, Erdäpfelmasse anbraten. Sterz mit einer Schmarrenschaufel wenden und zerteilen.

Schwammerlsuppe

Zutaten für 4 Portionen
¼ kg Schwammerln (je nach Jahreszeit kann man Steinpilze, Eierschwammerln oder Champignons verwenden), Saft von einer ½ Zitrone, 1 Zwiebel, 1 Zehe Knoblauch, ¾ ℓ Rindsuppe, ¼ ℓ Obers, 1 EL Mehl und ein halber Bund Petersilie

Zubereitung: Für die Suppe Zwiebel schälen und fein schneiden. Schwammerln putzen und in kleine Stücke schneiden. Schwammerl in wenig Öl anrösten, Zwiebel zugeben und kurz mitrösten. Mit Mehl stauben, mit der Rindsuppe aufgießen, gut durchrühren und bei kleiner Hitze ein paar Minuten kochen. Mit Salz, Pfeffer, feingeschnittenem Knoblauch sowie Thymian abschmecken. Das Schlagobers zugießen und die Suppe zu cremiger Konsistenz einkochen. Petersilie fein hacken und über die angerichtete Suppe streuen.

Nährwert pro Portion:
300 kcal; 24 g Fett; 7,94 g KH; 13,6 g EW; 88,1 mg Chol; 0,66 BE.

Schwammerlsterz

Zubereitung: Die Schwammerln putzen und in Stücke schneiden. Zwiebel schälen und fein schneiden. Öl erhitzen, Schwammerl darin anrösten, Zwiebel zugeben und mitrösten, salzen, mit wenig Suppe aufgießen und den Grieß einrühren. Restliche Suppe zugießen und unter ständigem Rühren einkochen, bis eine dickflüssige Masse entsteht. Sterz bei kleiner Hitze noch etwa 20 Minuten dünsten und währenddessen mehrmals mit einer Gabel auflockern.
Petersilie und Thymian fein schneiden. Sterz mit Petersilie und Thymian bestreuen und am besten mit Blattsalaten als Beilage servieren.

Zutaten für 4 Portionen
300 g Schwammerln oder Pilze,
100 g Maisgrieß (Polenta),
¼ ℓ Rindsuppe, 50 g Öl,
1 Zwiebel,
1 kleiner Bund Petersilie,
Thymian, Salz

Nährwert pro Portion:
231 kcal; 12,7 g Fett; 20,6 g KH; 8,81 g EW; 40,6 mg Chol; 1,7 BE.

Türkensterz-Polenta

Zubereitung: Wasser mit Salz und etwas Schmalz in einem flachen Topf aufkochen. Den Maisgrieß langsam einrühren und bei kleiner Hitze unter ständigem Rühren kochen, bis eine dickflüssige Masse entsteht. Topf vom Herd nehmen und den Sterz ausdampfen lassen. Mit einer Gabel auflockern. Schmalz erhitzen und die Grammeln darin knusprig braten, Sterz zugeben und „abschmalzen".

Traditionell wird dieser Sterz mit Milchkaffee zum Frühstück oder abends serviert.

Zutaten für 4 Portionen
350 g Maisgrieß (Polenta),
100 g Schweineschmalz,
100 g geriebene Grammeln,
½ ℓ Wasser, Salz

Nährwert pro Portion:
602 kcal; 33,1 g Fett; 64,5 g KH; 11,7 g EW; 36,5 mg Chol; 5,4 BE.

Türkensterz-Polenta

Sterzwurst-Polentarolle

Zubereitung: Die feinen Speckwürfel vom gekochten Jausenspeck mit etwas fein geschnittenen Zwiebeln anrösten. Mit Suppe und Milch aufgießen und kurz einkochen.
Die Polenta nach und nach einrühren, mit Salz, Pfeffer und Petersilie würzen und auf kleiner Flamme durchkochen, bis sich die Masse vom Topf löst, etwas abkühlen bzw. rasten lassen. In geölte Alufolie einrollen und am besten über Nacht kaltstellen. Aufschneiden und in Öl oder Schmalz anbraten.
Tipp: *Die Masse könnte auch auf ein geöltes Blech ungefähr 2–3 cm hoch gestrichen werden und nach dem Erkalten in beliebige Stücke portioniert werden.*
Die gebratenen Scheiben der Sterzwurst können gut als Vorspeise variiert werden. Dazu kann man angedünstete Pilze, Zwiebeln oder Paradeiswürfel auf die Scheiben geben, mit Käse belegen (Trautenfelser oder Reibkäse) und im Rohr überbacken.

Zutaten für 10 Portionen
200 g Polenta, ¼ ℓ Milch,
100 g Speckwürfel, klein geschnitten, ½ Zwiebel,
½ ℓ Suppe oder Wasser,
Salz, Pfeffer, Petersilie

Nährwert pro Portion:
101 kcal; 1,88 g Fett; 16,1 g KH; 4,71 g EW; 10,3 mg Chol; 1,34 BE.

Sterzwurst-Polentarolle

Gefüllte Hendlkeule mit Polentadukaten.

Kukuruz

Gefüllte Hendlkeule
auf Rieslingkräutersauce mit Polentadukaten

Zutaten für 4–6 Portionen
4 Hendlkeulen à 200 g,
Kräuter, feingehackt (Petersilie, Majoran, Thymian, Basilikum),
1 EL zerlassene Butter, 1 Ei,
80 g Weißbrotwürfel,
2 Stück Schweinsnetze,
1/8 ℓ Geflügelfond, 3/16 ℓ Obers,
1/16 ℓ Riesling,
1 EL geschlagenes Schlagobers,
Salz, Pfeffer, Muskat,
Öl zum Braten

Nährwert pro Portion:
828 kcal; 48,4 g Fett; 49,9 g KH; 46,3 g EW; 306 mg Chol; 4,15 BE.

Zubereitung: Die Keulen auslösen, den Hüftknochen herausschneiden und die Keule dann leicht klopfen. Für die Fülle die Weißbrotwürfel mit der Butter, dem Ei, den Kräutern und den Gewürzen gut verrühren.
Die Fülle auf das Fleisch setzen, die Keule dann einrollen und mit dem Schweinsnetz umwickeln.
Die Keulen salzen, beidseitig anbraten und im Rohr bei 200°C etwa 25–30 Minuten braten. Für die Sauce den Geflügelfond und das Obers auf die Hälfte einkochen und mit Riesling verfeinern. In die Sauce noch eventuell Kräuter mischen. Zuletzt noch abschmecken und vor dem Anrichten vielleicht noch einen Esslöffel geschlagenes Schlagobers bei kleiner Hitze unterheben.

Die Keulen in Scheiben schneiden, mit der Sauce und den Polentadukaten anrichten.

Polentadukaten

Zutaten für 4–6 Portionen
200 g Polentagrieß,
1/4 ℓ Rindsuppe,
1/4 ℓ Milch, Salz, Muskat,
1 Ei, 1 EL Butter,
2–3 Semmelknödel oder ein Stück Serviettenknödel

Zubereitung: Die Suppe mit Milch, Butter, Salz und Muskat aufkochen. Den Polentagrieß einrühren und solange kochen, bis das Ganze eine dick-cremige Konsistenz erreicht. Vom Herd nehmen und abkühlen lassen.
Mit den Eiern rasch verrühren, abkühlen und mit Hilfe einer geölten Alufolie oder mit Backtrennpapier zu einer Rolle formen und einige Stunden kaltstellen. Von der Polentarolle 2 cm dicke Scheiben abschneiden und in Butter beidseitig kurz anbraten. Die Knödel in dünne Scheiben schneiden und ebenfalls in Butter beidseitig kurz anbraten. Nun schichtenweise Polentascheiben und Knödelblätter aufeinander legen. Bei Bedarf kurz im Rohr warmhalten.

Tipp: *Für dieses Rezept könnten die Knödel schon vorbereitet oder tiefgekühlt und aufgetaut werden.*

Weintipp
Ein etwas kräftigerer Weißwein wird dazu gute Figur machen, wobei ein leicht säurebetonter Riesling schon für die Sauce verwendet wird. Ein Sauvignon blanc kann auch ein spannender Begleiter sein.

Wildspieß
auf Rosmarinpolenta mit Pilzen

Zubereitung: Für die Spieße das Fleisch abwechselnd mit Speck und Pilzen oder Dörrzwetschken aufspießen. Mit Salz und Pfeffer würzen. In mittelheißer Pfanne (eventuell ovale Fischpfanne) anbraten, nach ca. 2 Minuten wenden und auf der 2. Seite ca. 2-3 Minuten garen bis das Fleisch zartrosa ist (zwischen die aufgespießten Stücke schauen). Spieße aus der Pfanne geben, etwas Butter aufschäumen und darin die restlichen Pilzstücke kurz anrösten.
Spieße auf Polenta mit den angebratenen Pilzen anrichten.

Rosmarinpolenta

Zubereitung: ½ ℓ Wasser aufkochen, 1 kleinen Rosmarinzweig zugeben und den Topf vom Feuer nehmen, ca. 10 Minuten ziehen lassen, abseihen, leicht salzen und darin 100 g Polenta (hochgelb) oder Maisgrieß (steirisch, blassgelb) einrühren, auf kleiner Flamme unter ständigem Rühren 5–6 Minuten durchkochen, bis die Masse cremig weich ist. Eventuell mit ca. 40 g kalter Butter binden und bei Bedarf noch einmal mit Salz und Rosmarin abschmecken.

Zutaten für 4 Portionen
400 g Wildfilet bzw. Rücken oder Schlögel (Reh, Hirsch, Gams u.a.), in Würfel geschnitten, 100 g Jausen- oder Frühstückspeck, 100 g Pilze oder Champignons (oder auch Dörrzwetschken),
4 Spieße oder z.B. Rosmarinzweige zugespitzt,
Salz, schwarzer Pfeffer aus der Mühle
Öl zum Braten

Nährwert pro Portion:
478 kcal; 31,9 g Fett; 18,6 g KH; 29,7 g EW; 109 mg Chol; 1,55 BE.

Wildspieß auf Polenta mit Pilzen

Wildhasen-Polenta-Auflauf
mit Schwammerln

Zubereitung: Polenta in leicht gesalzenem Wasser einkochen, auf kleiner Flamme etwa 25 Minuten zugedeckt dünsten, leicht abkühlen lassen.
Pilze in feine Scheiben schneiden und in Öl mit den Zwiebeln kurz andünsten, faschiertes Hasenfleisch zugeben, würzen und mit Obers einkochen. Anschließend mit Salz und Pfeffer abschmecken.

Einen Teil der Polenta in gebutterte Auflaufform streichen und darauf die Wildhasen-Schwammerlfülle verteilen. Die restliche Polenta mit Eidotter und Mascarino gut verrühren, den Eischnee unterziehen und über die Pilzfülle streichen. Eventuell mit Paprikapulver bestauben. Bei 180°C etwa 30–40 Minuten backen. Mit Salat servieren.

Nährwert pro Portion:
563 kcal; 31,7 g Fett; 38,7 g KH; 30,8 g EW; 161 mg Chol; 3,2 BE.

Tipp: *Anstelle des Wildhasen können auch andere Wildfleischarten verwendet werden.*

Zutaten für 4 Portionen
Polenta
200 g Polenta oder Maisgrieß,
600 g Wasser, Salz,
3 EL Mascarino oder
Crème fraîche, 2 Eier geteilt

Wildhasen-Schwammerlfülle
400 g Wildhasenfleisch gebraten und faschiert,
150 g Pilze, Eierschwammerln oder Champignons,
40 g Zwiebel fein geschnitten,
ÖL, Thymianzweig,
Salz, Pfeffer, ⅛ ℓ Schlagobers

Wildhasen-Polenta-Auflauf

Sterztorte

Sterzflammerie

Steirischer Türkentommerl (Polentatommerl)

Zutaten für 8 Portionen
1 ℓ Milch, 300 g Polentagrieß,
Salz, Zimt, 1 EL Butter,
100 g Kristallzucker, 3 Eier,
Butter, Staubzucker,
4 große Äpfel

Nährwert pro Portion:
389 kcal; 11,7 g Fett; 59,6 g KH;
10,6 g EW; 117 mg Chol; 5 BE.

Zubereitung: Die Milch mit Butter und einer Prise Salz aufkochen. Den Polentagrieß einkochen und solange am Herd rühren, bis eine dick-cremige Konsistenz entsteht. Etwas abkühlen lassen und die Eidotter einrühren. Das Eiklar mit dem Kristallzucker halbsteif aufschlagen und unter die Polentamasse heben. In eine gebutterte Form geben. Die Äpfel schälen und in Spalten schneiden. Die Apfelspalten kurz in Zitronenwasser legen. Kurz vor dem Backen die Polentamasse mit den Apfelspalten dicht belegen. Mit Staubzucker und Zimt bestreuen und bei 180°C etwa 1 Stunde backen.

Sterzflammerie mit Rotweinkirschen

Zutaten für 8–10 Portionen
¼ ℓ Milch, 50 g Zucker,
40 g Polenta, Salz,
Orangen- und Zitronenschale,
Orangenlikör,
2 Blatt Gelatine,
200 g Schlagobers,
etwas Staubzucker

Nährwert pro Portion:
127 kcal; 7,68 g Fett; 11,5 g KH;
2,05 g EW; 23,6 mg Chol; 1 BE.

Zubereitung: Die Milch aufkochen, Zucker und Polenta einrühren, auf kleiner Flamme kurz köcheln lassen, mit einer Prise Salz, Orangen- und Zitronenschale sowie Orangenlikör abschmecken. 2 Blatt Gelatine auflösen (einweichen und gut ausdrücken), und in die warme Polentamasse einrühren. Die Masse abkühlen lassen. 200 g Schlagobers halbsteif schlagen, mit etwas Staubzucker vermischen und locker nach und nach unter die Sterzmasse rühren. In gut gebutterte und mit Zucker ausgestreute Förmchen füllen, kalt stellen. Die Förmchen vor dem Stürzen kurz in heißes Wasser tauchen.

Mit Rotweinkirschen und/oder Eis anrichten.

Rotwein-Honigkirschen, gedünstet

Zutaten für 8 Portionen
1 kg Kirschen (ohne Kerne),
oder Zwetschken, Birnen,
180 g Zucker,
¾ bis 1 ℓ Rotwein,
2 EL Honig, 1 EL Maizena,
2 Zimtstangen, Gewürznelken

Nährwert pro Portion:
261 kcal; 0,37 g Fett; 46,6 g KH;
1,38 g EW; 0 mg Chol; 3,9 BE.

Zubereitung: Den Zucker leicht karamellisieren und mit Rotwein ablöschen (nicht rühren!). Zimtstangen und Nelken zugeben und einkochen. Etwas Rotwein und Maizena verrühren, damit die Sauce binden, aufkochen und abseihen. Zum Schluss Honig dazugeben. Das Obst in der heißen Rotweinmischung, je nach Reifegrad, ziehen bzw. köcheln und auskühlen lassen. Am besten lauwarm servieren.

Sterztorte

Zubereitung: Aus den beiden Massen - Heidentorte und Sterzflammerie - lässt sich sehr gut eine Sterztorte zubereiten. Auf einen gebackenen Heidentorten-Boden (halbe Masse) wird heiße, dunkle Marmelade gestrichen, ein hoher, passender Tortenreifen daraufgestellt und mit Sterzflammeriemasse aufgefüllt (1–2 Blatt Gelatine zusätzlich), kalt gestellt und in Tortenstücke geschnitten. Eventuell mit Obst garnieren.

Heidenkuchen – Heidentorte

Zubereitung: Die 280 g Heidenmehl linden (= in einer trockenen Pfanne erwärmen), abkühlen lassen und in den Abtrieb rühren. 4 Eiweiß halbsteif aufgeschlagen unterrühren, mit Vanillezucker und einer Prise Salz abschmecken.
Eine Kasten- oder Rehrückenform mit Butter befetten, mit Mehl (Heidenmehl) bestreuen. Heidenmasse einfüllen und glattstreichen. Im Rohr bei 170°C ca. eine halbe Stunde backen, auf ein Brett stürzen und mit der Form bedeckt abkühlen lassen, in gewünschte Stücke schneiden und mit etwas Staubzucker bestreuen.

Zutaten für 1 Torte oder 1 Kuchen
280 g Heidenmehl,
4 Eier, à 60 g,
200 g Butter, 200 g Zucker,
Vanillezucker, Salz,
Staubzucker und 4 Dotter
schaumig rühren (Abtrieb)

Nährwert pro Portion:
303 kcal; 16,3 g Fett; 35,3 g KH;
3,88 g EW; 119 mg Chol; 2,9 BE.

Sterztorte aus Heidentorte und Sterzflammeriemasse

Kaffee-Polenta-Terrine
mit Rotweinäpfeln

Zubereitung: Milch mit Zucker, Salz und Vanillemark aufkochen, Polenta einrühren, weiter kochen, bis die Masse dickflüssig wird. Vom Feuer nehmen. Orangenmarmelade, Zitronenschale, eingeweichte und ausgedrückte Gelatine einrühren. Auskühlen lassen (nicht im Kühlschrank). Grand Marnier einrühren. Zuletzt das geschlagene Obers unterheben.

Zutaten für 6-8 Portionen
¼ ℓ Milch, 40 g Polenta,
75 g Zucker, etwas Salz,
das Mark von einer halben
Vanilleschote, die geriebene
Schale von einer halben Zitrone,
30 g Orangenmarmelade,
1 EL Grand Marnier, ¼ ℓ Obers,
3 Blatt Gelatine

Kaffeecreme

Zubereitung: Gelatine in kaltem Wasser einweichen, herausnehmen, gut ausdrücken, mit 1-2 EL lauwarmem Wasser oder Kaffee auflösen und mit Zucker erwärmen. Instantkaffee einrühren und fast stocken lassen. Unter das geschlagene Schlagobers heben.

Zutaten Kaffeecreme
150 g Schlagobers,
1 TL Instantkaffee,
2 Blatt Gelatine,
1 gestrichener EL Kristallzucker

Rotweinäpfel (Glühweinäpfel)

Zubereitung: Wein mit Gewürznelken, Zimtstange und Zucker aufkochen lassen, Äpfel einlegen und 3-4 Minuten langsam köcheln lassen und kaltstellen.

Zutaten Rotweinäpfel
1 kg Äpfel, geschält, entkernt
und in Stücke geschnitten,
0,3 ℓ Rotwein, 3 EL Zucker,
2-3 Stück Gewürznelken,
1 kleine Zimtstange

Einsetzen der Terrine

Eine Terrinenform mit Klarsichtfolie auslegen, die ½ Polentamasse einstreichen, mit einem Dressiersack oder Löffel die Kaffeemasse eindressieren. Die restliche Polentamasse daraufstreichen und im Kühlschrank abstocken lassen.
In Scheiben geschnitten mit Rotweinäpfeln anrichten, eventuell auch Fruchtmark als Garnitur.

Nährwert pro Portion:
414 kcal; 19 g Fett; 48 g KH;
4,91 g EW; 56,1 mg Chol; 4 BE.

Kaffee-Polenta-Terrine mit Rotweinäpfeln

Wild aus unseren Wäldern

Lauwarmes Fasanenbrüstchen auf Blattsalaten mit Schwammerln

Der Grund, warum der Mensch seit seiner Existenz Jäger ist, ist die Jagdbeute. Beute, die der Mensch zum Leben bzw. für das Weiterexistieren benötigte. Und von diesem Grundwort „Leben" leitet sich das Wort ab, mit dem wir die Jagdbeute heute bezeichnen, sie ist ein „Lebensmittel".
Unter „Wildbret" versteht man das Fleisch von allen jagdbaren Tieren, deren Fleisch für die menschliche Ernährung geeignet ist. Bei der Jagd müssen die jeweils vorgeschriebenen Jagdzeiten eingehalten werden.

Wildzubereitung

Bei der Zubereitung von Wild können alle gängigen Zubereitungsarten gewählt werden (Braten, Dünsten, Schmoren, Grillen).
Aufgrund der guten Kühl- bzw. Lagermöglichkeiten wird Wild heute fast ausschließlich frisch zubereitet und kaum noch gebeizt.
Anstelle der Beize kann Wildbret mit neutralem Öl und frischen Kräutern, jedoch ohne Salz, mehrere Tage mariniert werden.
Zum Würzen sollen nach Möglichkeit neben Salz und frisch gemahlenem Pfeffer eher Frischkräuter verwendet werden (Thymian, Rosmarin, Majoran, Lavendel, Salbei, Petersilie, Kerbel).
Anstelle von Fertiggewürzmischungen die Gewürze oder Würzstoffe nach eigenem Gusto auswählen:
Wacholder, Koriander, Orangen- und Zitronenschalen, Nelken, Zimt, Ingwer, Lebkuchengewürz, Piment, Neugewürz sowie Rotwein, Weinbrand, Gin, Cassis, Portwein, Pilze (Pulver), Honig, Essig, Kräuteröl (zum Anbraten).
Bei Wildgewürzmischungen besteht die Gefahr des Einheitsgeschmackes bzw. des Übertönens des Wildgeschmacks.

Tiefkühlwild

Tiefkühlwild hat bei richtiger Lagerung (vakuumverpackt) kaum Qualitätsverluste; weniger gute Qualitäten werden durch das Frieren eher mürber. Tiefkühlwild langsam im Kühlschrank oder in kaltem Wasser auftauen. Wildgerichte (von Frisch-Wild) eignen sich auch gut zum Einfrieren (Wildbraten, -gulasch, -ragouts), gut verpacken und beschriften.

Zubereitung: Zarte Teilstücke (Rücken und Schlögel) können bei niedrigen Temperatur bei 110°–120°C langsam zartrosa gebraten werden. Wildbraten, Ragouts bzw. Gulasch sollten bei geringer Hitze ganz langsam und gut durchgegart werden. Knochen, Sehnen und Verarbeitungs- bzw. Restfleisch sind die Basis für gute Suppen und Saucen.

Wildsauce (Grundrezept)

Tipp: *Da die Herstellung einer Sauce bzw. Wildsauce doch einen gewissen Zeitaufwand erfordert, ist es vorteilhaft, gleich eine etwas größere Menge herzustellen und den restlichen Teil der Sauce in Eiswürfelbehältern oder -säckchen einzufrieren.*
Zubereitung: 1½–2 kg Knochen, Sehnen und Fleischabschnitte vom Wild, kleingehackt bzw. kleingeschnitten, auf dem Herd in breiter Kasserolle oder im Rohr langsam rösten. Wenn die Knochen Farbe bekommen, 1-2 grobgeschnittene Zwiebeln (mit Schale) zugeben und mitrösten. Wenn die Zwiebeln wiederum Farbe angenommen haben, zirka 200–300 g Wurzelwerk (Sellerie, Petersilwurzen und Karotten) gewürfelt dazugeben und wieder gut durchrösten.
Achtung: zuviel Wurzelgemüse vermindert den Wildgeschmack !
Sollte sich auf dem Pfannenboden eine dunkle Kruste gebildet haben, so wird mit 1/16 ℓ Rotwein abgelöscht. Man muss nun kurz warten und die Kruste vom Topfboden loslösen. Wieder weiterrösten, bis eine schöne gleichmäßige Farbe entsteht. 2–3 EL Paradeismark (dreifach-konzentriert) dazugeben und wieder bei kleiner Hitze langsam durchrösten, bis eine schöne dunkelbraune Farbe entsteht. Notfalls zwischendurch die entstehende Kruste am Topfboden wieder mit etwas Rotwein ablöschen. Das langsame Rösten von Knochen, Zwiebeln und Wurzelwerk ist wichtig für die Farbe. Gut durchgeröstetes Paradeismark ist braun und hat keinen Paradeisgeschmack mehr.
Dieser Vorgang bis zum Aufgießen dauert eine ¾–1 Stunde. Dann werden die Knochen mit ¼ ℓ Rotwein abgelöscht, jetzt nochmals bis zum Rösten einkochen lassen; der Wein muss fast völlig verkocht sein. Dann mit 3–4 ℓ warmer Suppe (am besten von Wildknochen) oder Wasser langsam nach und nach aufgießen und auf kleiner Flamme noch gut 3–4 Stunden köcheln lassen. Anfangs Schaum und Fett von der Oberfläche abschöpfen.
Nach 1½ Stunden Gewürze und Kräuter nach Belieben beigeben. Kein Salz dazugeben, da durch das Einkochen die Sauce zu salzig werden könnte.
Den fertigen Wildfond am besten durch ein feines Sieb oder durch ein Etamin (Passiertuch, das vorher gut in heißem Wasser durchgewaschen und ausgedrückt werden soll) abseihen und auf ¾ ℓ einkochen lassen.
Den nun sauberen, klaren Wild-Fond, je nach Bedarf mit Rotwein und Mehl oder mit Rotwein und Stärke verrührt (für durchsichtige Saucen), binden. Je nach Wunsch kann diese Sauce mit Obers, Kräutern, Wurzelgemüsestreifen oder Pilzen verfeinert werden.
Tipp: *Auf dieselbe Art wird eine dunkle Sauce von Rind oder Kalb sowie Lamm zubereitet. Wird die Sauce mit Rotwein und Mehl gebunden, bleibt sie in der Farbe schön dunkel. Durch Wasser und Mehl wird sie heller.*

Kalter Hirschschlegel auf Roastbeef-Art
mit Rotkraut-Apfelsalat

Zutaten für 4 Portionen

Zubereitung: Einen Hirschschlegel, ca. 250 g, mit Salz, Pfeffer und frischen feingehackten Kräutern, wie Rosmarin, Thymian und Wacholder, gut würzen. Am besten über Nacht marinieren lassen. In einer mittelheißen Pfanne mit Öl rundum kurz anbraten, im Rohr bei 100°C etwa 1½ Stunden langsam garen, dabei sollte eine Kerntemperatur von ca. 64°–65°C erreicht werden. Die Kerntemperatur kann am besten mit einem im Handel erhältlichen Braten- bzw. Stichthermometer gemessen werden. Den Hirschschlegel am besten ein bis zwei Tage im Kühlschrank abliegen lassen und mit einer Aufschnittmaschine in dünne Scheiben schneiden.
Mit Rotkraut-Apfelsalat anrichten.

Rotkraut-Apfelsalat

150 g frisches, rohes Rotkraut in ganz feine Streifen geschnitten, Würfel oder Streifen von einem geschälten kleinen Apfel, 2 cl Apfelsaft, 2 cl Apfelbalsamessig, 2 cl Rotwein, 1 EL Rotweinessig, 1–2 EL Sonnenblumen, Distel-, Mohn- oder Sesamöl, Salz, eine Prise Zucker

Zubereitung: Alle Zutaten für etwa 24 Stunden marinieren. Sollte das marinierte Rotkraut zu fest bzw. zu hart sein, dann könnte man es vor dem Anrichten in einer Pfanne kurz erwärmen.

Hirschschlegel (Hirschrohschinken)
mit Preiselbeer-Oberskren

Zutaten für Beize für 1 kg Fleisch (eher größere Stücke vom Schlegel, wie Schale bzw. Kaiserteil, Nuss oder Rose). Anstelle von Hirsch oder Damhirsch könnte auch Wildschwein oder Gams verwendet werden.
25 g Pökelsalz-Mischung (ca. 92% Kochsalz und 8% Nitrit Pökelsalz) oder eventuell Räuchersalz, 1 Lorbeerblatt, 25-30 schwarze Pfefferkörner, 20 Wacholderbeeren, 2 EL Thymian frisch, 2 EL Rosmarin frisch, 2-3 Knoblauchzehen, 1-2 Gewürznelken, etwas Zimt

Zubereitung: Alle Zutaten im Küchencutter oder Mörser zerkleinern, Fleischstücke gut damit einreiben und in einen hohen und eher engen Topf pressen, gut beschweren.
Für etwa 2–3 Wochen im Kühlschrank lagern, bei mehreren Stücken 1x wöchentlich umschlichten.

Hirschschlegel auf Roastbeef-Art mit Rotkraut-Apfel-Salat

Ohne Anbraten bzw. roh in den auf ca. 70–80°C vorgeheizten Backofen auf Gitterrost geben, frische Kräuter und Zweige nach Wahl als Aromaträger aufs Backblech darunter stellen (z.B. Wacholder, Lorbeer, Thymian, Rosmarin, Koriander, Orangenschale, Tannenzweige) und in etwa 2–3 Stunden mit Hilfe eines Bratenthermometer bis ca. 55°C Kerntemperatur langsam garen.

Achtung! Werden mehrere Stücke gleichzeitig im Ofen gegart, sollte eventuell ein Kochlöffelstiel zwischendurch in die Backofentüre gesteckt werden, um die Feuchtigkeit aus dem Backofen entweichen zu lassen.
Am besten nach 2–3 Tagen mit Hilfe einer Aufschnittmaschine dünn aufschneiden.
Achtung! Dieser Hirschrohschinken ist höchstens 2 Wochen im Kühlschrank lagerfähig.

Preiselbeer-Oberskren

¼ ℓ geschlagenes Obers mit 2–3 EL Preiselbeeren und 1 EL Kren frisch gerieben, vermischen, mit einer Prise Salz und eventuell einer Prise Zucker abschmecken.

Rehsulz mit Salat von Linsenkeimen

Rehsulz mit Salat von Linsenkeimen

Zubereitung: Rehfleisch und Gemüse in der kräftigen Suppe kurz köcheln lassen, Schwammerln klein schneiden, kurz andünsten und in die Suppe geben, abschmecken, eingeweichte und ausgedrückte Gelatine einrühren und gut abkühlen lassen. Erst in die abgekühlte Sulz bzw. vor dem Stocken die frischen Kräuter dazugeben.
Eine kleine Kastenform oder 4 kleine Kaffeetassen mit Öl ausstreichen und mit Klarsichtfolie auslegen. Die Sulz einfüllen und gleichmäßig verteilen, eventuell in die Mitte ein rosa gebratenes Filet einlegen. Mehrere Stunden oder über Nacht kalt stellen.
Mit einem Elektromesser aufschneiden und mit Linsensalat sowie eventuell etwas Vinaigrette (Salatmarinade) anrichten.

Linsensalat

200 g Linsen gekeimt* oder eingeweicht und gekocht, ½ kleine Zwiebel fein geschnitten, 1–2 EL kleine Gemüsewürfel (Karotte, Sellerie u.a.), 2–3 EL Sonnenblumenöl oder Kürbiskernöl,
1–2 EL Wein-, Balsamico- oder Apfelessig, Salz, etwas Pfeffer, eventuell frischer Majoran, etwas Blattsalat zum Dekorieren
Zubereitung: Die Zutaten für die Salatmarinade gut verrühren und damit die Linsen und den Blattsalat vermischen, mit der Sulz auf kaltem Teller anrichten.

Zutaten für 4 Portionen
¼ ℓ kräftige Wild- oder Rindsuppe, 200–250 g Rehfleischwürfel gekocht oder kurz gebraten, 150 g Gemüsewürfel weich gekocht, 50–100 g Pilze oder Eierschwammerln,
6–7 Blatt Gelatine, Petersilie, Salz, Pfeffer, Wacholder, eventuell etwas Gin, Weinbrand oder Grand-Marnier zum Verfeinern
Nährwert pro Portion:
291 kcal; 14,2 g Fett; 13,6 g KH; 24,6 g EW; 51 mg Chol; 1,13 BE.

Weintipp

Der Balsamessig und das Kernöl bestimmen bei der Rehsulz die Geschmacksrichtung, daher sollte der Wein auch entsprechend kräftig und gereift sein, ein Sauvignon blanc oder Morillon, die in Barriques reiften, werden dazu harmonieren.

* **Keimen:** Linsen oder Getreide in lauwarmem Wasser mindestens 1 Stunde einweichen, abseihen und in einer Glasschüssel mit durchlöcherter Klarsichtfolie oder Leinentuch abgedeckt 3–5 Tage am Fenster ohne direkte Sonnenbestrahlung stehen lassen, bis sich ein ca. 1–2 cm langer Keimling gebildet hat, einmal täglich mit Wasser abspülen und abtropfen lassen.

Gedünsteter Rehbraten
mit Nudeln und Preiselbeeren

Zutaten für 4 Portionen

¾ -1 kg ausgelöster Rehschlögel oder gerollte Schulter, Salz, Pfeffer, Öl zum Braten, 150 g Zwiebel geschnitten, 100 g Wurzelgemüse (Karotten, Sellerie) klein geschnitten, 3- 4 EL Hagebutten entkernt, (eventuell getrocknete), 1 EL Paradeismark, ⅛ ℓ Rotwein, ½ ℓ Wild- oder ersatzweise Rindsuppe, Salz, Pfeffer, Wacholder, Lorbeer, 300 – 400 g Bandnudeln, 200 g Eierschwammerl oder Champignons, Petersilie und Preiselbeeren.

Zubereitung: Rehschlögel oder Schulter mit Salz und Pfeffer würzen, in heißem Öl rundum gut anbraten. Rehschlögel aus der Pfanne nehmen, etwas Öl nachgießen und die Zwiebeln in der Pfanne leicht anrösten, Wurzelgemüse und Hagebutten (könnte man auch weglassen) zugeben und ebenfalls leicht anrösten. Paradeismark zugeben und gut durchrösten, bevor der Bodensatz anbrennt, zwischendurch immer mit etwas Rotwein ablöschen und solange rösten, bis eine schöne dunkelbraune Farbe entsteht. Mit der Suppe aufgießen und kurz durchkochen lassen, leicht würzen, Rehschlögel einlegen und am Herd zugedeckt oder im Rohr bei 120°C ca. zweieinhalb Stunden langsam braten. Rehbraten aus der Sauce nehmen und aufschneiden. Sauce abseihen und abschmecken, eventuell mit gekochtem Wurzelgemüse und Obers verfeinern.

Nudelteig

500 g griffiges Mehl, 4 Eier à 50 g, Salz, Muskat, etwas Sonnenblumennöl.

Zubereitung: Alle Zutaten zu einem Teig verkneten, mindestens eine Stunde, besser über Nacht, ruhen lassen, dann dünn ausrollen, schneiden und in Salzwasser kochen. Danach kurz abschrecken und in heißer, leicht gebräunter Butter schwenken, mit Salz und Muskat würzen. Nudeln mit kurz angerösteten Eierschwammerln und Petersilie in Butter geschwenkt anrichten. Mit Preiselbeeren garnieren.

Nährwert pro Portion:
790 kcal; 26,2 g Fett; 65,8 g KH; 67,4 g EW; 252 mg Chol; 5,5 BE.

Gedünsteter Rehbraten mit Nudeln und Preiselbeeren

Hirschsteak
mit Birne und Edelschimmelkäse überbacken – auf Hollerröster

Hirschsteak mit Birne und Edelschimmelkäse überbacken

Zubereitung: Die Wildmedaillons vom Rücken (ohne Sehnen) mit wenig Salz und Pfeffer würzen, kurz auf beiden Seiten anbraten (halb durch), mit Birnenscheiben oder -streifen und Edelschimmelkäse belegen, eventuell mit wenig Paprika bestauben (für eine schönere Farbe). Im vorgeheizten Rohr bei 200°C etwa 5-7 Minuten je nach Fleischstärke überbacken und auf Hollerröster mit dem Erdäpfel-Selleriepüree anrichten.

Zutaten für 4 Portionen
8 Stück Medaillons à 70–80 g vom Hirsch, oder Reh, Gams u. a.
Salz, Pfeffer, Öl, 1 Stück Birne, 100 g Edelschimmelkäse (Kracher Grand Cru, Österkron u. a.)

Hollerröster

400 g tiefgekühlte rohe Hollerbeeren (Achtung, rohe Hollerbeeren sind giftig!), ½ ℓ Rotwein, 100 g Zucker, Zimt, 1 kleine geschälte und geschabte Birne oder auch Zwetschken oder Apfel.
Zubereitung: Alle Zutaten in einem hohen Topf (kocht leicht über!) für 1 ½ Std. köcheln lassen.
Mit etwas Rotwein und einem EL Stärke (Maizena) binden.

Tipp: *Sollte kein Holler vorhanden sein, könnten auch Brombeeren oder Schwarzbeeren verwendet werden, dann jedoch weniger Zucker zugeben.*
Es können die Medaillons natürlich auch ohne Obstragout bzw. ohne Sauce serviert werden.
Nährwert pro Portion:
576 kcal; 23,3 g Fett; 48,6 g KH; 25 g EW; 62,6 mg Chol; 4 BE.

Weintipp
Edles Wild verlangt nach ebensolchem Wein. Ein Blauburgunder ist da immer eine gute Wahl, ein eleganter St. Laurent steht ihm um nichts nach; wer es gerne etwas fruchtiger hat, wird mit einem reifen Blauen Zweigelt viel Freude haben.

Hirschrückensteak
mit Schwammerlbutter überbacken, Sterzwurst und Rotkraut

Zutaten für 4 Portionen
4 Hirschrückensteaks, je 150–170 g,
Salz, schwarzer Pfeffer aus der Mühle, Öl zum Braten

Zubereitung: Die Hirschrückensteaks mit Salz und Pfeffer würzen, in heißem Öl gut anbraten, Hitze reduzieren, wenden und auf der zweiten Seite eher langsam halb durch braten.
Steaks auf Teller etwas abkühlen und mit Schwammerlbutter belegen (in Scheiben) oder bestreichen. Im Rohr bei starker Oberhitze (Grill) auf mittlerer Schiene 2–3 Minuten überbacken.
Mit Sterzwurst (Rezept Seite 257) und Rotkraut anrichten.
Nährwert pro Portion:
351 kcal; 22,5 g Fett; 0,64 g KH; 36,7 g EW; 117 mg Chol; 0,05 BE..

Rotkraut (Weinrotkraut)

Zubereitung: ½ kg Rotkraut, fein geschnitten, 30 g Zucker, Salz, ¼ Zimtrinde, 5 Gewürznelken, 30 g Rosinen in 1/16 ℓ Rotwein einweichen.
1 Apfel, geschält und klein gewürfelt oder geschabt, ½ ℓ Rotwein.
Alle Zutaten einen Tag marinieren lassen und zugedeckt langsam, aber nicht zu weich, dünsten.
Tipp: *Wird das Rotkraut mit Rotwein oder etwas Essig aufgegossen, so erhält es dadurch eine schöne dunkle Farbe. Wenn mit Wasser aufgegossen wird, verfärbt sich das Rotkraut blass-bläulich.*

Rehrücken im Kohlblatt mit Preiselbeernockerln

Rehrücken im Kohlblatt
mit Preiselbeernockerln und Kastanien

Zutaten für 4 Portionen

400 g Rehrücken ausgelöst (oder Gams-, Hirsch- und andere Rückenfilets), Salz, Pfeffer, Schweinsnetz (beim Fleischer bestellen) gewässert, 3-4 Kohlblätter kurz überkocht (blanchiert) und in Eiswasser abgeschreckt.

Zubereitung: Rehrücken gut mit Salz und Pfeffer würzen. Gewässertes Schweinsnetz ausbreiten und mit Kohlblättern (ohne Strunk) belegen. Kohlblätter mit Küchentuch abtrocknen und mit etwa der ½ Menge der Farce bestreichen, Rückenfilet gewürzt und roh darauf legen, mit restlicher Farce bestreichen und einrollen.
In mittelheißer Pfanne mit Öl rundum vorsichtig anbraten, auf eine Platte oder ein Backblech legen und im vorgeheizten Rohr bei 180°C etwa 35 Minuten braten. Dabei sollte eine Kerntemperatur von ca. 68°C erreicht werden.
Mit Preiselbeernockerln, Preiselbeeren und glacierten Kastanien sowie etwas Wildsauce oder Kastaniensirup anrichten.

Wild– bzw. Geflügelfarce (oder Rehnockerlmasse)

Zubereitung: 200 g Wild- oder Geflügelfleisch, ohne Sehnen und ohne Haut, in der Moulinette kurz fein hacken und im Tiefkühler für 2 Stunden auf einem Teller anfrieren lassen. In kleine Würfel schneiden und im Küchencutter (Moulinette) kurz mit einem Eiweiß pürieren. Nach und nach etwa ⅛ ℓ Schlagobers beigeben, zwischendurch kurz pürieren. Mit Salz, Pfeffer und eventuell Kräutern oder Pilzpulver abschmecken. Für 1-2 Stunden kühl stellen.

Zubereitung: Gewässertes Schweinsnetz auf 35x40 cm ausbreiten und mit blanchiertem Blattspinat eine Fläche von 25x20 cm auslegen, mit der Hälfte von der Farce bestreichen, rohes Filet, eventuell halbiert, mit Salz und Pfeffer würzen und auf die Farce geben. Zwischenräume der Filets zur Bindung mit Farce bestreichen. Gut bzw. öfters (3–4 mal) ins Schweinsnetz einrollen und in heißem Fett rundum vorsichtig anbraten. Im Rohr bei 150°–180°C für 1 Stunde braten oder ohne Anbraten bei 220°C für 20 Minuten braten und dann Hitze auf etwa 150°C reduzieren (Kerntemperatur 65°-68°C). Danach kurz rasten lassen und mit Elektromesser aufschneiden. Mit kräftiger Wildsauce und Beilagen servieren.

Preiselbeernockerln

Zubereitung: Alle Zutaten mit einem Kochlöffel rasch zu festem Teig schlagen, bis sich Blasen bilden, etwas rasten lassen und auf nassem Brett mit Hilfe einer Palette oder eines Messerrückens fingerdicke, ca. 2 cm große Nockerln in einen hohen Topf mit kochendem Salzwasser schaben. Für 8-10 Minuten kochen (eher länger) und im kalten Wasser abschrecken. Eventuell mit etwas Öl vermischen.

Zutaten für 4 Portionen

¼ ℓ Milch, 7 Eier (ca. 450 g), 4 cl Öl, 2–3 EL Preiselbeeren, 700 g Mehl griffig Typ 480, 15-20 g Salz

Marinierte Preiselbeeren

1 kg frische Preiselbeeren oder tiefgekühlte (roh) mit etwa 600 g Kristallzucker in der Küchenmaschine (Knethaken) oder mit dem Handmixer (niedere Stufe) langsam rühren, bis sich der Zucker aufgelöst hat. Nach Belieben 1–2 EL Rotwein dazugeben. Kleine Gläser randvoll füllen und gut verschließen. Bis zu einem Jahr haltbar, kühl und dunkel lagern.

Weintipp

Das feinste Hochwild ist unbestritten das Reh, deshalb sollte man bei der Weinauswahl danach trachten, den zarten Geschmack nicht mit einem zu wuchtigen Rotwein zu überdecken. Eine betörende Kombination könnte mit einem Pinot Noir entstehen, aber auch eine elegante Cabernet-Merlot Cuvée aus heimischen Weingärten – eine entsprechende Reife des Weines wird vorausgesetzt – kann ein ausgezeichneter Begleiter sein.

Glasierte Kastanien

Zubereitung: 50 g Kristallzucker in trockener Pfanne langsam goldgelb schmelzen, mit ⅛ ℓ Wasser aufgießen (nicht umrühren!) und einkochen lassen, 200 g halbfertige bzw. tiefgekühlte geschälte Kastanien 10 Minuten kochen lassen, ein größeres Stück kalte Butter zugeben und etwas einkochen bzw. glasieren.

Wildfiletspitzen
in Salbei und Gemüse mit Semmelpudding

Zutaten für 4 Portionen

400 g Wildfleisch (Reh, Hirsch oder Gams u. a.) vom Rücken, etwa ½–¾ kg Gemüse nach Saison (Brokkoli, Karfiol, Kohlsprossen, Karotten u. a.), Salz, Pfeffer aus der Mühle, Salbei, ½ kleine Zwiebel, fein geschnitten, 1 EL Paradeismark, ⅛ ℓ Rotwein, ¼ ℓ Wildsuppe (oder ersatzweise Rindsuppe), eventuell Orangenschale und etwas Wacholder, Sonnenblumenöl.

Zubereitung Gemüse: Gemüse in gewünschte Größe schneiden und getrennt in Salzwasser jeweils bissfest kochen, anschließend in Eiswasser abschrecken (für schönere Farbe).
Kurz vor dem Anrichten in etwas Butter erwärmen.

Zubereitung Filetspitzen: Pfanne erhitzen, Sonnenblumenöl eingießen, Wildfleisch in gewünschte Größe schneiden, mit Salz und Pfeffer würzen, rundum in nicht zu heißer Pfanne rasch anbraten, aus der Pfanne geben, Öl nachgießen und die fein geschnittenen Zwiebeln anrösten, mit Paradeismark vermischen und gut durchrösten. Zwischendurch mit Rotwein ablöschen und rösten bis eine schöne dunkle Farbe entsteht, mit wenig Mehl stauben und mit Wildsuppe aufgießen.
Mit Orangenschale und Wacholder abschmecken, kurz durchkochen lassen und abschmecken. Angebratenes Fleisch zugeben und in der Sauce kurz wärmen.
Mit Gemüse und Semmelpudding anrichten.

Wildfiletspitzen in Salbei und Gemüse mit Semmelpudding

Semmelpudding

Zutaten für 4–5 Portionen

Zubereitung: 2 EL feingeschnittene Zwiebel in 2 EL Butter oder Öl anrösten, ¼ ℓ Milch zugießen, aufkochen und zu kleinwürfelig geschnittenem Toastbrot (10 entrindete Scheiben) geben, sofort mit einem Kochlöffel gut vermischen. Dann 1 EL Grieß, Salz, Pfeffer, Muskat und Kräuter zugeben, gut abkühlen lassen. 1 Dotter und 2 Eiweiß (halbsteifer Schnee) unterrühren, gut abschmecken und in gebutterte und eventuell mit Bröseln ausgestreute Formen oder Kaffeetassen füllen. Kann auch am nächsten Tag in eine Wanne auf Tuch gestellt, mit kochend heißem Wasser ca. 2 cm aufgefüllt und im Rohr bei 200°C 50 Minuten (bzw. bei mehreren oder kalten Förmchen um etwa 15 Minuten länger!) im Wasserbad offen (mit Kruste) oder zugedeckt (ohne Farbe) gebacken werden.
Nach dem Stürzen noch ca. 10 Minuten mit der Form bedeckt stehen lassen, damit sich der Pudding leichter aus der Form löst.

Tipp: *Wenn Sie den Pudding nach dem Backen auf ein Brett stürzen und die Form für einige Minuten drauflassen, kann der Pudding nicht so leicht ankleben bzw. lässt sich der Pudding leichter aus der Form stürzen.*

Unser Federwild

Unter Federwild versteht man Fasan, Wildente, Rebhuhn und Wachtel, diese sollten (ausgenommen Wildenten) im „Kleid" abhängen. Während des Abhängens macht das Fleisch eine Reife durch. Es wird mürbe und erhält das von Feinschmeckern geschätzte Hautgout, welches auf keinen Fall überschritten werden darf, da das Fleisch sonst einen Zersetzungsgrad erreichen würde. Diesen Grad bezeichnet man als „Stich".
Wildenten werden möglichst frisch verwendet. Beim Einkauf sollte man sich an einen Wildbrethändler wenden, möglichst junge Wildenten einkaufen und dabei auf Altersmerkmale achten. Junge Tiere haben leicht einreißbare Schwimmhäute und ein biegsames Brustbein. Am beliebtesten sind junge Tiere im Herbst.

Zubereitung: Wildente oder Fasan kann man bereits geputzt kaufen. Wenn sie noch im Federkleid sind, kann man dem Fasan die Federn mit der Haut abziehen; Wildenten müssen gerupft werden, da sie eine Fettschicht unter der Haut besitzen, die wichtig für den Eigengeschmack ist.
Nach dem Rupfen bzw. Putzen werden die Tiere kurz gewaschen. Meist wird Federwild im Ganzen gebraten; dabei soll man anstelle von Spicken nur mit Speck umwickeln bzw. die Brust mit einem dicken Stück rohen Specks nach dem Würzen und Anbraten umwickeln und bei nicht zu hoher Temperatur im Rohr (130°C) langsam 1½ Stunden braten. Schneller und besser ist es, wenn man die Brust auslöst und getrennt von den Keulen zubereitet.
Aus dem Keulenfleisch könnte man eine klare oder gebundene Wildsuppe zubereiten oder das Fleisch faschieren und für Wildlaibchen, Wildpalatschinken, Pasteten oder Nockerln weiterverarbeiten.*
Die Knochen und Reste werden für Suppen eingekocht oder für Saucen weiterverarbeitet.

* Siehe Rezept Wildfarce, Seite 268.

Fasan im Speckmantel
mit Rotkraut und Erdäpfelknödeln

Zutaten für 4 Portionen
2 junge Fasanhennen gerupft und ausgenommen, 250 g gekochter Jausenspeck (ca. 12 Scheiben), Salz, Pfeffer, Thymianzweig

Fasan im Speckmantel mit Rotkraut und Erdäpfelknödeln

Zubereitung: Fasane mit Salz und Pfeffer innen und außen gut würzen. In einer heißen Pfanne mit Öl rundum gut anbraten und anschließend die Brust mit Speckscheiben belegen.
Hinweis: Früher wurde eine fast fingerdicke Scheibe von rohem bzw. grünem Bauchspeck zum Schutz vor dem Austrocknen auf die Brust vom Geflügel gebunden.
Heute bekommt man den grünen bzw. rohen Speck schon relativ schwer, daher als Alternative der gekochte Jausenspeck.
Im vorgeheizten Rohr bei ca. 120°-130°C etwa 1½–2 Stunden langsam braten. Den entstandenen Natursaft mit etwas Mehlbutter (2 EL flüssige Butter mit 1 EL Mehl verrührt) oder Rotwein und Mehl verrührt binden.
Mit Weinrotkraut, Erdäpfelknödel und Preiselbeeren anrichten.

Erdäpfelteig für Erdäpfelknödel

600 g mehlige Erdäpfel in der Schale kochen, schälen und passieren, 200 g griffiges Mehl, 50 g Grieß, 2 Eier, Salz, Pfeffer, Muskat
Zubereitung: Alle Zutaten rasch verkneten, zu einer Rolle formen und ca. ¼ Stunde rasten lassen.
In 4 oder 8 Teile aufteilen (je nach Größe der Knödel). Knödel formen und in Salzwasser, anfangs zugedeckt, für 10-15 Minuten wallend kochen lassen. Mit Schnittlauch bestreut anrichten.

Rotkraut (Weinrotkraut) – Rezept siehe Seite 267
Variationen: mit Kastanien, Trauben, Orangen, Ananas oder Preiselbeeren.
Nährwert pro Portion:
687 kcal; 25,4 g Fett; 66,5 g KH; 46,7 g EW; 229 mg Chol; 5,5 BE.

Lauwarmes Fasanenbrüstchen mit Blattsalaten

Lauwarmes Fasanenbrüstchen
mit Blattsalaten und Schwammerln

Zubereitung: Ausgelöste Fasanenbrüstchen mit Salz und Pfeffer würzen, auf der Hautseite gut anbraten, wenden und kurz auf zweiter Seite anbraten.
Auf eine kalte Platte oder einen Teller legen, eventuell Rosmarin- und Thymianzweig dazulegen und im Rohr bei 200°C für 10–12 Minuten braten. Aus dem Ofen nehmen und einige Minuten rasten lassen. Schräg aufschneiden und noch lauwarm um den marinierten Blattsalat mit kurz gerösteten Eierschwammerln anrichten.
Mit Preiselbeeren und eventuell gebratenen Speckscheiben anrichten.
Nährwert pro Portion:
265 kcal; 17,1 g Fett; 0,3 g KH; 27,4 g EW; 85,3 mg Chol; 0,03 BE.

Zutaten für 4 Portionen
4 Fasanenbrüstchen mit je 100 g–120 g,
150 g Blattsalat (Vogerlsalat, Lollo-Rosso, Häuptelsalat u.a.),
100 g Eierschwammerln oder Pilze, Preiselbeeren und Speckstreifen zum Garnieren,
Salz, Pfeffer, frische Kräuter,
Apfel - Balsamessig und Nussöl für die Marinade.

Weintipp

Die saftigen Fasanenbrüstchen sollen mit einem samtigen, runden Weißwein, wie etwa einem Weißburgunder oder Ruländer, einem Morillon (Chardonnay), oder auch einem trockenen Traminer genossen werden.

Steirischer Käse – vielfach ausgezeichnet

Die steirischen Käseklassiker von mild bis würzig: Schlossdamer, Doret, Tilsette, Amadeus, Moosbacher, St. Patron, Dachsteiner., Bergfex , Alpzirler und Le Ros

Ähnlich wie der steirische Weinbau war auch das Molkereiwesen der letzten beiden Jahrzehnte des 20. Jahrhunderts in der (wegen ihrer saftigen Weiden so benannten) „Grünen Mark" von kompromisslosem Qualitätsdenken bestimmt. Viele alte Traditionen wurden neu belebt.

Das Aushängeschild der Berglandmilch-Käserei in Voitsberg ist der Schärdinger Moosbacher. Der Moosbacher - benannt nach dem steirischen Bauernhof, der Milch für diesen Käse liefert - wurde seit 1995 bereits 5 mal mit dem „Käsekaiser" ausgezeichnet. Acht Wochen gereift, besticht der hellgelbe Schnittkäse durch seinen angenehm feinwürzigen Geschmack. Der Moosbacher ist ein wiederentdecktes Geheimnis der Käsekunst. Das Rezept galt lange als verschollen. Jetzt wird er wieder nach alter Tradition hergestellt - zur Freude aller Käsefreunde. Dieser auch geschmacklich einzigartige Schnittkäse wird als einziger mit Hilfe zweier Reifeverfahren - Großloch- und Rotkulturreifung - hergestellt.

Weitere in Österreich bekannte Produkte der Voitsberger Käserei sind der zünftige Schärdinger Dachsteiner, St. Patron und der süßlich-milde Großlochkäse Schlossdamer. Ein besonderes Schmankerl ist der sechs Monate gereifte Alpzirler. Der elegant-würzige steirische Schnittkäse aus der Molkerei Voitsberg verdankt sein kräftiges Aroma der Rotkultur und seiner langen Reifezeit.

Eine weitere steirische Spezialität ist der Raclette. Der Name stammt zwar aus der Schweiz, der Käse selbst jedoch ist tief in der Landschaft der steirischen Voralpen verwurzelt. Einem alten Bauernrezept zufolge schnitt man die relativ kleinen Laibe in der Mitte durch und brachte sie in der „Rein" über offenem Feuer zum Schmelzen. Erst als diese Sitte schon nahezu in Vergessenheit geraten war, erlebte die österreichische „Raclette-Kultur" eine Renaissance.

Die Tradition der Edelschimmelkäseherstellung in Gröbming wird von Österreichs beliebtestem Edelschimmelkäse, dem Österkron, getragen. Man sagt, der Edelschimmelpilz liege sogar in der Gröbminger Luft. Der weltweit vielfach preisgekrönte Vorzeige-Edelschimmelkäse aus dem Ennstal mundet in frischem Zustand sortentypisch würzig, bei voller Reife jedoch pikant vollmundig und hoch aromatisch. Die 1997 mit dem „Käsekaiser" ausgezeichnete Marke ist Österreichs einziger Grünschimmelkäse.

Weitere Erfolgsrezepturen dieser Käserei sind der ringförmige Dolce Bianca und der Kracher Grand Cru.

Bis heute erhalten haben sich auch noch der dem „Glundner" ähnliche „Steirerkas" sowie, als besonders archaische Spezialität, der „Ennstaler Steirerkas" aus Magermilch.

Schweinsfischerl
mit Paradeisern und Österkron überbacken

Zutaten für 4 Portionen

600 g Schweinsfilet, Salz, Pfeffer, Öl zum Braten,
½ Dose geschälte Paradeiser, 250 g Blattspinat, Österkron,
600 g Erdäpfel für die Beilage

Zubereitung: Schweinsfilet in Medaillons, zu je ca. 50 g, schneiden (pro Person 2–3 Stück), mit Salz und Pfeffer würzen, in heißem Fett auf der ersten Seite gut anbraten, wenden und auf der zweiten Seite kurz garen (halb durchgebraten).

Auf einen kalten Teller oder eine Platte geben, mit geschälten, gehackten Paradeisern und Österkron-Käse belegen. Im Rohr bei starker Oberhitze oder Grill goldgelb überbacken und mit Gemüse und Erdäpfeln anrichten.

Anstelle von Fleisch können auch Erdäpfel, Nudeln oder gekochtes Gemüse mit Käse überbacken werden.

Crostini
mit Birne und Grünschimmelkäse überbacken

Zubereitung: Weißbrot- oder Baguettescheiben in reichlich Öl oder Butterschmalz und eventuell Kräutern beidseitig gut anrösten.

Mit Apfel- oder Birnenstreifen bzw. Paradeiswürfeln belegen und mit Blauschimmelkäse (Kracher Grand Cru oder Österkron) im Rohr oder unter der Grillschlange auf mittlerer Schiene kurz überbacken.

Geschmackvolle Käseplatte am Teller (Käseuhr) von mild bis würzig angerichtet: Cambette, Rahmbrie, Weinkäse, Dolce Bianca, Österkron und Kracher Grand Cru.

Käsecremesuppe

Zutaten für 4 Portionen
40 g Butter, 20 g glattes Mehl, 40 g feingeschnittene Zwiebeln, $^1/_{16}$ ℓ trockener Weißwein, 1 ℓ Rind- oder Kalbsknochensuppe, 0,2 ℓ Schlagobers, 70 g Schärdinger Dolce Bianca Doppelschimmelkäse, 60 g geriebener Schnittkäse (Dachsteiner, Alpzirler), Salz, geriebene Muskatnuß, Suppenwürze, Weißbrotcroutons

Zubereitung: Butter erwärmen, Zwiebeln andünsten, Mehl beifügen, farblos anschwitzen, mit Weißwein ablöschen, mit Suppe und Obers aufgießen, gut verrühren und 10 Minuten köcheln lassen. Gewürfelten Doppelschimmelkäse und geriebenen Schnittkäse beigeben. Einige Minuten köcheln lassen, würzen. Suppe mixen und mit gerösteten Weißbrotcroutons servieren.

Für die Österkroncremesuppe ersetzt man den angegebenen Käse durch dieselbe Menge Grünschimmelkäse (Österkron). Als Einlage können Kürbiskerne verwendet werden.

Frischkäse-Terrine mit Salat

Zutaten für 4–5 Portionen

¼ kg Frischkäse (Rollino Kräuter oder Gervais), ⅛ ℓ Suppe, 3 Blatt Gelatine oder ⅛ ℓ Schwartenfond, 1 Paradeiser für Einlage (geschält, entkernt, gewürfelt), Basilikum, Salz, Balsamico-Essig und Nussöl. Kleiner Salat als Beilage.

Zubereitung: Käse in lauwarme Suppe einrühren, eingeweichte und ausgedrückte Gelatine zugeben. Paradeiswürfel und Basilikumstreifen als Einlage dazurühren.

Mit Salz und Balsamico-Essig abschmecken.

In eine geölte und mit Klarsichtfolie ausgelegte Form füllen und kaltstellen. Mit einem Elektromesser in Scheiben schneiden, mit Nussöl und Balsamico-Essig beträufeln und mit ein etwas Salat anrichten.

Käsewürfel in Salbei-Weinteig gebacken

Weinteig 100 g glattes Mehl, 1/16 ℓ trockener Weißwein, Salz, eventuell Zimt, 2 Eier. Alle Zutaten kurz verrühren und mindestens eine Stunde stehen lassen.

Zubereitung: Salbeiblätter fein schneiden und in den Weinteig geben. Festen Schnittkäse wie Moosbacher, Bergbaron, Dachsteiner in nicht zu große Würfel schneiden, durch den Teig ziehen und in heißem Öl frittieren. Auf Küchenpapier abtropfen lassen.

Den restlichen Teig eventuell zusätzlich mit Salbeistreifen verrühren und löffelweise in Öl backen (Weinteigkrapferln).

Käse richtig portionieren

Um die einzelnen Käsesorten optimal genießen zu können, soll der Käse richtig geschnitten und portioniert werden. Käse-Sommelier Josef Stiendl zeigt die Grundschnitte für verschiedene Käsearten. Der optimale Genuss ist auch von der richtigen Temperatur abhängig. Ideal ist es, wenn der Käse Zimmertemperatur (etwa 20°C) hat.

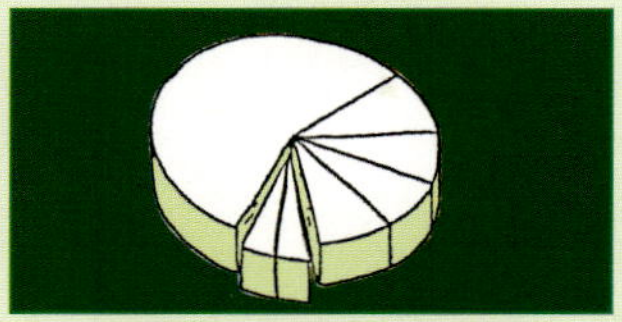

Schnitt- und Portioniertechnik für kleine Käse-Laibe
Rahm-Brie
Weinkäse

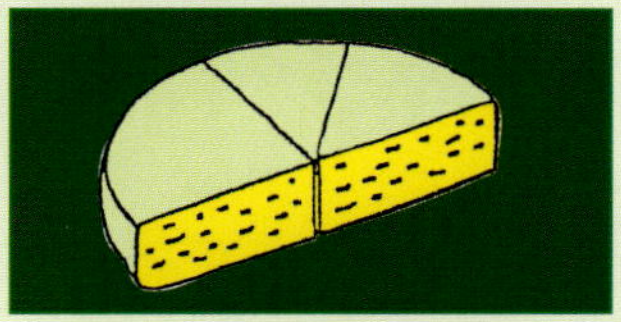

Schnitt- und Portioniertechnik für große Käse-Laibe
Moosbacher, Bergfex, Dachsteiner, Alpzirler, St. Patron

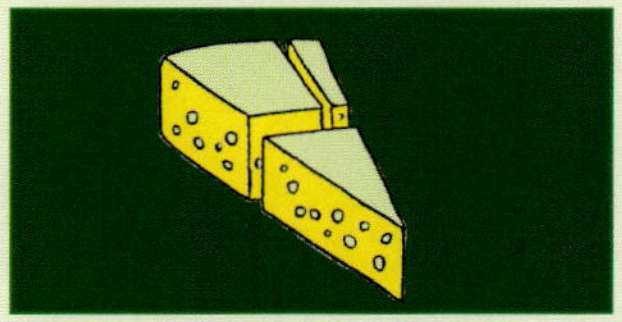

Portioniertechnik für Käse-Zwickel
Moosbacher, Bergfex, Dachsteiner, Alpzirler, St. Patron

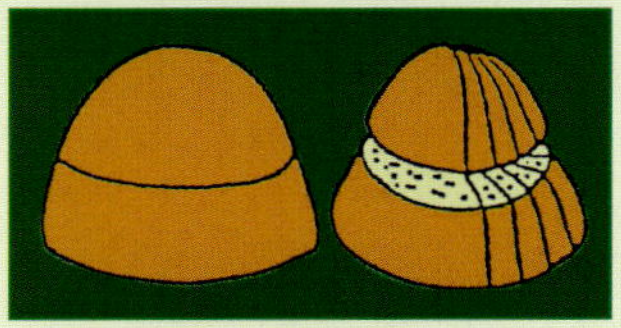

Schnitt- und Portioniertechnik für Käsepyramiden
Steirischer Selch-Kas

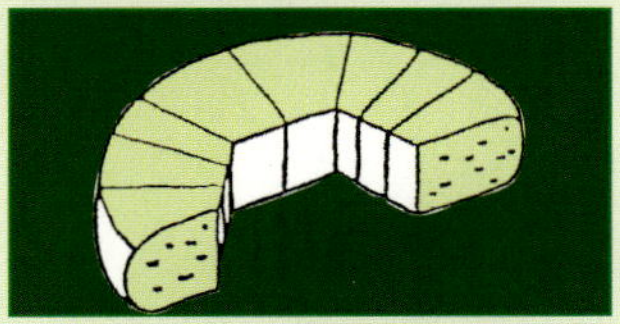

Schnitt- und Portioniertechnik für Käseringe
Dolce Bianca

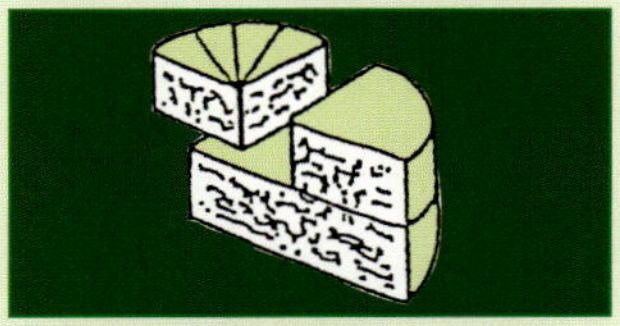

Schnitt- und Portioniertechnik für Blau-, Grün- und Doppelschimmelkäse
Österkron

Schnitt- und Portioniertechnik für Frischkäserollen
Rollino

Josef Zotter – Krapfen, Strudel und Schokolade

Wie bei anderen sesshaften Völkern hoher Kultur, war auch in der Steiermark Getreide eine Art Grundkost. Früh gab es Gerste, Hirse, Weizen, Roggen und Hafer. Der Buchweizen, auch Heiden genannt, kam ab dem 14. bis 15. Jahrhundert aus Kleinasien in unsere Regionen, erst ab dem 17. Jahrhundert aus Amerika langsam der Mais, im Volksmund auch Türken, Kukuruz oder heute Woaz genannt. Getreideprodukte wurden meist ohne Teig direkt in Wasser eingekocht. Aus enthülsten Körnern bereitete man „Breine", vergleichbar mit heutigen Reisgerichten.
Eine sehr ursprüngliche Haferspeise war „Talggn", einst im oberen Murtal, auf der Koralpe und unter dem Namen „Habaner Grieß" vereinzelt auch im steirischen Wechselgebiet gegen das Joglland hin, bekannt. Dazu ließ man Hafer über Nacht in Heißwasser ganz aufquellen, am folgenden Morgen wurde das Wasser abgelassen. Dann musste dieser Hafer im Backofen ein bis drei Tage lang dörren, bis er „knackte". Zwischen Mühlsteinen durch Stampfen, oder mit dem Nudelwalker am Brett wurde er zerkleinert, damit sich die Hüllen lösten und abgeblasen wurden. Diese Talggn wurden dann entweder mit heißem Wasser aufgegossen und kurz quellen gelassen oder in Butter bzw. Schweineschmalz mit Eiern abgeschmalzen. Diese Art Urspeise wurde auch mit anderen Getreiden zubereitet.
Aus Schroten und Mehlen machte man Koche, woraus sich viele verschiedene Sterzspeisen entwickelten, zuerst die gekochten, dann die „abgebrannten" und später die „Pfannensterze".
Um das Jahr 1400 wurde der „Beutelkasten" erfunden, mit dem man in Wasser gesottene Teigspeisen zubereitete. So entstanden Knödel, Nocken, Nudeln, Spatzen und gekochte Strudel, sogenannte „Strukkel". In der Steiermark entwickelten sich weiters je nach Region Spezialitäten, oft nur gekocht oder dann weiter abgeschmalzen, mit Zutaten wie Kraut, Rüben, Kürbis, Schwämmen, Rahm, Topfen, Obst, Beeren oder Früchten. Man mischte sie aber auch in Teig oder füllte damit größere Formen, wie Knödel oder „Strukkel". Es entwickelten sich weiters Schmalzgebäcke als Festtagsspeisen, die in butterreichen Gebieten wie der Obersteiermark auch im Alltag üblich waren.

Die Rezepte

Beim Backen ergeben sich die meisten Probleme im Umgang mit Rezepten. Dabei können vor allem beim Wiegen Fehler passieren. Daher sollte für kleine Massen eine genaue Waage vorhanden sein. Vorsicht beim Verdoppeln bzw. Vergrößern oder Halbieren bzw. Verkleinern von Grundrezepten. Dadurch könnte unbemerkt eine Rezeptverschiebung entstehen, die zu einer misslungenen Mehlspeise führen kann. Zum Beispiel ist bei kleinsten Mengen ein Butterabtrieb fast unmöglich. Bei kleineren Mengen eventuell etwas Mehl mitrühren. Butter für Abtrieb bzw. zum Aufschlagen rechtzeitig aus dem Kühlschrank nehmen. Beim Glasieren von Torten sollte fast die 1½-fache Menge Glasurmasse verwendet werden, damit großzügig und somit gleichmäßig glasiert werden kann.

Abkürzungen bei den Rezepten:

1 ℓ = 4/4, 8/8, 1.000 g
1/4 ℓ = 2/8 ℓ, 4/16 ℓ, 250 g
4 cl = 40 g
10 cl = 100 g oder 0,1 ℓ
1 kg = 1.000 g
EL = Esslöffel
TL = Teelöffel
MSP = Messerspitze

Löffelmaße:

1 TL = 1 Teelöffel gestrichen voll
1 EL = 1 Esslöffel gestrichen voll

1 TL Salz 5 g
1 TL Zucker 5 g

1 EL Öl 10 g
1 EL Butter 10 g
1 EL Schlagobers 10 g
1 EL Créme fraîche 15 g
1 EL Topfen 10 g

1 EL Mehl 10 g
1 EL Stärkemehl 12 g
1 EL Haferflocken 7 g
1 EL Semmelbrösel 10 g
1 EL Reis 15 g
1 EL Salz 12 g
1 EL Zucker 15 g
1 EL Grieß 12 g
1 EL Kakao 12 g
1 EL Honig 20 g
1 EL gemahlene Nüsse 5 g
1 EL gehackte Nüsse 10 g
1 EL Tomatenmark 15 g
1 EL gehackte Kräuter 5 g

Milchrahmstrudel mit Vanillesauce

Milchrahmstrudel mit Vanillesauce

Zutaten für 10 Portionen
150 g Butter, 50 g Zucker, 5 Eier, Vanillezucker, Salz, geriebene Zitronenschale, 250 g Topfen (10% F.i.T.), 250 g Topfen (20% F.i.T.), 250 g Sauerrahm, 125 g Joghurt, 60 g Mehl, 30 g Rosinen, 1 Pkg. Strudelblätter oder hausgemachter Strudelteig

Zutaten für den Guss
3/8 ℓ Milch, 3 Eier, 40 g Zucker, 1 Messerspitze Salz, geriebene Zitronenschale von einer halben Zitrone, 1 TL Vanillezucker

Zubereitung Strudel: Butter, Zucker, Dotter, geriebene Zitronenschale, Vanillezucker und Salz schaumig rühren. Topfen mit Sauerrahm und Joghurt unterrühren. Eiklar mit Zucker zu Schnee schlagen und unter die Butter-Topfen-Masse rühren. Zuletzt das Mehl, eventuell mit Rosinen vermischt, vorsichtig einrühren.
Strudelblätter oder gezogenen Strudelteig mit Butter bestreichen, Fülle aufstreichen. Strudel einrollen, in eine gefettete tiefe Wanne geben und bei starker Unterhitze und wenig Oberhitze bei 180°C etwa 20 Minuten backen.
Den Guss (alle Zutaten vermischt) draufgießen und noch ca. 45 Minuten im Rohr bei 160°C Ober- und Unterhitze fertig backen.

Vanillesauce

1/2 ℓ Milch, 80 g Zucker, 20 g Weizenstärke oder Maizena, 1 Vanilleschote (Mark), 2 Dotter, 2 cl Rum

Zubereitung: Einen Teil der Milch mit Weizenstärke und den Dottern verrühren. Die restliche Milch mit Zucker und dem Vanillemark aufkochen lassen. Das Weizenstärke-Dottergemisch einrühren und unter ständigem Rühren gut verkochen lassen. Zum Schluss mit Rum abschmecken.

Nährwert pro Portion:
492 kcal; 30,7 g Fett; 38,4 g KH; 15,3 g EW; 276 mg Chol; 3,3 BE.

Formschöne Eidotter

Apfelstrudel

Zutaten für 4 Portionen
Strudelteig oder 1 Paket fertige Strudelblätter,
700 g säuerliche Äpfel (Strudler), geschält und grob geschnitten,
70–100 g Zucker, 30 g Rosinen (eventuell in Rum einweichen),
Zimt und etwas grob gehackte Walnüsse, 70 g Brösel mit Butter kurz anrösten, flüssige Butter zum Bestreichen des Strudels

Zubereitung: Äpfel mit Zucker und Rosinen vermischen, etwa 1/2 Stunde marinieren und andünsten, etwas abkühlen lassen. Strudelblätter auf leicht feuchtem Tuch ausbreiten oder hausgemachten Teig auf bemehltem Tuch ausziehen, Teig mit Butter bestreichen, mit gerösteten Bröseln auf 1/3 der Teigfläche bestreuen und darauf die Apfelfülle verteilen, mit Hilfe des Tuches einrollen. Auf gefettetes Blech geben und mit etwas Butter einpinseln.
Im Rohr bei 220°C etwa 20 Minuten goldgelb backen, etwas abkühlen lassen und mit Staubzucker bestreuen. Am besten lauwarm, eventuell mit Apfelmus, anrichten.

Strudelteig
250-270 g glattes Mehl, ⅛ ℓ lauwarmes Wasser, 1 kleines Ei, 25 g Öl (2 EL), Prise Salz

Zubereitung: Alle Zutaten gut zu einem glatten, geschmeidigen Teig verkneten, mit Öl einpinseln und in Klarsichtfolie am besten über Nacht rasten lassen (Kühlschrank). Teig rechtzeitig aus dem Kühlschrank nehmen. Nicht mehr kneten!
Auf einem freistehenden Tisch mit bemehltem Tuch ausrollen und mit Handrücken über die Tischkanten ausziehen (Achtung: Ringe und Uhr vorher ablegen), mit etwas flüssiger Butter bestreichen bzw. beträufeln und die Fülle auf etwa dem ersten Drittel der Teigfläche verteilen, mit Hilfe des Strudeltuches langsam einrollen und zwischendurch die Fülle im Strudel etwas festdrücken, mit flüssiger Butter und am Schluss mit Eigelb bestreichen. Auf gefettetem Blech im Rohr bei 180°-200°C etwa 20-25 Minuten backen.

Nährwert pro Portion:
627 kcal; 17,2 g Fett; 106 g KH; 10,9 g EW; 67,6 mg Chol; 8,8 BE.

Tipp: *Für Weintrauben- oder Beerenstrudel den Strudelteig mit 1 bis 2 halbsteif geschlagenen Eiweißen (mit Zucker und Nüssen oder Bröseln vermischt) zur Hälfte bestreichen und die Beeren oder entkernten Weintrauben darauf verteilen. Das Eiweiß verhindert den Saftaustritt, dadurch bleiben die Beeren ganz und saftig und der Strudelteig knusprig.*

Spagatkrapfen und Strauben

Spagatkrapfen (Sauerrahmteig)

Zutaten für 20 Stück
500 g glattes Mehl Type 700 oder 480, 250 g Butter, 2-3 Eidotter, 60 g Staubzucker, 4 EL Weißwein (4 cl), 6 EL Sauerrahm (180 g), geriebene Schale einer unbehandelten Zitrone, Prise Salz, Fett oder Öl zum Ausbacken, Staubzucker und Zimt zum Bestreuen

Zubereitung: Die Butter 1-2 Stunden vor Arbeitsbeginn aus dem Kühlschrank nehmen.
Mehl mit Butter abbröseln und mit Zucker, geriebener Zitronenschale, Eidotter, Weißwein, Sauerrahm und Salz rasch zu einem eher weichen Teig vermengen und im Kühlschrank etwas rasten lassen. Den Teig ½ cm dick ausrollen und in Rechtecke von ca. 4x10 cm Seitenlänge schneiden. Fett auf ca. 170°C erhitzen.
Teigrechtecke auf die Spagatkrapfenzange legen und die Zange schließen.
Spagatkrapfen im Fett schwimmend goldgelb ausbacken, auf Küchenpapier abtropfen lassen. Kristallzucker und Zimt je nach Geschmack vermischen.
Die Spagatkrapfen noch warm mit der Zucker-Zimt-Mischung bestreuen.
Der Teig könnte auch in Streifen oder Quadrate geschnitten bzw. rund ausgestochen werden und anschließend in Fett zu einem lockeren Schmalzgebäck gebacken werden.

Nährwert pro Portion:
316 kcal; 24,4 g Fett; 21 g KH; 3,29 g EW; 79,8 mg Chol; 1,75 BE.

Palatschinkenteig für ca. 6 Stück
¼ ℓ Milch, 2 Eier, 3 EL glattes Mehl (80-100 g), Salz, kurz verrühren und etwa ½-1 Stunde stehen lassen. In mittelheißer Pfanne backen.

Krapfen gefüllt mit Marmelade und Vanillecreme

Edelsüße Weine harmonieren

Vanillekrapfenfülle

300 g Vanillecreme ✻
250 g Obers geschlagen
4 cl Rum
3-4 Blatt Gelatine

✻ Vanillecreme

¼ l Milch, 1 Dotter,
Prise Salz,
50 g Zucker (1½ EL),
20 g Vanillecremepulver oder Maizena und
½ Vanilleschote

Nährwert pro Portion:
281 kcal; 18 g Fett; 25,3 g KH; 4,58 g EW; 132 mg Chol; 2,1 BE.

Faschingskrapfen

Zutaten für 20 Stück
500 g Mehl glatt, Type 700 oder 480 (oder Farina), (oder ½ Mehl glatt und ½ Weizenvollmehl), 0,2 ℓ Milch (200 g), 120 g Butter, 1 Pkt. Germ, 5 Eier (4 Dotter und 1 ganzes), 60 g Zucker, Prise Salz, 1 EL Rum, geriebene Schale einer unbehandelten Zitrone, Vanillezucker, Fett zum Backen

Zubereitung: Germ in etwas lauwarmer Milch auflösen, etwas Mehl dazurühren, eine Prise Zucker dazugeben. Dieses Dampfl auf einen warmen Platz stellen, bis sich das Volumen verdoppelt hat. Restliche Milch mit 1 Ei, 4 Eidottern, Salz, Zucker, Rum, geriebener Zitronenschale und Vanillezucker vermengen, mit dem Dampfl und dem Mehl locker verrühren. Die Butter schmelzen, zufügen und den Teig ca. 5 Minuten zu geschmeidiger Konsistenz kneten (eher klebrig feucht), anschließend ca. 30 Minuten lang rasten bzw. aufgehen lassen (doppeltes Volumen).

Teig nochmals kurz kneten, wenn der Teig zu weich ist, eventuell noch etwas Mehl zugeben, und etwa 10 Minuten rasten lassen.

Teig zu einer Rolle formen. Rolle in kleine Teile schneiden, wieder etwas rasten lassen und durch leichtes Andrücken und kreisende Bewegungen mit der flachen Hand die Teigstücke auf der Arbeitsfläche zu kleinen Kugeln schleifen, etwas flach drücken.

Teigkugeln auf ein gut bemehltes Brett legen und mit einem Tuch abdecken. An einem warmen Platz aufgehen lassen (eventuell anschließend zugedeckt ca. ½ Std. kaltstellen). Backfett erhitzen, Teigstücke vorsichtig mit der Wölbung nach unten ins Fett legen (165°C) und zugedeckt je nach Größe ca. 2-3 Minuten lang backen. Deckel entfernen, Krapfen umdrehen und zu goldgelber Farbe fertig backen. Krapfen auf Küchenpapier abtropfen und überkühlen lassen. Marillenmarmelade oder cremig gerührte Vanillecreme eventuell mit Rum abschmecken und damit die Krapfen mit Hilfe einer Krapfenspritztülle füllen.

Vanillekrapfen bzw. Faschingskrapfen mit Vanillecreme gefüllt

Zubereitung: Etwas kalte Milch, Maizena und Dotter glattrühren. Restliche Milch, Zucker, Prise Salz und Vanilleschote aufkochen, das Mark der Vanilleschote (schwarze feine Körner auskratzen) in die Maizena-Dottermischung einrühren und unter ständigem Rühren aufkochen, ca. 3 Minuten kochen lassen.

In kaltem Wasser unter ständigem Rühren abkühlen oder mit Klarsichtfolie abdecken und so auskühlen lassen; dadurch kann sich an der Oberfläche keine Haut bilden.

Schilcher-Erdbeerroulade

Zutaten für eine Roulade, ca. 10 Portionen

Schokobiskuit

90 g Zucker, 4 Eier á 60 g, 80 g Mehl, 10 g Kakao, Salz, Vanillezucker, geriebene Zitronenschale

Zubereitung: Zucker mit Eiern und Geschmackszutaten schaumig rühren, Mehl mit Kakao versieben und locker unter die Eiermasse heben. Auf ein mit Backtrennpapier ausgelegtes Backblech streichen und im vorgeheizten Rohr bei 200°C rasch backen. Nach dem Herausnehmen sofort mit wenig Mehl bestreuen. Ein zweites Trennpapier auflegen und sofort, d.h. noch heiß, stürzen, das erste Papier aber nicht abziehen und auskühlen lassen.

Nährwert pro Portion:
103 kcal; 2,89 g Fett; 14,9 g KH; 4,11 g EW; 95 mg Chol; 1,24 BE.

Schilchercreme

4 Dotter, 140 g Schilcher, 5 Blatt Gelatine, 30 g Zitronensaft, Vanillezucker, Salz, 90 g Zucker, 400 g Schlagobers,
Beeren zum Einstreuen (Erdbeeren, Waldbeeren oder Ribiseln)

Zubereitung: Für die Schilchercreme Eidotter mit Salz, Vanillezucker, Zucker und Schilcher über Dampf aufschlagen, dann vom Wasserdampf nehmen und so lange weiterschlagen, am besten über kaltem Wasserbad, bis die Masse erkaltet ist. Blattgelatine in kaltem Wasser einweichen und ausdrücken, auflösen und rasch mit dem Zitronensaft unter die Schilcher-Eier-Masse rühren. Zuletzt das geschlagene Obers unterziehen.

Nährwert pro Portion:
201 kcal; 14,9 g Fett; 12,1 g KH; 2,91 g EW; 147 mg Chol; 1 BE.

Vom ausgekühlten Biskuitfleck Backtrennpapier abziehen, auf dem zweiten Papier zum Einrollen liegenlassen. Biskuitfleck auflegen und Schilchercreme gleichmäßig darauf verteilen, die Erdbeeren gleichmäßig draufstreuen und so zum Abstocken kühlstellen, am besten in den Kühlschrank oder kurz in die Tiefkühltruhe geben. Die Creme muss gut abgestockt sein, sonst lässt sich die Roulade nicht gut rollen. Dann die Roulade fest einrollen, wenn notwendig mit Hilfe von Backtrennpapier und Lineal nachformen, und wieder kaltstellen. Aufschneiden und eventuell bezuckern.

Schilcher-Erdbeerroulade

Josef Zotter

Apfelstreuselkuchen

Mohnkuchen

Apfelstreuselkuchen

Ein tiefes Backblech (30 x 40 cm), 16–20 Portionen

Mürbteig

1 Teil Zucker (50 g), 2 Teile Butter (100 g), 3 Teile glattes Mehl (150 g), Salz, Vanillezucker, geriebene Zitronenschale
Alle Zutaten rasch verkneten und eine Stunde rasten lassen.

Biskuit

½ ℓ Eier (10 Eier zu 50 g), 200 g Staubzucker, Vanillezucker, Salz, geriebene Zitronenschale, 160 g Mehl glatt, Type 700 oder 480, 160 g Stärkemehl, 100 g Butterschmalz oder Öl
Zubereitung: Eier mit Zucker und Geschmackszutaten schaumig rühren, Mehl und Stärkemehl versieben, locker einrühren, zuletzt Butterschmalz oder Öl unterheben und rasch bei 200°C im vorgeheizten Rohr ca. 6–7 Minuten backen.

Gedünstete Äpfel

Ca. 1 kg Äpfel schälen und entkernen, in ½ cm dicke Stücke schneiden, mit gemahlenem Zimt, Zitronensaft, Rosinen, Rum und wenig Zucker dünsten. Apfelmasse nach dem Dünsten gut abtropfen lassen.

Streusel

150 g Mehl glatt Type 700 oder 480, 120 g Kristallzucker, 120 g Butter, Vanillezucker, Salz, geriebene Zitronenschale, etwas Zimt

Zubereitung: Alle Zutaten rasch verkneten und im Kühlschrank rasten lassen bzw. kühl stellen, dann zwischen den Handflächen krümelig verreiben oder evtl. durch ein grobes Sieb drücken bzw. reiben, auf einem Blech locker aufstreuen und im Rohr bei etwa 180°C hellbraun backen, auskühlen lassen und mit einer Teigkarte zerstechen und zerbröseln oder mit Nudelroller zerdrücken.

Mürbteig mit 3-4 EL Marmelade bestreichen, Kuchenkapsel (Folie) oder Rahmen herumstellen, Biskuitfleck einlegen, die abgetropften, gedünsteten Äpfel darauf verteilen und auskühlen lassen bzw. über Nacht im Kühlschrank durchziehen und stocken lassen.
Kalt mit gebackenem Streusel bestreuen und anzuckern.

Nährwert pro Portion:
423 kcal; 18,6 g Fett; 56,7 g KH; 6,73 g EW; 161 mg Chol; 4,7 BE.

Mohnkuchen

Zutaten für 2 kleine Kastenformen: 8 x 20 cm, 6 cm hoch

150 g Butter (cremig weich), 6 Dotter (je ca. 20 g), 50 g Staubzucker, Vanillezucker, Salz, geriebene Zitronenschale einer unbehandelten Zitrone, 6 Eiweiß (á ca. 30 g), 110 g Kristallzucker, 200 g geriebener Mohn bzw. gequetscht, 100 g geriebene Nüsse (Haselnüsse!), 20 g Brösel, 1 Apfel, geschält und würfelig geschnitten

Zubereitung: Butter mit Staubzucker, Salz, Vanillezucker und geriebener Zitronenschale schaumig rühren. Dotter nach und nach unterziehen, solange rühren, bis die Masse nicht mehr an Volumen zunimmt. Eiweiß mit Kristallzucker zu schmierigem Schnee schlagen, vorsichtig unter die Buttermasse rühren.

Mohn mit geriebenen Nüssen und Bröseln vermischen, vorsichtig in die Masse einrühren. In Kastenformen oder Tortenformen (mit Butter ausgeschmiert und mit Mehl bestaubt) die Masse ¾ hoch einfüllen, an den Rändern etwas hochstreichen und eventuell mit einigen Apfelstücken belegen, bei 200°C im vorgeheizten Backrohr etwa 10 Minuten backen, Hitze auf 160°C reduzieren und noch für 1 Stunde, je nach Größe und Form, backen.

In der Form ca. 10 Minuten auskühlen lassen, mit wenig Mehl bestauben, auf ein Backtrennpapier stürzen und mit der Form bedeckt fertig auskühlen lassen.

Nährwert pro Portion:

489 kcal; 37,1 g Fett; 26 g KH; 13,6 g EW; 234 mg Chol; 2,16 BE.

Schokolade im Glas

Zutaten für 8–10 Portionen

3 Eier, 40 g Zucker, etwas Salz, 250 g dunkle Kuvertüre mit 60–70% Kakaoanteil, 500 g Schlagobers

Zubereitung: Eier mit Zucker und etwas Salz über Dampf warm schlagen, im kalten Wasserbad wieder kaltrühren. Aufgelöste Kuvertüre bei etwa 38°–40°C vorsichtig unter die Eiermasse rühren, zuletzt nicht zu steif geschlagenes Obers unterheben.

Dekor für die Gläser

100 g weißer Nougat aufgelöst (Mandel-Nougat), ca. 30°C.
Mit einem Spritzsack mit feiner Tülle oder Papierstanitzel dünne Streifen in das Glas einspritzen.

Kürbisschokoladeblatt

Weiße Schokolade mit fein geriebenen Kürbiskernen auflösen, im Wasserbad auf über 30°C temperieren, auf Trennpapier je nach Wunsch aufstreichen und nach dem Stocken zurechtschneiden.

In vorbereitete Gläser abfüllen, mit Kürbisschokoladeblatt dekorieren. Garnitur: diverse Beeren und Minzeblätter.

Nährwert pro Portion:

319 kcal; 21,9 g Fett; 24,1 g KH; 6,76 g EW; 129 mg Chol; 2 BE.

Schokolade im Glas

Schokoladentorte mit Chili und Ingwer

Schokoladentorte

Schokoladentorte mit Chili und Ingwer

Zutaten für 1 Torte mit Ø 24 cm

130 g Butter, 40 g Staubzucker, Vanillezucker, Salz,
6 Dotter, 130 g dunkle Tunkmasse (60-65% Kakaoanteil)- leicht erwärmt, 6 Eiweiß, 180 g Kristallzucker,
130 g Mehl Type 700, 1 MSP Chilipaste oder ½ Chilischote frisch,
1 EL geschälten, feingeriebener Ingwer

Zubereitung: Butter mit Staubzucker, Salz, Vanillezucker, Chili und Ingwer schaumig rühren, Dotter nach und nach zugeben, die erweichte Tunkmasse einrühren, Eiweiß mit Kristallzucker zu schmierigem Schnee schlagen und unter die Buttermasse heben, zuletzt vorsichtig das Mehl unterziehen. Masse in die Tortenform geben und im vorgeheizten Rohr zu Beginn bei 200° die ersten 20 Minuten rasch anbacken, danach bei 170°C etwa eine Stunde ausbacken. Damit die Torte an der Oberfläche nicht zu dunkel wird, im letzten Viertel des Backvorganges die Torte eventuell mit Backtrennpapier abdecken.

Nach dem Ausbacken (Nadelprobe) die Torte herausnehmen und mit einem kleinen Messer vom Rand der Tortenform lösen, die Torte noch in der Form auf ein Gitter stürzen und in der Form auskühlen lassen. Danach Tortenform abnehmen, Backtrennpapier abziehen, eventuell die Torte einmal durchschneiden und mit Marillenmarmelade füllen.

Glasur

250 g Kuvertüre, 50 g Honig, 180 g Obers

Das Obers erhitzen, Honig und zerkleinerte Kuvertüre einrühren und gut verrühren.

Ausfertigen der Torte

1. Die Torte rundherum gleichschneiden
2. Passierte Marillenmarmelade etwas einkochen lassen
3. Torte mit der Marmelade flächendeckend einstreichen
4. Die Torte glasieren und
5. mit Dekor verzieren (Schokoblätter mit Chili, ungespritzte Rosenblüten)

Nährwert pro Portion:
425 kcal; 21,5 g Fett; 49,4 g KH; 8,47 g EW; 158 mg Chol; 4 BE.

Gedämpfter Schokoladekuchen
mit Kaffeepflaumen

Zutaten für 2 Kuchen (á 500 g) mit je 10 Stück

Zubereitung des gedämpften Schokoladekuchens

1. Die Kaffeepflaumen über Nacht ziehen lassen
2. Masse für die Schokoladenbiskuitwürfel zubereiten und backen, kalt stellen und würfelig schneiden
3. Zubereitung der Soufflémasse
4. Befüllen der Formen und Dämpfen des Schokoladekuchens

1. Kaffeepflaumen

200 g Dörrpflaumen, ¼ ℓ Rotwein, 3 Tassen Espresso (Kleine Braune), 2 EL Zucker, 1 MSP Sternanispulver, eventuell frisch geriebenen Ingwer

2. Schokoladenbiskuit

Zutaten: 3 Eier, 65 g Zucker, Vanillezucker, Salz, 55 g Mehl, 45 g Stärkemehl, 15 g Kakaopulver, 30 g Butter

Zubereitung Schokoladenbiskuit: Eier mit Zucker, Vanillezucker, eine Prise Salz mit dem Handmixer etwa 10–15 Minuten gut rühren, bis die Ei-Masse sehr hell geworden ist. Mehl mit Stärkemehl und Kakao versieben, locker mit einer Teigspachtel einrühren, zuletzt zerlassene Butter kurz unterheben, auf einem mit Backtrennpapier ausgelegten Backblech verteilen und rasch bei 220°C im vorgeheizten Rohr etwa 5–6 Minuten backen. Abkühlen lassen.
Dann das Schokobiskuit in 1 cm große Stücke schneiden.

3. Soufflémasse

Zutaten: 120 g Butter, 40 g Staubzucker, 1 TL Vanillezucker, eine Prise Salz, 120 g Dotter,
200 g dunkle Kuvertüre,
180 g Eiweiß, 65 g Kristallzucker.

Für die Rum-Milch-Mischung:

3 cl Rum, 60 g Milch

Zubereitung Kuchen: Butter, Staubzucker, Vanillezucker und Salz schaumig rühren, Dotter nach und nach einrühren.
Die temperierte Kuvertüre zugeben. Eiklar mit Kristallzucker zu Schnee schlagen und unterheben.
Die Schokobiskuitwürfel mit Rum-Milch-Mischung beträufeln und mit den geriebenen Nüssen in die Masse unterziehen.

4. Befüllen der Formen und Fertigstellen des Schokoladekuchens

Zutaten zum Ausstreichen der Formen
4 EL Butter, Mandelblättchen
Befüllen der Formen
Die Formen gut mit weicher Butter ausstreichen und mit Mandelblättchen ausstreuen, anschließend mit der Masse befüllen.
Mit Wasserbad im Rohr bei 170°C etwa 80 Minuten dämpfen.

Mit Kaffeepflaumen, Schlagobers, frischen Beeren, Minzeblättern und einem Schokoladeblatt mit Kokosett anrichten.
Nährwert pro Portion:
329 kcal; 19,7 g Fett; 27,6 g KH; 8,41 g EW; 183 mg Chol; 2,3 BE.

Rezepte in alphabetischer Reihenfolge

Rudolf Lantschbauer – Gerhard Redl – Günther Schönberger

Die Weinwelt der Barriques

Mit Beiträgen von Pascal Chatonnet, Universität Bordeaux, Paul Pontallier, Château Margaux, Graf Stephan von Neipperg, Château Canon-La-Gaffelière und Château La Mondotte.

Eines haben alle großen Weine der Welt gemeinsam: Sie reiften in Barriques. Ihre wahre Größe erreichten sie erst durch die Lagerung in den kleinen Fässern. Diese Eichenholzgebinde sind etwas Besonderes, in ihnen können Rotweine, Weißweine und auch edelsüße Weine ihr volles Potenzial entwickeln und langsam zu ihrer Größe heranreifen.
In diesem Buch sind die Arbeitsweisen verschiedener Weinbaubetriebe aus dem Burgund, Bordeaux, Kalifornien und Österreich im Umgang mit den Barriques beschrieben. Vom kleinen burgundischen Winzer, der mit seinem Chardonnay aus seiner Montrachet-Grand-Cru-Lage gerade drei Barriques befüllen kann, bis zu kalifornischen Kellereien, die für einen Chardonnay-Jahrgang 800 Fässer benötigen.
Ein Kapitel beschreibt den Weg der Fertigung vom Baum bis zum Barrique. Der Hauptteil des Buches beschäftigt sich mit der Frage, wie in internationalen Weinbaubetrieben mit den Barriques gearbeitet wird.

160 Seiten, mit über 200 Farbfotos, Format: 23 x 28 cm, Leinen, gebunden
ISBN 3-900582-17-3 Buchhandelspreis: € 49,–/sFr. 79,–

Ivan Gabrovec / Rudolf Lantschbauer

Ausverkauft

So steigert man Umsätze heute.
Die erfolgreichsten Sales-Promotions und Verkaufsförderungs-Aktionen

Über 120 Beispiele der erfolgreichsten Sales Promotion-Aktionen wurden für dieses Buch zusammengetragen.
Dieses Basiswerk ist der erste umfassende Blick hinter die Kulissen der Verkaufsförderungs- und Sales-Promotion-Profis und das erste Beispielbuch dieser Form auf dem Markt.
In dieser detaillierten und zeitgerechten Buchdokumentation lernen Sie auf leichte und unterhaltsame Weise zahlreiche nachweislich erfolgreiche Aktionen und Konzepte zur Umsatzsteigerung kennen.
Anregungen und Beispiele für viele Branchen zeigen in Wort und Bild den Weg zum Verkaufserfolg. Vom Minibudget bis zur Großaktion.
Hardcover, 216 Seiten, Format: 24 x 22 cm
ISBN 3-900582-21-1
Buchhandelspreis: € 69,90/sFr. 112,50

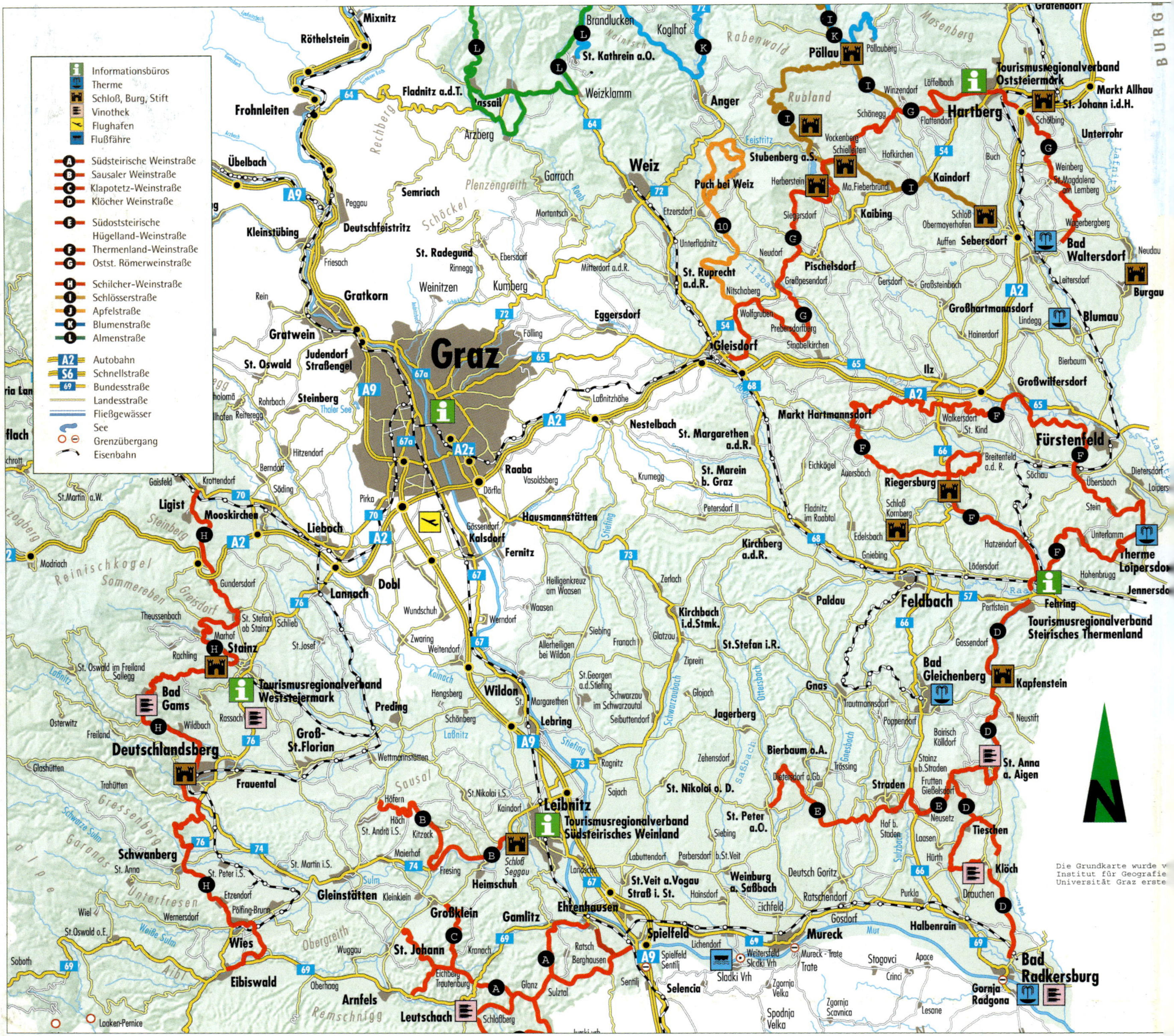

Informationsbüros
Therme
Schloß, Burg, Stift
Vinothek
Flughafen
Flußfähre
Südsteirische Weinstraße
Sausaler Weinstraße
Klapotetz-Weinstraße
Klöcher Weinstraße
Südoststeirische Hügelland-Weinstraße
Thermenland-Weinstraße
Oststl. Römerweinstraße
Schilcher-Weinstraße
Schlösserstraße
Apfelstraße
Blumenstraße
Almenstraße
Autobahn
Schnellstraße
Bundesstraße
Landesstraße
Fließgewässer
See
Grenzübergang
Eisenbahn
Graz
Mixnitz
Röthelstein
Frohnleiten
Übelbach
Kleinstübing
Gratkorn
Gratwein
Judendorf Straßengel
St. Oswald
Steinberg
Thaler See
Semriach
Deutschfeistritz
Peggau
Schöckel
Plenzengreith
St. Radegund
Rinnegg
Weinitzen
Kumberg
Garrach
Arzberg
Passail
Fladnitz a.d.T.
Brandlucken
Koglhof
St. Kathrein a.O.
Weizklamm
Anger
Rabenwald
Weiz
Puch bei Weiz
Stubenberg a.S.
Pöllau
Pöllauberg
Masenberg
Rubland
Hartberg
Tourismusregionalverband Oststeiermark
Markt Allhau
St. Johann i.d.H.
Unterrohr
Kaindorf
Kaibing
Sebersdorf
Bad Waltersdorf
Neudau
Burgau
Blumau
Großhartmannsdorf
Pischelsdorf
St. Ruprecht a.d.R.
Eggersdorf
Gleisdorf
Ilz
Großwilfersdorf
Fürstenfeld
Markt Hartmannsdorf
Riegersburg
Nestelbach
St. Margarethen a.d.R.
St. Marein b. Graz
Laßnitzhöhe
Raaba
Dörfla
Hausmannstätten
Kalsdorf
Fernitz
Kirchberg a.d.R.
Paldau
Feldbach
Fehring
Tourismusregionalverband Steirisches Thermenland
Therme Loipersdorf
Jennersdorf
Bad Gleichenberg
Kapfenstein
St. Anna a. Aigen
Straden
Tieschen
Klöch
Bad Radkersburg
Gornja Radgona
Halbenrain
Mureck
Gnas
Bierbaum a.A.
Jagerberg
Kirchbach i.d.Stmk.
St.Stefan i.R.
St. Nikolai o. D.
St. Peter a.O.
Weinburg a. Saßbach
Deutsch Goritz
St.Veit a.Vogau
Straß i. St.
Spielfeld
Ehrenhausen
Gamlitz
Leibnitz
Tourismusregionalverband Südsteirisches Weinland
Wildon
Lebring
Preding
Heimschuh
Großklein
Gleinstätten
St. Johann
Arnfels
Leutschach
Sausal
Obergreith
Remschnigg
Eibiswald
Wies
Schwanberg
Deutschlandsberg
Frauental
Groß-St.Florian
Bad Gams
Tourismusregionalverband Weststeiermark
Stainz
Lannach
Dobl
Lieboch
Mooskirchen
Ligist
Reinischkogel
Sommereben
Gressenberg
Koralpe
Unterfresen
Selencia
Sladki Vrh
Šentilj
Die Grundkarte wurde v
Institut für Geografie
Universität Graz erste